Fernsehforschung – Fernsehkritik

LiLi

Zeitschrift für Literaturwissenschaft und Linguistik

Eine Zeitschrift der Gesamthochschule Siegen

Herausgegeben von Helmut Kreuzer

In Verbindung mit Wolfgang Klein,
Wolfgang Haubrichs, Rul Gunzenhäuser

Beiheft 11:
Fernsehforschung – Fernsehkritik

Vandenhoeck & Ruprecht · Göttingen

Fernsehforschung – Fernsehkritik

Herausgegeben von

Helmut Kreuzer

Vandenhoeck & Ruprecht · Göttingen

CIP-Kurztitelaufnahme der Deutschen Bibliothek

Fernsehforschung – Fernsehkritik / hrsg. von Helmut Kreuzer. – Göttingen : Vandenhoeck und Ruprecht, 1980.
(Zeitschrift für Literaturwissenschaft und Linguistik : Beih. ; 11)

ISBN 3-525-21012-4

NE: Kreuzer, Helmut [Hrsg.]

Gefördert aus Mitteln der Gesamthochschule Siegen

Satz: W. Tutte Druckerei GmbH, Salzweg-Passau
Druck und Einband: Verlagsdruckerei E. Rieder, Schrobenhausen
Printed in Germany

Inhaltsverzeichnis

Helmut Kreuzer

Einleitung

In diesem LiLi-Beiheft begegnen und durchdringen sich wissenschaftlich-publizistisches Interesse

1. an der historischen Untersuchung des Fernsehens und
2. an der Beschreibung und Kritik seiner aktuellen Situation.

Beide Titelbegriffe: ‚Fernsehforschung' und ‚Fernsehkritik' bedingen hier einander, wobei die Akzentsetzungen und Dominanzen – und, damit zusammenhängend, die methodischen Ansätze und Schreibweisen – bei den einzelnen Autoren zum Teil extrem verschieden sind. ‚Fernsehkritik' – der zweite Titelbegriff – bezieht sich also *nicht* auf die Fernsehkritik, wie sie sich analog zur Buch- und Theaterkritik in der Presse etabliert hat, als einen Gegenstand des Bandes, sondern zeigt an, daß hier nicht nur wertungsfreie Wissenschaft zu Wort kommt, sondern auch eine engagierte Medienpublizistik, genauer: daß die Fernsehforschung dieses Bandes sich teilweise aus erkennbar kritischen Impulsen nährt, wie andererseits seine ‚Fernsehkritik' auch Fernsehgeschichte vermittelt, d. h. sich auf überprüfbare, historisch relevante Vorgänge bezieht.
Fernsehforschung befaßte sich zunächst in erster Linie mit der technischen Entwicklung, war dann aber auch – nach der Etablierung des Fernsehens als Massenmedium – psychologische und soziologische sowie pädagogische Wirkungsforschung; diese ging Hand in Hand teils mit einer von den Anstalten selbst initiierten (und ihrem Legitimationsbedürfnis verpflichteten) Zuschauerforschung, teils mit medienkritischen Abwehrtendenzen, die anfangs stärker konservativer Besorgnis, später mehr neulinker Systemkritik entsprangen. Empiristisch-quantitative Ansätze dominierten, Zuschauerreaktionen als Sendungseffekte waren hauptsächlich ‚gefragt'.
Eine dritte Welle der Fernsehforschung ist historisch orientiert. Sie hat die ersten beiden nicht verdrängt (diese dauern selbstverständlich fort und entwickeln sich lebhaft weiter), aber sie hat sie ergänzt; ja sie nimmt die Fernsehtechnik, die Wirkungsforschung, die Medienkritik und -pädagogik selbst schon mit unter ihre Gegenstände auf und reflektiert sie in ihren Zusammenhängen mit der Mediengeschichte, der ihr zentrales Interesse gilt, die aber ihrerseits wieder in Kultur- und Sozialgeschichte zu integrieren ist. Technikgeschichte, Organisations- und Institutionengeschichte, Programm- und Rezeptionsgeschichte sind notwendige Teilbereiche einer derartigen Mediengeschichte; sie sind nicht unabhängig voneinander zu denken, erfordern aber jeweils eigene Ansätze für den historischen Zugriff.
Der vorliegende Band läßt die Technik- und Institutionengeschichte außer acht; er umfaßt ein allgemeines Konzept und einige spezielle Untersuchungen zur Programmgeschichte, ferner Bibliographien und Berichte zu medienwissenschaftlicher

und medienkritischer Literatur (auch über Deutschland hinaus) und schließlich Beiträge mit Rück- und aktuellen Einblicken in die Produktions- und Rezeptionssphäre, verbunden mit dezidierten Stellungnahmen zur ‚Tendenzwende' und zum momentanen Dilemma spezieller Formen von Medienkritik und -pädagogik. Der Band ist nicht in dieser Form geplant worden; seine Beiträge entstanden teils unabhängig voneinander aus individuellem Antrieb der Verfasser, teils als Vor- oder Anschlußstudien zu einem programmgeschichtlichen und sendungstypologischen Sammelband über „Fernsehsendungen und ihre Formen" (herausgegeben von Helmut Kreuzer und Karl Prümm, Stuttgart 1979).

Daß die Programmgeschichte eine notwendige und dringliche Aufgabe für die heutige Medienwissenschaft ist, begründet *Knut Hickethier* im ersten Aufsatz dieses Bandes. Er postuliert für sie eine kommunikationswissenschaftliche Methodik und empfiehlt eine Anknüpfung sowohl an die literaturwissenschaftliche Gattungsforschung wie an statistische Verfahren von Sozialwissenschaft und Sozialgeschichte. Er skizziert die Interdependenz von Programmgeschichte und anderen Teilbereichen der Fernsehgeschichte (insbesondere der Rezeptionsgeschichte und der Geschichte der Pressionen) sowie der Geschichte anderer und älterer Medien. Indem das Fernsehen deren Funktionen zum Teil übernimmt, zwingt es sie zur Neubestimmung ihrer selbst und ihrer Möglichkeiten und wird so zum treibenden Faktor für erhebliche Veränderungen des kulturellen Systems. Daß die Sendeformen des Fernsehens nicht in einem kulturellen Vakuum entstanden sind, sondern zwangsläufig vielfach an Genretraditionen von Buchliteratur, Theater, Film, Funk, Presse, Varieté, Zirkus, Kabarett etc. anschließen, liegt auf der Hand, bedarf aber der historischen Aufhellung im einzelnen. Von hier aus wird die Einbindung der Programmgeschichte in die allgemeine Kulturgeschichte ebenso einsichtig wie die dialektische Verbindung mit einer systematischen Ästhetik – analog der Verbindung von literarischer Gattungsgeschichte und Politik. Allerdings will Hickethier diese Fernsehästhetik auf das Alltäglich-Typische fixieren (den Gegensatz zum herausragenden ‚Fernsehereignis'), gewiß ein sinnvolles Postulat, sofern es nicht verabsolutiert wird und dadurch zur Vernachlässigung entwicklungsgeschichtlicher Knoten- und Höhepunkte bzw. abgeblockter, noch zukunftsträchtiger Vorstöße führt. Abschließend stellt Hickethier Hypothesen zu genreübergreifenden Entwicklungen in der Bundesrepublik auf; er unterstellt eine Verfestigung der Programmschemata sowie Tendenzen zur Standardisierung und äußerlichen Perfektionierung, zur Steigerung des Ablauftempos, zur ‚Magazinisierung' in immer kleineren Programmeinheiten, schließlich eine Zurücknahme von Politisierungsintentionen der sechziger Jahre zugunsten von unanstößiger Unterhaltung.

Diese Eindrücke Hickethiers decken sich zum Teil mit Beobachtungen *Peter Zimmermanns*, der ein publizistisch viel beachtetes Teilgenre der Programmgeschichte untersucht, den bundesrepublikanischen ‚Arbeiterfilm', der Impulse der vorausgehenden ‚Arbeiterliteratur' aufgreift und mit größerer sozialer Reichweite audiovisuell umsetzt. Zimmermann arbeitet drei Phsen und drei Richtungen heraus: eine erste, die in ‚naturalistischer' Elends- und Mitleidsdramatik verharrt, eine zweite,

politisch-kollektiv aktivierende, eine dritte, die – mit geschärfter Sensibilität, aber doch in einer Art von Rückzug – das Privatleben der Arbeiter thematisiert.
Unter einem anderen Aspekt beleuchtet *Karl Prümm* das Fernsehspiel der siebziger Jahre. Er greift das Problem der Literaturverfilmung auf, aber nicht im Sinne traditioneller Kulturkritik, um die Defizite der visuellen Umsetzung gegenüber der jeweiligen Schriftvorlage nachzurechnen. Vielmehr belegt er die multimediale Arbeitsweise repräsentativer Autoren von heute, zeigt Fälle auf, in denen Film und Fernsehen der Buchliteratur produktive Anstöße geben, und führt am Beispiel vor allem von Werken Heinar Kipphardts und Tankred Dorsts eine aktuelle Umkehrung des gewohnten Transformationsprozesses vor: den Weg vom Drehbuch und Fernsehfilm zur literarisch eigenständigen, aber nur aus ihrer Entstehungsgeschichte ästhetisch angemessen zu erklärenden Romanform.
Zimmermann wie Prümm führen mit ihren Aufsätzen die gattungstheoretische und gattungsgeschichtliche Diskussion fort, die *Irmela Schneider* in ihrer Bibliographie zum Fernsehspiel erfaßt. Sie liefert damit ebenso einen Beitrag zur Grundlagenforschung einer Programm- und Rezeptionsgeschichte wie *Hartwig Kalverkämper* mit seiner ausführlich kommentierten und theoretisch fundierten Bibliographie zur Talk-Show, mit der er mittelbar eine noch ungesicherte, von den Rezeptionsvorgaben der deutschen Sender für deren Zuschauer noch wenig konturierte Sendeform und unmittelbar ein Feld kontroverser medienpublizistischer Äußerungen wissenschaftlich erschließt. Mit seinen Kommentaren schlägt er die Brücke von der Bibliographie zum Literaturbericht, wie ihn *Hans-Dieter Kübler* material- und aspektreich auf dem vielbeackerten Forschungsgebiet „Kind und Fernsehen" vorlegt. Die Arbeit beruht auf breiter Kenntnis des ‚Kinderfernsehens', der Medienwissenschaft und der Literatur zu ‚Kind' und ‚Kindheit'; sie urteilt von einer festen methodischen Position aus und ordnet die zahlreich erfaßten Arbeiten medien- und wissenschaftsgeschichtlichen Hintergründen und Prozessen zu. Strukturierend wirkt unter anderem der „Paradigmenwechsel" von der älteren Leitfrage: „Was macht das Fernsehen mit den Kindern?" zur neueren: „Was machen die Kinder mit dem Fernsehen?".
Während Kübler der deutschen Medienforschung auf einem ihrer vielverzweigten Hauptarbeitsgebiete im Längsschnitt nachspürt, gibt *Manfred Durzak* einen Querschnitt durch die amerikanische Medienliteratur am Beispiel von höchst unterschiedlichen Neuerscheinungen, die ihrerseits teilweise historisch informieren, so daß das Literaturreferat einen doppelten Einblick gewährt: in Spielarten und krasse Kontrastpositionen der aktuellen amerikanischen Diskussion wie in Eigentümlichkeiten und Entwicklungen der in ihr gespiegelten Fernsehgeschichte. Auf andere Weise verbindet *Satoru Ogawa* knappe Informationen über die japanische Fernsehlandschaft – ihr Neben- und Gegeneinander von kommerziellem und staatlichem Fernsehen – mit einem Aufriß bisheriger und möglicher Gegenstandsfelder literaturwissenschaftlicher Fernsehforschung.
Was die Arbeiten von *Steffen-Peter Ballstaedt* und *Nobert Schöll* gemeinsam haben (die im übrigen methodisch wie thematisch weit auseinander liegen), ist der Bezug

auf die Fernsehrezeption. Bei Ballstaedt (aus dem Tübinger Kreis um Erich Straßner) handelt es sich um linguistisch fundierte Kritik am Verstehbarkeitsgrad von Fernsehnachrichten, die Wirkungen auf die Praxis der Sender gezeitigt hat und das langfristig auch weiterhin anstrebt (unter Verarbeitung des medienwissenschaftlichen ‚Paradigmenwechsels' vom ‚Wirkungs'- zum ‚Nutzungsansatz', den wir bei Kübler schon in anderer Form registriert haben). Bei Schöll wird die Geschichte des Adolf-Grimme-Fernsehpreises aufgearbeitet, von der ursprünglichen Bindung des Preises an das Volkshochschulkonzept zur Erwachsenenbildung bis zu seiner vollen Etablierung als allgemeinem Fernsehpreis von großem Prestige und programmpolitischem Gewicht, das in symptomatischen Kontroversen der siebziger Jahre vergeblich angefochten wurde.

Eine ganz andere, weit spektakulärere Form der Fernsehkritik beschreibt *Rubert Neudeck* mit publizistischer Verve: die medienkritischen Sendungen und Sendereihen des Fernsehens selbst, insbesondere *Glashaus* und *Betrifft: Fernsehen.* Neudeck hat Sympathie und Respekt für die Redaktionen und Journalisten, die diesen Sendetyp im Gefolge der Reformbewegung der sechziger Jahre initiiert und getragen haben, aber er sieht sie doch gefangen im Dilemma, „Emanzipation" anzustreben, aber „Affirmation" und „Legitimation" zu bewirken.

Was sich bei Schöll wie bei Neudeck schon erkennen läßt: die außergewöhnliche Bedeutung des ehemaligen WDR-„Programmbereichs Kultur" für ein „alternatives Fernsehen", das wird bei *Leo Kreutzer* aus persönlicher Erinnerung an seine eigene Fernsehtätigkeit im WDR eigens zum Thema. „Auch in der ARD hatte nicht vorzukommen, was in der BRD nicht vorkommen durfte" – auf diese Formel bringt Leo Kreutzer den Konformitätsdruck, dem auch die jungen WDR-Kulturredakteure um Werner Höfer und Hans-Geert Falkenberg nur so lange entgehen konnten, als sie in einem Dritten Programm alter Art, das heißt für eine relativ kleine Zahl von Zuschauern, ihrem eigenen Bewußtsein nach gar „für sich selbst" produzierten. Einer esoterischen ‚E-Kultur' wird ästhetisch, ja sogar politisch freies Spiel gewährt, solange sie sich als Marginal-Kunst einer intellektuellen Minorität präsentiert und nicht als Appell an alle im Ersten Programm, in dem der Anspruch der ‚Mitte' und das politische Machtkalkül sich über kurz oder lang geltend machen.

Nicht als Produktions-, sondern als Rezeptionsbarriere erscheint die Problematik von E- und U-Kultur in *Joachim Goths* „ratlosen Anmerkungen zur Aporie der Medienpädagogik". Wenn diese den Arbeiter der ‚Unterschicht' zur ‚E-Kultur' oder auch nur zur ‚kritischen' Distanz von der ‚U-Kultur' erziehen will, gerät sie in Konflikt mit elementaren Rezeptionsbedürfnissen und eingeschliffenen Rezeptionsgewohnheiten und muß daran scheitern, wie Goth sich eingesteht. Insoweit ist die Dichotomie von audiovisueller E- und U-Kultur (als Erbe der älteren Dichotomie von Dichtung und Trivialliteratur) – bzw. die unterschiedliche Rezeptionshaltung des kritischen Medienpädagogen Goth und seiner Kursteilnehmer – ein historisch bedingter Reflex unterschiedlicher Bildungsvoraussetzungen, Lebensformen, Arbeits- und Freizeitbedingungen; die historisch-soziale Kluft des 19. Jahrhunderts zwischen den Gebildeten und dem ‚Volk' ist hier noch spürbar. Die Lebensbedingungen (die bekanntlich nicht allein durch Medienprogramme oder gar Medienpädagogik zu ändern sind), sollten sich für möglichst alle eines Tages so gestalten, daß sich die Kluft zwischen E- und U-Kultur völlig schließen könnte und deren Gegensatz sich aufhöbe in einer A(llgemein)-Kultur mit möglichst viel Spielraum für unterschiedliche Individualitäten, Talente und Interessen, aber ohne Notwendigkeit für soziokulturelle Reservate, für Literaturen ganz unterschiedlicher sozialer Klassen. Haben wir doch immerhin bereits heute Ansätze für eine solche A-Kultur, einen Bereich von Allgemeinkultur im Zentrum der kulturellen Szene, der im Prinzip für erwachsene Angehörige fast aller Schichten unserer Gesellschaft zugänglich ist. Er ist natürlich umlagert von Seitenzonen, die nur auf Rezipienten aus jeweils einer Sozialschicht rechnen können und die pauschal abzuwerten mir hier fern liegt; natürlich wird niemand bereit oder in der Lage sein, sich allen Impulsen und Spielarten dieser A-Kultur zu öffnen; auch behalten die Situationen des Werktags, des Abends, des Wochenendes, der Ausbildung, der Krankheit, des Urlaubs und so fort ihre jeweilige Besonderheit. Aber hat nicht die Zeit der Neuen Sachlichkeit in der Weimarer Republik bereits die Möglichkeit einer republikanisch-demokratischen Literatur (und Kunst) für viele demonstriert, vor der die Dichotomien von E- und U-Kultur oder von Dichtung und Trivialliteratur ihren Sinn verlieren? Zählen zum Bereich der modernen A-Kultur nicht viele Meister des Kinos seit Chaplin und Eisenstein? Sind nicht Walter Cronkite oder Barbara Walters in den Vereinigten Staaten in allen sozialen Schichten mit ihren Nachrichtensendungen präsent und prominent? Produzieren nicht berühmte Autoren der Bundesrepublik bereits Bücher, zumindest *auch* Bücher fast ohne soziale Exklusivität? Beispiele wären Böll in der Erzählprosa, Franz Xaver Kroetz und Hochhuth im Theater, Degenhardt und Biermann in der liedhaften Lyrik – um im Schema der alten Gattungstrias für Literatur zu bleiben, die freilich durch die neuen Medien überholt ist. Natürlich gehen die Massen nicht ins Theater und kaum in die Sortimentsbuchhandlungen. Aber das liegt an der historisch ‚gewachsenen' sozialen Rolle dieser Institutionen und nicht an der sozialen Exklusivität der genannten Autoren und Werke (in all ihrer Heterogenität). Wer Kroetz nicht im Theater sieht, hat vielleicht eine Chance, seinen Stücken im Fernsehen (dieses oder jenes deutschen Staates) zu begegnen; wer Böll oder Grass nicht im Taschenbuch liest, sieht vielleicht *Die verlorene Ehre der Katharina Blum* oder *Die Blechtrommel* im Kino. Das politisch-weltanschauliche Spektrum der A-Kultur ist breit, ihre ästhetische Vielfalt groß (und umfaßt viele Rangdifferenzen). Rockmusik und Posters gehören zu ihr, Hitchcock und Fassbinder. Es gibt keinen Verehrer tatsächlich exklusiver E-Kultur (etwa serieller Musik) in unserer Gesellschaft, der nicht gleichzeitig an dieser A-Kultur partizipierte, wie es wahrscheinlich keinen Leser der vielgeschmähten Kioskheftchen gibt, der nicht gleichzeitig an der A-Kultur teilnähme, zumindest über Radio, Kino, Fernsehen. Selbstverständlich herrscht in dieser A-Kultur keine Eintracht, und sie hat kein einheitliches Niveau; sie bildet ein Kampffeld gegensätzlicher weltanschaulicher, moralischer und ästhetischer Tendenzen und unterschiedlicher Talente. Aber zu diesem Kampffeld hat eine relativ breite Masse von Rezipienten aus mehreren Schichten

Zugang, und von diesem Kampffeld aus kann man Partei ergreifend und bewußtseinsprägend auf eine relativ breite Öffentlichkeit wirken. Es wird dadurch attraktiv für Autoren, die nicht nur ‚für sich selbst' schreiben wollen, es wird aber auch zum Objekt verstärkter sozialer Kontrollversuche, die zur Gefahr für Individualität und Kreativität werden können, wie sich am Fernsehen demonstrieren läßt.

Mehrere Beiträge dieses LiLi-Beiheftes entstanden im Rahmen des Forschungsschwerpunktes „Massenmedien und Kommunikation" der Gesamthochschule Siegen, der auch das Beiheft im ganzen gefördert hat.

Knut Hickethier

Probleme der Fernsehgeschichte – Überlegungen zu ihrer Konstruktion und Rekonstruktion

1. Zur Aktualität von Fernsehgeschichte

„Auch das Fernsehen beginnt seine Geschichte zu haben." Mit diesem Satz begann vor einiger Zeit in einer Wochenzeitung ein Bericht über das 15-jährige Programmjubiläum einer Fernsehreihe.[1] Das aktuelle Interesse an der Geschichte des Fernsehens, das hier seinen journalistischen Niederschlag fand, läßt sich jedoch nur zum Teil aus den Fernsehjubiläen der letzten Jahre erklären. Sicher hat der im Zusammenhang des 25-jährigen Bestehens des ARD-Fernsehens[2] betriebene publizistische Aufwand die allgemeine Aufmerksamkeit auf die geschichtliche Entwicklung des Fernsehens gelenkt,[3] daneben hat sich aber auch das wissenschaftliche Interesse an der Fernsehgeschichte in den letzten Jahren verstärkt.[4]
Dafür gibt es verschiedene Gründe. Zum einen rückt das Fernsehen als legitimer Teil des Rundfunks mit den Jahren auch in den Blickwinkel der vorrangig auf die Hörfunkentwicklung spezialisierten Rundfunkhistoriker.[5] Zum anderen spielt neben den bestehenden Verbindungen zwischen Hörfunk und Fernsehen eine Rolle, daß der Zeitraum der bundesdeutschen Fernsehgeschichte inzwischen so umfangreich geworden ist, daß er sich der individuellen Erinnerung zu entziehen beginnt

1 Rost, „Sport im Ablauf", S. 4.
2 Eigentlich handelt es sich bei diesem 25jährigen Jubiläum um das Jubiläum des NDR- bzw. NWDR-Programms, das am 25. 12. 1952 seinen täglichen Programmdienst offiziell aufnahm. Gesendet wurde in Hamburg bereits seit September 1950, seit November dreimal wöchentlich, ab 1. 10. 1951 auch von Berlin aus und ab 12. 9. 1952 von Köln aus. Alle drei Sender sendeten jeweils eigene Programme, erst vom 1. 1. 1953 an gab es für das gesamte NWDR-Sendegebiet ein Programm. Das ARD-Gemeinschaftsprogramm mit Beiträgen des NWDR, BR, HR, SDR und des SWF begann sogar erst am 1. 11. 1954. Aus dieser Vielzahl möglicher Anfänge lassen sich also zahlreiche Termine für Jubiläumsfeiern ableiten.
3 Neben den Wiederholungsreihen, die seit einigen Jahren unter schmückenden Etiketts (wie „Preisgekrönt", „Auslese", „Das gefiel uns damals") Wiederholungen ins Programm heben und somit die Geschichtlichkeit des Fernsehens auch im Programm selbst verdeutlichen, sind neben den ARD-eigenen Jubiläumssendungen vor allem zu nennen: Die Broschüre *25 Jahre Deutsches Fernsehen 1952–1977*, hrsg. von der Programmdirektion Deutsches Fernsehen, und die populär-unterhaltende Reihe in der *Hör zu* „Fernsehen Anno ... [1952–1972]", *Hör zu* 1977, Nr. 11ff. sowie in der Reihe *ARD-Fernsehspiel* ab Heft Juli–Sept. 1978 eine Reihe von Beiträgen zur Geschichte des Fernsehspiels.
4 Z.B. Bessler, „Entwicklungsphasen in Angebot und Nachfrage nach Fernsehprogrammen", S. 12ff.
5 Lerg: „Zur Geschichte des Fernsehens in Deutschland", S. 9ff.

und historisch differierende Entwicklungsphasen im Nachhinein erkennbar werden. Und schließlich ist ein allgemeines Interesse an der bundesrepublikanischen Kulturgeschichte und ihren verschiedenen Phänomenen, vor allem der 50er Jahre, entstanden, das sich in den Untersuchungen zahlreicher Einzelerscheinungen manifestiert und in deren Kontext auch die Fernsehgeschichte auf ein zunehmendes Interesse stößt.
Anlaß zum kritischen Rückblick bietet auch die fernsehpolitische Situation Mitte der 70er Jahre, die den Eindruck der Stagnation programmpolitischer Entwicklungen und der Regression innovativer, risikofreudiger Programmentscheidungen unter dem parteipolitischen Druck auf die öffentlich-rechtlichen Medien vor allem von rechts entstehen läßt. Die Rücknahme kommunikationspolitischer Zielsetzungen und Konzeptionen, wie sie zu Beginn der 70er Jahre unter den Stichworten der ‚Aufklärung' und der ‚Politisierung der Öffentlichkeit' gerade auch für das Fernsehen entworfen wurden, hat die medienpolitischen Entwicklungen, die zu dieser Rücknahme geführt haben, und ihre historisch bedingten Ursachen in den Blick gerückt.
Das Interesse am Fernsehen speiste sich seit den 60er Jahren vor allem aus der dominierenden Rolle innerhalb der Massenkommunikation, in die das Fernsehen gerade in den 60er Jahren geraten war, und artikulierte sich deshalb fast ausschließlich gegenwartbezogen und weitgehend unhistorisch. Mit dem Nachlassen der Faszination und der Gewöhnung an das neue Massenmedium rückt eine relativierende Betrachtungsweise in den Vordergrund, die das Fernsehen in seiner geschichtlichen Dimension und im Kontext der anderen Massenmedien und ihrer Wechselbeziehung (Medienverbund) untersucht.[6]
Da es bei einer noch zu schreibenden Geschichte des Fernsehens nicht um nostalgisch verklärte Erinnerungen an die gute, die „goldene" Zeit des Fernsehens gehen kann und auch der Faktizismus vorliegender Chronologien nicht ausreicht, sollen im folgenden einige Überlegungen zu methodischen Aspekten der Konstruktion und Rekonstruktion einer Mediengeschichte des Fernsehens angestellt werden.

2. Vorliegende fernsehgeschichtliche Ansätze

Fernsehgeschichte wird nicht nur von unterschiedlichen Positionen, mit unterschiedlichen Zielsetzungen geschrieben, sie kann auch unterschiedliche *Aspekte* des Fernsehens thematisieren. Bis in die 60er Jahre hinein ist mit dem Begriff der Fern-

6 Die medienübergreifende und zugleich historische Betrachtungsweise ist z. B. auch zu finden bei Reiss/Zielinski, „Internationaler Medienzusammenhang." Zwar wird hier aktuell an Phänomenen des bundesdeutschen Fernsehens angeknüpft, im weiteren wird jedoch ‚Rundfunk' auf ‚Hörfunk' eingegrenzt. Über die Verflechtungen im Fernsehbereich werden leider keine Aussagen getroffen.

sehgeschichte vor allem die *Fernsehentwicklung bis 1945* gemeint.[7] Die Phase der technischen Entwicklung des Mediums bis zu den ersten Versuchssendungen und die Tätigkeit des Versuchsbetriebes des Berliner Fernsehsenders „Paul Nipkow" sind vor allem von Kurt Wagenführ und Gerhard Goebel frühzeitig in Erinnerung gerufen worden.[8] Über diesen Abschnitt der Entwicklung, vor allem über Berliner Versuchssender ist nur noch wenig, von den ausgestrahlten Programmen, selbst dort, wo es sich um Filmzusammenschnitte handelte, überhaupt kein Material mehr vorhanden.[9] Die Arbeiten Goebels und Wagenführs bilden deshalb heute die wesentlichsten Grundlagen über die Anfänge des Fernsehens in Deutschland.

Fernsehgeschichte wird zunächst und vor allem als *Technikgeschichte* verstanden. Gerhard Goebel, der 1953 die bisher umfangreichste und detaillierteste Arbeit über die Entwicklung der Aufnahme-, Sende- und Empfangstechnik des Fernsehens vorgelegt hat, beginnt seine Fernsehgeschichte mit der Erfindung der Telegraphie Mitte des 19. Jahrhunderts und stellt die einzelnen technischen Erfindungen und ihre Erprobung bis zu Beginn des Jahres 1945 dar.[10] Die „Fülle von Geist, Fleiß, Können und Opferbereitschaft",[11] die zur Entwicklung des Fernsehens geführt haben, will er angesichts des sich nun zum Massenmedium entwickelnden Fernsehens festhalten. Ähnlich den anderen technikgeschichtlichen Ansätzen ist auch seine Arbeit von der *Faszination* dieses technischen „Wunders" geprägt, wie sie sich im Motto der Arbeit, einer Prognose A. Robidas aus dem Jahre 1893, am klarsten ausdrückt:

> Unter den großartigsten Erfindungen, deren das zwanzigste Jahrhundert sich rühmen kann, unter den tausendundein Wundern dieses an prächtigen Entdeckungen so reichen Zeitalters, stellt das Telephonoskop wohl einen der erstaunlichsten Erfolge dar.[12]

Walter Bruch z. B. formulierte 1967 in seiner *Kleinen Geschichte des Fernsehens* in ähnlicher Weise diese ihn beherrschende Faszination, wenn er das Fernsehen als Mittel versteht, den „uralte[n] Traum des Menschen, weiter zu sehen, als sein Auge kann", zu erfüllen.[13] Mit der nachlassenden Faszination schwand jedoch auch die Bewunderung der Technik und damit die Motivation technikgeschichtlicher Ansät-

7 Vgl. Lerg, „Zur Geschichte des Fernsehens in Deutschland."; Kutschbach, „Zur geschichtlichen Entwicklung des Fernsehspiels."; Pohle, „Wollen und Wirklichkeit des deutschen Fernsehens."; Goebel: „Das Fernsehen in Deutschland bis zum Jahre 1945."; Hempel: „Fernsehen unterm Hakenkreuz."

8 Goebel, „Das Fernsehen in Deutschland bis zum Jahre 1945."; ders., „Vor 40 Jahren."; Wagenführ: „25 Jahre Fernseh-Programmdienst."; ders., „Begriff und Geschichte des Fernsehens."; ders., „Vor 40 Jahren."; ders., „Die Entwicklung des Fernsehens in Deutschland."

9 Zur Quellenlage vgl. auch G. Goebel, „Das Fernsehen in Deutschland bis zum Jahre 1945", S. 259.

10 Ebd., S. 259ff.

11 Ebd.

12 Ebd.

13 Bruch, *Kleine Geschichte des Fernsehens*, S. 9.

ze, so daß Bruch Anfang 1978 den Rundfunkhistorikern emphatisch zurief: „Macht Technikgeschichte zu Eurem Hobby!“[14]
Neben der Technikgeschichte bilden die *Geschichtsdarstellungen einzelner Sendeanstalten* einen weiteren Schwerpunkt, wobei hier jedoch die Hörfunkgeschichte im Vordergrund steht und die Fernseharbeit der einzelnen Anstalten als integrierter Bestandteil der Entwicklung der Rundfunkanstalten behandelt wird. Das Hauptinteresse dieser Untersuchungen gilt der Entwicklung der *Organisationsformen*, ihren juristischen und politischen Einbindungen in Staat und Gesellschaft sowie der *Personalentwicklung* in den jeweiligen Institutionen. Diese Arbeiten, von den dargestellten Anstalten initiiert oder doch zumindest mit Material unterstützt und gefördert, erfassen aufgrund ihrer Beschränkung auf eine Rundfunkanstalt immer nur den auf sie bezogenen Teilbereich des Fernsehens. Sie sind außerdem bisher nur für einige Anstalten vorhanden.[15]
Institutionengeschichte wird hier fast immer aus einer Innensicht führender Rundfunk-Funktionäre betrieben, wobei der Tenor der persönlichen Erinnerungen an Selbsterlebtes vorherrscht, z. B. bei Werner Höfer.[16] Programmaspekte werden bei dieser Form der Fernsehgeschichte nur über die Darstellung einzelner Programm-Verantwortlicher und über die Charakterisierung der Rundfunkpioniere bzw. -funktionäre angesprochen.
Institutionengeschichte dieser Art wird erst seit einigen Jahren aufgearbeitet. Geschichtsdarstellungen einzelner Sender nehmen in dem Maße zu, in dem sich die öffentlich-rechtlichen Medien, oft durch eigene Jubiläen animiert, der eigenen Geschichtlichkeit bewußt werden und sie für darstellenswert halten. Ergänzt werden diese Arbeiten durch *allgemeine organisationsgeschichtliche Arbeiten*, die sich besonders mit der verfassungspolitischen und gesetzlichen Konstitution der Funkmedien befassen.[17]
Technikgeschichte und Organisationsgeschichte bestimmen bisher fast ausschließlich die vorliegenden fernsehgeschichtlichen Untersuchungen. Die mit dem Fernsehen betriebene Kommunikation, die ausgestrahlten Programme und schließlich die Rezeption dieser Programme erscheinen allenfalls als Anhängsel der technischen Apparatur, als zu vernachlässigendes Produkt der Institutionen, über die eher beiläufig in Form unterhaltsamer Anekdoten berichtet wird.

14 Bruch, „Die Geschichte der Rundfunktechnik als Hobby?“, S. 17.
15 Z.B. Först, *Aus Köln in die Welt.*; Deiters, *Fenster zur Welt.*
16 Höfer, „Wenn ich mich erinnere“, S.105 ff.
17 Brack, „Die Organisation der übergeordneten Aufgaben des Rundfunks.“; ders., „Der Rundfunk zwischen Bund und Ländern.“; Hillig, „Werdegang und Organisation des zweiten Fernsehprogramms.“; Hermann, „Zur Entwicklung der Rundfunkorganisation in der Bundesrepublik Deutschland.“

3. Organisationsgeschichte – Programmgeschichte – Rezeptionsgeschichte

Die Bedeutung des Massenmediums Fernsehen ist in seiner geschichtlichen Entwicklung jedoch nur dann zu erfassen, wenn diese bisherigen Ansätze erweitert, durch die Untersuchungen weiterer Aspekte ergänzt und die verschiedenen Teilaspekte in einem weiteren Schritt auf ihre Interdependenzen hin untersucht und in einen Zusammenhang gebracht werden. Ausgangspunkt hat die mit dem Massenmedium Fernsehen betriebene *Kommunikation* zu sein. Denn nur die besondere Bedeutung des Fernsehens innerhalb der Massenkommunikation aufgrund seiner Reichweite, der vermittelten Inhalte, seiner zeitintensiven Nutzung sowie der bei der Rezeption umfassenden Ansprache der menschlichen Sinne, nur die Bedeutung des Fernsehens für die *Konstitution gesellschaftlichen Bewußtseins* schafft das Interesse an seiner geschichtlichen Entwicklung. Technikgeschichte des Fernsehens ist ohne diesen Aspekt allenfalls als Teil der Geschichte der Elektrotechnik und der Elektronik von Belang. Ebenso verhält es sich mit der Institutionengeschichte.
Ausgehend von einem sehr vereinfachten Kommunikationsmodell ist die Organisationsgeschichte der programmproduzierenden und -sendenden Institutionen und die Technikgeschichte des vermittelnden Mediums zu ergänzen durch eine *Geschichte der ausgestrahlten Programme* sowie durch eine *Geschichte der Fernsehrezeption*.
Die verschiedenen Teilbereiche erweisen sich dabei in der *Konsistenz ihres Gegenstandes* als auch in den *methodischen Zugangsweisen* als unterschiedlich komplex.
Technikgeschichte untersucht im wesentlichen den linearen Verlauf bis zum Abschluß einzelner Erfindungen, ihre Kombinationen und Weiterentwicklung und ihre Anwendungsweisen bis zur Herausbildung des technischen Apparats Fernsehen, auch wenn die Entwicklung auf Umwegen oder mehrsträngig erfolgte.[18]
Vom Gegenstand und von der Gegenstandsentwicklung her ähnlich überschaubar ist die Institutionengeschichte durch die organisatorische Einheit der thematisierten Institution, die zwar in einen politischen, ökonomischen und allgemein-kulturellen Kontext eingebunden ist, deren Entfaltung jedoch nur soweit von Belang ist, als sie in Bezug zu Prozessen innerhalb der thematisierten Institution von Bedeutung ist.
Auch wenn bei der Technik- und Institutionengeschichte die Rekonstruktion der Entwicklung durch nicht mehr vorhandenes Quellenmaterial erschwert werden kann, bleibt ihr Gegenstand *konsistent*, ihre Entwicklung *linear* beschreibbar.
Demgegenüber ist vor allem die *Rezeptionsgeschichte* sowohl in ihrer Methode als auch von ihrem Gegenstand her *diffus*. Die ausgestrahlten Programme werden im privaten Bereich rezipiert, die Rezeption vom Alltag der Zuschauer nicht durch besondere Eingangsvoraussetzungen (z. B. das Anlegen festlicher Kleidung, längere

18 Dies gilt natürlich nicht für die Technikgeschichte generell, sondern für die hier zur Diskussion stehenden Untersuchungen zur Fernsehtechnik-Geschichte. Zur allgemeinen Diskussion der Technikgeschichte und ihrer methodischen Probleme vgl. Treue, „Technikgeschichte und Technik in der Geschichte."; Ludwig, „Technikgeschichte als Beitrag zur Strukturgeschichte."; Pfetsch, „Innovationsforschung in historischer Perspektive."

Anreise, Kartenkauf etc.) getrennt, sondern in ihn integriert. Die ständige Zugriffsmöglichkeit auf das Fernsehprogramm *verändert* für den Zuschauer bereits *den Alltag selbst,* organisiert ihn unter dem Gesichtspunkt der Fernsehrezeption um. Die Vielzahl der jeweils einzelnen Rezeptionsvorgänge ist zudem nur näherungsweise mit Hilfe *demoskopisch-statistischer* Selektionsverfahren zu erfassen, deren Methodik sich im historischen Verlauf entscheidend verändert hat. Stärker als bei anderen Teilbereichen der Fernsehgeschichte wird hier das Moment der Konstruktion im Beschreiben sichtbar. Die theoretische Diskussion der methodischen Gewinnung von Gegenstandsaussagen ist selbst Teil der Rezeptionsgeschichte. Denn mit der Benutzung bestimmter Methoden wird bereits festgelegt, was an den Rezeptionsvorgängen untersucht und was damit auch an Aussagen über die Rezeption überhaupt möglich ist.

Programmgeschichte als die Geschichte der ausgestrahlten Programme muß sowohl auf die historische Beschreibung der institutionellen Entwicklung und ihrer politischen und ökonomischen Einbindungen als auch auf die Erfassung der historisch unterschiedlichen Rezeptionsformen aufbauen, sie geht darin jedoch nicht auf. Die *Programmstruktur*, die in ihr enthaltenen *Formen*, die mit diesen Formen vermittelten *Inhalte*, die *Darstellung der gesellschaftlichen Realität* und der *kollektiven Wünsche und Hoffnungen*, die im Programm angesprochen werden, sind ein selbständiger und in sich sehr komplexer Untersuchungsgegenstand. Die Programmgeschichte des Fernsehens kann nicht geschrieben werden, ohne die *Affinitäten des Fernsehprogramms zu den Programmangeboten der anderen Medien* der gesellschaftlichen Kommunikation, wie z. B. dem Hörfunk, der Presse, des Theaters, des Films, der (Buch-)Literatur usf., zu berücksichtigen. Sie muß sich deshalb als Teil einer *Kulturgeschichte* verstehen und die Unterschiede und Gemeinsamkeiten im Verhältnis zu den anderen Medien deutlich machen.

Die hier nur kurz skizzierte unterschiedliche Komplexität der verschiedenen Teilbereiche der Fernsehgeschichte ist mit ein Grund, warum in den vorliegenden fernsehgeschichtlichen Arbeiten programm- und rezeptionsgeschichtliche Aspekte allenfalls am Rande behandelt wurden. Vorrangiges Ziel aufgrund des langjährigen historischen Desinteresses der Rundfunkanstalten an ihrer eigenen Geschichte mußte zunächst einmal die Sicherung der organisationsgeschichtlichen Grunddaten sein. Nachdem diese nun weitgehend vorhanden sind, stellt sich die Untersuchung der Programmentwicklungen im Hörfunk und im Fernsehen und ihrer Rezeptionsgeschichte als dringendes Ziel.[19]

Auch der rundfunknahe „Studienkreis Rundfunk und Geschichte" betont seit einiger Zeit die Notwendigkeit programmgeschichtlicher Untersuchungen (meint damit allerdings vorrangig Programmuntersuchungen zum Hörfunk vor 1945). Programmgeschichte soll hier hauptsächlich unter dem Gesichtspunkt ihrer *Auswirkungen* erforscht werden. Hervorgehoben wird die Notwendigkeit der „Einschät-

19 Vgl. dazu auch meine Ausführungen in: Hickethier, „Für eine Programmgeschichte des Fernsehspiels."

zung der Zusammenhänge publizistischer Vorgänge mit der langfristig zu beobachtenden Veränderung von Wertvorstellungen und Reaktionsweisen einzelner Bevölkerungsgruppen" als „Schwerpunkt wissenschaftlichen Interesses".[20] So plausibel dieser Ansatz einer *wirkungsorientierten Programmgeschichte* scheint, so ist ihm jedoch aus methodischen Gründen zu widersprechen. Neuere Rezeptionsuntersuchungen zum Fernsehen haben deutlich gemacht, daß der Rezipient nicht länger mehr als nur reagierendes Objekt gegenüber einem Reizimpulse aussendenden Massenmedium betrachtet werden darf, sondern daß der Zuschauer in aktiver Form mit dem Medienangebot umgeht und ein spezifisches Interaktionsverhältnis zum Fernsehen aufbaut.[21] Verkehrt sich aber die Fragestellung, was das Fernsehen mit dem Zuschauer macht, in die Frage, *was der Zuschauer mit dem Fernsehen macht*, so kann auch die historische Untersuchung der Rezeption nicht Anhängsel an der Programmgeschichte bleiben, die ihrerseits womöglich nur Verlängerung der Institutionengeschichte ist. Ihr muß als besonderer Teilbereich der Fernsehgeschichte ebensoviel Aufmerksamkeit gewidmet werden wie den anderen Teilbereichen. Vor allem dürfen die spezifischen Methodenprobleme rezeptionsgeschichtlicher Analyse nicht vernachlässigt werden.

4. Zu einigen Aspekten der Programmgeschichte

Fernsehprogramme sind wie auch Hörfunkprogramme Konglomerate aus ganz unterschiedlichen, teilweise ineinander übergehenden Einzelbereichen, deren genaue Unterscheidung und Typologisierung anhand der vermittelten Inhalte und der benutzten Programmformen bisher wenig diskutiert wurde. Zumeist wird das Programm entsprechend der Aufgabenzuweisung durch Rundfunkgesetze und Programmrichtlinien unterteilt in ‚Information', ‚Bildung' und ‚Unterhaltung'; allenfalls wird noch auf die Problematik der Überschneidung und die Notwendigkeit der Differenzierung hingewiesen. Programmgeschichte kann sich jedoch nicht auf derartig grobe Gliederungen beschränken, sondern muß versuchen, die einzelnen *Programmformen* und die mit ihnen *vermittelten Inhalte* genauer zu erfassen. Sie muß die Veränderung, Vermischung und auch das Verschwinden und Neuentstehen von Programmformen in der geschichtlichen Entwicklung untersuchen und die Gründe der Formenmodifikation aufzeigen.

Eine besondere Bedeutung kommt der Veränderung bestehender Programmformen, die aufgrund der Organisationsstruktur der Sendeanstalten einzelnen Abteilungen fest zugewiesen sind, zu. Es ist zu untersuchen, wie sich solche *administrativ*

20 Kahlenberg, „Die sozialgeschichtlichen Erkenntnisinteressen der Rundfunkgeschichte", S. 13; vgl. auch den von ähnlichen Prämissen ausgehenden Aufsatz von Lerg, „Rundfunkgeschichte als Kommunikationsgeschichte.", S. 18 ff.

21 Vgl. Renckstorf, „Alternative Ansätze der Massenkommunikationsforschung"; vgl. auch Lindner, „Uns bleibt nur dieser Scheißfernsehkasten."

verfestigten Sparten und Ressorts zu der möglichen *Entwicklung der Programmformen*, sei es durch technische Neuerungen, ästhetische Innovationen oder bedingt durch medienpolitische oder gesamtgesellschaftliche Veränderungen, verhalten. Im historischen Prozeß wandeln sich nicht nur die Inhalte, sondern auch die „Formelemente",[22] es veränderten sich Selbstverständnis, Intention und Dramaturgie, mit denen die Redaktionen die Programmformen jeweils gefüllt haben. Ein Beispiel dafür ist die Fernsehspielentwicklung.

Als Programmsparte ist sie bereits von Beginn an im bundesrepublikanischen Fernsehen verankert. Nicht nur eröffnete der NWDR seinen regelmäßigen Programmdienst 1952 mit einem Fernsehspiel nach Goethes „Vorspiel auf dem Theater" aus dem „Faust" (daß diese Eröffnung als programmatisch verstanden wurde, ist daran erkennbar, daß das ZDF elf Jahre später sein Programm ebenfalls mit diesem Spiel begann), auch die erste Programmstatistik des NWDR-Versuchsprogramms 1950–52 weist bereits die feste Programmrubrik „Sendespiele" auf.[23] Organisatorisch ist das Fernsehspiel seither als Programmform fest verankert. Gleichzeitig hat sie sich im historischen Verlauf entscheidend verändert.
In den 50er Jahren ist das Fernsehspiel in seiner Produktionsform und in seinem theoretischen Selbstverständnis an die elektronische Studioproduktion gebunden, die nur live produziert werden konnte. Die Magnetaufzeichnung wurde erst Mitte der 50er Jahre entwickelt und setzte sich erst im Übergang zu den 60er Jahren endgültig durch. Die Einbeziehung der Magnetaufzeichnung und vor allem in den 60er Jahren die Einbeziehung der filmischen Produktionsweise brachten dem Fernsehspiel neue Ausdrucks- und Darstellungsmöglichkeiten. Das Fernsehspiel veränderte sich schließlich bis hin zur Spielfilmproduktion (unter dem Etikett des „amphibischen" Films) – alles innerhalb der administrativen Einheit „Fernsehspiel". Ab Mitte der 60er Jahre, in einer sich verändernden kulturellen Situation und einer verstärkten Hinwendung einiger Fernsehspielabteilungen zu gesellschaftsbezogenen, kritischen Darstellungen der bundesrepublikanischen Wirklichkeit, kam es innerhalb dieser Programmform sogar zur Einbeziehung dokumentarischer Mittel in die Fernsehspielproduktion. Die ausgeprägtesten Dokumentarfilme, die das Fernsehen in dieser Zeit produziert hat (etwa die Produktionen von Eberhard Fechner, Erika Runge, Schübel/Gallehr, Klaus Wildenhahn), entstanden innerhalb der Programmsparte des Fernseh*spiels*. Der Fiktionalitätsanspruch wurde ausgesetzt.[24]

Gegenüber dieser *flexiblen administrativen Einbindung einer Programmform* und ihrer *produktionstechnischen, inhaltlichen und formalen Entwicklung* gibt es andere Beispiele, wie administrative Setzungen die Entwicklung von Programmformen behinderten und schließlich sogar zu ihrem Ende beigetragen haben.

Als originäre Schöpfung feierte beispielsweise das ZDF in den 60er Jahren die damals angeblich neue Erfindung des Dokumentarspiels, einer Spielform, in der historisch authentische „Fälle" nachgespielt wurden und bei deren Ausstattung man auf eine oberflächliche Ähnlichkeit zwischen den historischen Personen und den Darstellern, zwischen historischem Ort und nachgestellter Kulisse allergrößten Wert legte. Das Konzept dieser ZDF-Dokumentarspielabteilung (nur das ZDF richtete dafür eine eigene Abteilung ein) war die „Illusion des Authentischen", die Suggestion von Augenzeugenschaft mit dem Gezeigten. Diese in den 60er Jahren

22 Magnus, „Zur Frage der Typologie von Sendeformen in Hörfunk und Fernsehen." S. 42
23 Pleister, „Das Fernsehprogramm." S. 17
24 Vgl. dazu Hickethier, Das Fernsehspiel. Untersuchungen zu seiner Programmgeschichte in der Bundesrepublik von 1951 bis 1977.

erfolgreiche Programmform erfuhr jedoch bereits Ende der 60er Jahre heftige Kritik wegen der ihr zugrunde liegenden Konzeption, doch die ZDF-Abteilung hielt an ihr fest, da mit diesem Konzept die administrative Existenzberechtigung verknüpft war. Die mangelnde Fähigkeit schließlich, die Programmform weiter zu entwickeln und auf die veränderten Erwartungshaltungen einzugehen, führten zum Niedergang dieser Programmform.[25]

Organisationsentwicklung und Entwicklung der Programmformen verhält sich, das sollten die beiden Beispiele zeigen, nicht widerspruchsfrei zueinander, das Organisationsschema in den Fernsehanstalten ist nicht identisch mit dem Programmformenarsenal.

Die Untersuchung der einzelnen Programmformen, aus denen sich das Programm zusammensetzt, liegt auf der Ebene *gattungsgeschichtlicher* und theoretischer Untersuchungen, wie sie in der Literaturwissenschaft betrieben werden. Neuere gattungstheoretische Arbeiten haben den Zusammenhang zwischen den tradierten literarischen Gattungen und den Programmformen der neuen Massenmedien betont. Gerhard R. Kaiser hat auf die Veränderung der tradierten literarischen Gattungen im historischen Prozeß unter Einfluß der neuen Massenmedien hingewiesen und eine Theorie der *Dynamik literarischer Gattungen* entwickelt.[26] Knüpft man daran an, sind umgekehrt die massenmedialen Programmformen nicht ohne die tradierten Formen älterer Medien (einschließlich der Literatur) denkbar. Auch die massenmedialen Programmformen müssen dabei als dynamisch sich verändernde „Kommunikationssysteme"[27] verstanden werden, wobei ihre relative Neuheit, ihre Bindung an ein stark institutionalisiertes Medium und die dynamische Entwicklung des Mediums insgesamt als zusätzliche Faktoren die historische Dynamik der Programmformen verstärken.

Anders als bei den traditionellen Gattungssystematiken kann gerade unter dem Einfluß des Fernsehens nicht mehr ein System überschneidungsfreier Formen entwickelt werden. Für das Fernsehen ist gerade die *Überschneidung und Überlagerung mit Programmformen und Gattungen anderer Medien* ein *konstitutives* Merkmal. Die theoretische Diskussion vieler Programmformen des Fernsehens, besonders des Fernsehspiels, krankte bisher gerade daran, daß sie überall nur das jeweils Neue, in anderen Medien nicht Vorhandene als fernsehspezifisch gelten ließ und die Übernahme von Formen aus anderen Medien und ihre Überformung als fernsehunspezifisch zu negieren trachtete. Diese aus anderen Medien übernommenen Formen und Formbestandteile integrierten auf weite Strecken tradierte kulturelle Kommunikationsformen, ästhetische Traditionen und Normensysteme in das neue Massenmedium. Sie blieben im Laufe der historischen Entwicklung jedoch nicht ungebrochen, sondern wurden überformt, mit anderen Formen synthetisiert und der Produktionsweise des Fernsehens angepaßt. Für den Zuschauer wurde durch diese Adaption anderer Medienformen und -inhalte der Einstieg in die Rezeption erleichtert

25 Vgl. Delling, „Das Dokument als Illusion."
26 Kaiser, „Zur Dynamik literarischer Gattungen." S. 32ff.
27 Ebd.

und der Aufbau von Erwartungshaltungen im Rahmen des bestehenden kulturellen Kontextes gewahrt.
Für die einzelnen Programmformen lassen sich *unterschiedliche Traditionslinien* ausmachen. So ist die gesamte Fernsehspielproduktion nicht ohne die Theater- und Filmtradition denkbar, ist der Gesamtbereich der Fernsehunterhaltung nicht ohne die Unterhaltungsformen des Varietés, des Zirkus, des Kabaretts und vor allem des Hörfunks zu verstehen.[28] Ähnliches gilt z. B. für die Sportberichterstattung im Fernsehen, die sich auf die Tradition des Sportjournalismus in der Presse und vor allem Hörfunk und Film (Wochenschau) stützt.[29] Auch für die übrigen Programmformen des Fernsehens lassen sich die Traditionslinien zu anderen Medien und Formen der gesellschaftlichen Kommunikation hin ziehen.
Programmgeschichte des Fernsehens muß also auf *differenzierte historische Untersuchungen der einzelnen Programmformen* zurückgreifen, die in den meisten Fällen jedoch höchstens ansatzweise vorliegen. Programmgeschichte ist, so gesehen, ein langfristiges Unternehmen, das vielfältige Vorarbeiten erfordert. Die Untersuchung der Bezüge zu anderen Medien erfordert die *Einbeziehung der Programmgeschichte dieser anderen Medien.* Dabei zeigt sich, daß dieser Bezug auch für die Untersuchung der Nutzung des Fernsehangebots insgesamt von Bedeutung ist.
Indem das Fernsehen auf den Fundus an Formen und Inhalten anderer Medien zurückgriff und sie für seine Zwecke adaptierte, trat das Fernsehen mit seinen für den Zuschauer optimalen Rezeptionsbedingungen in Konkurrenz zu diesen Medien und begann sie in ihrer Funktion für den Zuschauer zu *substituieren*. Dies gilt besonders für die älteren, nicht industrialisierten Unterhaltungsmedien wie Varieté, Zirkus, Kabarett, aber auch für den Film und teilweise auch für das Theater. Dieser *Medienkonkurrenz* konnten die älteren Medien nur durch eine Neubestimmung ihrer Funktion und vor allem durch vom Fernsehangebot nicht einholbare ästhetische Innovationen begegnen. So ist z. B. die neuere Theaterentwicklung mit ihrer Tendenz zur prächtigen, oft spektakelhaften Inszenierung nicht nur als Reaktion auf das in der Ausstattung zurückhaltende politische Theater der 60er Jahre zu verstehen, sondern auch als neues Konkurrenzangebot gegenüber dem Fernsehen. Ähnlich versuchte die Kinoindustrie durch zunächst nur technische Innovationen (Breitwand, Cinemaskope, 3D etc.) der Fernsehkonkurrenz zu begegnen, später dann durch inhaltlich-ästhetische Alternativen (New Hollywood, der neue deutsche Film usf.). Durch die Einbeziehung solcher Aspekte zielt die Untersuchung der Programmformen über die Programmgeschichte *eines* Mediums hinaus auf eine *Kulturgeschichte*.
Die Herkunft der Programmformen und der in ihnen benutzten Muster aus anderen Medien ist jedoch nur die eine Seite: Für die Programmgeschichte ebenso wichtig ist die Untersuchung, wie sich die adaptierten Formen im Fernsehkontext verändern. Dabei spielt neben der Entwicklung der Aufnahme- und Aufzeichnungstechnik vor

28 Hickethier, „Fernsehunterhaltung und Unterhaltungsformen anderer Medien."
29 Vgl. Hackforth, *Sport im Fernsehen*.

allem die durch die ständige Programmproduktion entstehende Erfahrung und Traditionsbildung eine Rolle: Das in der Produktionspraxis entstandene ästhetische Regelsystem wirkt sich für die Weiterentwicklung normierend aus. Die Versuche, schriftlich eine Fernsehästhetik zu fixieren, wie es z. B. Gerhard Eckert 1953 in seinem Buch *Die Kunst des Fernsehens*[30] unternommen hat, haben jedoch eher dazu beigetragen, die fixierten Normen zu überwinden.[31] Die ästhetische Normierung im Fernsehen ist eine in der Anstaltspraxis selbst entwickelte und verankerte: Einstellungslängen, Beleuchtungsart, Aufnahmewinkel, Montageformen usf. orientieren sich an einem unausgewiesenen ‚So macht man es eben'.

Programmgeschichte als Basis einer Fernsehästhetik hätte die Aufgabe, über eine Beschreibung der Programmformen und ihrer Veränderungen im historischen Prozeß die in diesen Formen benutzten ästhetischen Mittel zu analysieren. Diese Analyse wäre nicht nur bei den ‚künstlerisch-gestalteten' Formen des Spiels und der Unterhaltung vorzunehmen, sondern bei allen Programmformen. Sie ist besonders im Bereich der politisch-informatorischen Sendungen für die Untersuchung des Komplexes der „Ästhetisierung der Politik"[32] von Bedeutung.

Im Vordergrund müssen dementsprechend die „normalen", alltäglich im Programm benutzten ästhetischen Mittel stehen, die Untersuchung der normdurchbrechenden Leistungen dient vor allem dazu, an ihnen die ästhetischen Normen transparent zu machen, bzw. dort, wo durch sie neue Normen eingeführt werden, diesen Wendepunkt exemplarisch zu verdeutlichen. So interessiert z. B. nicht allein, wie etwa elektronische Trickstanztechniken als besondere ästhetische Mittel in Zadeks Fernsehinszenierungen des *Pott* (1971) oder *Rotmord* (1969) eingesetzt wurden, sondern mehr noch, wo und wie im Programmalltag diese Mittel dann tatsächlich Eingang gefunden haben. Ihre Funktion in der politischen Berichterstattung, in den Sport- und Musiksendungen erschließt sich jedoch erst dann, wenn die Benutzung der ästhetischen Mittel im Zusammenhang mit den vermittelten Inhalten gesehen wird.

Die Untersuchung der fernsehästhetischen Zusammenhänge zielt neben der Analyse der Entwicklung einzelner Programmformen vor allem auf die die einzelnen Formen *übergreifenden Strukturen* und ihre Veränderungen. Drei Tendenzen scheinen mir dabei besonders wichtig und die Programmgeschichte bestimmend.

a) Die Tendenz zur Programmverfestigung

Programmschemata werden für das bundesdeutsche Fernsehen seit 1958 entwickelt. Die ersten waren relativ einfache Gebilde. Nach außen hin zur besseren Orien-

30 Eckert, *Die Kunst des Fernsehens.*

31 Vgl. dazu die Kritik an Eckert in Gottschalk, „Fernsehspiel oder Fernsehfilm." S. 65f.

32 Ob die im Fernsehen betriebene „Ästhetisierung der Politik" eine ähnliche Integrationsfunktion hat, wie sie in der von Walter Benjamin entwickelten These von der „Ästhetisierung der Politik" hat, ist jedoch erst noch genauer zu untersuchen. Vgl. Benjamin: *Das Kunstwerk im Zeitalter seiner technischen Reproduzierbarkeit*, S. 49.

tierung des Zuschauers entwickelt, dienten sie vor allem zur Planung und Koordination des ARD-Gemeinschaftsprogramms aus den Beiträgen der einzelnen Anstalten. Man wollte mit dem Programmschema „den Programmablauf nicht etwa starr regeln, sondern – in elastischen Grenzen – den Grundtenor des Abends bestimmen."[33] Mit zunehmendem quantitativen Ausbau des Programms, dem Beginn eines zweiten und schließlich der dritten Programme gerieten die einzelnen Programmschemata, in einem mehrjährigen Rhythmus jeweils neu entworfen, immer rigider und unübersichtlicher.[34] Immer strikter wurde auf das Einhalten festgelegter Zeitgrenzen geachtet. In den einzelnen Programmsparten verfestigten sich die Konzeptionen. In den Verlaufsformen einzelner Sendungen setzten sich Standardisierungen durch und bei den präsentierten Inhalten die Tendenz zur Beharrung auf Erfolgreichem und zur Reduktion auf gesellschaftlich breit Abgesichertes (und das meint hier vor allem parteipolitisch Akzeptiertes). Negt/Kluge haben dies als konstitutiv für das bundesrepublikanische Fernsehen festgestellt.[35] Für die programmgeschichtliche Untersuchung wäre dies jedoch genauer zu bestimmen, denn dieser Zustand ist nicht zuletzt Resultat parteipolitischen Drucks auf die Anstalten, der über den gesamten Zeitraum nicht durchgehend in gleicher Weise auf die Anstalten eingewirkt hat. Erst die vehemente Kritik der Parteien, vor allem der CDU/CSU, seit den 60er Jahren zunächst an einzelnen Sendungen, dann an einzelnen Sendern und schließlich an ganzen Programmen trug als wesentlichster Faktor mit zur Programmstagnation der 70er Jahre bei.

Es ließe sich in diesem Zusammenhang auch eine Programmgeschichte schreiben, die sich als *Geschichte der Pressionen* auf die Anstalten, der offenen und versteckten Maßnahmen gegen mißliebige Meinungen, Sendungen und ihre ‚Macher' versteht. Die Untersuchung der *‚Skandalfälle'* einzelner Sendungen, um die öffentlich gestritten wurde, kann die jeweils gültigen Normen an ihren Verletzungen (bzw. an dem, was dafür gehalten wurde) transparent machen.[36]

Eine solche Untersuchung umstrittener, aber dennoch ausgestrahlter Sendungen (angefangen z. B. mit Fritz Kortners „Die Sendung der Lysistrata" (1961), über Somerset Maughams „Die Flamme" (1961) bis hin zu Schübel/Gallehrs „Rote Fahnen sieht man besser" (1971), der Präsentation eines Abtreibungsfilms in „Panorama" (1976) oder Alfred Zieglers „Die Konsequenz" 1977) muß jedoch ergänzt werden um die Analyse der Konfliktfälle bei *Absetzungen* und häufiger noch

33 Zit. n. *Funkkorrespondenz* Nr. 47/ 20. 11. 1957/ B, S. 6.

34 Vgl. z. B. das von 1976–77 gültige Programmschema. Abgedruckt in: *TV-Courier* Nr. 22/ 9. 6. 1975, sowie das derzeit gültige, das im ARD-Bereich durch die Einführung einer strikt eingehaltenen Zeitliste um 22.30 Uhr die Unübersichtlichkeit wieder reduzieren wollte.

35 Negt/Kluge, „Das Fernsehen als Anstalt und ‚Reformmedium' ist in der Lage, alle Gegenstände, die es behandelt, in einer mittleren, nicht radikalisierbaren Skalenhöhe der Meinungen zu halten." In: dies., *Öffentlichkeit und Erfahrung*, S. 191.

36 In der Theaterwissenschaft gibt es in ähnlicher Weise eine Erforschung der Theaterskandale. Vgl. z. B. Berg, *Hochhuths ‚Stellvertreter'* . . .

bei *Verschiebungen* fertiger Sendungen. Gerade der deutsche Herbst 1977 brachte eine Fülle ganz unterschiedlicher Beispiele. Hinzu kommen die *Eingriffe* und *Veränderungen von Sendungen* durch übergeordnete ‚verantwortliche' Anstaltsfunktionäre im Vorgriff auf erwartete oder vermeintlich befürchtete Pressionen und negative Reaktionen außerhalb der Anstalten.[37]
Solch eine Geschichtsschreibung muß jedoch selbst unvollständig, bruchstückhaft bleiben, weil die meisten Vorgänge der Programmplanung und -produktion nach außen abgeschirmt sind und nur wenige innerbetriebliche Zensurfälle der Öffentlichkeit bekannt werden. Die „Schere im Kopf" schließlich, die *innere Selbstzensur* vieler Programm-Macher entzieht sich ganz der analytischen Beschreibung von außen.[38]

b) Die Tendenz zur Komprimierung und Perfektionierung

Mit der zunehmenden Komplizierung und Verfestigung der Programmstruktur ist, langfristig gesehen, auch die *Tendenz zu immer kleineren Programmeinheiten* zu beobachten. Herta Sturm hat dies die Tendenz zu „kurzzeitigen Angebotsmustern" genannt.[39] Zahlreiche Programmbereiche bestehen aus ganz kurzen Programmeinheiten, die – thematisch verschieden und untereinander zusammenhanglos – in bestimmten Programmformen gebündelt werden. Dazu gehören nicht nur die Werbespots im Werbefernsehen, sondern auch die Magazinsendungen im Kinder- und Jugendfernsehen, die politischen und die Wirtschaftsmagazine, Ratgebersendungen, der größte Teil der Sportsendungen bis hin zur Fernsehunterhaltung. Dieses Komprimierungsprinzip ist zum einen das Resultat des Widerspruchs zwischen der in den Anstalten erarbeiteten Stoffülle und dem durch die zeitliche Programmbegrenzung vorhandenen Zeitmangel. Denn um die Vielfalt des Stoffes dennoch im Programm bringen zu können, müssen die Stoffe verknappt und komprimiert werden.[40]
Diese Verknappung ist, so läßt sich an der Entwicklung der Programmformen feststellen, Resultat der Fernsehgeschichte. Zu unterschiedlichen Zeitpunkten findet in den einzelnen Programmformen ein *Prozeß der Magazinierung* statt. So ist zwar das Werbefernsehen bereits Ende der 50er Jahre eingeführt (der Bayerische Rundfunk begann 1956 als erster mit der Ausstrahlung von Werbesendungen), im Kinderprogramm setzt sich die Zerstückelung erst mit der Einführung der Vorschulserien im Gefolge der „Sesame Street" in den 70er Jahren durch. Oft ist diese Komprimierung Resultat außerhalb des Fernsehens stattfindender Prozesse. Die Ablösung der Übertragung ganzer Fußballspiele durch Zusammenschnitte der Spielhöhepunkte auf 3–5-Minuten-Fassungen ist sowohl Ausdruck des Anwachsens anderer Sport-

37 Vgl. von Grote, „Zensur findet statt", S. 15ff.
38 Vgl. Broder, *Die Schere im Kopf.*
39 Sturm, „Die kurzzeitigen Angebotsmuster im Fernsehen." S. 39ff.
40 Negt/Kluge weisen diese ‚Konzentration' und ‚Ballung' als generelles Strukturprinzip des öffentlich-rechtlichen Fernsehens aus. In: *Öffentlichkeit und Erfahrung, S. 201.*

arten, über die auch berichtet werden mußte, als auch Resultat massiver Interventionen des DFB Ende der 50er Jahre, der das Schwinden von zahlenden Zuschauern in den Sportstadien befürchtete.[41] Der Nummerncharakter der Unterhaltungssendungen (von den Quizspielen bis zu den Musik-Shows) existiert zwar seit Beginn des bundesdeutschen Fernsehens; neuerdings werden jedoch Sendeformen ins Programm gebracht, die kurze und bekannte Ausschnitte aus erfolgreichen Sendungen und Filmen zusammenmischen und ähnlich den Hörfunksendungen, in denen Operetten-, Oper- oder sonstige Musikausschnitte gebündelt werden, die zitierten Originalwerke auf eine Szene oder einen Szenenausschnitt reduzieren.[42]

Die zunehmende Komprimierung läßt sich auch innerhalb einzelner Sendungen auf einer anderen, dramaturgischen Ebene beobachten. So sind z.B. ältere Unterhaltungssendungen (beispielsweise bei „Klimbim") in ihrem *Ablauftempo* sehr viel gemächlicher als jüngere Folgen, obwohl sie damals bereits als hektisch empfunden wurden. Eine vergleichende Untersuchung programmästhetischer Zusammenhänge und Entwicklungen hätte nun nach den *Gründen* zu fragen, die für die Veränderungen in den einzelnen Programmbereichen ausschlaggebend gewesen sind. Der strukturelle Verweis auf die zur Beschleunigung drängende industrialisierte Sendeproduktion, auf analoge Entwicklung im Arbeitsprozeß etc.[43] ist zu allgemein; für die Einführung neuer Sendeformen bzw. der Veränderung von Sendeformen gibt es in den allermeisten Fällen konkrete Anlässe und Ursachen.

Die Komprimierung und Verdichtung des Gezeigten – selbst bereits ein ästhetisches Mittel – geht einher mit der *ästhetischen Perfektionierung*, womit weniger ästhetische Innovationen gemeint sind als vielmehr die Eliminierung spontaner Bestandteile, möglicher Patzer, Längen etc. und die Überformung durch fernsehtechnische Hilfsmittel, die dem Zuschauer weitgehend verborgen bleiben.

Bei der Analyse der die einzelnen Programmformen übergreifenden Zusammenhänge müssen auch die *theoretischen Ansprüche* und die *Erwartungshaltungen an die Programmformen* mitberücksichtigt werden. So ist eines der zentralen Postulate des Fernsehens, das der *Authentizität* des im Fernsehen Gezeigten, in der Fernsehgeschichte an unterschiedlichen Strukturmomenten festgemacht und für die einzelnen Programmformen zu historisch verschiedenen Zeitpunkten wieder zurückgenommen worden.

Zunächst an der Gleichzeitigkeit des Aufgenommenen, Gesendeten und Empfangenen der Live-Technologie der 50er Jahre entwickelt, galt die *Authentizität im Fernsehspiel* als eines der zentralen Elemente, weil sie angeblich die *Spontaneität* der Schauspieler vermittle und das gezeigte Spiel unmittelbar erlebbar mache. Mit der Ablösung der Liveproduktion durch MAZ und Film Ende der 50er Jahre verschwand die These von der Authentizität und der Unmittelbarkeit aus der Fernseh-

41 Berg, „Fernsehen, Fußball, Fernsehfußball.", S. 123; vgl. auch: Riha: *Sportsendungen im Fernsehen.*

42 z.B. „Elmar Gunsch: Wiedersehen macht Freude" im ZDF. In modifizierter Form ist die zusammengesetzte Form auch bei den „ZDF-Specials" zu beobachten.

43 Negt/Kluge, Öffentlichkeit und Erfahrung, S. 201ff.

spieldiskussion Anfang der 60er Jahre. Ungebrochen blieb der Anspruch der Authentizität des Gezeigten in der *politisch-aktuellen Berichterstattung*. Sie wurde in den 60er Jahren noch verstärkt durch die Fernseh-,Inszenierung' der Mondlandungen und sonstige globale Weltraumübertragungen. Das Gefühl, bei der Mondlandung zugleich mit dem Astronauten den ersten Fuß via Fernsehen auf den Mond gesetzt zu haben, trug zur Faszination des Fernsehens insgesamt in dieser Zeit erheblich bei und beeinflußte auch die Rezeptionsweise anderer Programmformen. In den politischen Sendungen (vor allem in den Nachrichtensendungen) wurde der Authentizitätsanspruch Mitte der 70er Jahre aufgrund breiter wissenschaftlicher Kritik an den Nachrichtensendungen und ihrer Gestaltung zurückgenommen. In der *Sportberichterstattung* gilt die These von der Authentizität des Gezeigten (trotz aller fernsehspezifischen Überformungen) immer noch unvermindert und findet erst in allerjüngster Zeit Kritiker.[44]

c) Schwerpunktverlagerungen

Die Zusammengesetztheit des Programms und die ihm aufgetragenen unterschiedlichen Funktionen bedingen, daß in der Gesamttendenz eines Programms unterschiedliche Schwerpunktsetzungen vorgenommen werden können. Auch wenn die Mehrzahl der Programmformen zumindest ressortmäßig bereits in den ersten Programmen zu Beginn des bundesdeutschen Fernsehens vorhanden waren, ist ihr Anteil am Programm nicht immer der gleiche gewesen. So ist aufgrund der vorliegenden Sekundärliteratur anzunehmen, daß in der Pionierzeit und in der Phase der Einführung des Fernsehens in den 50er Jahren das *Fernsehen vor allem als Unterhaltungsmedium* galt und Unterhaltung – im weitesten Sinne des Wortes verstanden – im Vordergrund des Programms stand.

In den 60er Jahren der beginnenden Konkurrenz mehrerer Programme verschob sich der Schwerpunkt auf *politische* Sendungen, während er Mitte der 70er Jahre mit dem Ende der Expansion des Fernsehens und im allgemeinen politisch-kulturellen Rahmen mit dem Ende der Reformphase sich wieder auf den Bereich der *Unterhaltung* zu verlagern beginnt.

Diese Schwerpunktverlagerungen können hier jedoch nur thesenhaft behauptet werden und müssen anhand der Programmentwicklung genauer untersucht werden. Dazu gehören neben der Analyse der Programmstatistiken über die Anteile der einzelnen Sparten und Programmformen auch inhaltsanalytische Untersuchungen. Der Eindruck der Politisierung entstand z. B. dadurch, daß Ende der 60er Jahre bis dahin für erklärtermaßen unpolitisch eingeschätzte Sendungen (z. B. Serien) auf ihre politische Funktion hin untersucht wurden und daß gleichzeitig versucht wurde, im Programm neue Themen und gesellschaftsbezogene Akzente in sogenannte unpolitische Sendungen zu integrieren. In den Programmstatistiken tauchen derartige

44 Vgl. Anm. 41.

Momente jedoch nicht auf, so daß neben der Programmstatistik der jeweils historische *Eindruck* von der Zusammensetzung des Programms *bei den Zuschauern* einbezogen werden muß.
Die hier an verschiedenen Beispielen mehr assoziativ entwickelten Untersuchungsaspekte für eine Programmgeschichte bedürfen insgesamt der Verifizierung auf breiter Materialbasis. Voraussetzung ist die *genaue Erfassung des Programms*. Die Soziologie und die Publizistikwissenschaft bedienen sich seit langem bei der Erfassung und Analyse massenmedialer Textmengen *quantitativer Verfahren*. Die Anstalten selbst bieten, wenn auch unter unterschiedlichen Kriterien aufbereitet und nicht für den gesamten Zeitraum, statistisches Material allgemeinster Art über die Programmentwicklung. Programmgeschichte muß ebenso versuchen, dort wo es möglich und sinnvoll ist, quantitative Aussagen zu machen.
In der neueren *geschichtstheoretischen Diskussion* haben vor allem die Vertreter der Sozial- und Wirtschaftsgeschichte die Benutzung quantitativer Methoden in der historischen Forschung diskutiert.[45] Vor allem dort, wo mit Hilfe von Zeitreihen Strukturveränderungen untersucht werden können, erweist sich die quantitative Analyse als brauchbar. Programmgeschichte des Fernsehens als Beitrag zur Geschichte der gesellschaftlichen Kommunikation muß sich deshalb ebenfalls *sozialwissenschaftlicher* Methoden bedienen. Hans-Ulrich Wehlers Forderung: „Wo nur irgend zu erreichen, soll auch quantitativ größtmöglichste Klarheit geschaffen werden",[46] bedeutet jedoch nicht eine Verabsolutierung statistischer Verfahren. Ihre Benutzung kann nur auf Veränderungen und Entwicklungen aufmerksam machen, kann Zusammenhänge aufklären helfen, die sonst unerkannt geblieben wären. Deren Ursachen und Bedingungen müssen jedoch in einer Interpretation der quantitativen Ergebnisse geklärt werden. „Quantitative Geschichte"[47] schließt neben der quantitativen Analyse immer ein, „daß darüber hinaus auch der kulturelle und institutionelle Rahmen, innerhalb der diese Reihen interpretiert werden, zur Variablen wird."[48]

5. Zu einigen Aspekten der Rezeptionsgeschichte

Programmgeschichte und Rezeptionsgeschichte stehen in engem Zusammenhang. Bei der Erfassung, Beschreibung und Analyse des Programms ist auf weite Strecken der Rückgriff auf Ankündigungen und Kritiken in den Fachkorrespondenzen, Pressediensten und in der Tagespresse notwendig. Zum einen weil die gesamte Fülle des

45 Adelotte: „Quantifizierung in der Geschichtswissenschaft,"; Schieder: „Historische und sozialwissenschaftliche Methode,".
46 Wehler: „Geschichte und Soziologie." S. 404
47 Furet: „Die quantitative Geschichte und die Konstruktion der geschichtlichen Tatsachen." S. 97
48 Lepsius: „Zum Verhältnis von Geschichtswissenschaft und Soziologie." S. 122

Programms oder auch nur eines Programmbereichs von einem einzelnen nicht noch einmal insgesamt rezipiert werden kann, zum anderen weil von vielen Sendungen nie Aufzeichnungen existiert haben, bei anderen die Aufzeichnungen inzwischen gelöscht wurden oder weil sie nur schwer zugänglich sind. Ankündigungen, Berichte, Kritiken können, da sie, wie Thomas Koebner es formulierte, „Schwundstufen" und nicht die konkreten Sendungen sind,[49] nur kritisch als Material benutzt werden: Sie bieten zwar Angaben über die Sendungen, in stärkerem Maße zeigen sie jedoch, wie die jeweilige Sendung von der Kritik aufgenommen wurde, welche Erwartungen an sie herangetragen wurden und wie sie diesen Erwartungen entsprochen haben. Wie sich bei relativ gleichbleibenden Sendungen die *Bewertung* durch die Kritik grundsätzlich verändern kann, soll ein Beispiel aus der Fernsehspielgeschichte zeigen.

Einer der ersten regelmäßig schreibenden Originalfernsehspiel-Autoren war in den 60er Jahren Horst Lommer. Der NDR brachte in den 60er Jahren von ihm fast regelmäßig jährlich ein Fernsehspiel.[50] Struktur und Themenbereich waren ab 1962 durchgängig ähnlich, wenn nicht identisch: Gezeigt wird das Handeln mehrerer Menschen im bundesdeutschen Alltag. Ihre Illusionen und Wünsche, ihr Widerspruch zum Alltag und ihr Scheitern werden in unterhaltsam-satirischer Art vorgeführt. Gesamttenor ist „Bleib was du bist", abgehandelt an Themen wie freies Wochende, gesellschaftlicher Aufstieg, Karriere im Betrieb, Tourismus usf.
In den ersten Jahren konnte die Kritik mit den Stücken nur wenig anfangen, der thematisierte Zeitbezug, die Darstellung des kleinbürgerlichen Alltags im Fernsehspiel wurde nicht akzeptiert. So hieß es 1963, „Sache und Darstellung sind widerlich", „ein Angriff auf den Sittenkodex".[51] Ein Jahr später stellte die Kritik schließlich sogar eine „Anhäufung des Schmutzes und des Unredlichen" fest,[52] den man sich nicht als Spiegelbild der bundesdeutschen Wirklichkeit aufreden lasse. Ab 1965 zeichnet sich ein Wandel ab,[53] 1966 sind sie bereits eine „Institution" geworden, Teil des „gesellschaftlichen Engagements" des NDR-Fernsehspiels.[54] 1967 gar wirkt der Kritik alles „echt und schlüssig", ist „brillant getroffen".[55] Zu seinem vorletzten Stück wird dem Autor 1969 bescheinigt: „seine Begabung, auf populäre Weise ernste, aktuelle gesellschaftliche Konfliktsituationen darzustellen, war unverwechselbar"[56], und in einem Rückblick 1976 gilt er schließlich als der „Feydeau der Adenauer-Zeit".[57]

Weitgehend unabhängig von den tatsächlichen Fernsehprodukten bestimmen, so zeigt das Beispiel, allgemeine gesellschaftliche Normen und Erwartungshaltungen die Rezeption der einzelnen Sendungen und damit auch die Kritik. Der *Bewer-*

49 Koebner: „Das Fernsehspiel – Themen und Motive." S. 20
50 Das letzte Aufgebot, 22. 10. 1959, NDR; Zur letzten Instanz (nach Maupassant), 22. 9. 1960, NDR; Schönes Wochenende, 30. 12. 1962, NDR; Das Glück läuft hinterher, 3. 12. 1963, NDR; Ich fahre Patschold, 8. 12. 1964, NDR; Mach's Beste draus, 28. 12. 1965, NDR; Geibelstr. 27, 22. 11. 1966, NDR; Zug der Zeit, 9. 5. 1967, NDR; Der Tag, an dem die Kinder verschwanden, 17. 12. 1967, SWF; Kollege Bindelmann, 19. 10. 1969, SWF; Geschäfte mit Plückhahn, 15. 7. 1971, NDR.
51 *Funk-Korrespondenz* Nr. 1/ 2. 1. 1963, S. 17.
52 *epd/ Kirche und Fernsehen*, Nr. 50/ 12. 12. 1964, S. 8.
53 Ebd., Nr. 50/ 31. 12. 1965, S. 8.
54 Ebd., Nr. 46/ 26. 11. 1966, S. 10.
55 Ebd., Nr. 18/ 13. 5. 1967, S. 12.
56 Ebd., Nr. 41/ 25. 10. 1969, S. 14.
57 Netenjakob: „Jeden Sommer einen Lommer", S. 19.

tungswandel in den Kritiken fällt zusammen mit dem Beginn der Reformdiskussionen; der aktuelle Zeitbezug, die Thematisierung der bundesrepublikanischen Wirklichkeit wurde zum ästhetischen Maßstab, da die Darstellung des bundesdeutschen Alltags zu dieser Zeit bereits als kritisch und gesellschaftsverändernd galt.
Diesen *Rezeptionshintergrund*, der in ähnlicher Weise für alle Ankündigungen, Berichte und Kritiken zu berücksichtigen ist, gilt es bei der Benutzung von Sekundärmaterial in der Programmgeschichte einzubeziehen. Für die Rezeptionsgeschichte wird dieser Zusammenhang und der Bewertungswandel selbst zum Thema. Sie muß jedoch versuchen, über die Untersuchung der Rezeption durch die Fernsehkritik auch die Rezeption des allgemeinen Publikums zu erfassen, denn die Rezeption und Bewertung durch die Fernsehkritik steht häufig konträr zu der des allgemeinen Publikums.
Am vorgeführten Beispiel wurde zugleich sichtbar, daß eine Rezeptionsgeschichte, die sich als Wirkungsgeschichte versteht, wesentliche Momente vernachlässigt. Denn die Existenz vorgefaßter Einstellungen und Erwartungen, die die Rezeption entscheidend prägen, macht deutlich, daß sich das Programmangebot nicht ungebrochen in den Köpfen der Zuschauer als Bewußtsein umsetzt, sondern daß der Zuschauer, ausgehend von seiner Alltagssituation, spezifische Erwartungen dem Fernsehen gegenüber entwickelt und aufgrund seiner medialen Erfahrungen in spezifischer Weise mit dem Angebot umgeht, es in seiner Weise für sich *nutzt*.
In der Massenkommunikationsforschung sind in den letzten Jahren aus der Kritik der bislang weitgehend nur die Wirkung untersuchenden Rezeptionsforschung neue methodische Ansätze entstanden, die versuchen, die Fernsehrezeption nicht mehr als bloße Reaktion aufzufassen, sondern die vom Rezipienten, seinen Bedürfnissen, Absichten, Zielen ausgehen: Zum einen der vom symbolischen Interaktionismus ausgehende *„Nutzenansatz"* („uses and gratifications approach"), dessen Vertreter versuchen, operationalisierbare Modelle zur empirischen Analyse des Rezeptionsverhaltens zu entwickeln.[58] Zum anderen in der kritischen Massenkommunikationsforschung der Ansatz, Fernsehrezeption von der *Bedürfnissituation der Zuschauer* her[59] sowie Fernsehen im Kontext des *Alltagslebens* zu untersuchen und dabei auch die interaktionistischen Ansätze, ohne sie für quantifizierbare Untersuchungen zu formalisieren, einzubeziehen.[60]
Rezeptionsgeschichte des Fernsehens, die von diesem Problemstand ausgeht, kann nun für die historische Fernsehrezeption derartige Untersuchungen nicht nachträglich anstellen; sie kann jedoch versuchen, Fernsehrezeption im Zusammenhang des Alltagsverhaltens anhand von Material über die Entwicklung des Freizeitverhaltens zu analysieren. Die Integration des Fernsehens in den Zuschaueralltag erweist sich dabei als über die eigentliche Fernsehrezeption hinaus gravierend.

58 Vgl. Renckstorf a.a.O. (Anm. 21); Brenne/Teichert, „Häufigkeit und Intensität von Fernsehkontakten."
59 Vgl. Dröge, „Vom Primat der Bedürfnisse im menschlichen Handeln."
60 Lindner, „Fernsehen und Alltag der Zuschauer"; ders., „Uns bleibt nur dieser Scheißfernsehkasten."

Neben der Veränderung der Interaktionen innerhalb der Familie während der Rezeption modifiziert sich das familiäre Tätigkeitsspektrum insgesamt: mögliche andere Tätigkeiten werden verdrängt oder so überformt, daß sie auf die Fernsehrezeption abgestimmt sind. Untersuchungen der Zeitbudgetforschung über den Zeitraum von 1964 bis 1974 haben ergeben, daß mit der erhöhten Nutzung des Fernsehens auch die zuhause verbrachte Zeit zunahm. Indem durch das Fernsehen „die familial-private Freizeitform im Verhältnis zu außerhäusigen Aktivitäten entscheidend zugenommen hat", wirkt das Fernsehen als „Vehikel zur Förderung [des] alltäglichen Privatismus".[61]

Rezeptionsgeschichte hat dem durch das Fernsehen veränderten Freizeitverhalten nachzugehen; sie hat nach der dadurch bedingten *Umstrukturierung der kulturellen Öffentlichkeit* zu fragen und im historischen Prozeß die einzelnen Faktoren für diese Entwicklung herauszuarbeiten. Ausgangspunkt bilden dabei zunächst die von der *Zuschauerforschung* (im Auftrag der Anstalten) seit Beginn des bundesdeutschen Fernsehens, wenn auch mit unterschiedlicher methodischer Qualität ermittelten Daten zur Fernsehnutzung[62] sowie die vor allem ab 1964 von den Fernsehanstalten vorgenommenen längerfristigen vergleichenden Tagesablaufstudien.[63] Besonders sind dabei Ergebnisse von Interesse, die differenzierend unterschiedliche Entwicklungen der Fernsehnutzung durch einzelne Zuschauergruppen erfassen. Neben den alltagsspezifischen Unterschieden[64] ist vor allem die Differenzierung der Fernsehzuschauer und ihres Rezeptionsverhaltens nach ihrer gesellschaftlichen Position, nach ihrer Schichten- bzw. Klassenzugehörigkeit von Bedeutung. Über die traditionelle Zuschauerforschung hinaus sind *weitere Ansätze* einzubeziehen. Rolf Lindner hat in seiner Untersuchung „Fernsehen und Alltag der Zuschauer" eine rezeptionsgeschichtliche Analyse vorgeschlagen, die von der „Strukturierung und Privatisierung des Alltagslebens" durch das Fernsehen ausgeht, vor allem „sozial- und kulturgeschichtliches (einschließlich mediengeschichtliches) Material, lebensgeschichtliche Aufzeichnungen, partei-, organisations- und vereinsgeschichtliche Dokumente" heranzieht und die Veränderungen und Verschiebungen im Freizeitbereich und in der Mediennutzung „am Beispiel mehrerer Generationen einer Familie" untersucht.[65]

Im Kontext einer solchen *historischen Analyse von Fernsehen und Zuschaueralltag* bekommt dann die Untersuchung der Rezeption einzelner Programmformen eine neue Bedeutung, weil sie versucht, die unterschiedliche Nutzung der einzelnen Programmformen im Zusammenhang mit dem Zuschaueralltag zu sehen, und nach den

61 Lindner, „Fernsehen und Alltag der Zuschauer", S. 13.

62 Über die ersten Jahre informieren die NWDR-Studien: *Der Fernsehzuschauer 1953, 1954/55*, Hamburg, sowie: Institut für Demoskopie: *Fernsehpublikum 1956*, Allensbach 1956.

63 Stolte, *Das Fernsehen und sein Publikum.*

64 Stolte, „Das Fernsehen in der Bundesrepublik auf dem Wege in die 80er Jahre."

65 Lindner, „Fernsehen und Alltag der Zuschauer", S. 13.

Strukturmomenten fragt, die Anknüpfungspunkte für die einzelnen Zuschauererwartungen bilden.

Für die rezeptionsgeschichtliche Analyse ist dabei die gegenseitige *Durchdringung zweier unterschiedlicher Entwicklungen* zu berücksichtigen: Die *allgemeine*, an die *gesellschaftliche* Durchsetzung des Massenmediums Fernsehen gebundene Entwicklung, die das kulturelle ‚Klima' des Mediums, die gesellschaftliche Einschätzung des Mediums prägt, und die jeweils *individuell-lebensgeschichtliche* Entwicklung der einzelnen Zuschauer, in der das Fernsehen (hier vor allem der Erwerb des Fernsehapparats) an einem bestimmten historischen Zeitpunkt eintritt. An verschiedenen Lebensläufen wäre zu untersuchen, welche Veränderungen das Fernsehen jeweils individuell bewirkt hat, welche Alltagsveränderungen sich ergeben haben und wie dann nach einer Anfangsphase intensiver Nutzung Gewöhnungsphasen (mit unterschiedlichen Konsequenzen) traten. Zwar gleichen sich mit dem Erreichen der Sättigungsgrenze der Fernsehausbreitung die beiden Entwicklungsstränge aneinander an (schon heute sind nahezu alle Heranwachsenden durch das Fernsehen sozialisiert, ist ihnen das Medium eine andere kulturelle Selbstverständlichkeit als noch den 30- oder 40jährigen, von denen die meisten sich noch an eine fernsehlose Zeit in ihrem Leben erinnern können) – für die Untersuchung der historischen Phasen der Fernsehrezeption spielt diese Differenz jedoch eine entscheidende Rolle. Denn je nachdem, von welchem historischen Zeitpunkt ab das Fernsehen in der individuellen Lebensgeschichte eine Rolle zu spielen begann, bildet sich auch eine unterschiedliche mediale Erfahrung aus, gibt es in unterschiedlicher Weise so etwas wie Fernseh-Mythen.[66]

6. Fazit

Überlegungen zu methodischen Fragen der Fernsehgeschichte können derzeit kaum auf der differenzierenden Kritik vorliegender Arbeiten aufbauen, sondern bleiben auf weite Strecken aus der allgemeinen fernsehtheoretischen Diskussion und der mehr assoziierenden Beobachtung von Einzelmomenten abgeleitete Forschungsimperative. Ihre Kritik und Diskussion kann jedoch helfen, die Arbeit an der noch zu schreibenden Fernsehgeschichte voranzutreiben.

66 Ausgehend von eigenen Beobachtungen, nach denen die Fernsehserie „77 Sunset Strip" Anfang der 60er Jahre die älteste und gewichtigste Programmerinnerung ist, sowie der ersten Befragung anderer Personen nach ihren ältesten Fernseherlebnissen, wird z. Zt. am Institut für Theaterwissenschaft der FU Berlin ein Untersuchungsprojekt über „individuelle Fernsehgeschichte" durchgeführt.

Literatur

Adelotte, William O.: „Quantifizierung in der Geschichtswissenschaft", in: Theodor Schieder/Karl Gräubig (Hrsg.), *Theorieprobleme der Geschichtswissenschaft*, Darmstadt 1977, S. 205–250.

Benjamin, Walter: *Das Kunstwerk im Zeitalter seiner technischen Reproduzierbarkeit*, Frankfurt/M. 1963.

Berg, Jan: *Hochhuths ‚Stellvertreter'* und die *‚Stellvertreter'-Debatte*, Kronberg 1977.

Berg, Jan: „Fernsehen, Fußball, Fernsehfußball", in: *Ästhetik und Kommunikation* 9. Jg. (1978) H. 33, S. 121–127.

Bessler, Hansjörg: „Entwicklungsphasen in Angebot und Nachfrage nach Fernsehprogrammen", in: *Rundfunk und Fernsehen* 26. Jg. (1978) H. 1, S. 12–19.

Brack, Hans: „Die Organisation der übergeordneten Aufgaben des Rundfunks", in: *Rundfunk und Fernsehen* 8. Jg. (1960) H. 2, S. 152–167.

Brack, Hans: „Der Rundfunk zwischen Bund und Ländern", in: *Rundfunk und Fernsehen* 10. Jg. (1962) H. 1, S. 30–45.

Brenne, Friedemann/Teichert, Will: „Häufigkeit und Intensität von Fernsehkontakten – Möglichkeiten zum Ausbau der kontinuierlichen Zuschauerforschung", in: *Media Perspektiven*, 1976, H. 12, S. 601–624.

Broder, Henryk M. (Hrsg.): *Die Schere im Kopf. Über Zensur und Selbstzensur*, Köln 1976.

Bruch, Walter: *Kleine Geschichte des Fernsehens*, hrsg. vom Sender Freies Berlin, Berlin 1967.

Bruch, Walter: „Die Geschichte der Rundfunktechnik als Hobby?", in: *Studienkreis Rundfunk und Geschichte, Mitteilungen*, 4. Jg. (1978) Nr. 1, S. 13–17.

Deiters, Heinz Günter: *Fenster zur Welt. 50 Jahre Rundfunk in Norddeutschland*, Hamburg 1973.

Delling Manfred: „Das Dokument als Illusion", in: Peter von Rüden (Hrsg.), *Das Fernsehspiel*, München 1975, S. 115–135.

Dröge, Franz: „Vom Primat der Bedürfnisse im menschlichen Handeln. Vorstudien zu einem Grundbegriff der Kommunikationstheorie", in: Peter von Rüden (Hrsg.), *Unterhaltungsmedium Fernsehen*, München 1979, S. 115–142.

Eckert, Gerhard: *Die Kunst des Fernsehens*, Emsdetten 1954.

Först, Walter (Hrsg.): *Aus Köln in die Welt. Beiträge zur Rundfunkgeschichte*, Köln/Berlin 1974 (Annalen des Westdeutschen Rundfunks Bd. 2).

Furet, Francois: „Die quantitative Geschichte und die Konstruktion der geschichtlichen Tatsachen", in: M. Baumgartner/J. Rüsen (Hrsg.), *Seminar: Geschichte und Theorie*, Frankfurt/M. 1976, S. 97–117.

Goebel, Gerhard: „Das Fernsehen in Deutschland bis zum Jahre 1945", in: *Archiv für das Post- und Fernmeldewesen* 5. Jg. (1953) Nr. 5, S. 259–393.

Goebel, Gerhard: „Vor 40 Jahren" (3 Teile), in: *Fernseh-Informationen* 1976, Nr. 12, S. 264–267, Nr. 13, S. 294–296, Nr. 14, S. 313–314.

Gottschalk, Hans: „Fernsehspiel oder Fernsehfilm", in: *Rundfunk und Fernsehen* 2. Jg. (1954) H. 1, S. 65–66.

Grote, Alexandera von: „Zensur findet statt. Die Arbeitsbedingungen von Fernsehspiel-Redakteuren, selbst erfahren", in: *medium* 8. Jg. (1978) H. 4, S. 15–17.

Hackforth, Josef: *Sport im Fernsehen. Ein Beitrag zur Sportpublizistik unter besonderer Berücksichtigung d. ARD und ZDF in der Zeit von 1952–1972*, Münster 1975

Hempel, Manfred: „Fernsehen unterm Hakenkreuz", in: *Mitteilungen des Postmuseums Berlin*, Berlin (DDR) 1970, S. 33–48.

Hermann, Günter: „Zur Entwicklung der Rundfunkorganisation in der Bundesrepublik Deutschland", in: *Rundfunk und Fernsehen* 10. Jg. (1962) H. 4, S. 368–390.

Hickethier, Knut: „Für eine Programmgeschichte des Fernsehspiels", in: Helmut Kreuzer (Hrsg.), *Literaturwissenschaft – Medienwissenschaft*, Heidelberg 1977, S. 81–102.

Hickethier, Knut: „Fernsehunterhaltung und Unterhaltungsformen anderer Medien", in: Peter von Rüden (Hrsg.), *Unterhaltungsmedium Fernsehen*, München 1979, S. 40–72.

Hickethier, Knut: *Das Fernsehspiel. Untersuchungen zu seiner Programmgeschichte in der Bundesrepublik von 1951–1977 (in Vorbereitung).*

Hillig, Hans Peter: „Werdegang und Organisation des zweiten Fernsehprogramms", in: Rundfunk und Fernsehen 10. Jg. (1962) H. 4, S. 391–401.

Höfer, Werner: „Wenn ich mich erinnere", in: Walter Först (Hrsg.), *Aus Köln in die Welt. Beiträge zur Rundfunkgeschichte*, Köln/Berlin 1974 (Annalen des Westdeutschen Rundfunks Bd. 2), S. 105–142.

Kahlenberg, Friedrich P.: „Die sozialgeschichtlichen Erkenntnisinteressen der Rundfunkgeschichte", in: *Studienkreis Rundfunk und Geschichte. Mitteilungen* 3. Jg. (1977) Nr. 3, S. 12–14.

Kaiser, Gerhard R.: „Zur Dynamik literarischer Gattungen", in: Horst Rüdiger (Hrsg.), *Die Gattungen in der vergleichenden Literaturwissenschaft*, Berlin/New York 1974, S. 32–62.

Koebner, Thomas: „Das Fernsehspiel – Themen und Motive", in: Peter von Rüden (Hrsg.), *Das Fernsehspiel*, München 1975, S. 20–65.

Kutschbach, Herbert: „Zur geschichtlichen Entwicklung des Fernsehspiels", in: *Rundfunk und Fernsehen* 4. Jg. (1956) H. 2, S. 142–148.

Lepsius, M. Reiner: „Zum Verhältnis von Geschichtswissenschaft und Soziologie", in: M. Baumgartner/J. Rüsen (Hrsg.), *Seminar Geschichte und Theorie*, Frankfurt/M. 1976, S. 118–138.

Lerg, Winfried B.: „Zur Geschichte des Fernsehens in Deutschland. Das Fernsehen der Reichsrundfunkgesellschaft 1935–1944", in: Christian Longolius (Hrsg.), *Fernsehen in Deutschland* Bd. 1, Mainz 1967, S. 9–22.

Lerg, Winfried B.: „Rundfunkgeschichte als Kommunikationsgeschichte", in: *Studienkreis Rundfunk und Geschichte. Mitteilungen* 3. Jg. (1977) Nr. 3, S. 18–22.

Lindner, Rolf: „Fernsehen und Alltag der Zuschauer. Von proletarischer Öffentlichkeit zum Rückzug ins Privatleben", in: *Medium* 6.Jg. (1976) H. 9, S. 10–13.

Lindner, Rolf: „Uns bleibt nur dieser Scheißfernsehkasten", in: *Päd. extra* (1978) H. 9, S. 58–60.

Ludwig, Karl Heinz: „Technikgeschichte als Beitrag zur Strukturgeschichte", in: *Technikgeschichte* Bd. 33 (1966) Nr. 2, S. 105–120.

Magnus, Uwe: „Zur Frage der Typologie von Sendeformen in Hörfunk und Fernsehen", in: *Rundfunk und Fernsehen* 15. Jg. (1967) H. 1, S. 42–48.

Negt, Oskar / Kluge, Alexander: *Öffentlichkeit und Erfahrung*, Frankfurt/M. 1972.

Netenjakob, Egon: „‚Jeden Sommer einen Lommer.' Die Adenauer-Ära in TV-Lustspielen von Lommer und Beauvais", in: *medium* 6. Jg. (1976) H. 1, S. 18–20.

Pfetsch, Frank R.: „Innovationsforschung in historischer Perspektive", in: *Technikgeschichte* Bd. 45 (1978) Nr. 2, S. 118–133.

Pleister, Werner: „Das Fernsehprogramm", in: *NWDR-Jahrbuch 1950–53*, Hamburg/Köln o.J. [1954], S. 16–18.

Pohle, Heinz: „Wollen und Wirklichkeit des deutschen Fernsehens", in: *Rundfunk und Fernsehen* 4. Jg. (1956) H. 1, S. 59–75.

Reiss, Erwin / Zielinski, Siegfried: „Internationaler Medienzusammenhang", in: Wolfgang Fritz Haug (Hrsg.), *Massen, Medien, Politik*, Karlsruhe 1976, S. 150–201.

Renckstorf, Karsten: „Alternative Ansätze der Massenkommunikationsforschung: Wirkungs- vs. Nutzenansatz", in: *Rundfunk und Fernsehen* 21. Jg. (1975) H. 2–3, S. 183–197.

Riha, Karl: *Sportsendungen im Fernsehen*, Veröffentlichungen des Forschungsschwerpunkts ‚Massenmedien und Kommunikation' an der Gesamthochschule Siegen, Siegen 1978, Nr. 0.

Rost, Alexander: „Sport im Ablauf", in: *Zeit-Magazin* Nr. 34, 18.8. 1978, S. 4–7.
Schieder, Theodor: „Unterschiede zwischen historischer und sozialwissenschaftlicher Methode", in: Theodor Schieder / Karl Gräubig (Hrsg.), *Theorieprobleme der Geschichtswissenschaft*, Darmstadt 1977, S. 352–384.
Stolte, Dieter (Hrsg.): *Das Fernsehen und sein Publikum*, Mainz 1973.
Stolte, Dieter: „Das Fernsehen in der Bundesrepublik auf dem Wege in die 80er Jahre", in: *Frankfurter Hefte* 33. Jg. (1978) H. 1, S. 39–46.
Sturm, Herta: „Die kurzzeitigen Angebotsmuster im Fernsehen", in: *Fernsehen und Bildung* 9. Jg. (1975) H. 1, S. 39–49.
Treue, Wilhelm: „Technikgeschichte und Technik in der Geschichte", in: *Technikgeschichte* Bd. 32 (1965) Nr. 1, S. 3–18.
Wagenführ, Kurt: „25 Jahre Fernseh-Programmdienst", in: *Fernseh-Rundschau* 4. Jg. (1960) H. 3, S. 97–101; H. 5, S. 137–140; 5, S. 201–203; H. 6, S. 240–241.
Wagenführ, Kurt: „Begriff und Geschichte des Fernsehens", in: Emil Dovifat (Hrsg.), *Handbuch der Publizistik* Bd. 2, Berlin 1969, S. 415–426.
Wagenführ, Kurt: „Vor 40 Jahren", in: *Fernseh-Informationen* 1975, Nr. 5, S. 97–98; Nr. 6, S. 143–144.
Wagenführ, Kurt: „Die Entwicklung des Fernsehens in Deutschland", in: *SWF-Intern* 6. Jg. (1976) H. 3, S. 5–6.
Wehler, Hans-Ulrich: „Geschichte und Soziologie", in: Theodor Schieder / Karl Gläubig (Hrsg.), *Theorieprobleme der Geschichtswissenschaft*, Darmstadt 1977, S. 385–419.

Peter Zimmermann

Arbeiterfilme im Fernsehen

Eine Akkordkolonne einheimischer Arbeiter als Helden eines abendfüllenden Spielfilms wirkt hierzulande auf den Kinobesucher immer noch exotischer als eine Horde asiatischer Karatekämpfer. Desinteressiert an der Auseinandersetzung mit Arbeits- und Alltagsproblemen schlägt die Filmbranche ihren Profit vornehmlich aus der gewinnträchtigen Variation von Sex- und Gewaltdarstellungen. Wenn Arbeiterfilme dennoch produziert und einem breiten Publikum gezeigt worden sind, so ist das zum guten Teil einer finanzkräftigen Institution zu verdanken, die den unmittelbaren kommerziellen Verwertungszwängen durch ihre öffentlich-rechtliche Organisationsform entzogen ist: dem Fernsehen. Dessen kulturpolitischen Anspruch erläuterte Günter Rohrbach, Leiter der Abteilung Fernsehspiel des WDR, in einem Vortrag über *Bildungstheater oder Zeittheater:* „Es mehrt sich die Einsicht, daß ein publizistisches Instrument von solcher Faszination und Breitenwirkung auch in seinen fiktiven Gestaltungen nicht darauf verzichten kann, dem Menschen sich und die Welt, in der er lebt, in einer ihm unmittelbar zugänglichen Bildsprache sinnfällig zu machen, die Bezüge dieser Gesellschaft aufzuhellen und politische Sachverhalte kritisch zu verdeutlichen."[1] Orientiert an einem ähnlichen Selbstverständnis widmeten sich insbesondere die Fernsehspiel-Redaktionen des WDR, NDR, ZDF und Südwestfunks seit Mitte der sechziger Jahre verstärkt dem neu entdeckten Thema ‚Arbeitswelt'.

Damit folgten sie einer Entwicklung, die in der Literatur bereits Jahre zuvor eingesetzt hatte. Im Zeichen der Bergbaukrise, die ihren Höhepunkt fand, als die Schließung der Schachtanlagen zusammenfiel mit der Rezession von 1966/67, war es 1961 zur Gründung der Dortmunder Gruppe 61 gekommen. Anders als die etwa zur gleichen Zeit in der DDR propagierte Literatur des Bitterfelder Weges stellte diese sich nicht in die Tradition der sozialistischen, sondern der reformistischen Arbeiterdichtung der zwanziger und dreißiger Jahre und übernahm damit auch deren Schwächen. Wo sie nicht auf künstlerische Verklärung des Arbeitsprozesses verfiel, bevorzugte sie eine resignative Sicht, die in Max von der Grüns Roman *Irrlicht und Feuer* (1963), in dem ein Bergmann durch unzumutbare Arbeitsbedingungen und Verlust seines Arbeitsplatzes körperlich und seelisch verschlissen und gebrochen wird, typischen Ausdruck gefunden hat.[2]

1 Günter Rohrbach: „Bildungstheater oder Zeittheater. Probleme der Fernsehspieldramaturgie", in: *Materialien des Marler Fernsehforums ‚Möglichkeiten und Aufgaben des Fernsehspiels'*, März 1974.

2 Vgl. zum Zusammenhang von Arbeiterdichtung und Gruppe 61: Christoph Rülcker: *Ideologie der Arbeiterdichtung 1914–1933,* Stuttgart 1970; Heinz Ludwig Arnold (Hrsg.): *Gruppe 61,* Stuttgart/München/Hannover 1971.

Erst nachdem Massenstreiks und Studentenbewegung Ende der sechziger Jahre den Blick für politische Alternativen geschärft hatten, wurde deutlich, was dieser Art von Arbeiterliteratur fehlte. Der 1970 gemeinsam von Gewerkschaftlern und Schriftstellern wie Günter Wallraff konstituierte Werkkreis Literatur der Arbeitswelt besann sich auf die Zielsetzungen des Bundes proletarisch-revolutionärer Schriftsteller der Weimarer Republik und betonte die operative Funktion von Literatur, derzufolge diese für die Lohnabhängigen Partei nehmen und stimulierend in die Arbeitskämpfe eingreifen sollte. Arbeiterliteratur sollte sich nicht länger in der Klage über bestehende Arbeits- und Lebensverhältnisse erschöpfen, sondern den antikapitalistischen Protest mit einer sozialistischen Perspektive verbinden, um auf diese Weise zur Veränderung des Gesellschaftssystems beizutragen.[3]

Wie die literarische vollzog sich die Entwicklung des über das Fernsehen verbreiteten Arbeiterfilms mit einer zeitlichen Verschiebung von wenigen Jahren in zwei Phasen: Anders als in den sechziger zielten in den siebziger Jahren eine Reihe von Filmen nicht auf die Abbildung des deprimierenden Arbeitsalltags, sondern bemühten sich um die Aktivierung politischen Bewußtseins, indem sie die Aufmerksamkeit auf Lohnkämpfe und Streiks lenkten. Damit wurde das bislang selbst von konservativen Beobachtern mit Wohlwollen bedachte Genre zum Politikum. Als streikende Arbeiter im Abendprogramm der ARD demonstrativ über die Mattscheibe zogen, um die Unternehmensleitung in die Knie zu zwingen, war das CDU-Rezensenten Grund genug, warnend auf das „anachronistische Wetterleuchten des Klassenkampfes" hinzuweisen, das in diesem „sehr miesen Agitprop" „hier und da die Szene erhellt".[4] Doch auch die Gewerkschaften, die in diesen Arbeiterfilmen nicht immer glimpflich davonkommen, fanden Anlaß genug, sich über die „08/15 Typen mit Dauerzorn" zu entrüsten.[5]

Mit den Filmen gerieten auch die Sendeanstalten ins Schußfeld der Kritik. Angesichts der Pressionen von Parteien und Verbänden wurde deren zwiespältige Rolle bei der Produktion und Vermittlung von Arbeiterfilmen deutlich: Gerade die Redaktionen, die sich um Förderung des Arbeiterfilms bemühten, hatten unterm Diktat der Ausgewogenheits-Forderung darauf zu achten, daß bei der Thematisierung von Arbeitskämpfen allzu krasse Abweichungen vom konservativen bis sozialliberalen Meinungsspektrum vermieden wurden. Je kritischer und genauer die Filme im Verlauf der siebziger Jahre den Gegensatz von Kapital und Arbeit sowie die Rolle von Gewerkschaft und Staat reflektierten, desto geringer wurde die Bereitschaft der Fernsehanstalten, solche Filme zu fördern oder zu senden. Damit zeichnet sich eine dritte Entwicklungsetappe ab: Während sich der politische Dokumentar- und Agitationsfilm außerhalb der bürgerlichen Film- und Fernsehbranche in eigenen Pro-

3 Vgl. *Partei ergreifen:* hrsg. v. Werkkreis Literatur der Arbeitswelt, Westberlin 1974; Peter Kühne: *Arbeiterklasse und Literatur. Dortmunder Gruppe 61, Werkkreis Literatur der Arbeitswelt,* Frankfurt/Main 1972.

4 Beiträge von Herbert Lilge und Erich Röper über den Film *Schneeglöckchen blühn im September,* in: *Das Parlament,* 23. 11. 74, S. 16.

5 Rezension des Films *Schneeglöckchen blühn im September,* in: *Welt der Arbeit,* 22. 11. 74.

duktionsgesellschaften und Verleihen organisiert, kehren die Fernsehfilme mit analytisch geschärftem Sensorium zur Thematik der Anfangsphase zurück: zum Privat- und Familienleben von Arbeitern, das von einer ähnlichen Entfremdung gekennzeichnet ist wie die Tätigkeit im Betrieb.

Die Förderung durch das Fernsehen sowie die politischen und ideologischen Grenzen, die den Redaktionen durch den Parteienproporz der Rundfunk- und Verwaltungsräte – vielfach Spiegelbilder des Kräfteverhältnisses im jeweiligen Landesparlament – gesetzt sind, haben Struktur und Entwicklung des Arbeiterfilms maßgeblich beeinflußt. Neben dem notorischen Antikommunismus, dem sich auch die Schriftsteller und Filmemacher erst spät entzogen haben, ist diese Bindung ans Fernsehen ein Grund dafür, daß der Arbeiterfilm der Bundesrepublik nicht an die sozialistischen Vorläufer der Weimarer Republik – Brecht/Dudows *Kuhle Wampe oder Wem gehört die Welt* bzw. den proletarischen Agitpropfilm – anknüpfen konnte.[6] Stattdessen hat er ein Typen- und Themenreservoir übernommen, das in der Arbeiterliteratur der sechziger Jahre bereits vorgeformt war.

Hauptfigur der frühen Arbeiterfilme ist der Ruhrkumpel – Reflex der Bergbaukrise, die den Glauben an Wirtschaftswunder und nivellierte Wohlstandsgesellschaft nachhaltig erschütterte. Deren wichtigster Chronist in Literatur wie Film ist der ehemalige Bergmann Max von der Grün, der die Auswirkungen der Krise selbst zu spüren bekommen hat. In seinem Fernsehspiel *Schichtwechsel* (HR 1968) geht es denn auch um mehr als die übliche Arbeitsablösung; um die Suche nach einem neuen Beruf nämlich, zu der sich eine ganze Bergmannsfamilie infolge von Zechenstillegungen gezwungen sieht. Während der Sohn bald eine neue Arbeit findet, bleibt es für den Vater fraglich, ob er in seinem Alter noch eine Chance hat, beruflich neu anzufangen. Zechenstillegung, Verlust des Arbeitsplatzes und den vergeblichen Versuch von Bergarbeitern, in einen gleichwertigen anderen Beruf überzuwechseln, schildern auch die 1969 von WDR und ZDF gesendeten Fernsehspiele *Umschulung* und *Die Tauben*. Triste Genrebilder aus dem Arbeiterleben zeigte eine ganze Kette von Arbeiterfilmen – von Geissler/Monks *Wilhelmsburger Freitag* (NDR 1964) bis Mühls *Rosenmontag* (WDR 1974). Breit geschildert wurde auch, wie die harte Arbeit den Menschen kaputt macht: ob es sich nun um *Eisenwichser* (1970) oder Anstreicher (*Der Alte*, 1974) handelt, die durch Giftdämpfe Gesundheitsschäden davontragen, die Schilderung von Arbeitsunfällen (*Der Anfang einer Woche*, ZDF 1965, *Der Unfall* 1968) oder um das Schicksal Dortmunder Bergwerks-Frühinvaliden, die an Silikose dahinsiechen (M. v. d. Grün *Feierabend*, ZDF 1968). Obwohl alle diese Fernsehspiele soziale Ungerechtigkeiten anklagen, kommen sie über die in der Arbeiterliteratur seit je weit verbreitete Mitleidsdramatik selten hinaus: Der Arbeiter erscheint als hilfloses Opfer der wirtschaftlichen Verhältnisse. Unorganisiert und isoliert, wie er in diesen Filmen auftritt, bleibt ihm nur

6 Zum Arbeiterfilm der Weimarer Republik vgl.: *Film und revolutionäre Arbeiterbewegung in Deutschland 1918–1932*, 2 Bde., hrsg. v. Gertraude Kühn u. a., Berlin (-Ost) 1975; Willi Lüdecke: *Der Film in Agitation und Propaganda der revolutionären deutschen Arbeiterbewegung (1919–1933)*, Berlin (-West) 1973.

die Chance, sich an die Schwankungen des Arbeitsmarktes optimal anzupassen und aus seiner persönlichen Misere das beste zu machen. Schlimmstenfalls wird er auch noch als überangepaßte Figur karikiert, wie die in einem Materiallager beschäftigte alte Arbeiterin Berta Laube, die anläßlich eines Eilauftrags ihren ‚großen Tag' erlebt und beflügelt vom Gefühl ihrer Unentbehrlichkeit freiwillig unbezahlte Überstunden einlegt. Soviel Treuherzigkeit darf belächelt werden, zumal ihr Eifer vergeblich ist – die Transportarbeiter haben pünktlich Feierabend gemacht, und Berta bleibt auf ihrer Sendung sitzen (Monk/Meichsner *Der Große Tag der Berta Laube,* NDR 1969).

Durchbrochen wird die Tradition naturalistischer Elendsmalerei scheinbar in jenen Filmen, die den Arbeitern einen Ausweg aus der sozialen Misere anbieten: den beruflichen Aufstieg. Doch die Ideologie von Chancengleichheit und unbegrenzten Aufstiegsmöglichkeiten wird nur zitiert, um widerlegt werden zu können. In der Regel läßt das Fernsehspiel den sozialen Aufsteiger scheitern. Am provozierendsten und boshaftesten ist dieser Typ, der auch in *Hürdenlauf* (SWF 1969), *Kollege Bindelmann* (SWF 1969) und *Aufstiegschancen* (HR 1971) als Hauptfigur vorkommt, in Jochen Ziems Fernsehspiel *Unternehmer* (WDR 1970) beschrieben: Der junge Berliner Arbeiter Arnold will selbst Unternehmer werden – koste es, was es wolle. Einen Studenten, der ihm seine Lage als ‚Proletarier' klarmachen will, schlägt er in blinder Wut zusammen. Kleinere kriminelle Delikte nimmt er für den sozialen Aufstieg ebenso in Kauf wie die Ehe mit einer betuchten Ladenbesitzerin, mit der zusammen er eine Kneipe aufmacht. Sie erweist sich allerdings als sein weibliches Pendant: Als er den großen Mann markiert, setzt sie ihn auf die Straße. An solchen Figuren exemplifiziert Ziem seine These von der „politischen und moralischen Deformiertheit der Arbeiter in unserem Land, der Aufweichung ihres politischen Instinkts und dem Verlust jedes Bewußtseins von der Veränderbarkeit unserer Gesellschaft zugunsten eines kleinkarierten Besitz- und Sicherheitsstrebens"[7]. Enttäuscht vom mangelnden revolutionären Bewußtsein der Arbeiter, stimmt er eine Art Arbeiterbeschimpfung an, die er als ‚kompromißlos marxistisch' versteht und von der er sich eine politische Aktivierung junger Arbeiter erhofft.

Wo der Aufstieg gelingt oder wo Arbeiter und Angestellte in gehobener Position beschrieben werden, da geraten sie zumindest in neueren Fernsehspielen ins Spannungsfeld zwischen Arbeiter- und Unternehmerinteressen – sei es als Zeitnehmer (*Zeitaufnahme,* ZDF 1972), Rationalisierungsfachmann (*Der Angestellte,* WDR 1972) oder als gewerkschaftlich delegierter Arbeitsdirektor in der Montanindustrie wie in Menges *Sessel zwischen Stühlen* (SDR 1970). Anders als die skizzierten Elends- und Aufstiegsmodelle akzentuieren diese Fernsehspiele die sozialen Frontstellungen innerhalb des Betriebes. Darin sind sie jenen Filmen verwandt, die die Sozialpartnerschafts-Ideologie und die idyllische Vorstellung von der ‚großen Betriebsfamilie' unterlaufen, indem sie die wohltönenden Reden der Unternehmens-

7 Jochen Ziem in: *Fernsehspiele, Programmheft des WDR,* hrsg. v. Pressestelle des WDR, Köln 1970.

leitung mit der Betriebswirklichkeit konfrontieren (*Betriebsfest,* NDR 1966) oder die Entfremdung am Arbeitsplatz exakt dokumentieren (Waldmann, *Eine große Familie,* SWF 1970).
Die politische Tendenz dieser Filme hält sich allerdings strikt im Rahmen sozialliberaler Reformvorstellungen oder fällt noch hinter diese zurück. Geht es Menge in seinem Fernsehspiel *Sessel zwischen Stühlen* immerhin noch um die Propagierung des Mitbestimmungsmodells der Montanindustrie, so verfällt Waldmann (*Eine große Familie*), der die Entfremdung des Menschen von seiner Arbeit in Werkhalle, Großraumbüro und Manageretage beschreibt, einem Geschichtsfatalismus, der den berufstätigen Menschen ohne Ansehen des Standes im Mahlstrom einer modernen Industriegesellschaft versinken sieht: „Heute, in der sogenannten nivellierten Gesellschaft, die das Wort Klassenkampf in die Historie verbannt hat," so Waldmann über seinen Film, „steckt der Arbeitnehmer in einer riesigen Produktionsmaschine, die ihn manipuliert, ohne daß er die Ursachen dieser Manipulation durchschauen kann. Er ist vom Sinn seiner Arbeit so entfremdet, wie von einem möglichen greifbaren Ziel seiner Aggressionen. [. . .] Das ist der Preis, den die technisierte Gesellschaft für ihre Errungenschaften [. . .] zahlen muß. [. . .] Die Technik ist unser Schicksal. Es ertragen kann aber nur, wer sich dieses Schicksals bewußt wird. Dazu will mein Stück beitragen."[8] Bürgerliche Aufklärung über die Produktionssphäre offenbart hier ihren konformistischen Charakter. Die Desillusionstechnik dient als Anpassungsstrategie. Wenn Waldmann das Klischee von der Betriebsfamilie zerstört, so nur, um ein neues zu etablieren. Nicht der Gegensatz von Arbeitern und Unternehmern interessiert ihn – den hält er für historisch überholt –, sondern das Ausgeliefertsein des Menschen an die undurchschaubar gewordenen Funktionszusammenhänge der hochgradig arbeitsteiligen Industriegesellschaft, das jedes Aufbegehren sinnlos erscheinen läßt. Bleibt nur die Möglichkeit, sich aus Einsicht in deren Notwendigkeit mit den gegebenen Verhältnissen abzufinden.
Damit kommt in Waldmanns Film in besonderer Deutlichkeit ein Zug zum Vorschein, der auch für die anderen Filme charakteristisch ist: eine auffällige Perspektivelosigkeit, die den Gedanken an gesellschaftliche Veränderungen gar nicht erst aufkommen läßt oder in engen Grenzen hält. Selbst dort, wo Mitbestimmungsforderungen erhoben werden wie in Menges *Sessel zwischen Stühlen,* bemüht sich der Autor sogleich, diese gegen sozialistische Konsequenzen abzuschirmen: „Daß diejenigen, die ihre Arbeitskraft im Produktionsprozeß einsetzen, diesen dann auch organisieren und die sachliche Ausstattung anderer einfach verwenden, halte ich für praktisch nicht realisierbar, jedenfalls nicht in einer fortgeschrittenen hochindustrialisierten Wirtschaft. Das ist schöne Theorie, aber weder in den sogenannten sozialistischen Ländern, noch bei uns realisiert, weil die Trennung des Arbeiters von

8 Dieter Waldmann: „Anmerkungen zu meinem Stück Eine große Familie", in: *Die Arbeitswelt im Fernsehspiel, Programmheft zum Fernsehspiel-Zyklus Arbeitswelt,* hrsg. v. Südwestfunk, Baden-Baden 1974.

den Produktionsmitteln ein nicht aufhebbares Problem zu sein scheint."[9] Menges Held, der als Arbeitsdirektor in der Montanindustrie sowohl die Interessen der Gewerkschaft als auch die der Unternehmer wahrzunehmen hat, sitzt mit seinem Direktorensessel denn auch zwischen den Stühlen von Kapital und Arbeit – eine Position, über die auch die Fernsehspiele dieser Zeit selten hinausgekommen sind. Obwohl sie die Wohlstands- und Aufstiegsideologie durch Aufweis der konkreten Arbeits- und Lebensbedingungen widerlegten, wiesen sie keinen Ausweg aus dem Dilemma, sondern weckten angesichts der Hilflosigkeit ihrer Protagonisten allenfalls die Hoffnung auf den regulierenden Eingriff des Staates, der allein in der Lage schien, die in der Krise zutage getretenen Dysfunktionen des kapitalistischen Wirtschaftssystems zu beheben.

Spätestens die Welle spontaner Massenstreiks im September 1969, die die konzertierte Aktion von Unternehmerverbänden, Staat und Gewerkschaften ins Wanken brachte und neben Studenten- und Lehrlingsbewegung, APO sowie verschiedenen Formen der Selbsthilfe (Mieterstreiks, Rote-Punkt-Aktionen usw.) für die Weiterentwicklung des Arbeiterfilms von entscheidender Bedeutung war, stellte eins klar: So angepaßt und hilflos, wie sie das Fernsehen mit Vorliebe schilderte, waren die Arbeiter in Wirklichkeit nicht.[10] Für den fortschrittlichen Arbeiterfilm der siebziger Jahre – und damit ist jener Film gemeint, der den Arbeiter nicht nur als Opfer, sondern auch als Gestalter der gesellschaftlichen Verhältnisse begreift – rückten damit neue Problemstellungen in den Vordergrund: Wie läßt sich der spontane Widerstand der Arbeiter unterstützen und über den aktuellen Anlaß hinaus bewahren, wie eine wirksame Interessenvertretung organisieren, und welche Rolle spielen Staat und Gewerkschaft in diesem Prozeß?

Zunächst ging es jedoch darum, dem Ende der sechziger Jahre einsetzenden Politisierungsprozeß Rechnung zu tragen und das durch düstere, resignative oder rührselige Filmklischees geprägte Arbeiterbild entsprechend zu modifizieren. Das brachte einen cleveren Regisseur wie Rainer Werner Fassbinder auf eine originelle Idee: Er drehte das negative Klischee herum, und heraus kam etwas restlos Positives. Spielte sich in den frühen Arbeiterfilmen wenig Erfreuliches ab, so klappt in *Acht Stunden sind kein Tag* (WDR 1972/73), der ersten Arbeiter-Familien-Serie im Deutschen Fernsehen, alles wie am Schnürchen: Der Werkzeugmacher Jochen beschleunigt durch einen Verbesserungsvorschlag die Produktion, woraufhin seiner Arbeitsgruppe die Akkordzulage gestrichen wird. Aus Protest bauen die Arbeiter Schrott, halten in den Verhören durch den Werkshallenleiter dicht, und prompt wird die Prämie wieder gezahlt. Der alte gutmütige Meister jedoch, zwischen die Fronten geraten, erliegt vor Gram einem Schlaganfall. Damit wären auch schon die nächsten

9 Wolfgang Menge: „Auf einen Mangel des Films zurückzuführen . . .?", in: *Die Arbeitswelt im Fernsehspiel, Programmheft zum Fernsehspiel-Zyklus Arbeitswelt,* hrsg. v. Südwestfunk, Baden-Baden 1974.

10 Zum Einfluß von Rezession und Septemberstreiks auf die Entwicklung des Arbeiterfilms vgl. Karl Saurer: „Anmerkungen zur Bildersprache des Fernsehspiels", in: Peter v. Rüden (Hrsg.): *Das Fernsehspiel,* München 1975, S. 95 ff.

Folgen der Serie gesichert, denn nun wird den Arbeitern ein neuer Chef vor die Nase gesetzt, der ihnen nicht paßt. Sie wollen nämlich ihren Vorarbeiter Franz zum Meister machen. Glücklicherweise interessiert sich der Neue im Grunde für einen ganz anderen Job – er räumt seinen Posten und Franz rückt nach. Die letzte Sendung der Serie vereint erfolgreiche Arbeiter, den Meister Franz, einen verständnisvollen Direktor (gerade hat er wieder einen neuen Verbesserungsvorschlag der Arbeiter akzeptiert) und drei Paare, frisch verliebt, verlobt und verheiratet.

Schwierigkeiten tauchen in dieser Serie nur auf, um überwunden zu werden. Den Vorwurf, das Ganze sei zu schön, um wahr zu sein, hat Fassbinder zu entkräften versucht, indem er ihm zustimmte: „Was wir nicht wollten: den Alltag des Arbeiters nochmal so zeigen, wie er ist, so mies und grau nämlich. [. . .] Wir wollten Mut machen, die Situation nicht aussichtslos, sondern aussichtsvoll darstellen.“[11] Was er dem Zuschauer allerdings in Aussicht gestellt hat, ist im Grunde nichts anderes als die gängige Happy-End-Struktur der traditionellen Familienserie, die für jeden Konflikt die passende Lösung parat hält. Lehrreich war die Serie aus einem anderen Grund. Sie wurde nicht zu Ende produziert, sondern abgebrochen, als sie kritisch werden sollte, als Ehekrisen, Gewerkschaftsdiskussionen und eine allmähliche Politisierung der Hauptfiguren vorprogrammiert waren. Den Abbruch der Produktion rechtfertigte Günter Rohrbach, Chef der Fernsehspielredaktion des WDR, mit dramaturgischen Gründen: Die geplanten Folgen hätten so lange Gewerkschaftsdiskussionen enthalten, daß der Unterhaltungswert gelitten hätte.[12] Erkennbar wurde bereits hier, womit Fernsehfilme zu rechnen hatten, sobald sie von der Klage über soziale Mißstände zu der Aufforderung übergingen, diese zu verändern.

Diese Erfahrung blieb auch Dokumentaristen wie Erika Runge, Rolf Schübel und Theo Gallehr nicht erspart. Das von Schübel und Gallehr an den Schluß ihres Films *Rote Fahnen sieht man besser* (WDR/RB 1971) gesetzte Phrix-Lied wurde anläßlich der Sendung im ARD Gemeinschaftsprogramm durch Radio Bremen geschnitten. Dieter Süverkrüps Verse – „Euch bleibt nur eins, ihr bleibt mal nicht mehr stille;/ ihr schmeißt mal Sand in die verdammte Mühle/ des Kapitals, das euch zu Geld verrührt./ [. . .]“ – schienen dem Sender angesichts gerade laufender Tarifverhandlungen aufgrund ihrer „möglichen agitatorischen Wirkung“ geeignet, den Arbeitsfrieden zu gefährden.[13] Für die Weiterentwicklung des Arbeiterfilms waren halbdokumentarische und dokumentarische Filme wie Runges *Ich heiße Erwin und bin 17 Jahre* (WDR 1970) und Schübel/Gallehrs *Rote Fahnen sieht man besser* von großer Bedeutung. Wenn der Arbeitsalltag in den Filmen der siebziger Jahre genauer dargestellt werden konnte als zuvor – weder mies und grau nämlich, noch in eine rosarote Wolke gehüllt, sondern in seiner Widersprüchlichkeit aus resignierter Anpassung und Auflehnung gegen die Verhältnisse, die nicht so sind, wie sie sein sollten –,

11 Interview Wolfgang Röhls mit Rainer Werner Fassbinder in: *Konkret* Nr. 13, 22. 3. 1973.
12 Vgl. *Rainer Werner Fassbinder,* Hanser Verlag Reihe Film Bd. 2, München 1974, S. 133f.
13 Text des Liedes sowie der Erklärung von Radio Bremen abgedruckt im Filmkatalog der Unidoc/Film für den Fortschritt.

so ist das nicht zuletzt der hier entwickelten dokumentarischen Technik zuzuschreiben, die zu exakter Beobachtung zwang.
Die Filme, die mit Lehrlingen und Arbeitern gedreht worden sind und deren eigene Probleme behandeln, zeichnen sich dadurch aus, daß sie nicht von einem bis in die Dialoge und Kameraeinstellungen hinein fixierten Drehbuch ausgehen, sondern lediglich eine lockere Szenen- oder auch nur Aufnahmefolge vorgeben, die dann durch improvisierte Gespräche gefüllt wird. Deutlich strukturiert sind sie trotzdem, denn schließlich handelt es sich um Lehrfilme. Das beginnt bei der Themenstellung, die so gewählt ist, daß sich die Gegensätze von Unternehmer- und Arbeiterinteressen daran aufweisen lassen – in Runges Film also etwa die bekannten ‚Lehrjahre, die keine Herrenjahre' sind. Hinzu kommt eine didaktisch motivierte Anordnung der Figuren, die im neueren Arbeiterfilm immer wieder zu beobachten ist:[14] So flankiert Runge die Hauptfigur ihres Films, den Schlosserlehrling Erwin, der mit seinen Lebensverhältnissen unzufrieden ist, aber nicht recht weiß, wie er sie ändern kann, durch zwei entgegengesetzte Lehrlingstypen – den opportunistischen Siegfried und den politisch engagierten Theo. Während er sich gegen Siegfried absetzt, lernt er von Theo, daß man sich gegen die Unterdrückung in Elternhaus und Betrieb nicht nur blind auflehnen, sondern auch gemeinsam zur Wehr setzen kann. Er arbeitet in einer Lehrlingsgruppe mit und nimmt schließlich an einer Demonstration gegen Mißstände in der Berufsbildung teil. Dem Zuschauer – der in der gewerkschaftlichen Bildungsarbeit verwendete Film richtet sich vornehmlich an Lehrlinge – wird nahegelegt, sich mit der Hauptfigur zu identifizieren und dessen Lernprozeß nachzuvollziehen.[15]
Die Einsicht in grundlegende soziale Widersprüche der Gesellschaft, die solche Filme vermitteln wollen, wird durch eine Darstellungsmethode gefördert, die Schübel und Gallehr ‚dialektische Montage' nennen. In *Rote Fahnen sieht man besser,* wo die Reaktion der betroffenen Arbeiter auf die Stillegung der Krefelder Phrix-Werke gezeigt wird, konfrontieren sie z.B. Unternehmer-Statements mit der Lebenswirklichkeit der Arbeiter: Ein Vorstandsmitglied kann sich nicht vorstellen, daß es für Entlassene „wirkliche existentielle Krisen gibt". Schnitt. Ein Arbeiter rechnet vor, daß er nach seiner Entlassung am Rande des Existenzminimums lebt. Oder offiziell ist von 10000 offenen Stellen die Rede. Schnitt. Auf dem Arbeitsamt sucht ein älterer Arbeiter vergeblich eine neue Beschäftigung. Was die im Film porträtierten Arbeiter im Prozeß der sich fast ein Jahr lang hinziehenden Stillegung erst nach und nach am eigenen Leibe erfahren – daß sie nämlich von den materiellen Versprechungen der Geschäftsleitung wenig zu erwarten haben –, wird dem Zuschauer auf diese Weise schlagartig klargemacht.[16] Die Konsequenz, die die Arbeiter und mit

14 Ähnliche Figurenkonstellationen finden sich in den Filmen *Arbeitskampf* (WDR 1972). *Lohn und Liebe* (WDR 1974) und *Schneeglöckchen blühn im September* (WDR 1974).
15 Zur Konzeption des dokumentarischen Zielgruppenfilms vgl. Interview mit Erika Runge und Ilona Perl in: *Fernsehen und Film,* März 1970.
16 Eine ausführliche Filmanalyse wurde im Auftrag der Bundeszentrale für politische Bildung von Günter Hobbensiefken durchgeführt: Medienanalyse Bd. 1 Film: *Rote Fahnen*

ihnen der Film aus solchen Einsichten ziehen – „Es müßte kommen, daß die gesamte Arbeiterschaft ein Mitbestimmungsrecht hätte"[17] –, ist dagegen weniger überzeugend. Das Deutsche Industrieinstitut, in Sachen Arbeiterfilm besonders hellhörig, hält die Annahme, das Problem der Schließung nicht mehr konkurrenzfähiger Betriebe ließe sich auf dem Wege der Mitbestimmung lösen, zu Recht für „rührend naiv".[18] In der Tat wären dazu wohl tiefgreifendere wirtschaftliche Strukturveränderungen erforderlich. Die aber kommen im Film nicht zur Sprache.

Eine Reihe anderer Arbeiterfilme ging daher einen entscheidenden Schritt weiter. Skeptisch gegenüber der Beschränkung auf Mitbestimmungsforderungen, Tarifpolitik und die Art, wie die Gewerkschaftsbürokratie die Arbeiterinteressen verwaltet, konzentrierten sie sich hartnäckig immer wieder auf das Thema, das – im Fernsehspiel bislang sorgsam umgangen – Unternehmern wie Gewerkschaften ein Dorn im Auge ist: den spontanen Streik. Neben Dokumentarfilmen über den „wilden Streik" der Mannesmann-Profilwalzwerke in Duisburg-Huckingen (Christoph Hübner *Huckinger März,* 1974) oder den Kampf der Drucker gegen den Bauer-Konzern (Helma Sanders *Die Maschine,* 1973) waren es meist im Umkreis der Deutschen Film- und Fernsehakademie Berlin entstandene Spielfilme, die in exemplarischen Handlungsmodellen Lehren aus den Streikbewegungen der vorhergehenden Jahre ziehen und zu solidarischem Handeln anleiten wollten: so Christian Ziewers und Klaus Wieses *Liebe Mutter, mir geht es gut* (WDR 1971/73) und *Schneeglöckchen blühn im September* (WDR 1974), Marianne Lüdckes und Ingo Kratischs *Die Wollands* (1972) und *Lohn und Liebe* (WDR 1973/74), Valeska Schöttles *Wer braucht wen?* (1972) oder auch Max v. d. Grüns und Wolfgang Petersens *Stellenweise Glatteis* (WDR 1975).[19] Dabei tritt an die Stelle der auf Individualisierung und mitleidende Identifizierung angelegten traditionellen Dramaturgie vieler früher Arbeiterfilme, die an der Entwicklung eines Einzelnen und dessen psychologischer Motivation interessiert ist, immer häufiger eine dialektische Dramaturgie, der es am Beispiel größerer Gruppen, die unterschiedliche Klasseninteressen repräsentieren, um Klärung und Lösung sozialer Konflikte geht: Steht in *Die Wollands* noch die Entwicklung eines Einzelnen im Mittelpunkt – der Schweißer Horst Wolland verzichtet auf den erhofften Vorarbeiterposten, als die Betriebsleitung ihn damit zum Verrat an streikenden Kollegen zwingen will, und solidarisiert sich mit den Streikenden –, so tritt bereits in *Liebe Mutter, mir geht es gut* die Hauptfigur im Verlauf der Handlung zugunsten des Arbeiterkollektivs immer mehr in den Hintergrund und übernimmt erst gegen Ende des Films wieder eine tragende Rolle. Im

sieht man besser. Der Plan der Bundeszentrale, den Film über ihren Filmdienst Schulen, Volkshochschulen usw. zur Verfügung zu stellen, wurde aus politischen Gründen aufgegeben.

17 Theo Gallehr, Rolf Schübel: *Rote Fahnen sieht man besser,* Abschnitt „Mitbestimmung", Filmprotokoll, hrsg. v. Radio Bremen, Redaktion Fernsehspiel, Bremen 1971, S. 60.

18 *Fernseh- und Rundfunkspiegel des Deutschen Industrieinstituts* vom 17. 12. 71.

19 Abgesehen von *Stellenweise Glatteis* wurden die Filme nicht vom Fernsehen, sondern lediglich in Kooperation mit dem Fernsehen oder unabhängig von den Sendeanstalten produziert. Doppelte Jahreszahl unterscheidet Fertigstellung/Sendetermin.

Mittelteil – gerade dort also, wo der spontane Streik geschildert wird, der eine Kürzung der Akkordzeiten verhindern soll – setzen wechselnde Nebenfiguren die Haupthandlungslinie fort. Wesentliches Element solch dialektischer Dramaturgie ist der Einsatz von Mitteln, die im Rahmen eines Spielfilms als filmische Verfremdungseffekte fungieren: „Der Film beschränkt sich nicht etwa auf eine durchgehende, ‚für sich selbst sprechende' Handlung; der erzählerische Fluß wird immer wieder durch Einschübe unterbrochen und gebrochen: Neben bloß akzentuierenden Schrifteinblendungen erhält der Film zusätzlich zur eigentlichen ‚naturalistischen' Handlungsebene eine zweite, kommentierend-reflektierende Ebene: durch Zwischentitel, Off-Kommentare und ‚Selbstdarstellungen' in Statements. Der Film bekommt dadurch einen ausgesprochen lehrhaften Charakter; und es ist bezeichnend, daß sowohl am Anfang wie am Schluß ein Kommentar steht."[20]

Zur Funktion dieser dramaturgischen Technik erläutert Ziewer: „Erst der Einbezug von Informationen, die nicht dem unmittelbaren Erlebnisbereich der Zuschauer entstammen, liefert einen Hintergrund für die einzelnen Alltagserscheinungen, erst so können diese geordnet, gewertet und korrigiert werden."[21]

In den späteren Filmen von Ziewer/Wiese *Schneeglöckchen blühn im September* und Lüdcke/Kratisch *Lohn und Liebe* wird die Personenkonstellation dahingehend differenziert, daß zwei Hauptfiguren eingeführt werden (Ed und Hannes in *Schneeglöckchen,* Roswitha und Bärbel in *Lohn und Liebe*). Dadurch entsteht eine Form der Parallelhandlung, die es möglich macht, zwei unterschiedliche Erlebnis- und Bewußtseinsebenen ständig miteinander zu konfrontieren. Die bereits bei Runge verwendete didaktische Typisierung wird auch hier verwendet: Während die eine Figur den konservativen oder unentschiedenen Typ repräsentiert, zeichnet sich die andere durch fortschrittliches Bewußtsein aus. „Durch die ständige Konfrontation beider", so Lüdcke und Kratisch," muß der Zuschauer seine Entscheidung für die eine oder andere Person überprüfen und in Frage stellen."[22]

In den 1971/72 erschienenen Filmen *Liebe Mutter, mir geht es gut* und *Die Wollands* kommt es anläßlich der Kürzung von Akkordzeiten zu spontanen Arbeitsniederlegungen. Als der Betriebsratsvorsitzende abzuwiegeln sucht – „Als Betriebsrat können wir doch dieser Arbeitsniederlegung nicht zustimmen" –, kontern die Arbeiter: „Da siehste mal det de hier überflüssig bist."[23] Doch die Aktionen der Arbeiter scheitern. Die ‚Rädelsführer' werden von der Geschäftsleitung gefeuert. Unter dem Druck von Entlassungsdrohungen zerbricht die Solidarität.

Dem wird in *Lohn und Liebe* und *Schneeglöckchen blühn im September* – eine Re-

20 Karl Saurer: „Filme über die Arbeit – Filme mit Arbeitern: in der Bundesrepublik und in der Schweiz", in: *Tagesanzeiger* (Zürich) vom 7. 8. 76, S. 14.

21 Christian Ziewer über *Liebe Mutter, mir geht es gut,* in: *Filmkritik* 10/72, S. 526.

22 Marianne Lüdcke und Ingo Kratisch zur Dramaturgie ihres Films *Lohn und Liebe,* in: *Fernsehspiele, Programmheft des WDR* für den Zeitraum Januar bis Juni 1974, hrsg. v. Pressestelle des WDR, Köln 1974, S. 46.

23 Christian Ziewer, Klaus Wiese: *Liebe Mutter, mir geht es gut,* Szene 37, Filmprotokoll, hrsg. v. Basis-Film oHG, Berlin 1971, S. 64.

ferenz an die Septemberstreiks – die Schilderung erfolgreicher Arbeitskämpfe entgegengesetzt. Dabei wird die Problemstellung durch die dialektische Dramaturgie, die mit zwei Hauptfiguren, kontrastierenden Parallelhandlungen, Verschränkung von Privat- und Berufsleben und einer antithetischen Konstruktion der Handlungsverläufe arbeitet, weiter differenziert. In *Lohn und Liebe* werden Anschauungen und Lebensweisen zweier Arbeiterinnen zueinander in Kontrast gesetzt. Die junge Fließbandarbeiterin Roswitha erhofft sich von Liebe und Ehe – ihr Märchenprinz ist ein leitender Angestellter der Firma – die Erlösung von der monotonen Fabrikarbeit. Arbeitsprobleme interessieren sie nicht. Die ältere Bärbel hingegen hat sich gerade durch ihre Berufstätigkeit die Selbständigkeit verschafft, die sie in der Ehe vermißte. Im Betriebsrat ist sie die einzige, die sich einer Lohnrückstufung der Arbeiterinnen widersetzt. Als es darüber zu einer spontanen Arbeitsniederlegung kommt, schließt sich Roswitha den Streikenden an. Enttäuscht von dem Desinteresse ihres Freundes an ihren beruflichen Problemen, beendet sie die Beziehung und erkennt, daß die Arbeiterinnen sich selbst helfen müssen. Eine Selbsthilfe, die Bärbel und auch dem Betriebsrat den Rücken stärkt: Die Lohnkürzung wird zurückgenommen. Die Stärke solcher Filme liegt einmal darin, daß sie zeigen, wie Privat- und Berufsleben ineinandergreifen, wie berufliche Erfahrungen auch private Konsequenzen haben können (Roswitha) und umgekehrt (Bärbel). Zum anderen verfallen die Filme nicht in ein blindes Lob der Spontaneität, sondern demonstrieren beispielhaft, wie schwierig es ist, gemeinsame Aktionen zustandezubringen, zumal dann, wenn der Betriebsrat zunächst nicht mitzieht.

Parallelhandlungen dieser Art, die dem Zuschauer alternative Verhaltensweisen vorführen, werden durch eine dialektische Strukturierung des Handlungsverlaufs ergänzt, die für die übergreifenden Handlungsstrukturen dasselbe leistet wie die ‚dialektische Montage' für die Schnittfolge: Sie ermöglicht eine differenzierte Beschreibung der sozialen Widersprüche der gesellschaftlichen Wirklichkeit. Wie schwierig, aber auch wie wichtig es ist, gemeinsame Aktionen von der Basis her zu organisieren und durchzuführen, demonstriert beispielhaft Ziewers und Wieses Film *Schneeglöckchen blühn im September.* Zunächst kommt es in einer Akkordkolonne im Kesselbau eines Berliner Großbetriebes zu Reibereien, weil die Arbeiter sich nicht einigen können, ob und wie man gemeinsam für eine Leistungszulage kämpfen soll. Dann wiederholt sich der komplizierte Solidarisierungsprozeß auf nächsthöherer Ebene. Als der Betrieb an einen Konzern verkauft wird, soll der gesamte Kesselbau eingestellt werden. Vergeblich suchen die von Entlassung bedrohten Arbeiter Unterstützung bei ihren Kollegen vom Baggerbau, die sich desinteressiert zeigen – der Baggerbau bleibt ja erhalten. Der Betriebsrat, von den Arbeitern bedrängt, erweist sich als machtlos. Er hat die Stillegung bereits akzeptiert und verhandelt mit der Unternehmensleitung über einen Sozialplan. Aus Angst vor dem Verlust der Arbeitsplätze werden Lohnkürzungen widerstandslos hingenommen. Erst als die Arbeiter von neuen Aufträgen erfahren, die der Betrieb fristgerecht erfüllen muß, haben sie ein Druckmittel in der Hand. In einem spontanen Streik legen sie die Arbeit nieder und setzen dadurch nicht nur im Betriebsrat, sondern auch gegenüber der Unternehmensleitung ihre Forderung nach Lohnerhöhung und einem verbesserten Sozialplan durch. Widersprüche innerhalb einer Akkordkolonne, zwischen Kesselbau und Baggerbau, Arbeitern und Betriebsrat, Betriebsrat und Unternehmensleitung und schließlich die direkte Konfrontation der streikenden Arbeiter mit den ‚Bossen' – die Handlung konstituiert sich als Kette sich steigernder Konfliktsituationen und endet in einem erfolgreich durchgeführten Streik. Ganz ungetrübt bleibt dieser Erfolg jedoch nicht. Wie in *Lohn und Liebe* steht auch am Ende von *Schneeglöckchen blühn im September* eine Siegesfeier der Arbeiter, die von neu heraufziehendem Unheil überschattet wird. Während die Akkordarbeiterinnen in *Lohn und Liebe* noch am Feiern sind, entwickelt die Geschäftsleitung bereits Strategien, mit denen sie die Einheit der Frauen wieder spalten kann. Und in *Schneeglöckchen blühn im September* beginnt die Solidarität schon wieder zu zerbrechen, als die Arbeiter sich gegenseitig aufrechnen, wer am Streik teilgenommen hat und wer nicht.[24]

Zu einem zentralen Problem wird hier wie in den anderen Filmen die Auseinandersetzung mit einem Betriebsrat, der die Interessen der Arbeiter nicht energisch genug vertritt und durch die Initiative der Arbeiter erst aktiviert werden muß. Solche Skepsis gegenüber den Gewerkschaften ist bei Max v. d. Grün, dessen Roman *Stellenweise Glatteis* (1973) 1975 vom WDR verfilmt worden ist, am stärksten ausgeprägt. Denn dieses Fernsehspiel kritisiert nicht nur die Rolle des Betriebsrats, sondern schildert auch, was passieren kann, wenn die Gewerkschaft selbst zum Unternehmer wird: Franz Maiwald, Betriebsrat der Fogas-Werke, entdeckt eines Tages eine Abhöranlage, mit der die Belegschaft bespitzelt wird. Die Gewerkschaft will den Fall erst groß herausbringen, unterläßt dies dann aber, als eine gewerkschaftseigene Bank die Aktienmehrheit des Betriebes übernommen hat. Maiwald bringt den Abhör-Skandal in einer Flugblatt-Aktion trotzdem an die Öffentlichkeit und wird von der Betriebsleitung unter einem Vorwand entlassen. Folge der Flugblattaktion: im Roman ein spontaner Protestmarsch von 10000 Dortmunder Arbeitern, der gegen den Willen der Gewerkschaftsspitze zustande kommt – im Fernsehspiel ist die Szene gestrichen. Wie überhaupt das Fernsehspiel in der Regie von Tatort-Regisseur Wolfgang Petersen die kriminalistischen Episoden der Romanvorlage (Entdeckung der Abhöranlage, Entwendung der Gesprächsprotokolle, Brand der Türkenbaracken) breit auswalzt, während es zentrale Aspekte der Gewerkschaftskritik unterschlägt: die Kritik an der Unternehmerrolle der Gewerkschaft sowie an der

24 Zu Diskussion und Rezeption dieser Arbeiterfilme vgl.: Thomas Koebner: „Das Fernsehspiel – Themen und Motive", in: Peter v. Rüden (Hrsg.): *Das Fernsehspiel,* München 1975; Wolfgang Ruf: „Für ein realistisches Fernsehspiel"; Karl Saurer: „Anmerkungen zur ‚Bildersprache' des Fernsehspiels"; Karl Saurer: „Filme über die Arbeit – Filme mit Arbeitern: in der Bundesrepublik und in der Schweiz", in: *Tagesanzeiger* (Zürich) vom 7.8.76; Johannes Beringer: „Ranklotzen – Arbeitsweltfilme und Verwandtes", in: *Filmkritik* 3/75; Martin Kohli u. a.: „Arbeiter sehen Arbeiterfilme", in: *Leviathan, Zeitschrift für Sozialwissenschaften,* 3/76; Pressespiegel des WDR zu den Filmen *Liebe Mutter, mir geht es gut, Lohn und Liebe* und *Schneeglöckchen blühn im September,* hrsg. v. Pressestelle des WDR, Köln 1973/74.

Verflechtung von Gewerkschaft und Staat (ehemalige Gewerkschaftsführer als Bonner Minister usw.).
Zeichnen die genannten Filme ein sehr differenziertes Bild vom Arbeiter, so ist ihre Darstellung von Unternehmer und Betriebsleitung umso klischeehafter. Mit Recht haben sich konservative Kritiker über die „feisten", „aalglatten" oder „knochenharten" Unternehmertypen dieser Filme entrüstet, deren straffe Hierarchie den untereinander häufig zerstrittenen Arbeitern wie ein monolithischer Block entgegengesetzt wird. Und wiederholt haben sie darauf verwiesen, daß die Unternehmer gar nicht anders handeln könnten, selbst wenn sie wollten, da die Konkurrenz des Marktes ihnen ihre Handlungen diktiert.[25] Diese Kritik macht eine entscheidende Schwäche der Filme deutlich: Obwohl sie die Schwierigkeiten solidarischen Handelns realistisch beschreiben, verführen die Filme nämlich allzu leicht zu der Schlußfolgerung, man brauche es ‚denen da oben' nur einmal richtig zu zeigen, und schon bekomme man, was man wolle. Würden sie die ökonomischen Zwänge thematisieren, denen die Unternehmer unterliegen, kämen sie nicht darum herum, eine gesellschaftspolitische Alternative zu eben diesem Wirtschaftssystem zu entwerfen.
Worum aber geht es in den Filmen? Lohnrückstufungen, Kürzung der Akkordzeiten, Rationalisierung, Produktionsverlagerungen oder Stillegungen verschlechtern die Lebensbedingungen der Arbeiter oder gefährden den Arbeitsplatz. Der Betriebsrat erweist sich als machtlos. Die Arbeiter greifen zur Selbsthilfe. Ihr Ziel ist es, die jeweiligen Maßnahmen rückgängig zu machen und Lohnerhöhungen und verbesserte Arbeitsbedingungen durchzusetzen. Manchmal gelingt ihnen dies, manchmal scheitern sie, weil die Solidarität in den eigenen Reihen zerbricht oder weil sich die Unternehmensleitung als stärker und gerissener erweist.
Was lernen die Arbeiter daraus, und welche Lehren sollen die Zuschauer – und da die Filme vielfach in der Betriebs- und Gewerkschaftsarbeit eingesetzt werden, sind es hauptsächlich Arbeiter – daraus ziehen? Daß man Druck auf den Betriebsrat ausüben oder seine Forderungen notfalls auch ohne die Gewerkschaft gemeinsam durchsetzen muß zum Beispiel. Aber welche Forderungen? Nur die jeweils aktuellen Lohnforderungen oder weiterreichende Forderungen nach grundlegenden wirtschaftlichen und politischen Veränderungen? Genau an diesem Punkt werden die Filme vage und unklar.
„Es ist noch ein weiter Weg, bis daß die Arbeiter den Klassenkampf *bewußt* führen!", so lautet das Fazit des Films *Liebe Mutter, mir geht es gut*[26]. Bewußt führen aber können sie ihn nur, wenn sie sich über ihr Ziel im Klaren sind und über die Organisationsformen, die sie diesem Ziel näherbringen. Zur Klärung dieser Fragen aber tragen die Filme wenig bei. Was die Reichweite der Forderungen angeht, fallen sie gelegentlich sogar noch hinter Filme zurück, die die gewerkschaftliche Mitbe-

25 Vgl. die Pressespiegel des WDR zu den Filmen *Liebe Mutter, mir geht es gut, Lohn und Liebe, Schneeglöckchen blühn im September,* hrsg. v. Pressestelle des WDR, Köln 1973/74.
26 Christian Ziewer, Klaus Wiese: *Liebe Mutter, mir geht es gut,* Szene 48, Filmprotokoll, hrsg. v. Basis-Film oHG, Berlin 1971, S. 94.

stimmung als Ziel der Arbeitskämpfe propagieren. Statt ihre vage sozialistische Tendenz zu präzisieren, bleiben sie häufig in der Beschreibung vereinzelter ökonomischer Kämpfe stecken.

Daß die Filme damit hinter dem Bewußtseinsstand eines großen Teils der Arbeiter zurückbleiben, ist Ziewer bei der Vorführung seiner Filme in Großbetrieben klargeworden: „In Großbetrieben haben wir oft gehört, daß die Kollegen die in *Liebe Mutter* angesprochenen Probleme schon so erlebt haben, daß sie sich ihrer bewußt sind, aber in der Lösung der angeschnittenen Fragen schon weiter vorangekommen sind. Man fühlte sich in bestimmten Grunderfahrungen bestätigt, aber im praktischen Handeln, in der konkreten Anweisung, konnte man mit dem Film nicht so viel anfangen.“[27] Der Mangel an Perspektive erklärt sich denn auch weniger aus der Rücksichtnahme auf ein schwach ausgeprägtes Klassenbewußtsein der Arbeiter oder auf den im Vergleich zu Frankreich und Italien relativ unentwickelten Stand der Arbeitskämpfe in diesem Land als vielmehr aus den ideologischen Grenzen, die das Fernsehen den Arbeiterfilmen setzt. Das gilt auch für die Filme Ziewers, Lüdckes und Kratischs, der Absolventen der Deutschen Film- und Fernsehakademie Berlin (DFFB), die ihre außergewöhnliche sozialkritische Prägnanz dem Umstand verdanken, daß die Filmkonzeptionen außerhalb der Institution Fernsehen entwickelt worden sind. Das heißt jedoch nicht, daß sie unabhängig vom Fernsehen entstanden sind. Denn die von diesen Filmemachern verfolgte publizistische Doppelstrategie – zum einen sollen die Filme im Fernsehen einem breiten Publikum gezeigt, zum anderen über eigene Verleihe (Basis-Film Verleih, Filmverlag der Autoren) gezielt in Betriebs- und Gewerkschaftsarbeit eingesetzt werden – sowie die Tatsache, daß das Fernsehen die Finanzierung übernahm oder in Aussicht stellte, sicherte dessen Einfluß auf die Gestaltung der Filme.[28] Wie sich diese Einflußnahme auswirkt, deutet Helmut Prinzler, Studienleiter der DFFB, an: „Akademieproduktionen entstehen in einem Freiraum, der im Grunde nur materiell (Höhe der Produktionskosten) eng begrenzt ist. [. . .] Ganz anders, wenn im Auftrag des Fernsehens oder in der Anstalt selbst produziert wird. Exposé und Drehbuch müssen erst einmal durchgesetzt werden. Partner sind nun nicht mehr die Kollegen in der Akademie, sondern Redakteure, Profis, die vom Interesse einer Abteilung und eines Programms aus argumentieren. [. . .] Schließlich die Abnahme durch die Redaktion und die Aufnahme beim Publikum. Wie wird der Film in der Abteilung akzeptiert? Wie kommt er in der Hierarchie an? Mit welcher Einschätzung gerät er ins Programm? [. . .] Im besten Fall ist dann das, was gesendet wird, eine Summe der eigenen und fremden Ansprüche, der eigenen Möglichkeiten und der fremden ‚Einflüsse‘.“[29] So gilt auch für die Autoren der ‚Berliner Schule‘, was Johannes Beringer für die in den Medien beschäftigten Arbeitsweltfilmer allgemein konstatiert: „Die Exi-

27 Interview mit Christian Ziewer in: *FILM-Korrespondenz* 7/74.

28 Finanziell unabhängig vom Fernsehen sind lediglich *Die Wollands* entstanden.

29 Hans Helmut Prinzler: „Über den Nutzen einer Film- und Fernsehakademie“, in: *Fernsehspiele, Programmheft des WDR* für den Zeitraum Januar bis Juni 1974, hrsg. v. Pressestelle des WDR, Köln 1974, S. 48f.

stenz auch des Arbeitsweltfilmers ist materiell an die Medien als seine Auftraggeber und Abnehmer gebunden [...]. Zwischen dem Aufklärungsinteresse der Arbeiter und dem Verwertungsinteresse des Medienkapitals muß er so auf einer schwierigen bis zwielichtigen Position stehen. Seine praktische Zuträger- und Vermittlerrolle wird ihre Dienste nicht nach Belieben wechseln können; seine mit Filmarbeit verbundene Subjektivität ist Objekt der Medien. Ob er sich dann ideell noch andererseits verpflichtet glaubt, kann dem herrschenden Interesse vorerst mal gleichgültig sein: Was ihm zählt, ist das Resultat seiner Arbeit.“[30]

Welches Resultat erbringen die im Fernsehen gezeigten Arbeiterfilme? Oder besser, welches Resultat erbringen sie nicht? Achtet man einmal darauf, welche Sachverhalte, Problemstellungen und Zielsetzungen in den Filmen nicht dargestellt oder unkenntlich gemacht werden, obwohl sie in Arbeiterbewegung und Arbeiterliteratur eine wichtige Rolle spielen, so lassen sich ex negativo folgende Faustregeln einer fernsehinternen Vorzensur erschließen:

- Keine Nennung tatsächlich existierender Firmen, Unternehmerverbände usw.: Übereinstimmungen mit der Wirklichkeit sind rein zufällig (Ausnahme: *Rote Fahnen sieht man besser*).
- Keine namentlichen Angriffe auf Politiker und Parteien, deren Kollegen bzw. Vertreter in den Rundfunk- und Verwaltungsräten sitzen.
- Keine positive Darstellung der Aktivitäten von als sozialistisch, kommunistisch oder linksextremistisch eingestuften Organisationen und Parteien.
- Keine positive Darstellung der revolutionären Traditionen solcher Organisationen und Parteien, weder der Kämpfe, die sie geführt haben, noch der Verfolgungen, denen sie ausgesetzt waren (ausgenommen die SPD vor 1914 und die Zeit des Dritten Reichs).
- Keine sozialistische Perspektive, d.h. insbesondere: keine Aufforderung zur Vergesellschaftung der Produktionsmittel oder Veränderung der Eigentumsverhältnisse; keine Aufforderung zur evolutionären oder revolutionären Veränderung der politischen Machtverhältnisse oder zur Beseitigung des bürgerlichen Staates; keine Propagierung eines sozialistischen als sinnvolle Alternative des kapitalistischen Wirtschafts- und Gesellschaftssystems.
- Keine Befürwortung von Gewalt, d.h. insbesondere: kein direkter Appell an die Zuschauer zur Teilnahme an Streiks, Demonstrationen oder ähnlichen Aktionen, die geeignet sind, den Arbeits- bzw. Landfrieden zu gefährden, oder zum Widerstand gegen die Staatsgewalt.
- Keine kämpferische Schlußperspektive, kein Aufruf zum Klassenkampf.

Man braucht sich in Politik und Geschichte nicht besonders gut auszukennen, um zu wissen, daß damit wesentliche Probleme, Kontroversen und Zielsetzungen der deutschen wie der internationalen Arbeiterbewegung in den Fernsehfilmen nicht vorkommen. Das liegt nicht etwa daran, daß es Filme, die diese Themen aus soziali-

30 Johannes Beringer: „Ranklotzen – Arbeitsweltfilme und Verwandtes“, in: *Filmkritik* 3/75, S. 125.

stischer Sicht behandeln, in der Bundesrepublik nicht gibt. Ein Blick in die Kataloge des Zentral-Film-Verleihs (Hamburg) oder der UNIDOC-Film-GmbH (München) genügt, um sich vom Gegenteil zu überzeugen. Es liegt daran, daß das Fernsehen sie nicht zeigt. Auf ‚Ausgewogenheit' ihres Programms und damit auf das ideologische Spektrum von CSU bis SPD verpflichtet, haben die Sendeanstalten vor allem bei gesellschaftskritischen Arbeiterfilmen darauf zu achten, daß ihnen kein Verstoß gegen die genannten politischen Tabus unterläuft.

Dabei wird die Verfremdung von Wirklichkeitszitaten (Firmennamen, betriebsinterne Vorgänge usw.) schon aus juristischen Gründen praktiziert. Auf diese Weise sollen Schadenersatzklagen der betroffenen Firmen vermieden werden. Ähnlich pflegen namentliche Angriffe auf Parteien oder Organisationen nicht nur von Seiten der CDU, sondern auch der Gewerkschaften Interventionen auf unterschiedlicher Ebene der Rundfunkhierarchie nach sich zu ziehen. Ebenso wie die negative Darstellung der in Bundestag, Landesparlamenten und Rundfunkräten vertretenen Parteien ist die positive Darstellung der in diesen Gremien nicht vertretenen sozialistischen und kommunistischen Parteien und Organisationen sowie der revolutionären Traditionen der Arbeiterbewegung offensichtlich nicht möglich. Entsprechende Vorhaben z.B. des WDR sind bereits im Projektstadium abgeblockt worden. So etwa die Verfilmung des proletarisch-revolutionären Romans von Klaus Neukrantz *Barrikaden am Wedding* (1930) oder die einer Vorlage des Arbeiterschriftstellers G. Fuchs über den Widerstand von Sozialisten und Kommunisten gegen die Wiederherstellung kapitalistischer Verhältnisse nach 1945. Überhaupt scheint der Widerstand gegen die Restauration kapitalistischer Produktionsverhältnisse in der Bundesrepublik, das Thema der erst 1953 für illegal erklärten politischen Streiks oder das der Kommunistenverfolgungen, die 1956 in der Adenauer-Ära mit dem KPD-Verbot ihren Höhepunkt erreichten, für das Fernsehspiel ebenso tabu zu sein wie das aktuelle Thema der Berufsverbote, die infolge der Sprachregelung vieler Sendeanstalten als solche gar nicht benennbar sind. Und wie der revolutionären Tradition, so geht es auch der sozialistischen Perspektive, die mit Hinweis auf die DDR zwar widerlegt und denunziert, nicht aber engagiert vertreten werden darf. Daß schließlich auch kämpferische Schlußperspektiven, seien sie auch noch so zaghaft, beim Fernsehen nicht erwünscht sind, zeigt nicht nur die Zensurmaßnahme gegen den Film *Rote Fahnen sieht man besser,* wo Süverkrüps Phrix-Lied weggekürzt wurde, sondern auch die Streichung der Protestdemonstration in *Stellenweise Glatteis,* die dem Fernsehspiel abweichend von der Romanvorlage einen pessimistischen Schluß verleiht. Indiz dafür sind auch die zwiespältigen Schlußbilder in *Lohn und Liebe* und *Schneeglöckchen blühn im September,* in denen sich – abweichend von den ursprünglichen Plänen der Autoren – die Gefahr neuerlichen Scheiterns ankündigt.[31] Wenn schon die Darstellung erfolgreicher Streiks riskiert wird, so muß zumindest die Schlußszene den Erfolg relativieren.

31 Vgl. z.B. die Schlußszene von Ziewer/Wieses Drehbuch *Strukturverbesserung* mit der daraus entwickelten Schlußszene des Films *Schneeglöckchen blühn im September.* Drehbuch bei Basis-Film Verleih GmbH, Berlin 1973.

Die letztgenannten Filme haben den Spielraum der im Fernsehen möglichen Sozialkritik voll ausgeschöpft. Die Bereitschaft des Fernsehens, ähnliche Experimente zu wiederholen, sinkt. Filme wie *Schneeglöckchen blühn im September* und *Lohn und Liebe* waren in den letzten Jahren auf dem Bildschirm nicht mehr zu sehen. Dieter Stolte, der sich als Fernsehdirektor des Südwestfunks 1974 noch mit dem Fernsehspiel-Zyklus Arbeitswelt für den Arbeiterfilm stark gemacht hatte,[32] beklagte wenige Jahre später in einem Vortrag über *Sechs Selbstverständlichkeiten angesichts der Forderung nach populären Fernsehspielen* „die angemaßte Legitimation von einigen ‚Privilegierten', Welt zu verbessern, zu verändern, zu revolutionieren", und forderte: „Was fehlt, ist die Mitte!"[33] Sozialistische Filmemacher publizierten ihre Filme daher in den letzten Jahren zunehmend über alternative Verleihe. Wo sie weiterhin für das Fernsehen produzierten wie Ziewer mit *Der aufrechte Gang* (WDR 1976) und Lüdcke/Kratisch mit *Familienglück* (WDR 1975), wandten sie sich vielfach wieder dem Privat- und Familienleben von Arbeitern zu, das sie unter dem Einfluß der entfremdeten Berufsarbeit zerbrechen sahen. Nach einer kurzen Phase der Annäherung begann sich die Diskrepanz zwischen unabhängig vom Fernsehen produzierten sozialistischen Arbeiterfilmen und solchen, die sich den Normen des öffentlich-rechtlichen Mediums anpaßten, wieder zu verstärken.

Literatur

Die Arbeitswelt im Fernsehspiel. Programmheft zum Fernsehspiel-Zyklus Arbeitswelt, hrsg. v. Südwestfunk, Baden-Baden 1974.
Heinz Ludwig Arnold (Hrsg.): *Gruppe 61,* Stuttgart/München/Hannover 1971
Johannes Beringer: „Ranklotzen – Arbeitsweltfilme und Verwandtes", in: *Filmkritik* 3/75.
Rainer Werner Fassbinder, Hanser Verlag Reihe Film Bd. 2, München 1974.
H.F. Foltin, G. Würzberg: *Arbeitswelt im Fernsehen,* Köln 1975.
Film und revolutionäre Arbeiterbewegung in Deutschland 1918–1932, 2 Bde., hrsg. v. Gertraude Kühn u.a., Berlin (-Ost) 1975.
Theo Gallehr, Rolf Schübel: *Rote Fahnen sieht man besser. Filmprotokoll,* hrsg. v. Radio Bremen, Redaktion Fernsehspiel, Bremen 1971.
Günter Hobbensiefken: *Rote Fahnen sieht man besser,* Medienanalyse Band 1, Bundeszentrale für politische Bildung, o.J. (Masch.).
„Interview mit Rainer Werner Fassbinder", in: *Konkret* Nr. 13 vom 22. 3. 73.
„Interview mit Erika Runge und Ilona Perl", in: *Fernsehen und Film,* März 1970.
„Interview mit Christian Ziewer", in: *Filmkritik* 10/72.
Thomas Koebner: „Das Fernsehspiel – Themen und Motive", in: Peter von Rüden (Hrsg.), *Das Fernsehspiel,* München 1975.

32 Vgl.: *Die Arbeitswelt im Fernsehspiel, Programmheft zum Fernsehspiel-Zyklus Arbeitswelt,* hrsg. v. Südwestfunk, Baden-Baden 1974.
33 Dieter Stolte: „Sechs Selbstverständlichkeiten angesichts der Forderung nach populären Fernsehspielen", in: Egon Netenjakob (Hrsg.), *Anatomie der Fernsehserie,* Mainz 1976, S. 366.

Martin Kohli u. a.: „Arbeiter sehen ‚Arbeiterfilme'", in: *Leviathan, Zeitschrift für Sozialwissenschaft* 3/76.
Peter Kühne: *Arbeiterklasse und Literatur. Dortmunder Gruppe 61, Werkkreis Literatur der Arbeitswelt,* Frankfurt/Main 1972.
Willi Lüdecke: *Der Film in Agitation und Propaganda der revolutionären deutschen Arbeiterbewegung (1919–1933),* Berlin (-West) 1973.
Marianne Lüdcke, Ingo Kratisch über ihren Film „Lohn und Liebe", in: *Fernsehspiele, Programmheft des WDR* für den Zeitraum Januar bis Juni 1974, hrsg. v. Pressestelle des WDR, Köln 1974.
Wolfgang Menge: „Auf einen Mangel des Films zurückzuführen . . .?", in: *Die Arbeitswelt im Fernsehspiel, Programmheft zum Fernsehspiel-Zyklus Arbeitswelt,* hrsg. v. Südwestfunk, Baden-Baden 1974.
Partei ergreifen, hrsg. v. Werkkreis Literatur der Arbeitswelt, Westberlin 1974.
Pressespiegel des WDR zu den Filmen *Liebe Mutter, mir geht es gut, Lohn und Liebe* und *Schneeglöckchen blühn im September,* hrsg. v. Pressestelle des WDR, Köln 1973/74.
Hans Helmut Prinzler: „Über den Nutzen einer Film- und Fernsehakademie", in: *Fernsehspiele, Programmheft des WDR* für den Zeitraum Januar bis Juni 1974, hrsg. v. Pressestelle des WDR, Köln 1974.
Günter Rohrbach: „Bildungstheater oder Zeittheater. Probleme der Fernsehspieldramaturgie", in: *Materialien des Marler Fernsehforums „Möglichkeiten und Aufgaben des Fernsehspiels",* März 1974.
Christoph Rülcker: *Ideologie der Arbeiterdichtung 1914–1933,* Stuttgart 1970.
Wolfgang Ruf: „Für ein realistisches Fernsehspiel", in: Peter v. Rüden (Hrsg.), *Das Fernsehspiel,* München 1975.
Karl Saurer: „Anmerkungen zur ‚Bildersprache' des Fernsehspiels", in: Peter v. Rüden (Hrsg.), *Das Fernsehspiel,* München 1975
Karl Saurer: „Filme über die Arbeit – Filme mit Arbeitern: in der Bundesrepublik und in der Schweiz", in: *Tagesanzeiger* (Zürich) vom 7. 8. 76.
Dieter Stolte: „Sechs Selbstverständlichkeiten angesichts der Forderung nach populären Fernsehspielen", in: Egon Netenjakob (Hrsg.), *Anatomie der Fernsehserie,* Mainz 1976.
Dieter Waldmann: „Anmerkungen zu meinem Stück ‚Eine große Familie'", in: *Die Arbeitswelt im Fernsehspiel, Programmheft zum Fernsehspiel-Zyklus Arbeitswelt,* hrsg. v. Südwestfunk, Baden-Baden 1974.
Jochen Ziem über seinen Film „Unternehmer", in: *Fernsehspiele, Programmheft des WDR,* hrsg. v. Pressestelle des WDR, Köln 1970.
Christian Ziewer über „Liebe Mutter, mir geht es gut", in: *Filmkritik* 10/72.
Christian Ziewer, Klaus Wiese: *Liebe Mutter, mir geht es gut. Filmprotokoll,* hrsg. v. Basis-Film oHG, Berlin 1971.

Karl Prümm

Das Buch nach dem Film

Aktuelle Tendenzen des multimedialen Schreibens bei Tankred Dorst und Heinar Kipphardt

I.

Das universelle Transportmedium Fernsehen sieht sich seit seinen Anfängen der vehementen Kritik der traditionellen kulturellen Sparten ausgesetzt. In den Abgrenzungsversuchen, die Theater und Film bis in die Gegenwart immer wieder vornehmen, erscheint es stereotyp als verachteter, aber übermächtiger Konkurrent, und auch in der anhaltenden Debatte Literatur-Fernsehen ist das Medium fixiert auf die Rolle des destruktiven Giganten. Charakteristisch für die erstarrte Struktur der Diskussion, die ohnehin emotional und voluntaristisch geführt wird, ist die Tatsache, daß sie an wesentlichen Aspekten des Themas vorbeigeht. Debattiert wird ausschließlich über die literarische Verweis- und Vermittlungsfunktion des Fernsehens, von seiner möglichen produktiven Rolle im Literaturprozeß ist keine Rede.
Noch für die begrenzten kulturellen Aufträge, die man dem optischen Medium zugesteht, ist ein tiefer Pessimismus vorherrschend, der selbst seine Repräsentanten erfaßt. Jürgen Lodemann, dessen beim Südwestfunk produziertes *Literaturmagazin* im Literaturbetrieb hochgelobt wird, mißtraut gehörig den eigenen Mitteln, rückt Fernsehen und Literatur in eine polare Gegensätzlichkeit:
„Fernsehen benutzt wie die Poesie den Bilderzauber – nur so platt und unabänderlich, daß dieselben Kräfte – Phantasie und Kritik –, die von der Literatur aufgestört und in Gang gebracht werden, vom Bildschirm in die Passivität gefesselt werden. Beim Fernsehen am Ende Dämmerzustand und Traurigkeit, beim Lesen die durch Illusion und Desillusion aktivierten inneren Tätigkeiten.“[1]
Unversehens tauchen in solchen Antinomien Positionen der frühen Kinodebatte wieder auf. Was damals dem Kinematographen angelastet wurde, wird heute auf das Fernsehen übertragen. Eine „fast schreckliche Leere, eine unbeschreiblich öde Traurigkeit“, erfasse ihn, wenn er das Kino-Theater verlasse, berichtet Moritz Heimann 1913.[2] Vor allem dem „seelenlosen Kintopp“ schrieb die Kulturkritik vor 1914 die Schuld zu, daß alles „im Strudel der Trivialität“ zu versinken drohe.[3] In

1 Jürgen Lodemann: „Bis die Wände wackelten. Literatur im deutschen Fernsehen“, in: L 76, Nr. 6, S. 193.
2 Moritz Heimann: „Der Kinematographen-Unfug.“ Zit. nach: *Kino-Debatte. Texte zum Verhältnis von Literatur und Film 1909–1929,* hrsg. v. Anton Kaes, München/Tübingen 1978, S. 78.
3 Ebd. S. 59.

dieser defensiven Phase der Auseinandersetzung der Literatur mit dem neuen optischen Medium wurde jene absolute Gegensätzlichkeit formuliert, der Lodemann verpflichtet ist.
„Ein schlechtes Buch kann die Phantasie des Lesers irreleiten. Kino vernichtet die Phantasie. Kino ist der gefährlichste Erzieher des Volkes."[4]
So stand besonders die Literaturverfilmung, die diese Gegensätzlichkeit leugnete, von Anfang an im Kreuzfeuer einer radikalen Kritik. Die Umsetzung von Romanen in die noch plumpen Erzählprinzipien des Stummfilms erschien Paul Scheerbart nicht ohne Grund als „etwas Barbarisches".[5] Diese grundsätzliche Ablehnung aus den ersten Kinojahren ist bis heute erhalten geblieben. „O diese unseligen Literaturverfilmungen", stöhnte die Kritikerin Brigitte Jeremias anläßlich der Verfilmung von Martin Walsers Roman „Das Einhorn", „die genialisch verschwatzte und darin großartige Literatur auf Sechsgroschenniveau herunterkurbeln".[6]
TV-Adaptionen stehen erst recht unter dem generellen Verdacht der „Trivialisierung", der puren Ausschlachtung, der Demontage von Dichtung. Die normative Überhöhung der Vorlage und die gleichzeitige Abwertung des Mediums verbinden sich oft zur pauschalen Abqualifizierung jeder filmischen Version von Literatur. So behauptete der Schriftsteller und Kritiker Reinhard Baumgart auf einer PEN-Tagung in Erlangen im April 1978, die sich das Leitthema „Literatur und Fernsehen" gegeben hatte: „Literatur als solche kommt im Fernsehen nicht vor – allenfalls nähert man sich ihr vom Rande – Verfilmung ist schon ein Stück Vernichtung."[7]
Das komplexe Feld intermedialer Prozesse wird hier einfach zur Seite geräumt durch die schlichte Leugnung der literarischen Qualität des Fernsehens, ein Verfahren, das sich auf vielzitierte Thesen kultureller Autoritäten wie Theodor W. Adorno und Alfred Andersch berufen kann. Ihre Definitionen des Fernsehens als ein Inbegriff des „Kunstlosen" und „Stereotypen",[8] als „das atmosphäreloseste Medium, das seit der Erschaffung der Welt jemals zur Darbietung von Kunst ersonnen worden ist",[9] sind die deutlichsten Indizien einer wirksamen intellektuellen Distanz, die bis heute die öffentliche Diskussion bestimmt und für die offenkundigen Defizite der Debatte verantwortlich ist. Verwies vor allem Adornos negative Analyse auf faktische Unzulänglichkeiten der Fernsehanfänge, so ist die heute noch behauptete strikte Trennung von Literatur und Fernsehen längst durch die Geschichte des Mediums und vollends durch das Verhalten der Rezipienten widerlegt. Die Leugnung der literarischen Dimension des Mediums überhaupt ignoriert die Literarisierung des ambitionierten Fernsehspiels in den letzten 15 Jahren seiner Entwicklung. Daß

4 Ebd. S. 62.
5 Ebd. S. 88.
6 Brigitte Jeremias: „Die Romanverfilmung. Wie Martin Walsers ‚Einhorn' verschwindet", in: Frankfurter Allgemeine Zeitung 30. 9. 78.
7 Zit. nach: epd/Kirche und Rundfunk 1978, Nr. 34, S. 5.
8 Theodor W. Adorno: „Prolog zum Fernsehen," in: *Rundfunk und Fernsehen* 1, 1953, S. 1–8.
9 Alfred Andersch: „Für ein Fernsehen der Autoren" (1963), in: ders., *Die Blindheit des Kunstwerks und andere Aufsätze*, Frankfurt/M. 1965, S. 123.

dieses Genre von den Zuschauern als spezifisch literarisch-künstlerische Gattung verstanden und rezipiert wird, daran kann überhaupt kein Zweifel bestehen. Lange Zeit lief das Fernsehspiel der Gegenwartsliteratur hinterher. Bis in die 60er Jahre hinein war das Werben der Fernsehspielpioniere wie Hans Gottschalk und Hans Joachim Lange um renommierte Autoren vergeblich. Selbst ihre Hinweise, beim Fernsehen sei der Autor im Gegensatz zum kommerziell deformierten Film „nicht nur ein geduldetes Anhängsel, sondern der wichtigste Mitarbeiter",[10] provozierte kaum jemanden zum literarischen TV-Engagement. Erst durch die von Egon Monk beim Norddeutschen Rundfunk eingeleitete Wendung zum sozialkritischen Fernsehspiel, durch die Durchsetzung filmischer Produktionsweisen und nicht zuletzt durch die Erweiterung der Programmkapazitäten (Gründung des ZDF und der Dritten Programme) wurden Anfang der 60er Jahre neue Voraussetzungen geschaffen. Autoren wie Christian Geissler, Heinar Kipphardt, Karl Wittlinger, Tankred Dorst, Günter Herburger, Gabriele Wohmann, Max von der Grün und andere ermöglichten die entscheidenden Innovationen und machten damit das Fernsehspiel zum Medium der Gegenwartsliteratur. Heute ist das Verfassen von Fernsehdrehbüchern für viele Autoren der selbstverständliche Teil eines multimedialen Schreibprozesses. Ihre für das Fernsehen geschriebenen Texte stehen gleichrangig neben den traditionellen Gattungen Roman, Erzählung oder Drama. Die drastische Polemik von Oliver Storz aus dem Jahre 1973, daß die etablierten Autoren „vom Fernsehen keinen wesentlich anderen Gebrauch machen als eben den einer von Zeit zu Zeit günstig sich ergebenden Afterverwertung",[11] ist heute weitgehend hinfällig geworden. Fernsehspiele sind nicht mehr unbedingt die sekundäre, gewinnträchtige Version von Stoffen, die eigentlich auf ganz andere literarische Medien zugeschnitten sind. Bei einigen, für das Fernsehspiel äußerst wichtigen Autoren, bei Heinar Kipphardt, Tankred Dorst, Otto Jägersberg und Rainer Erler folgt das Buch der optischen Fassung.[12] Sicher sind dies auch Versuche, mit dem bleibenden und greifbaren Medium Buch der Flüchtigkeit des Fernsehfilms entgegenzuwirken, doch zeigt sich hier ebenso eine neue produktive Funktion des Fernsehspiels. In Umkehrung des von Storz attackierten Schemas wird die filmische Lösung zum Objekt der epischen Verwertung, nimmt das Buch ständig Bezug auf seinen optischen Vorläufer. Filmische Erzählprinzipien fließen auf diese Weise ein in Roman und Erzählung, führen zu neuen narrativen Möglichkeiten und Konstellationen. Dieser Prozeß soll im folgenden an Texten und Filmen von Tankred Dorst und Heinar Kipphardt exemplarisch analysiert werden.

10 Hans Gottschalk: „Die neue Poesie des Fernsehens", in: *Akzente* 3, 1956, S. 146.

11 Oliver Storz: „Wer schreibt denn warum Fernsehspiele? Auskünfte für einen Herausgeber", in: *Fernsehen in Deutschland. Macht und Ohnmacht der Autoren,* hrsg. v. Christian Longolius. Mainz 1973, S. 152.

12 Vgl. die Veröffentlichung der Fernsehspieldrehbücher von Otto Jägersberg im Diogenes Verlag: *Land. Ein Lehrstück für Bauern und Leute, die nichts über die Lage auf dem Land wissen.* Zürich 1975. *Der industrialisierte Romantiker* (= Buchfassung des Fernsehspiels *Die Ansiedlung*). *Reportage.* Zürich 1976. Ebenso Rainer Erler: *Die Delegation. Ein Bericht.* Fischer Orbit 44. *Fleisch.* Roman. München 1979.

II.

Die wechselseitige Beeinflussung und Durchdringung filmischer und epischer Erzählweisen ist ein aktuelles Phänomen der Gegenwartsliteratur. Jurek Beckers Roman *Jakob der Lügner* (1969), mit dem der DDR-Autor auf einen Schlag berühmt wurde, basiert auf einem Filmdrehbuch. Peter Handkes Bestseller-Erzählung *Die linkshändige Frau* (1976) geht aus einem Filmprojekt hervor. Gerade in dieser Erzählung ist in der bildhaft-expressiven Erzählweise, in der szenischen Zuspitzung und im sequenzähnlichen Ablauf die ursprüngliche Funktion noch deutlich erkennbar. Daß Handkes Erzählung wie auch Beckers Roman erfolgreich verfilmt wurden, war eine logische Konsequenz, die der primären Absicht der Vorlagen entspricht. Handkes „Filmbücher" *Chronik der laufenden Ereignisse* und *Falsche Bewegung* sind als Prosaauflösung der Drehbücher zu definieren, die dennoch den Drehbuchcharakter nicht gänzlich verleugnen. Die Buchfassung der Filme erweist sich als weitgehende Übersetzung der filmischen Erzählprinzipien; die technischen Handlungsanweisungen wie die Kameraperspektiven und Einstellungsgrößen sind in die skizzenhafte Umschreibung der Bilder und Bildausschnitte mit hineingenommen, die übergangslose Abfolge von Einzelbildern simuliert die filmische Montage. Vom Leser wird die Rekonstruktion all dieser für den Film spezifischen Mittel gefordert, er muß mit ihnen vertraut sein.

Der riesige Marktplatz von Heide in Schleswig-Holstein, mit den kleinen Häusern weit weg am Horizontrand.
Wilhelm von hinten. Er steht in einem der kleinen Häuser am Fenster und schaut hinaus.
Der Marktplatz, ein wenig mehr von oben.
Wilhelm, das Fensterkreuz und der Marktplatz. Eine Katze auf dem Fensterbrett.
Wilhelm zerschmettert mit der Faust die Fensterscheibe. Die Katze springt vom Fensterbrett.
Wilhelms Mutter, einen Wäschestapel auf dem Arm, läuft herein.
Wilhelm lutscht an der Faust.
Durch den Luftzug schlägt hinter der Mutter die Tür zu.
Das Haus von außen, mit einer weiten Fläche des Platzes davor.
Das Haus nahe: Wilhelm tritt mit verbundener Hand heraus.
Eine junge Frau geht vorbei.
Wilhelm stößt einen Todesschrei aus und hockt sich nieder.[13]

Günter Herburgers Filmerzählungen dagegen sind faktisch Treatments, sind Entwürfe möglicher Filme, provokative Angebote an die Filmindustrie und an die Fernsehredaktionen, mit denen der Autor seinen phantastischen Realismus exemplifizieren will. Dieses Verfahren weist zurück auf die erste produktive Auseinandersetzung der deutschen Literatur mit der sich entfaltenden Filmindustrie im expressionistischen Jahrzehnt, auf das von Kurt Pinthus 1913 herausgegebene *Kinobuch*. In seiner „ernsten Einleitung" umreißt Pinthus ein Programm eines künstlerischen, literarisierten Films:

Knappste, zusammengedrängteste Formen des Kinostücks haben wir erstrebt; wir bemühten uns kinematographisch zu sehen, jede Situation verfilmbar zu erfinden. Aber wir wissen, diese

13 Peter Handke: *Falsche Bewegung*. Frankfurt/M. 1975, S. 7.

Stücke sind blind wie – spricht Kant – die Begriffe ohne Anschauung. Erst der Kinoregisseur kann das in diesem Buche Aufgezeichnete zu spaßhaftem und rührendem Leben erwecken. Und auch der Leser kann in seiner Phantasie diese kleinen Bouillonwürfel zu nahrhaften Suppen auflösen, diese Ereigniskonglomerate in erregende, bunte Träume verwandeln. Er kann sein eigener Regisseur sein, und je nach seinem Temperament das Tempo befeuern und zügeln. Grade weil so viel Tatsächliches in diesem Buche eng zusammengedrängt ist, steigt eine unwirkliche, romantische, groteske, abenteuerliche Welt aus dem Gewirr der wirklichen Sätze. Und vielleicht spiegelt sich in dieser unwirklichen (im Kino aber verwirklichten) Welt mehr ab von unsrer wirklichen Erdenwelt als wir zu glauben vermeinen.[14]

Stärker noch als die von Pinthus zusammengefaßten „Kinostücke", die Eigenwert behaupten und denen es – wie der Herausgeber betont – eigentlich gleichgültig ist, ob sie „jemals über die weiße Wand flimmern werden",[15] ist der Ciné-Roman *Letztes Jahr in Marienbad* von Alain Robbe-Grillet auf die filmische Realisation bezogen. Auf das genaueste schreibt der Text die Details der optischen Umsetzung vor, läßt kein Element aus, das für die Wirkung der entworfenen Sequenz konstitutiv ist.

[. . .] Sehr starkes Licht, das mit der ziemlich düsteren Beleuchtung der Innenaufnahmen des Hotels kontrastiert, die bisher die Leinwand beherrschten. Strahlende Sonne, scharfe, nicht zu kurze Schatten. Das Bild zeigt im Ausschnitt einen französischen Garten mit denselben Eigenschaften, die schon auf den Gravüren zu bemerken waren: ein regelmäßiger Garten, der wirkt, als ob er ohne Pflanzen sei (rechtwinklige Rasenflächen, vollkommen geometrisch geschnittene Büsche, sehr weite Kiesalleen, Steintreppen, Terrassen mit Steinbalustraden), hier und da große Statuen, die auf ziemlich hohen, viereckigen Sockeln stehen, Könige und Königinnen in antiken Gewändern, mythologische Figuren, gravitätische Haltungen, erstarrte Gebärden, Posen, die eine bestimmte Bedeutung zu haben scheinen, deren Bedeutung einem aber entgeht; es gibt auch Sockel ohne Statuen und in den Sockel eingraviert das Sujet.
Alles ist leer: ohne Lebewesen. Lange, seitliche Fahrt der Kamera, gradlinig und langsam, Perspektiven von Alleen, Reihen von Kegeln, schnurgerade Hecken . . . usw.
Stimme X: „Erinnern Sie sich. Es war in den Gärten von Friedrichsbad [. . .]"[16]

Der Text enthält all das, was für ein exakt ausgeführtes Drehbuch unerläßlich ist: Die Beschreibung dessen, was in die Kadrage der Kamera eingeht, die Angaben der Lichtverhältnisse, die Prinzipien der Montage, Kamerabewegung und Kameraperspektive und schließlich den Dialog. Doch über die rein funktionale Festlegung der optischen Mittel hinaus liefert er zugleich ihre Interpretation. Der Charakter der Einstellung, ihre Relation zu den vorangegangenen Bildern wird bestimmt, die intendierte Wirkung genau vorgeschrieben. Die Deutungen und Bewertungen sind konzipiert als Zielprojektionen der filmischen Realisierungen; in der vom Film abgelösten Textfunktion sind sie jedoch selbstverständliche Bestandteile des romanhaften Erzählprozesses.
Robbe-Grillets Ciné-Roman ist geprägt von der Anstrengung, die filmische Reali-

14 *Das Kinobuch. Kinodramen.* Leipzig 1914. Zit. nach: *Hätte ich das Kino! Die Schriftsteller und der Stummfilm* (Eine Ausstellung des Deutschen Literaturarchivs im Schiller-Nationalmuseum Marbach a.N.), München/Stuttgart 1976, S. 94.
15 Ebd.
16 Alain Robbe-Grillet: „In Karlstadt, in Marienbad oder in Baden-Salza . . ." (= Auszug aus dem Ciné-Roman *Letztes Jahr in Marienbad*), in: *Filmkritik* 11, 1961, S. 520.

sation mit extremer Genauigkeit zu fixieren. Alle Textelemente sind bezogen auf den abschließenden Akt der Übertragung in das Medium des Films. Der Ciné-Roman begreift sich als intensiven Arbeitsschritt, der seine sprachlich-ästhetischen Mittel letztlich dem filmischen Endprodukt unterwirft. Tankred Dorsts und Heinar Kipphardts Erzähltexte bilden dagegen den Abschluß eines ästhetischen Prozesses, in dem die filmische Variante den ersten wichtigen Schritt der Erarbeitung des Stoffes darstellt. Obwohl die epische Endfassung Erfahrungen des Films auswertet, ist sie dennoch stärker als bei Robbe-Grillet ablösbar und eigenständig.

III.

Tankred Dorsts „fragmentarischer Roman" *Dorothea Merz* erschien im Herbst 1976 im Suhrkamp-Verlag, der zweiteilige Fernsehfilm gleichen Titels (Regie: Peter Beauvais, ARD/WDR) wurde im Mai 1976 zum ersten Mal gesendet. Film und Prosafassung sind von Dorst geplant als das Kernstück einer weitgespannten Familienchronik, die von der Weimarer Republik bis zur Gegenwart reicht. Mit dem 1974 als Hörspiel produzierten, im Januar 1975 als Theaterstück uraufgeführten und im Mai 1977 auch als Fernsehspiel gesendeten *Auf dem Chimborazo* (Regie: Peter Beauvais, ARD/WDR) lieferte Dorst das Ende vorweg, während der von ihm selbst inszenierte Fernsehfilm *Klaras Mutter* (Erstsendung: ARD/WDR, März 1978), der als Erzählung im Herbst 1978 erschienen ist, eine Episode aus dem in *Dorothea Merz* behandelten Zeitraum herausgreift und extensiver erzählt. Paradigmatische Rekonstruktion der historischen Realität ist das Ziel dieser „Trilogie" und ihrer multimedialen Varianten. Wirklichkeit soll erfaßt werden mit einem Höchstmaß an Komplexität. Die Geschichte der bürgerlichen Familie Merz und der proletarischen „Parenthese" (*Klaras Mutter*) entfaltet sich mit einer Vielzahl von Figuren und Konstellationen, aber unter Verzicht auf dramatische Zuspitzungen. Vergangenheit wird erschlossen über das unspektakuläre, scheinbar Beiläufige und Nebensächliche. Die möglichst detailgenaue Registratur banaler Alltäglichkeit soll Zeitgeschichte eher „unauffällig" manifestieren,[17] das Politische „sickert ein" in die private Sphäre, ohne daß es den Figuren bewußt wird. Dorst sieht in diesem Konzept einer komplexeren ästhetischen Historiographie eine Abkehr von der vereinfachenden Modellhaftigkeit seiner frühen Stücke (*Die Kurve,* 1960; *Große Schmährede an der Stadtmauer,* 1961; *Die Mohrin,* 1964), eine Überwindung der parabolischen Dramatik in der Nachfolge Brechts. Mit diesen Intentionen steht er nicht allein. Walter Kempowski, August Kühn, Manfred Bieler und Horst Bienek nutzen in ihren teilweise ebenso großangelegten epischen Unternehmungen das Muster der Familiengeschichte auf ganz ähnliche Weise als Instrument einer genaueren historischen Reflexion. Auf dem Theater sind die Versuche von Hartmut Lange, Figuren

17 So Tankred Dorst in einem Gespräch mit dem Verfasser am 4. 6. 1978. Die im folgenden nicht gekennzeichneten Zitate entstammen diesem Gespräch.

über große historische Distanzen zu verfolgen (*Frau von Bebenburg,* 1975; *Frau von Kauenhofen,* 1977) eine Parallele zu den zahlreichen romanhaften Aufschlüsselungen des Politischen über das Private.

Tankred Dorsts Arbeitsprozeß ist keineswegs von Anfang an auf ein bestimmtes Medium ausgerichtet, sondern stellt sich zunächst dar als ein sehr allgemeiner Vorgang der Erschließung des Stoffes und seiner Möglichkeiten. Die Abfolge der medialen Lösungen ergibt sich aus den jeweils sich bietenden Realisationschancen, beschreibt keine Hierarchie der Erzählweisen. Das „Filmische" und „Epische" sind bei Dorst ohnehin nicht voneinander zu trennen, auf allen Ebenen operiert er mit Mischformen, die auf mehrere mediale Varianten verweisen, indem sie deren Prinzipien in sich aufnehmen.

Der erste Arbeitsschritt des multimedialen Projekts umfaßt bereits alle späteren konkreten Lösungen. Dorst fixiert zunächst Partikel der Geschichte, führt einzelne Szenen aus, eine Vorgehensweise, die er selbst als „impressionistisch" und „etwas chaotisch" beschreibt. Durch das Verfahren einer additiven Montage wird dann der Erzählprozeß gewonnen. Der Ausgangspunkt ist dabei stets filmisch-bildhaft: „Momentaufnahmen" werden festgehalten, allerdings mit Mitteln, die eher dem Roman und der Erzählung entsprechen. Jene Texte im Vorfeld von Drehbuch und ausgeführter epischer Fassung sind Prosaskizzen, die die Innendimension der Figuren berücksichtigen und den Dialog in den Erzählablauf einbetten. Als Arbeitsgrundlage prägen sie alle späteren Realisierungen, auch wenn Ergänzungen oder Alternativen durch die spezifischen medialen Bedingungen notwendig werden.

Die entscheidende Szene in dem Fernsehfilm *Klaras Mutter,* in der Klara in der Hoffnung auf ein Abenteuer mit Kupka ihre Mutter als Rivalin zu sehen beginnt, ist in der Prosaskizze folgendermaßen vorformuliert:

> In der Küche trifft sie [Klara] die Mutter, die eben nach Hause gekommen ist und noch im Mantel, aber mit Pantoffeln am Herd steht und Feuer macht „Herbert hat vorgekocht". Klara hebt den Deckel von dem schwarzen Topf auf und sieht: Gemüsesuppe. Sie nimmt zwei Teller vom Bord und Löffel aus der Schublade.
> In der Schublade: Kupkas Patentbesteck. Klaras Blick.
> Die Mutter ist hinausgegangen. Klara rührt in der Suppe. Die Mutter kommt wieder herein. Sie ist im Unterrock. Sie wäscht sich die Hände und steckt den Kamm neu in ihr Haar. Klara beobachtet alles genau: ihre Rivalin, die alte Falk streicht sich über die Arme und zieht die Strümpfe hoch. Klara läuft plötzlich aus der Küche.[18]

Dorsts Grundkonzept wird schon hier sehr prägnant deutlich: ein subtiler psychologischer Detailrealismus, der sich dennoch der denkbar einfachsten Mittel bedient. Nahezu unauffällig wird das äußere Geschehen zum Spiegel der inneren Abläufe, die ins Zentrum des Erzählprozesses gerückt werden, ohne daß es spektakulärer Akzente bedarf. Die Gegenstände werden zu Chiffren psychischer Vorgänge, ohne allerdings einen pathetischen Symbolcharakter zu gewinnen. Das Objekt der nur halb eingestandenen Wünsche Klaras ist in der Dingwelt für sie beängstigend präsent, verstärkt ihre Irritation, die sie in den Gesten des Alltags zu verbergen sucht.

18 Unpaginiertes Arbeitsmanuskript, das Tankred Dorst mir zur Verfügung gestellt hat.

Doch der plötzlich veränderte Blick auf die Mutter sprengt schließlich den Akt der familiären Gemeinsamkeit.

In der szenisch-optischen Auflösung der filmischen Realisation, bei der Dorst selbst Regie führte, erscheint der Gesamtvorgang erheblich verkürzt.[19] Umso konzentrierter wird die körperliche Konfrontation der beiden Frauen herausgehoben, der taxierende spöttische Blick Klaras auf die Mutter, das herablassende Gefühl jugendlicher Überlegenheit. In starrer Halbtotale wird lange ausgespielt, wie die Mutter sich wäscht und zurechtmacht. Alter und erotische Ausstrahlung der Mutter enthüllt die Kamera durch die in Nahaufnahme erfaßte Beobachtungspose der Tochter. Doch das entscheidende Moment der Szene, das bei Klara plötzlich auftauchende Bewußtsein der Rivalität, kann mit optischen Mechanismen dem Rezipienten nur nahegelegt werden. Was in der Prosaskizze als psychologisches Faktum bloß benannt war, setzt Dorst nun als ausformulierten Off-Text ein. Neben die objektivierende Kamera tritt als Ergänzung der auktoriale Erzähler, der die Innendimensionen der Figur offenlegt, auf die die gesamte Sequenz bezogen ist.

Klara hatte nie darüber nachgedacht, ob ihre Mutter eine schöne oder häßliche Frau war und ob sie einem Mann gefallen würde. Jetzt, mit dem Zettel in der Tasche, der nur von Kupka sein konnte, sah sie ihre Mutter abschätzend an wie eine Rivalin.[20]

Noch an zwei anderen Stellen des Films verwendet Dorst solche Off-Texte und markiert damit die zentralen Einschnitte der Geschichte. Als den Bildern unterlegte Kommentare umreißen sie die Konzeption einer Figur, liefern das psychologische Resümee einer Sequenz, summieren den Erzählprozeß, geben Ausblicke. Sie greifen zurück auf Stichworte der Prosaskizze, die nun präzise ausformuliert sind, und eben dadurch weisen sie voraus auf die epische Fassung, die dem Film folgen wird. Im optischen Medium nehmen die Off-Texte zwangsläufig den Charakter des Zitats an, erwecken den Eindruck, als seien sie einem geschlossenen, romanhaften Erzählduktus entnommen. Beim Zuschauer entsteht somit die Illusion einer „vorgezogenen" Literaturverfilmung.

In der epischen „Endfassung" liest sich die Szene so:

– Herbert hat vorgekocht.
Die Mutter stand am Herd, sie hatte den Mantel noch nicht ausgezogen, sie hantierte mit den Herdringen. Auf dem Tisch standen nur zwei Teller. Klara setzte sich auf den Platz, wo sonst Kupka saß. Die Strickjacke mit dem Zettel in der Tasche hatte sie anbehalten. Die Mutter ging hinaus und kam wieder herein. Sie war nun im Unterrock. Sie goß Wasser in die Emailleschüssel, sie wusch sich in der mittagsstillen Küche geräuschvoll und ungeniert. Sie fuhr sich mit dem Lappen über das Gesicht, blies dabei die Backen auf, schnaufte zufrieden, wusch die Arme und die Achselhöhlen, rieb mit kleinen knurrenden Seufzern den Nacken und die Schultern, soweit sie der blaue Unterrock freigab. Klara hatte nie darüber nachgedacht, ob ihre Mutter eine schöne oder eine häßliche Frau war und ob sie einem Mann gefallen würde. Jetzt, mit dem Zet-

19 Die Szene wurde zunächst genauso gedreht, wie sie in der Prosaskizze vorformuliert war, mußte jedoch dann aus Zeitgründen verkürzt werden.
20 Protokollierter Off-Text des Fernsehfilms.

tel in der Tasche, der nur von Kupka sein konnte, sah sie ihre Mutter abschätzend an, wie eine Rivalin.[21]

Die Erzählung übernimmt den verkürzten Ablauf des Films und folgt ihm auch sonst in optischer Detailgenauigkeit. Die Prägnanz des Filmischen drängt die Ausführlichkeit der Prosaskizze zurück. Was der Film durch die subjektive Kamera und den auktorialen Off-Text andeutet, wird nun zur beherrschenden Erzählperspektive, die den gesamten Text konstituiert. Damit wird auch der Leser festgelegt auf die Sichtweise Klaras, während der Film in seiner objektivierenden Erzählhaltung auch alternative Bewertungen zuließ. Das entscheidende Moment der Filmsequenz, die körperliche Präsentation der Mutter, wird noch erheblich in ihrer Wirkung gesteigert durch die Intensivierung der akustischen Ebene. Der Dialog, der ergänzt wird, verstärkt den Bezug auf Kupka, dem Objekt der Wünsche Klaras. Der Charakter des Lachausbruchs hat sich verändert; Dorst akzentuiert nun den Widerspruch von Solidarität mit der Mutter und überlegener Distanz.
Die Erzählung wertet den Film aus. Alternativen oder Ergänzungen werden überall dort eingesetzt, wo die filmische Variante das Gefühl der Insuffizienz, des Nichtgelingens ausgelöst hatte. Die psychologische Innendimension der Figuren macht ihre Motivation prägnanter, verdeutlicht die kausalen Abläufe. Bewußt hat Dorst die Linienführung der Geschichte verstärkt, um den Selbsteinwänden gegen das additive Erzählverfahren zu entsprechen. Die Gestik, die mit den Schauspielern erarbeitet wurde, wird bis in die Details in die Erzählung übernommen, ebenso die Bildfolgen und Kameraperspektiven. An einigen Stellen wird der Erzählprozeß zum Erinnerungsappell.

– Hier wäre Raum für viele, sagte die Falk, für zwanzig oder dreißig, für eine größere Gemeinschaft. Kupka sah aus dem Fenster, drüben auf dem Hügel standen die Frauen und sahen zu dem Falkhaus herunter.[22]

Die Off-Passagen sind nun unverändert in ihren Kontext eingefügt, auf den sie im Film verwiesen.
In dem zweiteiligen, ursprünglich auf drei Teile konzipierten Fernsehspiel *Dorothea Merz* hat Dorst noch sehr viel häufiger die Off-Texte als Stilmittel eingesetzt. Indiz ihrer eigentlichen epischen Ausrichtung ist ihr unverändertes Wiederauftauchen in der Buchfassung als integriertes Partikel romanhaften Erzählens. Die medialen Erzählprozesse durchdringen sich gegenseitig, verändern, verfremden das Gewohnte und Standardisierte. Dabei erscheinen die Abweichungen vom traditionell Romanhaften gewichtiger, das Filmische prägt die Episierung sehr viel nachhaltiger als umgekehrt. Der Gesamteindruck der Buchfassung wird bestimmt durch das Überwiegen des szenischen, dialogbetonten Erzählens, das die Drehbuchform mit nur wenigen Retouchen transponiert.

21 Tankred Dorst: *Klaras Mutter.* Mitarbeit Ursula Ehler. Frankfurt/M. 1978, S. 77.
22 Ebd. S. 12.

Kinderzimmer.
Bella Schewedy und Dorothea in dem zukünftigen Kinderzimmer. Weiße Batistvorhänge mit blauen Bändern, sonnengelbe Tapeten.
– Wenn ich Sie so ansehe, dann möchte ich auch gern ein Kind kriegen, sagt Bella plötzlich.
Dorothea lacht etwas geniert.
– Doch! Sie sehn so schön aus, schwanger![23]

Der Ortsangabe, der Aufzählung der Personen, der stichwortartigen Skizzierung der „Szenerie" folgt dann – drehbuchüblich – der Dialog, sparsam ergänzt durch die Verbalisierung von Gesten und Reaktionen. Solche Textpartien setzen den Blick der Kamera voraus, sind eigentlich von ihrer Visualisierung nicht ablösbar. Tankred Dorst hat die Montageprinzipien des Films, den harten, übergangslosen Schnitt in der Buchform gewahrt und sie nur gemildert durch Kapitelzählung und Zwischenüberschriften. Auch das filmische Erzähltempo der Aussparung, der Raffung oder der Ausdehnung einzelner Sequenzen sollte erkennbar bleiben. Was im Film allein durch die Addition der Bilder einen geschlossenen Kontext ergibt, mutiert im anderen Medium zur offenen Form des fragmentarischen Romans. Anschlüsse und Querverweise, die Bezüge der Teilelemente muß der Leser im Rezeptionsprozeß ergänzen. Bereits das Nebeneinander von szenisch-dialogbetonter Schreibweise und ausformuliertem auktorialem Erzählen läßt den Eindruck der Geschlossenheit nicht zu. Ergänzend einmontierte Textebenen wie Tagebuch, Brief, Notizen, Aufzeichnungen der Figuren verstärken noch den Charakter des Fragmentarischen. Dorst hat dem Buch (wie auch *Klaras Mutter*) eine Vielzahl von Bildern beigegeben, die er nicht als Belege des Beschriebenen, sondern als eigenständige Erzählmomente verstanden wissen will. Die Bilder entstammen nicht dem Fernsehfilm – ihn zitiert nur das Deckblatt von *Dorothea Merz* –, sie gehören zur „Materialsammlung" des Autors, der sich von ihnen inspirieren ließ. Landschaften, Häuseransichten, Straßenzüge, Gruppenphotos, Postkarten, Kunstdrucke, Handzettel, Plakate, Buchdeckel, Zeitungsausschnitte beschreiben sinnlich-konkret das Ambiente der Figuren, ihre Realität, ihre Ausdrucksmittel, ihre Wünsche und Träume. Von verschiedenen Punkten aus umkreisen die Bilder den bürgerlichen Alltag der beginnenden 30er Jahre.
Eine andere Form der produktiven Einbeziehung von Bildern in den Erzählprozeß ist ihre Übersetzung ins Epische. Unter der Überschrift *Photographien* entfaltet Dorst vor dem Leser ein fiktives Familienalbum. Nur karg werden die Bilderreihen beschrieben und erweisen sich dennoch als überraschend differenziertes Mittel der Charakteristik. In ihrer Abfolge sind die biographischen Stationen der Figuren rekonstruiert, jedoch noch viel wichtiger ist, daß sich die banalen Familienphotos als Dokumente einer privaten Ästhetik, als stilisierte Selbstbildnisse und Belege erträumter Rollen zu erkennen geben.

Rudolf als Gymnasiast im Garten an einem Tisch, auf dem physikalische Geräte aufgebaut sind.

23 Tankred Dorst: *Dorothea Merz*. Mitarbeit Ursula Ehler. Frankfurt/M. 1976, S. 48.

Rudolf als junger Mann in Amerika auf einer Verandatreppe mit einer amerikanischen Familie. Er trägt Arbeitskleidung.
Unterschrift: Fam. Jonathan Burns, Philadelphia 1913.
Rudolf mit Dorothea und Kindern, gestelltes Bild eines Fotographen; Familienidylle.
Rudolf auf einem Felsen in Capri, allein. Unterschrift: Der Kerl da oben bin ich!
Rudolf mit indischem Besuch und mit Dorothea vor der Fliederhecke im Garten. Dorothea neigt ihren Kopf zu einem Blütenzweig, den sie zu sich herangezogen hat.[24]

Schließlich wird auch der Film als fiktionsimmanente Textebene in den bewußt fragmentarischen Roman eingebracht.

Dr. Günter Regus hat seit 1931 kleine Amateurfilme gedreht. So sind einige Momente, die ihm wichtig genug waren, einige Ereignisse, deren er zufällig mit seiner Kamera Zeuge wurde, auf Zelluloid festgehalten.[25]

Die Detailgenauigkeit, mit der Dorst dann die Sequenzen dieser Amateurfilme zitiert, läßt prägnant hervortreten, wie sehr seine Texte zu einer optischen Ästhetik drängen.

1. Frühester Versuch: das Dorf, die leere Landstraße, auf der ein Spitz erscheint, dann ein Lastwagen. Die Fabrik am Fluß, Wiesen, die Kirche.
2. Das Elternhaus. Die Haustür steht offen. Die Mutter, eine schwarz gekleidete Bauersfrau mit vorgeschobenem Leib, kommt aus der Tür und setzt sich, offenbar auf Aufforderung, auf die Holzbank neben dem Eingang.
3. Rudolf Merz im Garten, krank. Er winkt (offenbar auf Aufforderung), man sieht, daß er sich ungern dafür hergibt.
Plötzlich Helligkeit, der Film bricht ab.[26]

Die Übertragung des Optischen in eine sehr lakonische Sprache macht hier, wie auch bei der Paraphrase der Photographien, den ästhetischen Reiz aus.
Gleiches gilt für die zahlreichen Details des Erzählprozesses, die als Übersetzung filmischer Prinzipien zu identifizieren sind. Bei den szenischen Partien dienen das Arrangement der Einstellung und die bildliche Konstellation der Figuren als Ausgangspunkt oder werden als Schlußtableau geliefert. An einigen Stellen simuliert der Erzählduktus unverkennbar die Bewegungen der Kamera: Im Panoramaschwenk gleitet sie über die Besucherreihen eines Rezitationsabends,[27] in der demonstrativen Hervorhebung von Gegenständen ist die Detailaufnahme mit ihrem Zeigegestus wiederzuerkennen.[28] Bei der Beerdigungsszene greift die Großaufnahme einzelne Figuren und Gruppen aus der Totalen heraus, kontrastiert ihre

24 Ebd. S. 91/92.
25 Ebd. S. 220.
26 Ebd.
27 Ebd. S. 50.
28 Z. B.: „Rudolf. Er sieht die Unordnung auf Dorotheas Toilettentisch. Die Perlenkette neben der Kristallschale mit den Haarnadeln, die spitze Zelluloidtüte für die ausgekämmten Haare. Haarnadeln überall über die Glasplatte verstreut, Haarnadeln als Lesezeichen. Ein hastig aufgerissener Briefumschlag (mit einer Haarnadel aufgerissen), die Ansichtskarte aus Kairo, die ihr Bruder Hermann kürzlich geschickt hat.“ Ebd. S. 42.

Kommentare mit dem Pathos der Leichenrede.[29] An einer anderen Stelle gibt die verdoppelte Erzählperspektive zugleich die Standorte der Kameras wieder:

> Diese Szene wird von zwei Seiten aus beobachtet:
> Oben an seinem Fenster steht Rudolf, halb versteckt hinter dem Vorhang und unten an der runden Bank trinken Weller und Dr. Schewedy Kaffee.[30]

Es wäre jedoch verfehlt, den Roman als pure Übertragung filmischer Erzählprinzipien auszugeben. Er ist die autonome Interpretation des multimedial konzipierten Stoffes, wobei der Autor wieder neu von der Geschichte und ihren Möglichkeiten ausgeht, sie unter den spezifischen Wirkungschancen des Mediums Buch zu realisieren versucht. Bei diesem Prozeß der Überprüfung wird der Film „zu Hilfe genommen" (Dorst), als Arbeitsschritt ausgewertet. Die Multimedialität resultiert auch aus der Erkenntnis, daß die einzelnen medialen Lösungen der Ergänzung und Korrektur bedürfen. So nutzt Dorst die Möglichkeiten der Prosa zur psychologischen Differenzierung, zur Wiedergabe von Bewußtseinsprozessen, Reflexionen und Träumen überall dort, wo die objektivierte Registratur der Kamera an Grenzen stößt. Die schon erwähnte Wagner-Rezitation war im Fernsehfilm in eine einzige Einstellung hineingenommen. Dorst fand nun, daß sich im langsamen Schwenk der Kamera über die Besucherreihen bis hin zur Großaufnahme Dorotheas die Komplexität des Vorganges, ihre Distanz von der steifergriffenen Provinzgesellschaft, das ganze Gewirr ihrer Beobachtungen und Reflexionen nicht mitteilt, das schließlich zum befreienden Lachausbruch führt. Im Roman läßt er daher das Geschehen auf zwei, sich dauernd übereinanderschiebenden Ebenen spielen: Der allgemeine Hintergrund – die unfreiwillige Komik der pathetischen Rezitation – dringt immer wieder in den inneren Monolog ein, der seinerseits von Erinnerungsschüben durchsetzt ist.

Die drei Jahre, die seit der ersten Ausstrahlung von Heinar Kipphardts *Das Leben des schizophrenen Dichters Alexander März* (ZDF, 23. Juni 1975) vergangen sind, haben den außerordentlichen Rang bestätigt, den die Kritik diesem Fernsehspiel schon damals beinahe einhellig zuerkannte. Von einem „Fernsehereignis",[31] von einer „der seltenen Glanzleistungen" war die Rede,[32] von einer „Fernsehsendung, die sich so schnell nicht vergißt".[33] In der Tat haben die eindrucksvollen Bilder dieses Fernsehspiels der Vergeßlichkeit widerstanden, die das Medium ansonsten produziert, gerade weil es von der einebnenden Normalität des Durchschnittlichen so weit entfernt war. Mit einer ästhetischen Radikalität, die sich auf die Normen des vorgeblich Fernsehhaften nicht einließ, und mit einer inhaltlichen Kompromißlosigkeit, die auf die fernsehübliche Absicherung nach allen Seiten verzichtete, gelang es Kipphardt, in der laufenden Psychatriediskussion weit beachtete Akzente zu setzen. *Das Leben des schizophrenen Dichters Alexander März* war eine überzeugende At-

29 Ebd. S. 199.
30 Ebd. S. 193.
31 Christian Schütze in der *Süddeutschen Zeitung* vom 25. 6. 1975.
32 Peter Christian Hall in *epd/Kirche und Rundfunk* Nr. 44, 1975.
33 Rupert Neudeck in der *Funk-Korrespondenz* Nr. 27/28, 1975.

tacke gegen das „Asyl" und seine Bewahrungsmethoden, den theoretischen Positionen der sogenannten „Antipsychatrie" von Ronald D. Laing, Michel Foucault, Franco Basaglia und Erving Goffman verpflichtet. Zugleich vermittelte er ohne jede Simplifikation die komplexen Zusammenhänge von Künstlertum und Schizophrenie. Eine noch zu schreibende Geschichte des bundesrepublikanischen Fernsehspiels wird hier sicher einen der Höhepunkte der Gattung markieren und die Leistung Kipphardts als Beweis dafür werten, daß das Fernsehspiel zum Medium des literarischen Autors werden kann und ihn nicht zwangsläufig Beschränkungen unterwirft. In allen Stadien der Produktion (Regie Voijtech Jasny; Redaktion: Willi Segler) war Kipphardt aktiv beteiligt, von der Schauplatzsuche über die Dreharbeiten bis hin zum Schnitt. Für ihn war dies einer der „seltenen und glücklichen Fälle", wo ein Buch „so verfilmt wie es geschrieben wurde".[34] Der Film wurde mehrfach preisgekrönt, erhielt unter anderen 1976 den „Prix Italia" „für die besonderen Qualitäten des Drehbuchs und der Hauptrolle"[35].

Doch sein ästhetischer Rang und seine intensive Wirkung wurden von all den Literaturkritikern ignoriert, die den 1976 erschienenen, an den Fernsehfilm anschließenden Roman *März* rezensierten. Selbst in den begeisterten und ausführlichen Besprechungen der wichtigsten westdeutschen Feuilletons, deren Lob hinter den Superlativen der Fernsehkritik keineswegs zurückblieb, fehlte jeder Hinweis auf die filmische Version, geschweige denn, daß diese analytisch einbezogen wurde. Ein enges Spezialistentum, das dem multimedialen Engagement vieler Gegenwartsautoren schon lange nicht mehr entspricht, und vor allem der Glaube, die multimediale Verwendung eines Kunstwerks mindere seine ästhetische Relevanz, läßt der Kritik keine Möglichkeit, jene Prozesse zu erfassen, die für den Roman konstitutiv sind. Sie muß ihn daher verfehlen, in einer seiner wichtigsten Dimensionen. Er ist nämlich nicht abzulösen von dem Fernsehfilm als dem ersten, wie sich zeigen wird, entscheidenden Schritt der Erschließung des Stoffes. Während der zunächst isolierten Arbeit am Filmskript (1972–1975) wurde Kipphardt klar, daß sich ihm hier ein „thematisch großer und wichtiger Komplex" öffnet, der mit der filmischen Realisierung keineswegs erschöpft ist. Dem Roman, der – so Kipphardt – „definitiven Fassung des Sujets", folgt ein Hörspiel, das die Strukturmerkmale von Film und Roman vereinigt. Aus der Notwendigkeit, die in Film und Roman verwandten dokumentarischen Texte des schizophrenen Dichters Alexander Herberich durch eigene fingierte Textpartien zu ergänzen, entsteht eine große Zahl von Rollengedichten, die über den ursprünglichen Arbeitszusammenhang hinausreichen. Kipphardt hat diese Gedichte unter der Bezeichnung „März-Gedichte II" in den Band *Angelsbrucker*

34 Heinar Kipphardt in einem Gespräch mit dem Verfasser am 5. 6. 1978. Die im folgenden nicht gekennzeichneten Zitate entstammen diesem Gespräch. Für das hohe Maß an Gesprächs- und Auskunftsbereitschaft bin ich Tankred Dorst und Heinar Kipphardt sehr zu Dank verpflichtet.

35 Pressemitteilung des ZDF vom 27. 9. 1976.

Notizen (München 1977) aufgenommen. Sie setzen, so schreibt Kipphardt, „die Märzfigur fort, die sich in mir, wie wohl verändert, behauptet hat".[36]

Farbfoto. Heidersdorf.
Ach diese Kurve des Sandwegs
kuglige Weide
ein Teich
in meinem entwöhnten Gehörgang (Asyl)
hör ich das Summen der Bienen
Wo ich nicht bin
ist es schön.[37]

Die Perspektive der Kunstfigur wird zu der des Autors, der sich deren Wahrnehmungsweise und Poetizität zu eigen macht, Indiz intensiver Beschäftigung und extremer Identifikation. Aus dem Kontext von Roman und Film herausgehoben, weitet sich die Situation des „Asylanten" zur Chiffre der menschlichen Existenz überhaupt, erscheint der schizophrene Dichter als Grundmuster des modernen Autors. Gegenwärtig arbeitet Kipphardt an einem Theaterstück, das von einem neuen Ansatz her „mit der März-Figur umgeht".

Als auslösendes Moment steht der Fernsehfilm am Anfang dieses weitgespannten Prozesses ästhetischer Produktion. Seine Funktion erschöpft sich keineswegs darin, der Großform Roman das Handlungsgerüst und einzelne Motive zu liefern. Es wirkt auf den ersten Blick überraschend, wie stark der 250-Seiten-Roman in seiner Grundkonzeption an die 82 Sequenzen des Films gebunden ist. Der Roman enthält kein einziges Element, zu dem der Film nicht bereits – zumindest im Ansatz – ein Äquivalent entwickelt hätte. Die wichtigsten strukturellen Entscheidungen des Drehbuches haben auch noch für den Roman ihre Gültigkeit. Schon im Film werden alle Textebenen wirksam, mit denen auch der Roman operieren wird: Gedichte, Aufsätze, Berichte, Notizen, politische Manifeste, Briefe, Erinnerungen von März, die Krankengeschichte, die Aufzeichnungen Koflers, die Therapiegespräche Kofler – März, die Zeugenaussagen der Eltern, Freunde und Pfleger. Auch die Grundpartikel des Erzählprozesses sind in beiden Medien identisch: den übergangslos montierten Kurzsequenzen im Film entsprechen im Roman die in sich geschlossenen, gedrängten Prosaminiaturen. Auffallendstes Kennzeichen dieser Grundpartikel ist ihre ausnahmslos finale Struktur. Im Roman charakterisiert der Psychiater Kofler die Gedichte von Alexander März, die dieser auf seine Aufforderung hin schreibt und die den Patienten aus seiner autistischen Psychose befreien: „Wie in seinem ritualisierten Leben schätzt er die Reihung, die Wiederholung, die Alliteration, aber auch die Pointe".[38]

36 Heinar Kipphardt: *Angelsbrucker Notizen. Gedichte.* München 1977, S. 212.
Auf die von der Kritik ignorierten Zusammenhänge zwischen Fernsehfilm und Roman hat Claus Beling zum ersten Mal hingewiesen: „Fernsehspiel und Literatur. Neue Perspektiven wechselseitiger Beeinflussung", in: *Medium* 7, 1977, H. 6, S. 6ff.

37 *Angelsbrucker Notizen* (Anm. 36) S. 185.

38 Heinar Kipphardt: *März.* Roman. München/Gütersloh/Wien 1976. S. 181.

Aus der Fähigkeit der Hauptfigur zur überraschenden Wendung, zur frappierenden Sentenz wird ein pointiertes Erzählen abgeleitet, dem auch – im Film deutlicher als im Roman – die Partien angepaßt sind, in denen März nicht agiert oder zitiert wird. Das bevorzugte Stilprinzip des Helden wird also zum generellen Merkmal des Erzählprozesses, ein Beleg dafür, mit welcher Konsequenz Kipphardt den Schizophrenen und seine Ausdrucksformen in den Mittelpunkt stellt. Immer wieder wird der Blick der Zuschauer und Leser auf die Erfahrungswelt des Wahnsinns gelenkt, deren vielfältige und rätselhafte Zeichen entschlüsselt werden sollen. Das Material, das Kipphardt dabei heranzieht, ist dokumentarisch, wenn auch nicht im strengen Sinne. Biographie und Krankengeschichte des schizophrenen Dichters Alexander Herberich (= Ernst Herbeck) liefern ihm die Grundzüge seiner fiktiven Figur Alexander März. Einige Gedichte dieses Autors, die von Leo Navratil ediert wurden, hat Kipphardt unverändert aufgenommen oder leicht abgewandelt.[39] Einzelne Motive, wie das distanzierte Sprechen von sich selbst oder die im Film zitierte Zeichnung der eigenen Hinrichtung, sind aus der Biographie des schizophrenen Künstlers Adolf Wölfli adaptiert.

Dazu hat Kipphardt noch eine Vielzahl von anderen authentischen Zeugnissen Schizophrener in den eigenen Kontext einmontiert. Auch die fingiert schizophrenen Gedichte (z. B. *Der Vater, Die Mutter, Hausbrot*) versucht Kipphardt, den Strukturen psychopathologischer Texte anzugleichen, wie sie von Navratil beschrieben wurden. Eine irritierende Gleichzeitigkeit von extremer Chaotik und forciertem Ordnungsbestreben ist für sie eigentümlich. Eine „manische Ideenflucht",[40] die rein klanglich-assoziative Aneinanderreihung, „Begriffsverfall" und „Begriffsverschmelzungen", Neologismen und eine gestelzte Manieriertheit des sprachlichen Ausdrucks stehen unmittelbar neben einer auffallenden Formalisierungstendenz, neben dem Bedürfnis nach „scharfer, prägnanter Darstellung",[41] nach geometrisch-mathematischer Anordnung, neben der strukturierenden Konzentration auf die Pointe. Kipphardt geht es nicht in erster Linie um den Nachweis der bizarren, anrührenden Poetizität dieser Textgebilde, er versucht das zu realisieren, was Ronald D. Laing der Psychatrie und auch der Psychoanalyse als Versäumnis entgegenhält:

> Die Psychiater haben der *Erfahrung* des Patienten herzlich wenig Aufmerksamkeit geschenkt. Selbst in der Psychoanalyse gibt es eine beharrliche Tendenz, die Erfahrungen Schizophrener für unwirklich und ungültig zu halten. Man kann ihnen Sinn verleihen erst durch Interpretation; ohne wahrheitgebende Interpretation ist der Patient gefangen in einer Welt des Wahns und der Selbsttäuschung.[42]

39 Z. B. Die Gedichte „Die Maske", „Das Lieben", „Die Spirale", „Die Ziegarette". Vgl.: *Alexanders poetische Texte,* hrsg. von Leo Navratil. München 1977.

40 Leo Navratil: *Schizophrenie und Sprache. Schizophrenie und Kunst. Zur Psychologie der Dichtung und des Gestaltens.* München 1976, S. 45.

41 Ebd. S. 155.

42 Ronald D. Laing: *Phänomenologie der Erfahrung.* Frankfurt/M. 1969, S. 98.

In der Übernahme dieser Programmatik spüren Film und Roman den Realitätsgehalt des Wahns auf, wollen den Wahrheitscharakter dessen aufzeigen, was für gewöhnlich als absurde Abnormität klassifiziert wird. Es gilt daher, die verwirrende und widersprüchliche Vielfalt der pathologischen Rituale, Zeichen und Texte zu deuten, diese „schlimmste Subjektivität" und „autistische Privatwelt" einsichtig, aus „dem Gespräch ohne Abnehmer" (Michel Foucault)[43] einen Dialog zu machen. Die tastende Annäherung des Psychiaters Kofler an seinen Patienten März beschreibt dabei das Verhältnis, das die Rezipienten zur Hauptfigur von Film und Roman gewinnen sollen.

Kipphardt nutzt die ausgeprägte Tendenz vieler Schizophrenen zur objektivierenden Selbstdistanz, die „Fähigkeit, dem eigenen Erleben gleichsam als unbeteiligter Zuschauer gegenüberzustehen".[44] In den Äußerungen der Schizophrenen, in der Dokumentation ihrer Erfahrungen sind also bei Kenntnis des subjektiven Codes die Ursachen der Psychose, Ansätze zu ihrer Erklärung selbst ablesbar. Michel Foucault und Ronald D. Laing sind die Protagonisten dieser „existentiellen" Interpretation des Wahnsinns, der Erforschung seiner Ursachen im sozialen Umfeld, in der familiären Konstellation, in den Konflikten der frühen Kindheit und Pubertät. Eine Notiz Koflers im Roman macht deutlich, wie ausdrücklich Kipphardt an die Forderung Laings anschließt: „Das soziale System muß Untersuchungsobjekt sein, nicht das Individuum das man daraus extrapoliert".[45] Die diskursive Ebene Koflers im Roman ist zugleich das Medium der Absichtserklärungen des Autors.

Niemand ist heute so weit, die Schizophrenie unmittelbar aus der familiären oder sozialen Situation abzuleiten. Was wir tun können, ist, die interfamiliäre und soziale Umwelt der Schizophrenen genau zu beschreiben bis wir die Teile in einen sinnvollen Zusammenhang bringen können. Wir suchen für das außergewöhnliche Bild der Schizophrenie ganz außergewöhnliche Erlebnisse, es scheint aber, es genügen die ganz gewöhnlichen Schrecknisse mit denen wir alle nur mühsam fertig werden. Der Schizophrene ist ein Leidensgefährte. Er leidet an einem Reichtum inneren Lebens, und er möchte sein, was er wirklich ist.[46]

Trotz aller Genauigkeit der Rekonstruktion, bei allen Schlüssigkeiten, die sich anbieten, ist dennoch eine monokausale Herleitung der Psychose nicht möglich. Es bleibt ein unerklärbarer Rest, der Sprung in die Krankheit ist auch für den existentiellen Interpreten ein Rätsel. Die Erkrankung läßt sich nur pauschal deuten als radikaler Protest gegen die eigene Lebenssituation, als der brennende Wunsch nach dem Gänzlich-Anderen.

Aus der exemplarisch vorgeführten Biographie, die schon früh zur Krankheits- und Leidensgeschichte geworden war, entwickelt Kipphardt folgerichtig seine fundamentale Kritik an der herrschenden Psychatrie und ihren Methoden. Die „geschlos-

43 Zit. nach: Leo Navratil: *a+b leuchten im Klee. Psychopathologische Texte.* München 1971, Vorbemerkungen, S. 15.
44 Navratil: *Schizophrenie und Sprache* (Anm. 40) S. 156.
45 Laing: *Phänomenologie der Erfahrung* (Anm. 42) S. 104.
46 *März.* Roman. (Anm. 38) S. 52.

sene Anstalt" mit ihrer „Verwaltungsform des Gefängnisses"[47] steigert noch die Isolation des Wahnsinns, weil sie dessen Zeichen und Mitteilungen nicht zu entschlüsseln vermag, fügt der Kette von Demütigungen, aus der das Leben von März bislang bestanden hatte, neue Verletzungen hinzu, so daß die Katastrophe unausweichlich ist.

Die vielfältigen Ausdrucksmöglichkeiten der Schizophrenie nehmen Film und Roman nicht allein als Spiegel der Biographie, März wird zum kritischen Organon der Gesellschaft und der sie tragenden Prinzipien. Eine explizit politische Tendenz haben nur wenige der Texte von Alexander Herberich, wie etwa die deutlich antimilitaristischen Gedichte *Der Krieg* und *Der Panzer.*[48] Kipphardt verschärft nun den politischen Protestcharakter der Psychose, indem er Texte anderer Schizophrener zusätzlich heranzieht. Der Brief, den März an den Erzbischof von München-Freising schreibt[49] oder die *Total-Kriegserklärung an den Klerus*[50] weiten den Blick über die familiäre Sozialisation hinaus, markieren den Anteil der gesellschaftlichen Instanzen und Normen am Prozeß der Erkrankung. Von einer Außenseiterposition, wie sie extremer nicht sein kann, wird die Welt gesehen und einer totalen Kritik unterworfen. Im Laufe des Erzählprozesses kehren sich die Vorzeichen um, immer unabweisbarer erscheint die Normalität als der Wahnsinn, den der vermeintlich Kranke nicht mehr zu ertragen vermag. Bei Kipphardt nimmt der Wahnsinn und seine Faszination jene „Hauptrolle" ein, die Spätmittelalter und Renaissance ihm zuerkannten, bevor das Zeitalter des Rationalismus und der Klassik ihn durch einen „eigenartigen Gewaltakt"(Foucault) zum Schweigen brachte.[51]

Die Identifikation der Rezipienten mit der Krankheit und damit den distanzierten Blick auf die eigene Normalität erreicht Kipphardt vor allem mit den Mitteln seiner kunstvollen Montage. Durch die Anordnung im Erzählprozeß erhalten die bizarren und befremdenden Texte von März ihre Schlüssigkeit und Überzeugungskraft, verifiziert sich die „existentielle Interpretation", und im Film geschieht dies noch viel prägnanter als im Roman. März liefert das Resümee einer Szene, bringt sie mit schlagender Evidenz auf den Begriff. „Das sehen sie doch selbst", antwortet er auf die Frage, warum er bei der Arbeitstherapie weder Kälberstricke flechten noch Weihnachtsfiguren stanzen möchte.[52] An anderen Stellen nimmt er sentenzhaft den kommenden Ablauf vorweg. Seiner Definition der Anstaltsinsassen als einer „Wunschmaschine" folgt dann eine Sequenz, in der Direktor Feuerstein vor einer

47 Heinar Kipphardt: *Leben des schizophrenen Dichters Alexander M. Ein Film.* Berlin 1976, S. 69.

48 *Alexanders poetische Texte* (Anm. 39) S. 61 u. 62.

49 Drehbuch (Anm. 47) S. 9; Roman (Anm. 38) S. 14. Vgl.: Navratil: *a+b leuchten im Schnee* (Anm. 43) S. 19.

50 Drehbuch (Anm. 47) S. 62; Roman (Anm. 38) S. 92/93. Vgl. den von Navratil (Anm. 43) mitgeteilten Text des Schizophrenen Christian K.: „Totale Kriegserklärung dem Klärus". (Anm. 43) S. 53/54.

51 Michel Foucault: *Wahnsinn und Gesellschaft. Eine Geschichte des Wahns im Zeitalter der Vernunft.* Frankfurt/M. 1973, S. 32 u. 68.

52 Drehbuch (Anm. 47) S. 12; Roman (Anm. 38) S. 12.

Besucherdelegation aus einer Patientin fragend das herausholt, was er hören möchte.[53] Die Abfolge der Erzählpartikel bestätigt den realen Kern der Verfolgungsängste von März. An die Rückblende auf den ersten akuten Ausbruch der Psychose, bei der März im elterlichen Wohnzimmer den Fernseher zertrümmert, weil er sich durch ihn „beobachtet und kontrolliert" fühlt, schließt Kipphardt eine Szene im Fernsehraum der Anstalt an, wo die Patienten Eduard Zimmermanns „Akte XY ungelöst" gespannt verfolgen.

Diese Verknüpfung ist im Roman aufgelöst, weil der unmittelbare und gegenseitige Verweis der Bilder mit solcher Intensität in die epische Fassung nicht transferierbar ist. Im beschleunigten Erzähltempo, in der raschen Folge kurzer Sequenzen vermittelt der Film schon durch die bloße Anordnung eine eigene Sinnstruktur, die sich im Roman nur schwerlich nachvollziehen läßt.

Trotz der Schwierigkeiten, die gleichen Effekte zu erreichen, die beim optischen Medium garantiert sind, überträgt Kipphardt die Prinzipien der filmischen Montage unverändert auf den Roman. Wie Dorst verzichtet er auf die Ausformulierung eines geschlossenen Erzählkontinuums. Die übergangslose Abfolge der Erzählpartikel simuliert die Schnittechnik des Films, gibt wie bei Dorst dem Roman den Charakter des Offenen und Fragmentarischen, ein Eindruck, der durch die Heterogenität der Textebenen noch verstärkt wird.

Präsent ist der Film im Roman nicht allein dadurch, daß das gesamte Drehbuch mit allen Dialogen, Off-Texten und Szenenbeschreibungen in den Roman „eingearbeitet" ist, auch seine sinnliche Konkretisierung hinterläßt deutliche Spuren in der Romanfassung. Kipphardt bestätigte im Gespräch die „große Bereicherung", die er durch die Filmarbeit erfahren hat. Die physiognomische Beschreibung der Hauptfigur ist unverkennbar orientiert am März-Darsteller des Films, an Ernst Jacobi:

> Die verschmierte Farbe auf dem weißen Leib, die sommersprossige Haut auf dem kurzgeschorenen Kopf mit dem Kranz aus getrockneten Maisblättern, der hasenschartendeckende, verblaßte rote Vollbart um das Kindergesicht, erinnerten Kofler an eine Patientenzeichnung, Christus, psychiatriert.[54]

Die Gestik und die Körpersprache Jacobis, die vom Autor, Regisseur und Schauspieler gemeinsam erarbeitet worden waren, gehen in den Roman ein. Details der Inszenierung, die ausgewählten Schauplätze, die von den ursprünglichen Festlegungen des Drehbuchs abweichen, finden nun ihre Berücksichtigung, weil sie die Prägnanz der angestrebten Aussagen erhöhen. Statt – wie im Drehbuch vorgesehen – im Schlafzimmer der Eltern versteckt sich der kleine Alexander in einer finsteren Kofferkammer, die in der für den Film ausgesuchten Lokalität zufällig vorhanden war, um die Mutter zu bestrafen.[55] Das Päckchen, das März von Hanna erhalten hat, öff-

53 Drehbuch (Anm. 47) S. 24/25; zwar sind die durch die Pointe verbundenen Sequenzen beide auch im Roman enthalten (S. 30–S. 135), sind jedoch im Erzählprozeß weit auseinandergerückt. Der gegenseitige Bezug ist damit aufgehoben.

54 Roman (Anm. 38) S. 9.

55 Roman (Anm. 38) S. 21; Drehbuch (Anm. 47) S. 21.

net er nicht mehr allein in der Gegenwart des Pflegers,[56] sondern wie im Film von anderen Patienten umringt.[57] Die unausweichliche Kontrolle des Privaten als Realität der psychiatrischen Anstalt ist damit erheblich verschärft. Eine Reiterin auf einem Schimmel, die unvermutet bei den Außenaufnahmen ins Bild geraten war, provoziert Kipphardt bei der Romanfassung der Szene zu einer Variante. Er läßt den jugendlichen März einem Trupp von weiblichen Gefangenen begegnen.[58] Die Außenseiterproblematik ist somit in den Kontext der Pubertät hineingerückt, die psychische Irritation des Schockerlebnisses erscheint verstärkt.

Der Überzeugungskraft des Optischen hat sich Kipphardt beim Schreiben des Romans nicht entziehen können. Bis in die Einzelheiten ist nachweisbar, wie die szenischen Abläufe des Films im Roman reproduziert werden. Vieles liest sich wie ein bewußtes Ausschreiben der optischen Sequenzen, so deutlich greifbar ist die Anlehnung. Wie bei Tankred Dorst ist die Episierung bei Kipphardt zu definieren als Prozeß der permanenten Bezugnahme auf die filmische Lösung, als die Suche nach Äquivalenzen, Ergänzungen, Verdeutlichungen. Auch Kipphardt begreift den Roman als Möglichkeit, das auszugleichen, was in der filmischen Fassung „nicht gelungen ist". Aus der komplementären Ergänzung der Medien ist keine Rangfolge der einzelnen medialen Varianten abzuleiten. Keine der zentralen Bedeutungsdimensionen des Romans fehlt dem filmischen Vorläufer, die ambitionierte Vielfalt der Bezüge ist auch hier gegeben. An struktureller Komplexität übertrifft der Film den Roman sogar ganz eindeutig. Eine traditionelle Hierarchie, die dem optischen Medium eine zwangsläufige Reduktion anlastet, wird an diesem Exempel hinfällig. Ein breites Spektrum an Möglichkeiten des Verhältnisses Bild – Ton, der Konkordanz und des Kontrasts, der Illustration und der Brechung zeichnet den Film aus. Das Zitat, tragendes Stilmittel von Roman und Film, wird vielfach variiert: als szenische Realisation, als Off-Text, der mit stützenden oder konterkarierenden Bildern versehen wird, als Rezitation, die wiederum durch ein technisches Medium verfremdet werden kann. So läßt Kofler an einigen Stellen März-Texte über ein Diktiergerät laufen.

Der Erzählablauf des Romans ist in leicht überschaubare zeitliche Blöcke gegliedert. Innerhalb der zwei Hauptteile „Rekonstruktion einer vorklinischen Karriere" und „Beschreibung einer klinischen Karriere" bezeichnet die numerische Abfolge der Kapitel eine klare Chronologie. Die Zeitstruktur des Films ist dagegen von einer verwirrenden Chaotik, die sich nur punktuell zu einer Linearität ordnet. Das zunächst vorgesehene Konzept einer Großgliederung in Tage, denen dann thematische Komplexe zugeordnet wurden, ließ sich nicht aufrechterhalten. Die Ordnung des Ganzen – so Kipphardt – wurde „paranoid". Während der Romanleser immer genau weiß, an welchem Punkt des zeitlichen Diskurses er sich befindet, fällt dem Zuschauer die Orientierung schwer. Im Buch, über das der Rezipient zudem belie-

56 Drehbuch (Anm. 47) S. 44.
57 Roman (Anm. 38) S. 224.
58 Roman (Anm. 38) S. 41; Drehbuch (Anm. 47) S. 28.

big verfügen kann, ist die jeweilige Textebene gleich zu Beginn durch verabredete Signale der Zwischentitel gekennzeichnet (z. B. „Familienfoto"; „Bericht des Vaters" usw.), der Fernsehzuschauer dagegen muß die Zuordnung indirekt erschließen durch bildliche Zeichen oder Off-Texte.
Kipphardt nutzt intensiv die Möglichkeiten der Prosa zu größerer Materialfülle, zur Differenzierung und Erweiterung. Die essayistisch-diskursive Textebene, die kritische Aufarbeitung der Psychiatriegeschichte, das Programm der Antipsychatrie weitet sich im Roman erheblich aus. Die Rekonstruktion der Biographie von März kann über die szenische Pointierung des Films hinausgeführt werden. Das Ordnungssystem „Lohberg", Feuersteins Konzept einer „öffentlichkeitsfreundlichen" Reformklinik wird sehr viel genauer analysiert, der Ausgriff auf andere Krankengeschichten wird verstärkt möglich, die eigenen Positionen können theoretisch verdeutlicht werden.
Doch gelingt es auf anderen Ebenen nur mühsam, eine romanhafte Entsprechung zu überzeugenden Qualitäten des Films zu entwickeln. In einem beengenden Zoom von der Halbtotale in die Großaufnahme des erstarrten März wird dort die „therapeutische Maßnahme" des „Cardiazolschocks" als Akt der brutalen Folter kenntlich gemacht. Die diesem Bild unterlegte Äußerung von März, die Psychiatrie sei „die heilige Inquisition der seelischen Gesundheit"[59] ist dann von unmittelbarer Evidenz. Der Roman verlagert das Geschehen in die Innenperspektive von März, fingiert ein halb ironisierendes Protokoll, um durch die explodierende Sprachphantasie die Intensität des Eingriffs deutlich zu machen.

Sehr elegant spritzte mir Dr. Feuerstein eine große Spritze in meinen linken Arm, und es tat nicht weh. Jetzt schwoll mein Herz wie eine Schweinsblase und hörte auf, herje, Schweiß lief, ich kriegte keine Luft und fühlte mich zernichtet.[60]

Der Schrecken, den die Bilder eindringlich manifestierten, teilt sich hier nicht mit. Ähnliche Szenen des Films, wie die Behandlung mit Elektroschocks[61] und faradischen Strömen[62], weisen das gleiche visuelle Konzept auf. Sie enden ebenso mit der Großaufnahme des leblosen Alexander, konstituieren damit eine bildliche Leitmotivik, in der die Katastrophe vorweggenommen ist. Die Gewalt der Psychiatrie, die hier mit großer Eindringlichkeit dokumentiert wurde, muß der Roman auf der essayistisch-diskursiven Ebene umschreiben. Auch die breite Ausführung der versuchten Utopie von Hanna und Alexander in Graubünden ganz am Ende des Romans beweist eher eine Insuffizienz als einen Vorteil des Mediums Buch. Dem Film gelang es, in wenigen Sequenzen, wo die Liebenden sich begegnen, die Möglichkeit einer humanen Existenz aufleuchten zu lassen. In diesen schönsten Momenten des Films war die hektische Bildlichkeit zur Ruhe gekommen. Die langen Einstellungen des verständnisvollen Dialogs, das zärtliche Aufeinandereingehen, die gemeinsame

59 Drehbuch (Anm. 47) S. 10.
60 Roman (Anm. 38) S. 15/16.
61 Drehbuch (Anm. 47) S. 61.
62 Drehbuch (Anm. 47) S. 50.

Bewältigung der Ängste, die beide in die Krankheit getrieben hatten, heben diese Sequenzen ab von dem Gewaltsystem der Anstalt, machen sie ohne programmatische Akzentuierung zum Gegenentwurf. Für Augenblicke wurde das Mögliche real in sinnlicher Evidenz. Mit so sparsamen Mitteln war diese Wirkung im Roman nicht zu erreichen. Hier bedurfte es des breiten Ansatzes, der epischen Entfaltung.

Irmela Schneider

Eine Bibliographie zum bundesdeutschen Fernsehspiel

Vorbemerkung

Da die Diskussion um das Fernsehspiel an den unterschiedlichsten Orten geführt wurde, kann auch diese Bibliographie keinen Anspruch auf endgültige Vollständigkeit erheben.
Die Titel zum Fernsehspiel wurden nach folgenden Gesichtspunkten gegliedert:
1. Für das Thema als Orientierungshilfen nützliche *Nachschlagewerke, Bibliographien* und *Periodika*.
2. und 3. *Textausgaben* von Fernsehspielen.
4. Beiträge zur *Geschichte des Fernsehspiels*.
5. Abhandlungen und Aufsätze zur *Dramaturgie, Ästhetik* und *Gattungsproblematik*. Dieser umfassende Bereich wurde nicht detaillierter gegliedert (z.B. Untergliederungen: Verhältnis von Wort und Bild, Frage der elektronischen oder filmischen Produktionsweise), da Einzelaspekte nur im Zusammenhang der Gesamtdiskussion sinnvoll erarbeitet werden können.
6. Beiträge zur *Typologie des Fernsehspiels*.
7. Aufsätze zu *Themen* und *Motiven des Fernsehspiels*.
8. Abhandlungen und Aufsätze zum *Autoren-Problem*. Unter diesen Punkt zusammengefaßt sind Porträts von Autoren, Erfahrungsberichte, sowie Beiträge zu allgemeinen Problemen von Fernsehspiel-Autoren.
9. Abhandlungen und Aufsätze zur *vergleichenden Dramaturgie* und *Ästhetik*, unterteilt nach den vier wichtigsten Medien, mit denen das Fernsehspiel verglichen wurde und wird: Literatur, Theater, Film und Hörspiel.
10. Abhandlungen und Aufsätze, die sich mit der Frage der *Bearbeitung literarischer Texte als Fernsehspiele* beschäftigen. Aufgenommen sind hier auch Dissertationen, die sich vornehmlich mit der Adaption für den Film auseinandersetzen, da ihr theoretischer Ansatz die Prämissen erhellt, die die Diskussion auch im Zusammenhang mit der Bearbeitung für das Fernsehspiel bestimmen.
11. Darstellungen, die sich mit der *Entwicklung des Fernsehspiels in einzelnen Fernsehanstalten* beschäftigen, sowie Selbstdarstellungen von Fernsehspiel-Redaktionen.
12. Aufsätze, die sich mit *Fragen der* journalistischen *Fernsehspiel-Kritik* befassen.

In einem Anhang A wurden *wichtige Publikationen zum DDR-Fernsehspiel* und seiner Entwicklung zusammengestellt. Diese Titel wurden aus Gründen der Übersichtlichkeit isoliert. Ihre Relevanz für die wissenschaftliche Diskussion über das Fernsehspiel wird durch die Querverweise angezeigt.

Einzelkritiken zu Fernsehspielen wurden nur dann in die Bibliographie aufgenommen, wenn sie grundsätzliche Fragen zum Fernsehspiel thematisieren.
Gesamtdarstellungen sowie Aufsatzsammlungen sind hervorgehoben durch ein Sternchen (*) hinter der laufenden Nummer.
Titel, die für mehrere Themenbereiche der hier vorgenommenen Gliederung wichtig sind, werden jeweils am Ende durch ihre fortlaufende Nummer angeführt.
Bei Beiträgen, die einem in diese Bibliographie aufgenommenen Sammelband entstammen, wird auf die näheren bibliographischen Angaben durch die laufende Nummer des betreffenden Sammelbandes in dieser Bibliographie verwiesen.

1. Nachschlagewerke, Bibliographien, Periodika

1.1. *ARD*-Fernsehspielbroschüre, hgg. von der ARD, Köln 1977ff (erscheint vierteljährlich).

1.2. *ARD-Jahrbuch*, hgg. von der ARD, Hamburg 1969ff.

1.3. Eckert, G.: *Knaurs Fernsehbuch*, München – Zürich 1961.

1.4. Eisner, L.H./Friedrich, H.: *Film, Rundfunk, Fernsehen*. Frankfurt/Main 1958 (Fischer Lexikon 9).

1.5. *Fernsehspiel im ZDF, Das*, hgg. vom Zweiten Deutschen Fernsehen, Mainz 1973ff (erscheint vierteljährlich).

1.6. *Fernsehspiele in der ARD, 1952–1972*. Bild- und Tonträger-Verzeichnisse, Nr. 11, Bd. 1: Titel, A–Z; Bd. 2: Register, hgg. vom Deutschen Rundfunkarchiv, Frankfurt/Main 1978.

1.7. *Filme 1971–1976. Kritische Notizen zu sechs Kino- und Fernsehjahren*, hgg. v. Kath. Inst. f. Medieninformation e.V. u. d. Kath. Filmkommission f. Deutschland, Köln 1977 (Handbuch IX der Katholischen Filmkritik).

1.8. Flottau, H.: *Hörfunk und Fernsehen heute*, 2. Aufl., München 1977 (1. Aufl. 1972).

1.9. *Gebrauchswörterbuch Fernsehen*, hgg. vom Bayerischen Rundfunk, München 1972.

1.10 Hackforth, J./Steden, U./Alte-Teigeler, U.: *Fernsehen – Programm – Programmanalyse. Auswahlbibliographie 1970–1977*, München–New York–London–Paris 1978.

1.11. *Internationales Handbuch für Rundfunk und Fernsehen*, hgg. vom Hans-Bredow-Institut, Hamburg 1958ff.

1.12. *Hörfunk und Fernsehen. Aufsatznachweis aus Zeitschriften und Sammelwerk*en, hgg. vom Westdeutschen Rundfunk, Köln 1975ff.

1.13. *Literaturverzeichnis Massenkommunikation, mit einer Auswahlbibliographie zum Thema Bildungstechnologie*, hgg. vom Gemeinschaftswerk der Ev. Publizistik, Frankfurt/Main–Berlin 1975.

1.14. Rüden, P. von: „Bibliographie zum Thema Fernsehspiel", in: *5. 128.*, S. 170ff.

1.15. Taddik, H./Ellner, S.: *Katalog der Literaturvorlagen in Film und Fernsehen*, Wiesbaden 1973 (Deutsche Gesellschaft für Filmdokumentation, Texte 1).

1.16. Ubbens, W., *Presse. Rundfunk. Fernsehen. Film. Ein Verzeichnis deutschsprachiger Literatur zur Massenkommunikation 1968–1971*, Berlin 1971.

1.17. Waldmann, W.: „Bibliographie der Fernsehspielliteratur", in: *5. 163.*, S. 206ff.

1.18. *ZDF-Jahrbuch*, hgg. vom Zweiten Deutschen Fernsehen, Mainz 1967ff.

1.19. Zeutschel, G.: *Das Fernsehspiel-Archiv*, Karlsruhe 1966ff (Loseblattsammlung, monatliche Ergänzungslieferung).

2. *Textsammlungen*

2.1. Kaltofen, G.: (Hg.) *Das Bild, das deine Sprache spricht. Fernsehspiele*, Berlin (Ost) 1962.
2.2. Schmitthenner, H. (Hg.): *Acht Fernsehspiele,* München 1966.
2.3. Schöffler, H. (Hg.): *Fernsehstücke*, Frankfurt/Main 1972.
2.4. Schwitzke, H. (Hg.): *Vier Fernsehspiele*, Stuttgart 1960.
2.5. *Spiele – Fernsehspiele*, hgg. von Dietrich Fischer, Darmstadt – Berlin – Dortmund 1970.
2.6. Wellershoff, D.: *Glücksucher, Vier Drehbücher und begleitende Texte,* Köln 1979.

3. *Einzelspiele*

3.1. Ahlsen, L.: „Berliner Antigone. Nach der Erzählung von Rolf Hochhuth", in: *2.3.*, S. 7 ff.
3.2. Bernhard, Th.: „*Der Italiener*", Salzburg 1971.
3.3. Bittorf, W.: „Untergrundbahn", in: *Fernsehen und Film* 8 (1970), H.9, S. 25 ff.
3.4. Cramer, H. von: „Dieser Mann und Deutschland", in: *2.2.*, S. 7 ff
3.5. Dorst, T.: „Piggies", in: *Fernsehen und Film* 8 (1970), H.5, S. 29 ff.
3.6. –: „Rotmord. Zwei Drehbuchauszüge", in: *Film* 7 (1969), H.5, S. 22 ff.
3.7. –: *Sand. Ein Szenarium*, Köln 1971.
3.8. Dorst, T./Zadek, P./Gehrke, H.: *Rotmord oder I was a German*, München 1969.
3.9. Erler, R.: *Sieben Tage. Modell einer Krise? Manuskript für einen Film*, Nürnberg 1974.
3.10. Fassbinder, R.W.: „Acht Stunden sind kein Tag. Drehbuchauszug", in: *Medium* 2 (1972), H.11, S. 19.
3.11. Fechner, E.: „Nachrede auf Klara Heydebreck", in: Der *Monat* 22 (1970), Heft 266, S. 21 ff.
3.12. Friedel, G.: „Eine Volksschulklasse der zwanziger Jahre", in: *Fernsehen und Film* 8 (1970), H.4, S. 33 ff.
3.13. Gasper, D.: „Gold für Montevassall", in: 2.5., S. 19 ff.
3.14. Gottschalk, H.: „Der Attentäter", in: *Rundfunk und Fernsehen* 17 (1969), H. 4, S. 436 ff.
3.15. Hädrich, R.: „Mord in Frankfurt", in: *Theater heute* 9 (1968), H.9, S. 53 ff.
3.16. Hädrich, R./Meichsner, D.: „Alma Mater", in: *Fernsehen und Film* 8 (1970), H.1, S. 49 ff.
3.17. Handke, P.: *Chronik der laufenden Ereignisse*, Frankfurt/Main 1971.
3.18. Hendrich, J.: „Das Haus voller Gäste", in: *Jahrbuch der christlichen Rundfunkarbeit 1960*, hgg. von H.-W. von Meyenn und G. Prager, München 1960, (Schriftenreihe der Ev. Akademie für Rundfunk und Fernsehen), S. 67 ff.
3.19. Hildesheimer, W.: „Nocturno im Grandhotel", in: *2.4.*, S. 27 ff.
3.20. Hubalek, C.: „Ein gefährlicher Mensch", in: *2.4.,* S. 109 ff.
3.21. Jens, W.: *Die Verschwörung*. Mit 16 Szenenfotos von Will McBride. Grünwald 1969.
3.22. –: *Die Verschwörung. Der tödliche Schlag*, München 1974.
3.23. Kipphardt, H.: „Die Geschichte von Joel Brand," in: *2.2.,* S. 49 ff.
3.24. –: *Leben des schizophrenen Dichters Alexander M.. Ein Film*, Berlin 1976.
3.25. Kirchner, W./Stein, E.: „Ein Anruf für Mr. Clark," in: *2.5.*, S. 4 ff.
3.26. Krapp, H.: „Varna", in: *2.3.*, S. 73 ff.
3.27. Lehmann, L.: „Exil", in: *2.2.,* S. 259 ff.
3.28. Lommer, H.: „Zur letzten Instanz", in: *2.4.,* S. 141 ff.
3.29. Maass, J.: „Der Fall de la Roncière", in: *2.4.*, S. 73 ff.

3.30. Meichsner, D.: „Besuch aus der Zone. In den Hörspiel- und Fernsehfassungen gegenübergestellt und kommentiert von Helmut Pigge“, in: *Rundfunk und Fernsehen* 6 (1958), H.2, S. 199ff.
3.31. –: „Preis der Freiheit“, in: *Rundfunk und Fernsehen* 13 (1965), H.4, S. 377ff; 14 (1966), H.1, S. 87ff.
3.32. –: „Der große Tag der Berta Laube“, in: *2.3.*, S. 199ff.
3.33. Meinhof, U.M.: *Bambule. Fürsorge – Sorge für wen?*, Berlin 1971.
3.34. Menge, W.: *Ein Herz und eine Seele. („Silvesterpunsch.“ „Der Ofen ist aus“)*, Reinbek bei Hamburg 1974.
3.35. –: *Frühjahrsputz. Selbstbedienung*, Reinbek bei Hamburg 1974.
3.36. Monk, E.: „Industrielandschaft mit Einzelhändlern“, in: *2.3.*, S. 323ff.
3.37. Oelschlegel, G.: „Einer von Sieben. Fernsehspiel“, in: *Rundfunk und Fernsehen* 8 (1960), H.3/4, S. 395ff.
3.38. Otsu, K.: „Zwischen Samstag und Montag“, in: *2.2.*, S. 365ff.
3.39. Pinter, H.: „Der Liebhaber“, in: *2.2.*, S. 233ff.
3.40. Renáková, D./Jaburek, V.: „Fenster statt Tür“, in: *2.2.*, S. 317ff.
3.41. Rose, R./Budjuhn, H.: „Die zwölf Geschworenen“, in: *2.2.*, S. 161ff.
3.42. Runge, E.: „Ich heiße Erwin und bin 17 Jahre“, in: *Rundfunk und Fernsehen* 18 (1970), H.2, S. 240ff.
3.43. Schöne, A.: *Literatur im audiovisuellen Medium. Sieben Fernsehdrehbücher*, München 1974.
3.44. Sellner, G.R.: „Abu Kasems Pantoffeln. Eine orientalische Geschichte“, in: *Rundfunk und Fernsehen* 5 (1957), H.3, S. 301ff.
3.45. Sperr, M.: *„Der Räuber Mathias Kneißl“*, München 1970.
3.46. Valentin, Th.: *Anna und Totò*, Paderborn 1974.
3.47. –: „Tod einer Studienrätin“, in: ders., *Jugend einer Studienrätin. Ausgewählte Erzählungen, Gedichte, Fernsehspiele*, Düsseldorf 1974, S. 227ff.
3.48. Völger, W.: „Gedanken zur Inszenierung eines Fernsehspiels mit Szenen aus der Fernsehfassung von Terence Rattigan“, in: *Rundfunk und Fernsehen* 2 (1954), H.1, S. 101ff.
3.49. Von der Grün, M.: *„Zwei Briefe an Pospischiel“ (Fernsehspiel nach dem gleichnamigen Roman)*, Paderborn 1974.
3.50. Von der Grün, M./Schwarze, H.D.: *Feierabend. Dreh- und Tagebuch eines Fernsehfilms*, Recklinghausen 1968.
3.51. Wittlinger, K.: „Seelenwanderung“, in: *2.2.*, S. 71ff.
3.52. Wohmann, G.: *Entziehung (Drehbuch und Materialien)*, Neuwied–Darmstadt 1974, 2. Aufl. 1977.
3.53. –: *große liebe. Fernsehstück*, Bad Homburg v.d. H. 1971.
3.54. –: „Heiratskandidaten“, in: dies., *Heiratskandidaten. Ein Fernsehspiel und drei Hörspiele*, München 1978.
3.55. –: *Die Witwen oder Eine vollkommene Lösung*, Stuttgart 1972.
3.56. Wellershoff, D.: „Glücksucher“, in: *2.6.* S. 79ff.
3.57. –: „Die Freiheiten der Langeweile“, in: *2.6.*, S. 15ff.
3.58. –: „Phantasten“, in: *2.6.*, S. 143ff.
3.59. –: „Schattengrenze“, in: *2.6.*, S. 245ff.

4. Geschichte des Fernsehspiels

4.1. Bechtolsheim, H. von: „Zur Geschichte des Fernsehspiels. Baden-Baden Seinerzeit“, in: *ARD-Fernsehspiel*, April-Mai-Juni 1979, S. 19 ff.
4.2 Bublitz, H. W.: „Zur Geschichte des Fernsehspiels. Was draus geworden ist . . .“, in: *ARD-Fernsehspiel*, Juli-August-September 1978, S. 20ff.

4.3. Canaris, V.: „Zur Geschichte des Fernsehspiels. Vorbemerkung zu einer Unternehmung der ARD-Fernsehspielbroschüre", in: *ARD-Fernsehspiel*, Juli-August-September 1978, S. 18f.

4.4. Hickethier, K.: „Für eine Programmgeschichte des Fernsehspiels. Überlegungen zu einer systematischen Analyse der Entwicklung des bundesdeutschen Fernsehspiels", in: Kreuzer, H. (Hg.), *Literaturwissenschaft – Medienwissenschaft*, Heidelberg 1977, S. 81ff.

4.5. Kutschbach, H.: „Zur geschichtlichen Entwicklung des Fernsehspiels", in: *Rundfunk und Fernsehen* 4 (1956), H. 2, S. 142ff.

4.6. Lange, H.J.: „Wie wahr darf die Kunst sein? 20 Jahre Fernsehspiel: Entwicklung zum ‚Original'", in: Brüssau, W./Stolte, D./Wisser, R. (Hg.), *Fernsehen – Ein Medium sieht sich selbst*, Mainz 1976, S. 249ff.

4.7. Longolius, Ch.: „Das Fernsehspiel in der Bilanz", in: *8.36.*, S. 171ff.

4.8. Netenjakob, E.: „Wo steht das Fernsehspiel? Ein paar Fakten und Gedanken zu einer Art Zwischenbilanz", Teil 1–6, in: *Funk-Korrespondenz* 17 (1969), Nr. 32, S. 1ff; Nr. 33, S. 4ff; Nr. 34, S. 1ff; Nr. 35, S. 1ff; Nr. 36, S. 1ff; Nr. 37, S. 1ff.

4.9. Neudeck, R.: „Die Geschichte des Fernsehspiels", Teil 1–2, in: *Deutsches Allgemeines Sonntagsblatt* vom 10. 9. und 17. 9. 1978.

4.10. –: „Zur Geschichte des Fernsehspiels. Im Anfang war das Fernsehspiel...", in: *ARD-Fernsehspiel*, Januar-Februar-März 1979, S. 17ff.

4.11. Schneider, I.: „Die Diskussion um das Fernsehspiel. Versuch einer Bestandsaufnahme", in: *Zeitschrift für Literaturwissenschaft und Linguistik* (*LiLi*), 8 (1978), H. 29, S. 101ff.

Vgl. auch: 5.62./ 5.69./ 5.101./ 5.112./ 5.127./ 5.128./ 5.133./ 5.163./ 10.32./ A.15./ A.17.

5. Zur Dramaturgie, Ästhetik, Gattungsproblematik

5.1. Abich, H.: „Plädoyer für die Phantasie", in: *5.62.*

5.2. –: „Wünschelrutengänge der Dramaturgie. Erfahrungen mit dem Fernsehspiel", in: *ARD-Jahrbuch* 2 (1970), S. 96ff.

5.3. Alexandrowitsch, R.: „Probleme des Fernsehspiels", in: *Rundfunk und Fernsehen* 17 (1969), H.5, S.10ff.

5.4. Ammann, M.P.: „Auf der Suche nach dem wirklichen Spiel im Fernsehen", in: *Theater heute* 16 (1976), H.9, S. 35ff.

5.5. Arnold, H.: „Das Fernsehspiel, seine Hersteller, seine Zielvorstellungen", in: *Fernsehen und Bildung* 8 (1974), H.3/4, S. 194ff. (Leicht überarbeitetes Referat der Klausurtagung der Fernsehspieldramaturgen der ARD vom 30./31. Mai 1974 in Tonbach/ Schwarzwald).

5.6. Barcava, S.: „Die politische Aussage im Spiel", in: Hufen, F./Lörcher, W. (Hg.), *Phänomen Fernsehen. Aufgaben, Probleme, Ziele – dargestellt am ZDF,* Düsseldorf – Wien 1978, S. 210ff.

5.7. Bauhaus, P.: „Simultanes Fernsehspiel. Das Konzept einer neuen Sendeform und drei Antworten", in: *medium* 5 (1975), H.4, S.5ff. (Die Antworten auf dieses Konzept geben Rupert Neudeck, Georg Ferl und Eckart Stein).

5.8. Bechtolsheim, H. von: „Der Schwindel von der ‚spezifischen Form'. Anmerkungen zum Fernsehspiel", in: *Film* 2 (1964), H.7, S. 55f.

5.9. Becker, J.: „Schreiben mit der Kamera", in: 9.1.5., S. 103ff.

5.10. Bender, H.: „Dichtung und Fernsehen. Bild und Raum", in: *Akzente* 3 (1956), H.2, S. 154ff.

5.11. Benesch, H.: „Der Zuschauer und die Wirklichkeit im Fernsehspiel," in: *5.62.*.

5.12. Berg, H.O.: „Die Bedeutung der Zeit im Fernsehspiel", in: *Rundfunk und Fernsehen* 17 (1969), H.2, S. 112ff.

5.13. –: „Die Erzählfunktion des Bildes im Fernsehspiel", in: *Rundfunk und Fernsehen* 17 (1969), H.3, S. 248ff.

5.14. –: Fiktive Gegenwart im Fernsehspiel, in: *5.128.* S. 73ff.

5.15. Berger, L.: „Dramaturgie und Regie im Fernsehen", in: *Deutsche Akademie für Sprache und Dichtung, Darmstadt. Jahrbuch 1955*, Heidelberg 1956, S. 23ff.

5.16. Beringer, J.: „Das ominöse schlechte Gewissen (Zur Situation des Fernsehfilms)", in: *Filmkritik* 18 (1974), H.7, S. 324.

5.17. Besch, L.: „Gedanken zu einer allgemeinen Dramaturgie", in: *Rundfunk und Fernsehen* 2 (1954), H.2, S. 113ff.

5.18. Bosch, M.: „Nach dem Mund geredet und aufs Maul geschaut. Von der unmoralischen Anstalt Mundartschwank zum kritischen Volksstück", in: *medium* 7 (1977), H.2, S. 4ff.

5.19. Bruhns, W.: „Die Illusion des Authentischen: Das Dokumentarspiel", in: Longolius, Ch. (Hg.), *Fernsehen in Deutschland (Gesellschaftspolitische Aufgaben und Wirkungen eines Mediums)*, Mainz 1967, S. 157ff.

5.20. Burckhardt, F.: „Realismus oder Stil. Kann Fernsehen eine Kunst werden?", in: *Fernseh-Studio* 1 (1953), Nr. 1, S. 28 u. 30.

5.21. Canaris, V.: „Produktionsunterschiede von elektronischem Fernsehspiel und Fernsehfilm – Vorläufige Thesen zu ästhetischen und anderen Folgen", in: *5.128.*, S. 66ff.

5.22. –: „Unsere Wirklichkeit im Spiel gezeigt? Über die Kunstform Fernsehspiel", in: *Westermanns Monatshefte* 118 (1977), Nr. 4, S. 43ff.

5.23. Darschin, W.: „Wer sieht Fernsehspiele und warum? Daten und Vermutungen über die Bedeutung einer Sparte für ihr Publikum", in: *Fernsehen und Bildung* 8 (1974), H.3/4, S. 207ff. (Leicht überarbeitetes Referat der Klausurtagung der Fernsehspieldramaturgen der ARD vom 30./31. Mai 1974 in Tonbach/Schwarzwald).

5.24. De La Motte-Haber, H.: „Information – Illustration, Suggestion – Fiktion: Musik im Fernsehen", in: Kreuzer, H. (Hg.), *Literaturwissenschaft – Medienwissenschaft*, Heidelberg 1977, S. 73ff.

5.25. Dencker, K.P.: „Entwurf einer eigenständigen TV-Poesie", in: *Akzente* 20 (1973), H.4, S. 321ff.

5.26. Döpke, O.: „Fernsehregie – Zwänge und Möglichkeiten", in: Brüssau, W./Stolte, D./Wisser, R. (Hg.), *Fernsehen – Ein Medium sieht sich selbst*, Mainz 1976, S. 201ff.

5.27. –: „Der Bildschirm privatisiert das Gesicht des Schauspielers. Gedanken eines Regisseurs über die Wirkung des Darstellers im Fernsehen", in: *epd/Kirche und Fernsehen* 19 (1968), Nr. 12, S. 1f.

5.28. Dornum, J.: „Dichtung und Fernsehen. Intim und simultan", in: *Akzente* 3 (1956), S. 157ff.

5.29. Drommert, R.: „Bildformat, Perspektive und illusionsbildende Kraft in Film und Fernsehen", in: *Rundfunk und Fernsehen* 5 (1957), S. 135ff.

5.30. –: „Elfenbeinturm und Fernsehen", in: Lettau, R. (Hg.), *Die Gruppe 47. Bericht, Kritik, Polemik. Ein Handbuch*. Neuwied – Berlin 1967, S. 252ff.

5.31. Duelk, M.F.: „Der optische Anfang. Der Aufhänger im Fernsehfilm", in: *Praktischer Journalismus*, Nr. 75 vom 1. 3. 1964, S. 6f.

5.32. Eckert, G.: „Das Fernsehspiel in europäischer Sicht", in: *Fernseh-Rundschau* 11 (1963), H. 3/4, S. 87ff.

5.33.* –: *Die Kunst des Fernsehens. Umrisse einer Dramaturgie*. Emsdetten/Westf. 1953.

5.34. –: „Soll und Haben des Fernsehspiels", in: *Fernsehen* 2 (1954), H.4/5, S. 226ff.

5.35. –: „Was ist ein Fernsehspiel? Gedanken zur Dramaturgie einer werdenden Kunstform", in: *Rufer und Hörer* 7 (1952), H.2, S. 95ff.

5.36. –: „Wort und Bild im Fernsehspiel", in: *Rufer und Hörer* 7 (1952), H.3, S. 145ff.

5.37. Esslin, M.: „Fernsehen und Fernsehspiele – soziologische Aspekte“, in: *Universitas* 26 (1971), H.3, S. 311 ff.
5.38. Evers, E.: Dramaturgie des Fernsehschirms, in: *Rufer und Hörer* 7 (1952), H. 8, S. 487 ff.
5.39. Farocki, H.: „Notwendige Abwechslung und Vielfalt“, in: *Filmkritik* 19 (1975), H.8, S. 360 ff.
5.40. –: „Über die Arbeit mit Bildern im Fernsehen“, in: *Filmkritik* 18 (1974, H.7, S. 308 ff.
5.41. Fechner, E.: „Das Fernsehspiel – Dichtung und Wahrheit“, in: Heygster, A.-L./Schmieding, W. (Hg.), *Fernseh-Kritik. Publikum und Publizisten*, Mainz 1979 (Mainzer Tage der Fernseh-Kritik, Bd. X), S. 87 ff.
5.42. –: „Über das ‚Dokumentarische‘ in Fernseh-Spielfilmen“, in: *Akzente* 20 (1973), H.4, S. 310 ff.
5.43. Feil, G.: „Das Fernsehspiel und seine Wirkung“, in: Van Alst, Th. (Hg.), *Millionenspiele – Fernsehbetrieb in Deutschland*, München 1972 (Edition Text + Kritik), S. 146 ff.
5.44. Ferber, Ch.: „Bruderschaft der entzündeten Augen“, in: *Sprache im technischen Zeitalter* 36 (1964), H. 9/10, S. 728 ff.
5.45. Fest, J.: „Unsere Zeit im Fernsehspiel“, in: *Das Fernsehen in unserer Gesellschaft und Bildungswelt. Eine Vortragsreihe der Landesbildstelle Berlin*, Berlin 1963, S. 17 ff.
5.46. Fiasko des Fernsehspiels, Das, in: *Fernseh-Rundschau 1958, H.9, S. 385 ff.*
5.47. Fischer, K.: „Plädoyer für das 30-Minuten-Spiel. Notizen zur Fernsehsituation“, in: *Film* 1 (1963), H.3, S. 49 f.
5.48. Freyberger, R.: „Zur Ästhetik des Fernsehbildes“, in: *Rundfunk und Fernsehen* 17 (1969), H.1, S. 148 ff.
5.49. Funke, H.-G.: „Interpret moderner Wirklichkeit“, in: *Rundfunk und Fernsehen* 12 (1964), H.1, S. 33 ff.
5.50. Geiger, K.: „Fiktive Welt der Massenmedien und reale Welt des Publikums“, in: *Der Deutschunterricht* 23 (1971), H.2, S. 145 ff.
5.51 Gottschalk, H.: „Fernsehspiel und Fernsehfilm“, in: *Rundfunk und Fernseh*en 2 (1954), H.1, S. 65 f.
5.52. –: „Grundsätzliche Überlegungen zum Fernsehspiel“, in: *Rundfunk und Fernsehen* 4 (1956), H.2, S. 122 ff.
5.53. –: „Die neue Poesie des Fernsehens. Gedanken zum Fernsehspiel“, in: *Akzente* 3 (1956), H.2, S. 139 ff.
5.54. –: „Was ist ein Fernsehspiel?“, in: *2.2.*, S. 398 ff.
5.55. Gottschalk, H./Storz, O.: „Fernsehen: Chance für die Kunst?“, in: *Magnum* 7 (1961), H.34, S. 50.
5.56. Gottschalk, H./Müller, A./Walser, M.: „Die Chance des Wortes im Fernsehen (Diskussion)“, in: *Das Wort im Zeitalter der Bilder, Referate und Diskussionen einer Tagung der Ev. Akademie für Rundfunk und Fernsehen in Bad Boll*, hgg. von der Ev. Akademie für Rundfunk und Fernsehen, München 1957 (Schriftenreihe der Ev. Adkademie für Rundfunk und Fernsehen, H.5), S. 55 ff.
5.57. Grothe, H.: „Vom Umgang mit dem Fernsehspiel. (K)ein Versuch zu einer Dramaturgie“, in: *Fernseh-Rundschau* (1957), H.1, S. 12 ff.
5.58. Hädrich, R.: „Der Trend zum Fernsehfilm. Aktiva und Passiva einer neuen Mischform“, in: *Fernsehen* 6 (1958), H.8, S. 355 ff.
5.59. Hall, P. Ch.: „Freispruch für die Phantasie auf (k)einem Kongreß der Auguren. Zu den 11. Mainzer Tagen der Fernsehkritik: ‚Wirklichkeit und Fiktion im Fernsehspiel‘ “, in: *epd/Kirche und Rundfunk* 29 (1978), Nr. 72, S. 1 ff.
5.60. Heilingsetzer, M.: „Was ist das, ein Fernsehspiel? Betrachtungen über eine Gattung, die beinahe noch nicht existiert“, in: *Wir blenden auf* (1965), Nr. 194–195, S. 16 ff.
5.61. Herburger, G.: „Der Fernsehkoloß“, in: *Film* 7 (1969), H.1, S. 10.

5.62.* Heygster, A.-L., Stolte, D. (Hg.): *Fernseh-Kritik. Wirklichkeit und Fiktion im Fernsehspiel*, Mainz 1979 (Mainzer Tage der Fernseh-Kritik, Bd. XI; im Druck).
5.63. „Historische im Fernsehspiel, Das. Auskünfte zum Thema." Beiträge von Jan Schlubach, Dela Friedrich, Hans Janke, Peter Stripp, Franz Peter Wirth, Michael Ballhaus, in: *ARD-Fernsehspiel*, April-Mai-Juni 1977, S. 15ff.
5.64. Holzamer, K.: „Ein Optimum, nicht ein Maximum des Schaubaren", in: *Rundfunk und Fernsehen* 5 (1957), H.2, S. 131ff.
5.65. Hymmen, F. W.: „Ernst ist das Leben, düster die Kunst. Seltsame Diskrepanzen zwischen beobachteter und erdachter Wirklichkeit", in: *epd/Kirche und Fernsehen* 17 (1966), Nr. 10, S. 1f.
5.66. –: „Das Fernsehspiel ist noch nicht entdeckt. Eingrenzung nur zaghaft und verschwommen – Hauptthema: Dokumentarisches?", in: *epd/Kirche und Fernsehen* 18 (1967), Nr. 38, S. 1f.
5.67. –: „Das Gewicht des Wortes im Fernsehspiel. Zum Unterschied von Fernsehspiel und Kinofilm: ‚Arrangement' (ZDF)", in: *epd/Kirche und Fernsehen* 18 (1967), Nr. 13, S. 1f.
5.68. Jacobi, J.: „Was ist denn das – ein Fernsehspiel?", in: *Theater heute* 2 (1961), H.6, S. 40ff.
5.69.* Katz, A.R. (Hg.): *Vierzehn Mutmaßungen über das Fernsehen*, München 1963.
5.70. Krapp, H.: „Auf der Suche nach einem neuen Stil", Teil 1–4, in: *Fernsehen* 5 (1957), Nr. 10, S. 515ff und 11, S. 576ff; 6 (1958), Nr. 1, S. 45ff und 4, S. 221ff.
5.71. –: „Fernsehdramaturgie", in: *Theater heute* 7 (1966), H.8, S. 24 und 26.
5.72. –: „Neue Formen des Fernsehfilms", in: *Hörfunk – Fernsehen – Film* 20 (1969), H.5/6, S. 35f.
5.73. –: „Stichwörter. Fernsehstoffe als Gebrauchs- und Markenartikel", in: Brüssau, W./Stolte, D./ Wisser, R. (Hg.), *Fernsehen – Ein Medium sieht sich selbst*, Mainz 1976, S. 222ff.
5.74. –: „Das Widerspiel von Bild und Sprache. Vorläufige Bemerkungen zu einem weitläufigen Thema", in: *Sprache im technischen Zeitalter* 33 (1961), H.1, S. 38ff. und H.2, S. 124ff.
5.75. Kraus, W.: „Die verspielte Wirklichkeit. Fiktion als politische Verführung", in: ders., *Kultur und Macht. Die Verwandlung der Wünsche*, München 1978, S. 13ff.
5.76. Kresse, B.: *Das Fernsehspiel*, Neunburg vorm Wald, o.J.
5.77. Kutschbach, H.: „Das Fernsehbild zwischen Technik und Kunst", in: *Rufer und Hörer* 7 (1952/53), S. 490ff.
5.78. Lange, H.J.: „Dichtung und Fernsehen. Bühne von höchster Intensität", in: *Akzente* 3 (1956), H.2, S. 146ff.
5.79. Lichtinghagen, L.: „Die Chance des Fernsehspiels", in: *Rundfunk und Fernsehen* 2 (1954), H.1, S. 69ff.
5.80. Lingenberg, J.: „Politische Propaganda im Fernsehspiel", in: *Rundfunk und Fernsehen* 9 (1961), H.3, S. 241ff.
5.81. Link, E.: „Bildschirm und literarisches Experiment. Bemerkungen zur Fernsehdramaturgie", in: *Rundfunk und Fernsehen* 7 (1959), H.3/4, S. 266ff.
5.82. –: „Gefilmte Fernsehsendungen, ja oder nein?", in: *Rundfunk und Fernsehen* 7 (1959), Nr. 1/2, S. 108ff.
5.83. Lüscher, K., „Über die Wirkung von Dokumentarspielen", in: *Neue Sammlung. Göttinger Zeitschrift für Erziehung und Gesellschaft* 14 (1974), H.1, S. 66ff.
5.84. Märker, F.: „Die unmittelbare Wirkung – Fernsehspiel oder Fernsehfilm?", in: *Fernsehstudio* 1 (1953), Nr. 3, S. 7f.
5.85. Märthesheimer, P.: „Das Fernsehspiel auf der Suche nach neuen Formen", in: *Rundfunk und Fernsehen* 18 (1970), H.2, S. 235ff.
5.86. –: „Wirklichkeit und Fiktion im Fernsehspiel (Zum Beispiel Arbeitswelt)", in: *5.62*.

5.87. Meichsner, D.: „Die flüchtigste ist zugleich die lebendigste Kunst", in: *2.3.*, S. 403ff.
5.88. Müller, D.: „Das Klischee – ein dramaturgisches Erfordernis?", in: Longolius, Ch. (Hg.), *Fernsehen in Deutschland (Gesellschaftspolitische Aufgaben und Wirkungen eines Mediums)*, Mainz 1967, S. 203ff.
5.89. Müller-Freienfels, R.: „Zum Selbstverständnis des Fernsehspiels", in: *Theater heute* 7 (1966), H.8, S. 22f.
5.90. Münster, C.: „Die Auswahl von Fernsehspielen", in: *Rundfunk und Fernsehen* 6 (1958), H.1, S. 127ff.
5.91.* Netenjakob, E.: *Anatomie der Fernsehserie. Fernsehmacher untersuchen ihre Produktionsbedingungen (bes. unter E. „Thesen zum Hearing ‚Perspektiven zum Hearing des populären Fernsehspiels' am 25. 11. 1973")*, Mainz 1976.
5.92. –: „Fernsehen und Geschichte", in: *Fernsehen und Film* 8 (1970), H.9, S. 22f.
5.93. –: „Das Fernsehspiel", in: *medium* 3 (1970), H. 8, S. 4ff.
5.94. –: „Was ist ein Fernsehspiel? Anmerkungen zu einer Fernsehspiel-Anthologie", in: *Film* 5 (1967), H.9, S. 40.
5.95. –: „Weshalb unbedingt eine ‚genuine Fernsehspielkunst'? Anmerkungen zu einer Fernsehspiel-Anthologie", in: *Funk-Korrespondenz* 15 (1967), Nr. 32/33, S. 10ff.
5.96. Noelte, R.: „Fernseh-Spiel?", in: *2.2.*, S. 408ff.
5.97. Norden, A.: „Das aktuelle Fernsehspiel", in: *Fernsehstudio* 1 (1953), Nr. 5, S. 11f.
5.98. Nussbaum, H. von: „Scheinheiligkeit oder Diese Wirklichkeit ist eine Lüge. Mainzer Tage der Fernsehkritik: Kultur samt Fernsehspiel – ‚Dichtung und Wahrheit'", in: *epd/Kirche und Rundfunk* 28 (1977), Nr. 85, S. 8ff.
5.99. Opticus: „Die schöpferische Dreiheit: Autor – Dramaturg – Regisseur", in: *Fernsehen* 6 (1958), Nr. 8, S. 368ff.
5.100. „Perspektiven des Fernsehspiels", Teil I – V. Beiträge von W. Patzschke, W. Hammerschmidt, R. Schulz, J. Viehöfer, H. Haselmayr, H. Knopp, in: *Das Parlament*, Nr. 44/1971, 52/1971, Nr. 1–2/1972, Nr. 26/1972.
5.101. Prager, G.: „Die Bedeutung des Fernsehspiels für das Programm", in: Longolius, Ch. (Hg.), *Fernsehen* in *Deutschland (Gesellschaftspolitische Aufgaben und Wirkungen eines Mediums)*, Mainz 1967, S. 151ff.
5.102. –: „Fernsehspiel in der Zukunft – Ansprüche, Möglichkeiten, Hoffnungen", in: ders., *Randnotizen zur Fernsehpraxis*, Mainz 1972, S. 43ff.
5.103. –: „Fernsehspiel – was ist das?", in: *Werden. Jahrbuch für die deutschen Gewerkschaften*, Köln 1965, S. 198ff.
5.104. –: „Kreativität als Antwort auf den Zwang zum Sparen", in: ders., *Reden und Aufsätze*, Mainz 1975 (ZDF-Schriftenreihe, Nr. 16: Materialien zum Programm), S. 78ff.
5.105. –: „Nicht Quantität, sondern Qualität" (Rede auf der Produzententagung am 28. 11. 1973), in: ders., *Reden und Aufsätze*, Mainz 1975 (ZDF-Schriftenreihe, Nr. 16: Materialien zum Programm), S. 56ff.
5.106. –: „Das Problem der Farbe beim Fernsehspiel" (Einführung zu einer Pressevorführung von Farbproduktionen im Oktober 1967), in: ders., *Reden und Aufsätze*, Mainz 1975 (ZDF-Schriftenreihe, Nr. 16: Materialien zum Programm), S. 5ff.
5.107. –: „Der Programmauftrag des Fernsehspiels", in: ders., *Reden und Aufsätze*, Mainz 1975 (ZDF-Schriftenreihe, Nr. 16: Materialien zum Programm), S. 10ff.
5.108. –: „Die Stellung des Fernsehspiels im Gesamtprogramm", in: *ZDF-Jahrbuch 1967*, Mainz 1968, S. 39ff.
5.109. –: „Zukunftsaspekte des Fernsehspiels" (Referat anläßlich der Koproduktionstagung ZDF/ORF/SRG in Salzburg vom 6.–9. September 1970), in: ders., *Reden und Aufsätze*, Mainz 1975 (ZDF-Schriftenreihe, Nr. 16: Materialien zum Programm), S. 19ff.
5.110. –: „Zukunftsaspekte des Fernsehspiels", in: *der literat* 12 (1970), H.2, S. 22.
5.111. Reitz, E.: „Filmen außerhalb der professionellen Grenzen. Initiativen für eine neue Programmgestaltung aus der Professionalisierung des Super-8-Systems", in: *11.5.*, S. 50ff.

5.112.*Rhotert, B.: *Das Fernsehspiel. Regie, Dramaturgie und Sendung als Ausgangspunkte für den Versuch einer wesensgemäßen Einordnung in die Möglichkeiten schöpferischer Mitteilungen.* Phil. Diss., München 1961.
5.113. Richter, K./Schatzdorfer, G.: „Zur Ästhetik des Fernsehens", in: *Jugend – Film – Fernsehen* 17 (1973), H.3, S. 132ff.
5.114. Riedel, K. V.: „Das Fernsehspiel als Kunstgattung", in: *Rundfunk und Fernsehen* 11 (1963), H.1, S. 1ff.
5.115. –: „Kulturhistorische Aspekte der Rundfunkentwicklung," in: *Rundfunk und Fernsehen* 17 (1969), H.1, S. 31ff.
5.116. –: „Die Volkstümlichkeit der filmischen Gestaltungsweise", in: *Publizistik* 7 (1962), H.1, S. 82ff.
5.117. –: „Volkstümliches in der Formstruktur des Fernsehspiels", in: *Rundfunk und Fernsehen* 14 (1966), H.4, S. 389ff.
5.118. –: „Volkstümliches in der Motivstruktur des Fernsehspiels", in: *Rundfunk und Fernsehen* 15 (1967), H.1, S. 32ff.
5.119.*Rings, W.: *Die fünfte Wand. Das Fernsehspiel*, Wien–Düsseldorf 1962.
5.120. Rischbieter, H.: „Es gibt kein Fernsehspiel", in: *5.128.*, S. 81ff.
5.121. Roeber, G./Jacoby, G.: „Fernsehfilm", in: dies., *Handbuch der filmwirtschaftlichen Medienbereiche. Die wirtschaftlichen Erscheinungsformen des Films auf den Gebieten der Unterhaltung, der Werbung und des Fernsehens.* Pullach 1973, S. 877ff.
5.122. Rohrbach, G.: „Bildungstheater oder Zeittheater. Probleme der Fernsehdramaturgie", in: *2.2.*, S. 403ff.
5.123. –: „Fernsehspiel als Ersatz für Wirklichkeit", in: *Theater heute* 9 (1968), H.9, S. 26f.
5.124. –: „Frei werden für Phantasie", in: *5.62.*
5.125. –: „Gesellschaftlicher Auftrag zwischen Narkotikum und Lebenshilfe", in: *epd/Kirche und Rundfunk* 28 (1977), Nr. 25, S. 1ff.
5.126. –: „Haben Fernsehspiele noch Zukunft?", in: Th. Van Alst (Hg.), *Millionenspiele – Fernsehbetrieb in Deutschland*, München 1972, S. 93ff.
5.127. Rüden, P. von: „Fernsehspiel oder Spiel im Fernsehen – Anmerkungen zu einer Programmform", in: *5.128.*, S. 11ff.
5.128.*Rüden, P. von (Hg.): *Das Fernsehspiel. Möglichkeiten und Grenzen*, München 1975.
5.129. Saurer, K.: „Anmerkungen zur ‚Bildsprache' des Fernsehspiels", in: 5.128., S. 86ff.
5.130. Sawatzki, G.: „Die publizistische Form des Dokumentarspiels", in: *Rundfunk und Fernsehen* 13 (1965), H.1, S. 9ff.
5.131. Schedler, M.: „Ist das Volk so tümlich?", in: *Fernsehen und Film* 9 (1971), H.7, S. 104ff.
5.132. Schmid, Ch.: „Poetik des Fernsehens", in: *Der Deutschunterricht* 23 (1971), H.5, S. 104ff.
5.133. Schneider, I.: „Das Fernsehspiel. Wie es war, ist und sein könnte", in: Kreuzer, H./Prümm, K. (Hg.), *Fernsehsendungen und ihre Formen*, Stuttgart 1979, S. 25ff.
5.134. Schöffler, H.: „Bemerkungen des Herausgebers", in: *2.3.*, S. 423ff.
5.135. Schroeder, B.: „Partner statt Einzelgänger. Wege zum Fernsehspiel: Kritik und Vorschläge eines Autors", in: *medium* 5 (1975), H.11, S. 12ff.
5.136.*Schwaegerl, T.: *Das deutsche Fernsehspiel von 1936–1961. 25 Jahre deutsches Fernsehspiel.* Phil. Diss., Erlangen–Nürnberg 1964.
5.137. Schwitzke, H.: „Aus der Praxis der Fernsehdramaturgie", in: *Fernsehen* 2 (1954), Nr. 8/9.
5.138. –: „Live oder Film im Fernsehspiel", in: *Rundfunk und Fernsehen* 2 (1954), H.1, S. 66ff.
5.139. –: „Das Verhältnis von Wort und Bild im Fernsehen, vor allem im Fernsehspiel", in: *Sprache im technischen Zeitalter* 36 (1964), H.11, S. 871ff.
5.140. –: „Woran krankt bei uns das Fernsehspiel?", in: *Die Zeit* vom 12. 5. 1961.

5.141. –: „Das Wort und die Bilder", in: *2.4.*, S. 7ff.
5.142. Sellner, G.R.: „Komponieren mit Bild und Ton", in: *Rundfunk und Fernsehen* 5 (1957), H.2/3, S. 303ff.
5.143. Semmelroth, W.: „Darstellungsformen, Funk- und Fernsehspiele" (Vortrag, gehalten vor dem Hans-Bredow-Institut, Hamburg), in: *Westdeutscher Rundfunk, Jahrbuch 1959/60,* S. 83ff; wieder abgedruckt in: *Dramaturgische Gesellschaft, Jahresband 1962*, hgg. von der Dramaturgischen Gesellschaft e.V., o.O, S. 475ff.
5.144. –: „Das Fernsehspiel", in: *Dramaturgische Gesellschaft, Jahresband 1962*, hgg. von der Dramaturgischen Gesellschaft, o.O., S. 86ff.
5.145. Seyfarth, H.: „Das Fernsehspiel. Alte und neue Gedanken zu grundsätzlichen Überlegungen", in: *Rundfunk und Fernsehen* 5 (1957), H.1, S. 55f.
5.146. Silbermann, A.: „Fernsehen und Kunst", in: *Rundfunk und Fernsehen* 11 (1963), H.1, S. 43ff.
5.147. –: „Über die Beziehungen zwischen Fernsehen und Kunst", in: *Publizistik* 10 (1965), H.1, S. 3ff.
5.148. „Skepsis gegenüber dem eigenen Tun. Autoren und Regisseure verneinen eine eigene Form ‚Fernsehspiel'", in: *epd/Kirche und Fernsehen* 14 (1963), Nr. 29/30, S. 1f.
5.149. Steinborn, P.: „Wirkungen und Wirkungschancen. Überlegungen eines Empirikers zu Informationssendungen, Fernsehspielen und Unterhaltungsserien", in: *8.36.*, S. 115ff.
5.150. Stolte, D.: „Dramaturgie und Fernsehen", in: *Auf dem Wege zu einem neuen Realismus*, hgg. von der Dramaturgischen Gesellschaft (dg), Berlin 1976 (Schriften der Dramaturgischen Gesellschaft, Bd.8), S. 23ff.
5.151. –: „Vom Kulturinstitut zum Fertigungsbetrieb", in: *8.36.*, S. 87ff.
5.152. Storz, O.: „Das Fernsehspiel – Dichtung und Wahrheit", in: Heygster, A.-L./Schmieding, W. (Hg.), *Fernseh-Kritik. Publikum und Publizisten*, Mainz 1979 (Mainzer Tage der Fernseh-Kritik, Bd. X), S. 97ff.
5.153. –: „Fernsehspiel – Gibt es das?", in: *Der Deutschunterricht* 18 (1966), H.1, S. 90ff.
5.154. –: „Gibt es schon Fernseh-Regeln, und wie kann man sie lernen?", in: *5.69.*, S. 128ff.
5.155. –: „Was ist ein Fernsehspiel", in: *Dramaturgische Gesellschaft, Jahresband 1967*, hgg. von der Dramaturgischen Gesellschaft e.V., o.O., S. 68ff.
5.156. –: „Wer schreibt denn warum Fernsehspiele? Auskünfte für einen Herausgeber", in: *8.36.*, S. 143ff.
5.157. Tank, K.L.: „Warum gibt es keine guten Fernsehspiele?" in: *Deutsches Allgemeines Sonntagsblatt* vom 14. 2. 1960.
5.158. Teutsch, B.: „Mimik in der Fernsehzwangsjacke", in: *Rufer und Hörer* 7 (1952), H.5, S. 344f.
5.159. Tschirn, F.: „Der Schauspieler im Fernsehfunk", in: *Rufer und Hörer* 7 (1952), H.1, S. 41ff.
5.160. Ungureit, H.: „Eine Spielart sozialen Verhaltens. Notizen zum Fernsehspiel und zur Fernsehserie", in: Hufen, F./Lörcher, W. (Hg.), *Phänomen Fernsehen. Aufgaben – Probleme – Ziele, dargestellt am ZDF*, Düsseldorf – Wien 1978, S. 197ff.
5.161. –: „Hoffnung Fernsehspiel?", in: *Filmkritik* 8 (1964), H.12, S. 657ff.
5.162. Völger, W.: „Gedanken zur Inszenierung eines Fernsehspiels", in: *Rundfunk und Fernsehen* 2 (1954), H.2, S. 102ff.
5.163.*Waldmann, W.: *Das deutsche Fernsehspiel. Ein systematischer Überblick,* Wiesbaden 1977.
5.164. „Wo bleibt das Original-Fernsehspiel? Geborgte Formen anstelle eigener, künstlerischer Funktion", in: *epd/Kirche und Fernsehen* 11 (1960), Nr. 4, S. 1f.
5.165. Wolffhardt, R.: „Einige Gedanken über Fernsehregie", in: *2.3.*, S. 388ff.
5.166. Wood, B.: „Die Wirklichkeit der Illusion", in: *Fernsehen und Bildung* 4 (1970), H.3, S. 122ff.

5.167. *Das Wort im Zeitalter der Bilder*. Referate und Diskussionen einer Tagung der Ev. Akademie für Rundfunk und Fernsehen in Bad Boll, hgg. von der Ev. Akademie für Rundfunk und Fernsehen, München 1957 (Schriftenreihe der Ev. Akademie für Rundfunk und Fernsehen).

Vgl. auch: 4.11./ 7.10./ 7.14./ 7.19./ 11.21./ A.4./ A.8./ A.9.

6. Zur Typologie des Fernsehspiels

6.1. Koebner, Th.: „Das Fernsehspiel – Themen und Motive“, in: *5.128.*, S. 20ff.
6.2. –: „Zur Typologie des dokumentarischen Fernsehspiels“, in: H. L. Arnold/S. Reinhardt (Hg.), *Dokumentarliteratur*, München 1973 (Edition Text + Kritik), S. 79ff.
6.3. Magnus, U.: „Zur Frage der Typologie von Sendeformen in Hörfunk und Fernsehen“, in: *Rundfunk und Fernsehen* 15 (1967), H.1, S. 41ff.
6.4. Riedel, K. V.: „Typen und Wirkungselemente des Fernsehspiels“, in: *Jugend – Film – Fernsehen* 7 (1963), H.3, S. 182ff.

Vgl. auch: 5.154./ 5.163./ A.26.

7. Themen, Motive des Fernsehspiels

7.1. Beringer, J.: „‚Ranklotzen‘ – Arbeitsweltfilme und Verwandtes“, in: *Filmkritik* 19 (1975), H.3, S. 123ff.
7.2. „Dürfen realistische gesellschaftskritische Fernsehspiele und Spielfilme die Wirklichkeit gefälscht darstellen?“ Zwei Beiträge: Dieter Stolte, „Jedem Walther seinen Wurm“; Enno von Loewenstern, „Aus Oldcastle wurde Falstaff“, in: *Die Welt* vom 19. 11. 1977.
7.3. Eder, K.: „Soziale Spiele. Über zwei Versuche, auf dem Bildschirm gesellschaftliche Situationen zu analysieren“, in: *Film* 5 (1967), Nr. 7, S. 38ff.
7.4. Hammerschmidt, W.: „Das Fernsehspiel der Gegenwart“, in: *ZDF Jahrbuch 1968*, Mainz 1969, S. 40ff.
7.5. Herbort, H. J.: „Mit baedekerhafter Genauigkeit. Das deutsche Fernsehspiel zwischen Fiktion und Realität, schönem Schein und Gesellschaftsanalyse“, in: *Die Zeit* vom 20. 11. 1970.
7.6. Karasek, H.: „Das Programm zwischen Publikumserfolg und gesellschaftskritischem Auftrag“, in: Stolte, D. (Hg.), *Fernseh-Kritik. Die gesellschaftskritische Funktion des Fernsehens*, Mainz 1970 (Mainzer Tage der Fernseh-Kritik, Bd. II), S. 125ff.
7.7.* Klein-Albenhausen, H.: *Die Darstellung der Frau in Fernsehsendungen mit Spielhandlung,* Phil. Diss., Hamburg 1970.
7.8. Krapp, H.: *Die Arbeitswelt ist keine Messe der erfüllten Wünsche, in: Die Arbeitswelt im Fernsehspiel,* hgg. vom Südwestfunk Baden-Baden 1974, o. S.
7.9. –: „Das Genre der Ost-West-Geschichte“, in: *2.3.*, S. 394ff.
7.10. Meichsner, D.: „Das gesellschaftskritische Fernsehspiel“, in: Heygster, A.-L./Maseberg, E. (Hg.), *Fernseh-Kritik* (Kreativität und Verantwortung. Die gesellschaftliche Relevanz der Medien, Mainz 1975. (Mainzer Tage der Fernseh-Kritik, Bd. VII), S. 61ff.
7.11. –: „Vorschläge zur Gesellschaftskritik. Wider fernsehspielerische Gewohnheiten“, in: Kaltenbrunner, G.-K. (Hg.), *Die Macht der Meinungsmacher. Die Freiheit, zu informieren und informiert zu werden.* Freiburg – Basel – Wien 1976, S. 85ff.
7.12. Monk, E.: „Parteinahme als Notwendigkeit (Rede anläßlich des DAG-Fernsehpreises für „Ein Tag“)“, in: *epd/Kirche und Fernsehen* 17 (1966), Nr. 17, S. 1f.

7.13. –: „Parteinahme im Fernsehspiel", in: *Theater heute* 7 (1966), H.8, S. 49ff.

7.14. Netenjakob, E.: „Realismus und Fernsehspiel. Gespräche mit Egon Monk und Klaus Wildenhahn", in: *25 Jahre Deutsches Fernsehen*, 1952–1977, hgg. von der Programmdirektion Deutsches Fernsehen/ARD, München 1977, S. 113ff.

7.15. –: „Schöner Schein und Wirklichkeit", in: Heygster, A.-L./Lange, H.J. (Hg.), *Fernseh-Kritik. Informationsvermittler Fernsehen*, Mainz 1977 (Mainzer Tage der Fernseh-Kritik, Bd. VIII), S. 81ff.

7.16. Rohrbach, G.: „Haben Fernsehspiele noch Zukunft?" in: Van Alst, Th. (Hg.), *Millionenspiele – Fernsehbetrieb in Deutschland*, München 1972, S. 93ff.

7.17. Rüßmann, K.H.: „Unternehmer im Fernsehspiel. Geschichten aus einer fremden Welt", in: *Manager-Magazin* 5 (1976), Nr. 3, S. 100ff.

7.18. Ruf, W.: „Acht Stunden sind ein langer Tag. Proletarischer Film in der BRD und Westberlin", in: *Prisma. Kino- und Fernseh-Almanach* 7, 1976, S. 186ff.

7.19. –: „Für ein realistisches Fernsehspiel – Beobachtungen, Thesen, Beispiele", in: *5.128.*, S. 101ff.

7.20. –: „Thesen zum Fernsehspiel", in: Heygster, A.-L./Maseberg, E. (Hg.), *Fernseh-Kritik. Kreativität und Verantwortung,* Mainz 1975 (Mainzer Tage der Fernseh-Kritik, Bd. VII), S. 85ff.

7.21. Stolte, D.: „Fernsehen und soziale Welt. Anmerkungen zu dem Zyklus ‚Arbeitswelt im Fernsehspiel' im SW 3", in: *Fernsehen und Bildung* 7 (1973), H.3/4, S. 311ff.

7.22. Weingärtner, A.: „Der Arbeiter auf dem Bildschirm", in: *Medienspiegel des Instituts der deutschen Wirtschaft* 1 (1977), Nr. 1, S. 2f.

7.23. Wiebel, M.: „Über die Wiederentdeckung der Wirklichkeit", in: *Rundfunk und Fernsehen* 24 (1976), H.3, S. 278ff.

7.24. –: „Vom Schriftsteller zum Soziographen. Plädoyer für das Wirklichkeitsspiel", in: *8.36.*, S. 127ff.

7.25. Wiese, K./Ziewer, Ch.: „Arbeiterfilm oder Filme für Arbeiter", in: *Die Arbeitswelt im Fernsehspiel*, hgg. vom Südwestfunk Baden Baden, o.S.

7.26. „Zeitkritik im Fernsehspiel. Gespräch mit dem Regisseur Egon Monk", von Anneliese de Haas, in: *Die Welt* vom 21. 8. 1965, wieder abgedruckt in: *Dramaturgische Gesellschaft, Jahresband 1965*, hgg. von der Dramaturgischen Gesellschaft e.V., o.O. S. 254ff.

Vgl. auch: 5.18./ 5.19./ 5.45./ 5.49./ 5.63./ 5.66./ 5.73./ 5.80./ 5.86./ 5.90./ 5.100./ 5.116./ 5.118./ 5.122./ 5.125./ 5.154./ 6.1./ 6.4./ A.7./ A.17./ A.19.

8. Autorenfrage (Selbstverständnis, Porträts, Erfahrungsberichte)

8.1. Ahlsen, L.: „Wie man frustrierte Dramaturgen glücklich macht. Auskunft über Text-Veränderungen", in: *8.36.*, S. 107ff.

8.2. Andersch, A.: „Befeuert das Fernsehen nur die technische Phantasie oder auch die Autoren-Phantasie", in: *5.69.*, S. 28ff.

8.3. –: „Für ein Fernsehen der Autoren", in: ders., *Die Blindheit des Kunstwerks und andere Aufsätze,* Frankfurt/Main 1965, S. 122ff.

8.4. Canaris, V.: „Das Publikum soll nicht programmiert werden. Versuch, am Beispiel des Films ‚Sand' über den Drehbuchautor Tankred Dorst zu berichten", in: Laube, H. (Hg.), *Werkbuch über Tankred Dorst*, Frankfurt/Main 1974, S. 140ff.

8.5. Carle, H.: „Mein Umgang mit Laura", in: Wohmann, G., *Entziehung (Drehbuch und Materialien*), Neuwied – Darmstadt 1974, 2. Aufl. 1977, S. 191ff.

8.6. Dahl, A.: „Oelschlegels Fernsehspiel – Gehalt und Gestalt", in: *Rundfunk und Fernsehen* 8 (1960), H.3/4, S. 434ff.

8.7. Erler, R.: „Ich bin eine Art Märchenerzähler (Junge deutsche Regisseure I)“, in: *Film* 1 (1963), H.1, S. 44ff.

8.8. Falkner, A.: „Es geht nicht um Kasse. Ehrgeizig und pessimistisch: Der Regisseur Rolf Hädrich“, in: *Süddeutsche Zeitung* vom 30. 1. 1978.

8.9. „Fernsehen – Junge Autoren“, in: *Der Spiegel* vom 1. 3. 1971, S. 165ff.

8.10. „Fernsehspielautoren fallen nicht vom Himmel. Der Sender Freies Berlin suchte neue Mitarbeiter durch Autorenkursus“, in: *epd/Kirche und Fernsehen* 11 (1960), Nr. 22, S. 1f.

8.11. Fohrbeck, K./Wiesand, A. J.: *Der Autorenreport,* Reinbek bei Hamburg 1972.

8.12. –: „Der TV-Schreiber: ein ‚Stück Rundfunkfreiheit‘? Zur Soziologie der Fernsehautoren in der BRD“, in: *8.36.,* S. 225 ff.

8.13. Fohrbeck, K./ Wiesand, A.J./Woltereck, F.: „Der Autor in den Medien – Arbeitnehmer oder Untenehmer“, in: *9.1.10.,* S. 24ff.

8.14. „Für das Fernsehen schreiben. Ein Gespräch zwischen Karl Prümm und Dieter Wellershoff“, in: *2.6.*, S. 315ff.

8.15. Grothe, H.: „Suchaktion Fernsehautor“, in: *Fernsehen* 5 (1957), Nr. 12, S. 612ff.

8.16. Grothe, A. von.: „Zensur findet statt. Arbeitsbedingungen von Fernsehspiel-Redakteuren, selbst erfahren“, in: *medium* 8 (1978), H.4, S. 15ff.

8.17. Hädrich, R.: „Anmerkungen eines Betroffenen für die Betreffenden“, in: *Akzente* 20 (1973), H.4, S. 291ff.

8.18. Herburger, G.: „Der Autor und das Fernsehspiel“ (Vortrag, gehalten bei der Verleihung des DAG-Fernsehpreises), in *Funk-Korrespondenz* 15 (1967), Nr. 18, S. 9ff.

8.19. –: „Wider die Fernseh-Fabriken. Polemische Rede anläßlich einer Preisverleihung“, in: *Film* 5 (1967), H.1, S. 40ff.

8.20. Heidenreich, E./Nowoczyn, R.: „Schreibtisch und Schneidetisch. Das Fernsehspiel-Porträt: Gabriele Wohmann“, in: *medium* 6 (1976), H.8, S.11ff, wieder abgedruckt in: Scheuffelen, Th. (Hg.), *Gabriele Wohmann. Materialienbuch*, Darmstadt und Neuwied 1977, S. 110ff.

8.21. Hey, R.: „Über die Abhängigkeiten, mit denen einer rechnen muß, der für's Fernsehen schreibt“, in: *9.1.5.*, S. 219ff.

8.22. Jaedicke, H.: „Eine unfaßbare Spezies. Der Fernsehautor aus der Sicht seiner Auftraggeber“, in: *8.36.*, S. 63ff.

8.23. Janke, H.: „Unruhe stiften, aber unterhaltsam. Das Fernsehspiel-Porträt: Wolfgang Menge“, in: *Medium* 7 (1977), H.4, S. 18ff.

8.24. Jansen, P.W.: „Der Weg des Peter Lilienthal“, in: *Die Zeit* vom 2. 2. 1968.

8.25. Jenke, M.: „Der Autor, sein Publikum und die Gesellschaft“, in: *8.36.*, S. 21ff.

8.26.* Keplinger, H.M.: *Realkultur und Medienkultur. Literarische Karrieren in der Bundesrepublik*, Freiburg – München 1975.

8.27. Krapp, H.: „Autoren im Theater und im Fernsehen“, in: *Dramaturgische Gesellschaft, Jahresband 1961*, hgg. von der Dramaturgischen Gesellschaft, e.v., o.O., S. 467ff.

8.28. –: „Der Autor und die Wirklichkeit“, in: *5.62*.

8.29. Kröhnke, E.: „Taktlosigkeiten. Vom Umgang mit Leuten, die mehr zu sagen haben“, in: *8.36.*, S. 81ff.

8.30. Krüger, H.: „Die Angst des Schriftstellers vor dem Medium“, in: Heygster, A.-L./Maseberg, E. (Hg.), *Fernseh-Kritik*, *Publikum und Publizisten*, Mainz 1979 (Mainzer Tage der Fernseh-Kritik, Bd. IX), S. 73ff.

8.31. Lattmann, D.: „Funktion der Autorenrolle. Ein Interview mit Dieter Lattmann“, in: *8.36.,* S. 43ff.

8.32. Lewalter, Ch.E.: „Ein Fernsehkurs für Autoren“, in: *Rundfunk und Fernsehen* 3 (1955), H.3, S. 303f.

8.33 Lilienthal, P.: „Junge deutsche Regisseure III“ (Gespräch mit P. Lilienthal), in: *Film* 1 (1963), H. 3, S. 53 ff.

8.34. Laube, H. (Hg.): *Werkbuch über Tankred Dorst*, Frankfurt/Main 1974.

8.35. Longolius, Ch.: „Macht und Ohnmacht der Autoren. Zur Einleitung“, in: *8.36.*, S. 11ff.

8.36.* Longolius, Ch. (Hg.): „*Fernsehen in Deutschland, Bd. III (Macht und Ohnmacht der Autoren)*“, Mainz 1973.

8.37. Meichsner, D.: „Einige Erfahrungen aus der Arbeit eines Schriftstellers fürs Fernsehen“, in: *Hamburger Filmgespräche IV*, hgg. von der Hamburger Gesellschaft für Filmkunde, Hamburg 1972, S. 86ff.

8.38. Metzger, L.: „Autorenausbildung. Die Praxis in der Bundesrepublik und anderswo“, in: *8.36.*, S. 271ff.

8.39. Meyer-Wehlack, B.: „Tagebuch eines Fernsehspiels“, in: *9.1.5.*, S. 225ff.

8.40. Monk, E.: „Private Leidenschaften interessieren mich nicht. Junge deutsche Regisseure II“, in: *Film* 1 (1963), H.2, S. 56ff.

8.41. Netenjakob, E.: „Die ‚Bestseller‘-Autoren des deutschen Fernsehens. Ein Bericht“, in: *8.36.*, S. 201ff.

8.42. –: „Chancen des populären Films. Das Fernsehspiel-Porträt: Wolfgang Petersen“, in: *medium* 5 (1975), H.6, S. 10ff.

8.43. –: „Expeditionen in den Alltag. Das Fernsehspiel-Porträt: Eberhard Fechner“, in: *medium* 6 (1976), H.6, S. 12ff.

8.44. –: „Peter Beauvais zum Beispiel. Ein Fernsehregisseur“, in: *Fernsehen und Film* 8 (1970), H.6, S. 30ff.

8.45. Neudeck, R.: „Bruch mit der Literaturvorlage. Das Fernsehspiel-Porträt: Stanislaw Barabás“, in: *medium* 5 (1975), H.3, S. 10ff.

8.46. –: „Kraftakte ohne Routine. Das Fernsehspiel-Porträt: Peter Beauvais“, in: *medium* 6 (1976), H.3, S. 11ff.

8.47. –: „Notizen aus der Provinz. Das Fernsehspiel-Porträt: Bernd Schroeder“, in: *medium* 5 (1975), H.10, S. 14ff.

8.48. Nordemann, W.: „Die heilige Kuh der Freiberuflichkeit“, in: *8.36.*, S. 57ff.

8.49. Prager, G.: „Autoren und Apparate“, in: ders., *Reden und Aufsätze (ZDF-Schriftenreihe, Heft 16: Materialien zum Programm)*, Mainz 1975, S. 15ff.

8.50. –: „Beim Autor fängt der Film an. Voraussetzungen für den guten Film“, in: ders., *Reden und Aufsätze über Film, Funk, Fernsehen*, Hamburg 1963, S. 19ff.

8.51. –: „Das mühsame Verhältnis des Autors zum Fernsehen“, in: ders., *Randnotizen zur Fernsehpraxis*, Mainz 1972, S. 105ff; auch in: *8.36.*, S. 99ff.

8.52. Prümm, K.: „Von der Adaption zum Original. Fernsehspiel-Porträt: Dieter Wellershoff“, in: *medium* 9 (1979), H.5, S. 28ff.

8.53. Rohrbach, G.: „Autorenmangel – eine Legende?“, in: *ARD-Pressedienst 1978*, Nr. 47, S. 1ff.

8.54. Runge, E.: „Erfahrungen im Fernsehen“, in: *Kürbiskern* 1971, Nr. 3, S. 440ff.

8.55. Sanders, H.: „Wenn man einen Film macht. Zu meinem ersten Spielfilm ‚Gewalt‘, in: *11.5.*, S. 41ff.

8.56. Schneider, P.: „Dem Bürger verpflichtet: Politiker, Journalisten, Schriftsteller“, in: Heygster, A.-L./Schmieding, W. (Hg.), *Fernseh-Kritik. Publikum und Publizisten*, Mainz 1979 (Mainzer Tage der Fernseh-Kritik, Bd. X), S. 167ff.

8.57. Schwarze, H. D.: „Einige Notizen über das Selbstverständnis von Künstlern, die in Institutionen arbeiten“, in: *Akzente* 20 (1973), H.4, S. 354ff.

8.58. Schwenger, H.: „Autorenausbildung auf neuen Wegen“, in: *medium* 4 (1974), H.5, S. 7ff.

8.59. –: „Vermarktung der Kreativität?“, in *9.1.10.*, S. 18ff.

8.60. Schübel, R.: „Was mir so zu meinen Erfahrungen mit dem deutschen Fernsehen und dem Dokumentarfilm einfällt“, in: *Rundfunk und Fernsehen* 24 (1976), H.3, S. 272ff.

8.61. Seide, M.: „Die Stückewerkstatt 71. Bericht über ein Autorenseminar", in: *8.36.*, S. 299ff.
8.62. Simon, K.G.: „Do you know your medium, Dieter Meichsner?", in: *Der Monat* 20 (1968), Nr. 241, S. 126ff.
8.63. –: „Stile und Profile im deutschen Fernsehen, Teil 1: Das Salz in der Suppe", in: *Film* 3 (1965), H.8, S. 34ff.
8.64. –: „Stile und Profile im deutschen Fernsehen, Teil 2: Das erste Portrait: Der fruchtbare Schoß der Bavaria", in: *Film* 3 (1968), H.9, S. 36ff.
8.65. –: „Stile und Profile im deutschen Fernsehen, Teil 3: Die Anfragen des Egon Monk", in: *Film* 3 (1968), H.10, S. 36ff.
8.66. –: „Stile und Profile im deutschen Fernsehen, Teil 4: Egon Monk und seine Autoren", in: *Film* 3 (1968), H.11, S. 30ff.
8.67. Stein, E.: „Vom Dramatiker zum Filmemacher", in: *11.5.*, S. 34ff.
8.68. Vagh, H.: „Autor unbekannt: Imagepflege nur für Außenseiter", in: *8.36.*, S. 71ff.
8.69. Wellenkamp, B.: „Auf der Suche in einem Berg von Manuskripten", in: *epd/Kirche und Fernsehen* 16 (1965), Nr. 39, S. 1f.
8.70. „Wie angelt man einen Autor? Fragwürdige und einleuchtende Wege der deutschen Fernsehproduzenten", in: *epd/Kirche und Fernsehen* 11 (1960), Nr. 36, S. 1f.
8.71. Wiebel, M.: „Tagebuch über ein Wagnis. Über die Produktion ‚Der Italiener' von Thomas Bernhard", in: *3.2.*, S. 165ff.
8.72. Wohmann, G.: „Als Autor in der Hauptrolle", in: *Akzente* 20 (1973), H.4, S. 332ff.
8.73. –: „Autor und Fernsehen", in: *Theater heute* 7 (1966), H.8, S. 27ff.
8.74. –: „Erfahrungsbericht", in: *3.52.*, S. 169ff.
8.75. –: „Was ein Autor alles erlebt", in: *Theater heute* 7 (1966), H.8, S. 25ff.
8.76. Wolffhardt, R.: „Junge deutsche Regisseure IV" (Interview mit Rainer Wolffhardt), in: *Film* 2 (1964), H.6, S. 578f.
8.77. „Zur Situation der Fernsehspiel-Autoren. Ein Gespräch mit Oliver Storz und Martin Walser" (Das Gespräch führten R. Neudeck, J. Rölz, N. Schneider), in: *medium* 5 (1975), H.11, S. 16ff.

Vgl. auch: 5.9./ 5.61./ 5.100./ 5.126./ 5.135./ 5.148./ 7.24.

9. Vergleichende Dramaturgie und Ästhetik

9.1. Fernsehspiel – Literatur

9.1.1.* Arnold, H.L. (Hg.): *Literaturbetrieb in Deutschland*, München 1971 (Edition Text + Kritik).
9.1.2. Beling, C.: „Fernsehspiel und Literatur: Neue Perspektiven wechselseitiger Beeinflussung. Mit Antworten von Gabriele Wohmann (‚Neugierloses Verhalten'), und Ingeborg Drewitz (‚Wechselwirkung bewiesen')", in: *medium* 7 (1977), H.6, S. 6ff.
9.1.3. Bender, H.: „Fernsehen und Literatur", in: *Akzente* 20 (1973), H.4, S. 289f.
9.1.4. *Buch im Fernsehen, Das. Diskussionsbeiträge zum Praktikerforum Gras-Ellenbach – Fast ein Protokoll*, hgg. von der Abteilung Information und Öffentlichkeitsarbeit des Börsenvereins des Deutschen Buchhandels, Frankfurt 1978 (Schriftenreihe des Börsenvereins des Deutschen Buchhandels, Bd. 11).
9.1.5.* Drewitz, I. (Hg.): *Die Literatur und ihre Medien,* Düsseldorf – Köln 1972.
9.1.6. Fabian, W.: „P.E.N.-Diskussionen über Literatur und Fernsehen", in: *epd/Kirche und Rundfunk* 29 (1978), Nr. 34, S. 4f.
9.1.7. Heinemann, F.J.: „Bilderfluten töten die Phantasie. Das 18. Konstanzer Literaturgespräch über ‚Buch im Fernsehen'" in: *epd/Kirche und Rundfunk* 28 (1977), Nr. 31/32, S. 3ff.

9.1.8. Herburger, G.: „Was ich sehen möchte, was mich stört. Ein Autor über Film, Prosa und Theater", in: *Theater heute* 8 (1967), S. 14ff.

9.1.9. Klose, W.: „Buch, Funk und Fernsehen", in: *Rundfunk und Fernsehen* 11 (1963), H.1, S. 16ff.

9.1.10.*Knilli, F./Hickethier, K./Lützen, W.D. (Hg.): *Literatur in den Massenmedien. Demontage von Dichtung?*, München 1976.

9.1.11. Rüden, P. von: „Literatur in den Massenmedien – Fernsehen und Film als vernachlässigter Gegenstand der Literaturwissenschaft und des Literaturangebots in der Erwachsenenbildung", in: ders. (Hg.), *Medienpädagogik. Entwürfe für die Praxis der Erwachsenenbildung*, München 1978, S. 198 ff.

9.1.12. Schöne, A.: *Literatur im audiovisuellen Medium. Sieben Fernsehdrehbücher*, München 1974.

9.1.13. Waldmann, W.: „Die Chancen erzählender Literatur im Zeitalter der Visualität", in: *Welt und Wort* 28 (1973), H.1, S. 1ff.

9.1.14. Weimar, V.: „Buch, Funk und Fernsehen", in: *Rundfunk und Fernsehen* 11 (1963), H.1, S. 26ff.

9.1.15. Zurbuch, W.: „Von Federico Fellini bis Alexander Kluge – Film- und Fernsehmanuskripte als neue Literatur", in: *Universitas 27* (1972), H. 1, S. 45 ff.

Vgl. auch: 5.10./ 5.28./ 5.52./ 5.53./ 5.56./ 5.87./ 8.37./ 8.73./ 8.77./ 10.32.

9.2. Fernsehspiel – Theater

9.2.1. Canaris, V.: „Fernsehspiel und Theater. Überlegungen aufgrund von Erfahrungen", in: Kreuzer, H. (Hg.), *Literaturwissenschaft – Medienwissenschaft*, Heidelberg 1977, S. 61ff.

9.2.2. –: „Theater ist im Fernsehen nur unvollkommen zu vermitteln", in: *Theater heute* 17 (1976), H.9, S. 24ff.

9.2.3. –: „Theater ist nicht immer live – aber Film und Fernsehen sind immer synthetisch", in: *Theater heute* 14 (1973), H.9, S. 24ff.

9.2.4. „Distanz – Probleme der Kommunikation zwischen Darsteller und Zuschauer in Schauspiel, Oper, Film und Fernsehen (Diskussion)", in: *Dramaturgische Gesellschaft, Jahresband 1962*, hgg. von der Dramaturgischen Gesellschaft e.V., o.O. S. 24ff.

9.2.5. Dörlamm, R.: „Das nächste Opfer, bitte! Das Fernsehen frißt das Theater und ähnliche Gerüchte", in: *Hörfunk und Fernsehen* 16 (1966), Nr. 3, S. 6ff.

9.2.6. Drommert, R.: „Dem Theater oder dem Film näher?", in: *Rundfunk und Fernsehen* 4 (1956), H.3, S. 240ff.

9.2.7. Dübgen, V.: „Theater und Fernsehen auf der Suche nach neuen Kooperationsformen", in: *Media Perspektiven* (1977), H.1, S. 19ff.

9.2.8. Esslin, M.: „Die Bühne und die Medien", in: ders., *Was ist ein Drama? Eine Einführung*, München 1978, S. 76ff.

9.2.9. „Fernsehdramaturgie und Theater". Protokoll der VI. Dramaturgentagung in München, in: *Dramaturgische Gesellschaft, Jahresband 1958*, 1. Teil, hgg. von der Dramaturgischen Gesellschaft, e.V., o.O., S. 82ff.

9.2.10. „Fernsehen und Theater. Gespräch am runden Tisch im Fernsehstudio Hilversum", in: *Dramaturgische Gesellschaft, Jahresverband 1968*, hgg. von der Dramaturgischen Gesellschaft e.V., Berlin 1969, S. 103ff.

9.2.11. „Fernsehen und Theater. Öffentliche Diskussion", in: *Dramaturgische Gesellschaft, Jahresband 1962*, hgg. von der Dramaturgischen Gesellschaft e.V., o.O. S. 377ff.

9.2.12. „Fernsehen und Theater. Impulse und Gefahren" (Diskussion), in: *Dramaturgische Gesellschaft, Jahresband 1960*, 1. Teil, hgg. von der Dramaturgischen Gesellschaft, e.V., o.O., S. 319ff.

9.2.13. Flemming, W.: „Theater und Film", in: *Maske und Kothurn* 5 (1959), H.1, S. 300ff.
9.2.14. Jenny, U.: „Auf der Suche nach dem TV-Effekt. Gedanken zur Darbietung von Theaterstücken im Fernsehen", in: *Film* 5 (1967), H.4, S. 44ff.
9.2.15. Knudsen, H.: „Fernsehen und Theater", in: *Rundfunk und Fernsehen* 1 (1953), H.3, S. 232ff.
9.2.16. –: „Ist Fernsehen eine Gefahr für das Theater?", in: *Rundfunk und Fernsehen* 1 (1953), H.1, S. 57ff.
9.2.17. Konitzer, A.: „Die Theatervorstellung im Fernsehen", in: *epd/Kirche und Fernsehen* 17 (1966), Nr. 35, S. 1f.
9.2.18. Lange, H.J.: „Fernsehen und Theater. Impulse und Gefahren" (Referat), in: *Dramaturgische Gesellschaft, Jahresband 1960,* 1. Teil, hgg. von der Dramaturgischen Gesellschaft e.V., o.O., S. 310ff.
9.2.19. Möller, J.: „Dramaturgische Probleme der Fernsehbühnengestaltung", in: *Rundfunk und Fernsehen* 2 (1954), H.1, S. 21ff.
9.2.20. Netenjakob, E.: „Wedekinds ‚Marquis von Keith' im Fernsehen und in Köln", in: *Theater heute* 13 (1972), H.6, S. 16f.
9.2.21. Neudeck, R.: „Fernseh-Theater. Nützt das Fernsehen dem Theater? (Diskussionsbericht)", in: *Funk-Korrespondenz* 22 (1974), Nr. 21, S. 10ff.
9.2.22. Pluta, E.: „Pantoffel-Gala. Oper und Theater im Fernsehen", in: *medium* 4 (1974), H.11, S. 8ff.
9.2.23. Rieschel, H.: „Möglichkeiten und Grenzen der Zusammenarbeit zwischen Theater und Fernsehen", in: *Fernsehinformation* 20 (1969), Nr. 12, S. 280ff.
9.2.24. Rischbieter, H.: „Die Kamera im Parkett", in: *Fernsehen und Film* 9 (1971), H.9, S. 18f.
9.2.25. –: „Klassikertod im Fernsehen?", in: *Theater heute* 3 (1962), H.6, S. 50f.
9.2.26. –: „Möglichkeiten im Fernsehen. Über Theaterinszenierungen von Noelte, Lietzau, Zadek", in: *Theater heute* 7 (1966), H.12, S. 46f.
9.2.27. Rischbieter, H./ Walser, M./ Rohrbach, G./ Canaris, V./ Schwarze, H. D.: „Theater im Fernsehen – Fernsehen contra Theater. Informationen, Erfahrungen, Überlegungen", in: *Theater heute* 14 (1973), H.9, S. 20ff.
9.2.28. Roß, D.: „Das Fernsehspiel und seine Nachbarn", in: *Theater heute* 9 (1968), H.9, S. 28f.
9.2.29. Schaefer, H.J., „Fernsehen und Theater" (Referat), in: *Dramaturgische Gesellschaft, Jahresband 1961*, hgg. von der Dramaturgischen Gesellschaft e.V., o.O., S. 295ff.
9.2.30. Simon, K.G.: „Theater und Fernsehen – Bausteine für eine Mediensymbiose", in: *Theater heute* 15 (1974), H.9, S. 6ff.
9.2.31. „Theater und Fernsehen". Beiträge von Volker Canaris, Jürgen Flimm, Max Peter Ammann, in: *Theater heute* 17 (1976), H.9, S. 23ff.
9.2.32. Walser, M./ Rohrbach, G.: „Was ist demokratischer und öffentlicher, Fernsehen oder Theater?", in: *Theater heute* 14 (1973), H.9, S. 27ff.
9.2.33. „Was geschieht dem Theater im Fernsehen? Informationen, Probenberichte, Theorie." Beiträge von Rolf Dörlamm und Ernst Johann, in: *Theater heute* 9 (1968), H.9, S. 18ff.

Vgl. auch: 4.4./ 9.1.11/ 9.1.12./ A.2/ A.5./ A.20./ A.22.

9.3. Fernsehspiel – Kinofilm

9.3.1* Brosche, W.: *Vergleichende Dramaturgie von Schauspiel, Hörspiel und Film, mit Berücksichtigung des Fernsehen.* Phil. Diss., Wien 1954.

9.3.2. Burkert, D.G.: „Fernsehen – Film – Fernsehfilm", in: *Rundfunk und Fernsehen* 6 (1958), H.4, S. 341ff.
9.3.3. Eder, K.: „Des Kinos übermächtiger Konkurrent. Die besseren Filme bietet manchmal der Bildschirm", in: *Westermanns Monatshefte* 111 (1970), H.5, S. 65.
9.3.4. –: „Der Mäzen als Vampir. Über das kaputte Verhältnis der Fernsehanstalten zum Kino", in: Van Alst, Th. (Hg.), *Millionenspiele – Fernsehbetrieb in Deutschland*, München 1972, S. 119ff. (Edition Text + Kritik).
9.3.5. Hartmann, H.: „Eine Brücke Film – Fernsehen?", in: *Fernseh-Rundschau* 11 (1963), H.7/8, S. 228ff.
9.3.6. Hebecker, K.: „Kunst im Briefmarkenformat? Zur Problematik des Spielfilms im Fernsehen", in: *Rundfunk und Fernsehen* 12 (1964), H.1, S. 35ff.
9.3.7. –: „Was kommt denn da ins Haus? Film und Fernsehen", in: *Rundfunk und Fernsehen* 5 (1957), H.2/3, S. 147ff.
9.3.8. –: „Zwischen Kultur und Geschäft", in: *Rundfunk und Fernsehen* 4 (1956), H.3, S. 261ff.
9.3.9. Hoffmann, H.: „Film und Fernsehen", in: *Volkshochschule im Westen* 16 (1964), H.3, S. 156ff.
9.3.10. Jansen, P.W.: „TV-Kino, Überkino, Kinolegionäre. Aspekte des internationalen Films", in: Pflaum, H.G. (Hg.), *Jahrbuch Film 78/79. Berichte, Kritiken, Daten*. München – Wien 1978, S. 7ff.
9.3.11. Ludin, M.: „Die Amphibien dürfen nicht sterben", in: *medium* 8 (1978), H.11, S. 9ff.
9.3.12. Meyer, A.: „Auf dem Wege zum Staatsfilm? Bausteine zu einer Situationsanalyse des bundesdeutschen Kinos. Teil 1: Das Fernseh-Kino", in: *medium* 7 (1977), H.10, S. 27ff.
9.3.13. –: „Auf dem Wege zum Staatsfilm? Bausteine zu einer Situationsanalyse des bundesdeutschen Kinos. Teil 2: Das Gremien-Kino", in: *medium* 7 (1977), H. 11, S. 14ff.
9.3.14. –: „Auf dem Wege zum Staatsfilm? Bausteine zu einer Situationsanalyse des bundesdeutschen Kinos. Teil 3: Alternativen", in: *medium* 7 (1977), H.12, S. 15ff.
9.3.16. Prager, G.: „Film und Fernsehen – Gegner oder Partner? Gedanken über ein aktuelles Thema", in: ders., *Reden und Aufsätze über Film, Funk und Fernsehen*. Hamburg 1963, S. 66ff.
9.3.17. –: „Stoffabgrenzung zwischen Film und Fernsehen", in: *Fernseh-Rundschau* 12 (1962), H.5/6, S. 167f.
9.3.18. Rohrbach, G.: „Kommt das Fernsehen in die Kinos? Die Finanzmisere und das Fernsehspiel der Zukunft. Ein Rettungsvorschlag", in: *Frankfurter Allgemeine Zeitung* vom 15. 2. 1975.
9.3.19. –: „Das Subventions-TV. Plädoyer für den amphibischen Film", in: Pflaum, H.G. (Hg.), *Jahrbuch Film 77/78. Berichte, Kritiken, Daten*. München – Wien 1977, S. 95ff.

Vgl. auch: 5.8./ 5.14./ 5.29./ 5.33./ 5.35./ 5.51./ 5.52/ 5.64./ 5.67./ 5.120./ 5.138./ 5.161./ 8.14./ 9.1.8./ 9.2.4./ 9.2.6./ 9.2.12./ 9.2.27./ 9.4.6./ A.11.

9.4. Fernsehspiel – Hörspiel

9.4.1. Häberlen, M.: „Hörspiel und Fernsehspiel", in: *Rundfunk und Fernsehen* 4 (1956), H.4, S. 374ff.
9.4.2. „Hörspiel und Fernsehspiel. Themen und Publikum – Aufgaben und Wirkung" (Diskussion), in: *Dramaturgische Gesellschaft, Jahresband 1969*, hgg. von der Dramaturgischen Gesellschaft e.V., Berlin 1970, S. 113ff.
9.4.3. Kutschbach, H.: „Der Weg zum Bild" (Vom Hörspiel zum Fernsehfilm), in: *Rufer und Hörer* 9 (1954), S. 242ff.

9.4.4. „Lernt das Fernsehspiel vom Hörspiel?", in: *epd/Kirche und Fernsehen* 9 (1958), Nr. 10, S. 1f.
9.4.5. Schwitzke, H.: „Wort und Bild im Hörspiel und im Fernsehspiel", in: *5.167.*, S. 125ff.
9.4.6. Semmelroth, W.: „Abgrenzung und Gemeinsamkeit von Hörspiel, Fernsehspiel, Film und Theater", in: *Dramaturgische Gesellschaft, Jahresband 1967*, hgg. von der Dramaturgischen Gesellschaft e.V., o.O. S. 60ff.

Vgl. auch: 9.3.1.

10. Zum Problem der Bearbeitung literarischer Texte für ein Fernsehspiel

10.1. Ahlsen, L.: „Brief über das Arbeitsprojekt ‚Berliner Antigone'", in: *2.3.*, S. 384ff.
10.2.* Beling, C.: *Fernsehspiel und epische Vorlage. Probleme der Adaption, dargestellt am Beispiel der Bearbeitung und Realisation von Kafkas „Amerika".* Phil. Diss., Mainz 1976.
10.3.* Berg, H.O.: *Fernsehspiele nach Erzählvorlage,* Düsseldorf 1972.
10.4. Berger, L.: „Shakespeare und das Fernsehen", in: *Rundfunk und Fernsehen* 7 (1959), H.1, S. 79ff.
10.5. Busch, R.: „Über Verfilmung von Literatur", in: *Akzente* 20 (1973), H.4, S. 300ff.
10.6. Döpke, O.: „Bühnenstücke im Fernsehen. Materialien", in: *Auf dem Wege zu einem neuen Realismus*, hgg. von der Dramaturgischen Gesellschaft (dg), Berlin 1976 (Schriften der Dramaturgischen Gesellschaft (dg), Bd.8), S. 39ff.
10.7. Dorst, T.: „Wie ein Theaterstück in einen Fernsehfilm verwandelt wurde", in: *Theater heute* 9 (1968), H.9, S. 21.
10.8.* Dübgen, V.: *Theater im Fernsehen. Medienspezifische Arbeitstechniken der Fernsehadaption von Theaterinszenierungen*. Phil. Diss., Köln 1977.
10.9.* Elghazali, S.: *Literatur als Fernsehspiel. Veränderungen literarischer Stoffe im Fernsehen.* Phil. Diss., Hamburg 1965.
10.10. –: „Literatur als Fernsehspiel. Veränderungen literarischer Stoffe im Fernsehen", in: *Rundfunk und Fernsehen* 14 (1966), H.1, S. 57ff.
10.11. Enzensberger, H.M.: „Literatur und Linse – und Beweis dessen, daß ihre glückhafte Kopulation derzeit unmöglich ist", in: *Akzente* 3 (1956), H.3, S. 207ff.
10.12.*Estermann, A.: *Die Verfilmung literarischer Werke,* Bonn 1965.
10.13. Ferber, Ch.: „Gestaltwandel eines literarischen Stoffes", in: *Rundfunk und Fernsehen* 5 (1957), H.1, S. 1ff.
10.14.* Fischer, R.: *Filmische Literaturdokumentation und -interpretation*, Phil. Diss., Tübingen 1966.
10.15. Gesek, L.: „Probleme der Verfilmung von Gedichten", in: *Wort in der Zeit* 8 (1957), H.1, S. 26ff.
10.16. Gregor, U.: „Verfilmtes Theater. Gefahren und Möglichkeiten – am Beispiel von Filmen der ‚Berlinale'", in: *Theater heute 2* (1961), H.8, S. 44ff.
10.17. Haacke, W.: „Literatur und Film – oder Abstraktion und Reduktion", in: Feldmann, E./Meier, E. (Hg.), *Film und Fernsehen im Spiegel der Wissenschaft*, Gütersloh 1963 (Neue Beiträge zur Film- und Fernsehforschung, Bd. 5), S. 120ff.
10.18. Hädrich, R.: „Verfilmte Literatur. Stichworte zu einem Thema, über das ehrlichen Herzens nichts mehr zu sagen ist, außer, daß immer wieder etwas darüber gesagt wird", in: *ARD-Fernsehspiel*, Oktober-November-Dezember 1977, S. 18ff.
10.19.*Heinkel, E.: *Epische Literatur im Film. Eine Untersuchung im besonderen Hinblick auf die doppelte Filmfassung von Theodor Fontanes „Effi Briest".* Phil. Diss., München 1958.

10.20. Hickethier, K.: „Robinson und Robinsonaden in den literarischen Medien – Nachahmung, Adaption, literarische Verwertung", in: *9.1.10.*, S. 61ff.
10.21. „Hörspiele werden Fernsehspiele. Die Problematik des Transponierens", in: *epd/Kirche und Fernsehen* 15 (1964), Nr. 6, S. 1f.
10.22. Kalbeck, F.: „Dichtung und Fernsehspiel", in: *Wort in der Zeit* 8 (1957), H.10, S. 600.
10.23. Koch, W.: „Wenn ein Roman verfilmt wird", in: *Jahresring 75/76*, 1975, S. 168ff.
10.24.* Kruschewski, Ch.: *Gestaltungsformen in Roman und Film. Vergleich der Aussagebereiche von Roman und Film im Hinblick auf die Möglichkeiten der Verfilmung*. Phil. Diss., Münster 1956.
10.25. Kunert, G.: „Bechers ‚Abschied' als Film", in: ders., *Warum schreiben? Notizen zur Literatur*, München – Wien 1976, S. 43ff.
10.26. Lützen, W. D./Pott, W. H.: „Stechlin für viele. Zur historisierenden Bearbeitung einer literarischen Vorlage", in: *9.1.10.*, S. 103ff.
10.27. Meichsner, D.: „Fontane für viele. Zu den Literaturverfilmungen der NDR-Fernsehspielabteilung" (Gespräch mit Dieter Meichsner), in: *Pressedienst der ARD*, Nr. 27, S. 1ff.
10.28. Neumann, M.: „Die Schwierigkeit, das unterirdische Paradies zu realisieren ... Literatur auf dem Weg ins Fernsehen: zum Beispiel Ingeborg Görlers ‚Brudermord' ", in: *Westermanns Monatshefte* 119 (1978), H.1, S. 72ff.
10.29. Netenjakob, E.: „Fallada als Autorität. Über ein Gespräch mit Egon Monk zu ‚Bauern, Bonzen, Bomben' ", in: *Funk-Korresspondenz* 22 (1973), Nr. 16/17, S. 10ff.
10.30. Peters, J.M.: „Ästhetische Aspekte der Verfilmung und Fernsehübertragung eines Schauspiels", in: *Rundfunk und Fernsehen* 13 (1965), H.1, S. 32ff.
10.31. Pleyer, H.: „Problematik von Überlegungen zu Literaturverfilmungen", in: *Informationen der Landesarbeitsgemeinschaft Massenkommunikation, Nordrhein-Westfalen,* 1976, Nr. 2, S. 15ff.
10.32. Proebster, E.: „25 Jahre Fernsehen in Deutschland. Von Wilhelm Busch bis Heinrich Böll. Literaturverfilmungen im Fernsehen", in: *Hörfunk – Fernsehen – Film* 27 (1977), H.12, S. 8 und 13.
10.33. Prümm, K.: „Vom Buch zum Fernsehfilm (und umgekehrt). Varianten und Folgen der Literaturverfilmung", in: Kreuzer, H./Prümm, K. (Hg.), *Fernsehsendungen und ihre Formen*, Stuttgart 1979, S. 94ff.
10.34.* Rach, R.: *Literatur und Film. Möglichkeiten und Grenzen der filmischen Adaption*, Köln – Berlin 1964.
10.35. Sander, H.-D., „Wider die Literatur im Fernsehen. Keine Kunst ohne originale Werke", in: *Die Welt* vom 20. 1. 1962.
10.36. Schneider, I.: „Verfilmte Literatur. Warum Literaturverfilmungen keine bequemen Programmlösungen sind", in: *ARD-Fernsehspiel*, Oktober-November-Dezember 1977, S. 56ff.
10.37. Schweikart, H.: „Wie wird das Fernsehen dem traditionellen Drama und der Theateraufführung gerecht?", in: *5.69.*, S. 17 ff.

11. Zur Entwicklung des Fernsehspiels in einzelnen Fernsehanstalten

11.1. Andreas, F. W.: „Widersprüche. Das Kleine Fernsehspiel aus der Sicht der ARD", in: *11.5.*, S. 73ff.
11.2. „Die ganze Welt auf der Fernseh-Bühne. Ein Blick auf die Spiele in den Dritten Fernsehprogrammen", in: *Funk-Korrespondenz* 16 (1968), Nr. 9, S. 1ff.
11.3. Griesmayr, H.: „Filme für wen?", in: *11.5.*, S. 39ff.
11.4. Janke, H./Rölz, J./Rosenbauer, H.: „Unterhaltung als Politik am Beispiel ‚Die Leute vom Mümmelsberg' (NDR-Fernsehfilm 1976)", in: *Medienforum Jugend und Unter-*

haltung, hgg. von der Stadt Bochum, Schul- und Kulturverwaltung, Bochum 1977, S. 78ff.

11.5. *Kleine Fernsehspiel, Das. Bilanz – Analyse – Perspektiven*, hgg. vom Zweiten Deutschen Fernsehen, Mainz 1974 (ZDF Schriftenreihe, H. 13).

11.6. Netenjakob, E.: „Eine politische Mission. Fünf Jahre Fernsehspiel des NDR (1961–1965). Eine Konzeption und ein Spielplan", in: *Funk-Korrespondenz* 14 (1966), Nr. 47, S. 1ff.

11.7. –: „Endlich eine Fernsehspiel-Konzeption des WDR", in: *Funk-Korrespondenz* 15 (1967), Nr. 3, S. 7ff.

11.8. –: „Jeden Sommer einen Lommer. Die Adenauer-Ära in TV-Lustspielen von Lommer und Beauvais", in: *medium* 6 (1976), H. 1, S. 18ff.

11.9. –: „Das Leben der Menschen miteinander. Genügt das als Konzeption? Fünf Jahre Fernsehspiel des WDR. Anmerkungen zu einem Spielplan", in: *Funk-Korrespondenz* 14 (1966), Nr. 43, S. 1f.

11.10. –: „Der Fernsehfilm ist – Film. Über den Fernsehdramaturgen Günter Rohrbach und seine Arbeit beim WDR", in: *Fernsehen und Film* 8 (1970), H. 7, S. 35ff.

11.11. –: „Profil im Programm. Neue Fernsehspiele im Westdeutschen Rundfunk", in: *Funk-Korrespondenz* 17 (1969), Nr. 6, S. 8ff.

11.12. –: „Weltliteratur für alle. Drei Jahre Fernsehspiel beim Zweiten Deutschen Fernsehen – Anmerkungen zu einem Spielplan und seiner Tendenz", in: *Funk-Korrespondenz* 14 (1966), Nr. 22, S. 1ff.

11.13. –: „Zwischen Theater-Repräsentation und Film-Versuchen. Die Fernsehspiele des Senders Freies Berlin seit 1961", in: *Funk-Korrespondenz* 15 (1967), Nr. 12, S. 8ff.

11.14. Neudeck, R.: „Zwischen Verbrecherjagd und Seifenoper. Kann aus der Mischung von Dokument und Fiktion doch noch ein Fernsehgenre werden und dann noch im ZDF? – Zur Arbeit der ZDF-Dokumentarspielabteilung. Teil 1–2", in: *Funk-Korrespondenz* 23 (1975), Nr. 38 S. 1ff. und Nr. 39, S. 8ff.

11.15. Nussbaum, H. von.: „Besuch im Überwintergarten oder Versuch eines Selbstporträts von außen. Redaktions-Silhouette: Das Kleine Fernsehspiel", in: *medium* 8 (1978), H. 2, S. 8ff.

11.16. Prager, G.: „Das Fernsehspiel des ZDF (Produzententagung am 20. Oktober 1972)", in: ders., *Reden und Aufsätze*, Mainz 1975, (ZDF-Schriftenreihe, H. 16: Materialien zum Programm), S. 41ff.

11.17. „Dem Programm näherrücken. Interview mit Dieter Ertel, dem künftigen Fernsehspiel-Chef des WDR", in: *epd/Kirche und Rundfunk* 29 (1978), Nr. 88, S. 1ff (Das Interview führte Uwe Kammann).

11.18. Rohrbach, G.: „Arbeitsplatzbeschreibung. Programmbereich: Fernsehspiel und Unterhaltung", in: Brüssau, W./Stolte, D./Wisser, R. (Hg.), *Fernsehen. Ein Medium sieht sich selbst*, Mainz 1976, S. 233ff.

11.19. Schedler, M.: „Am Schlüsselloch der Weltgeschichte – über die Dokumentarspiele des Zweiten Deutschen Fernsehens", in: *Fernsehen und Film* 8 (1970), H. 11, S. 33ff.

11.20. Schedlich, H.: „Idee einer Sendereihe. Rückblick auf die Entstehung der Sendereihe Das Kleine Fernsehspiel. Das Experiment als Programmauftrag", in: *11.5.*, S. 6ff.

11.21. Stein, E.: „Das Kleine Fernsehspiel. Ein Versuch konstruktiver Zumutung", in: Hufen, F./Lörcher, W. (Hg.) *Phänomen Fernsehen. Aufgaben, Probleme, Ziele – dargestellt am ZDF,* Düsseldorf – Wien 1978, S. 242ff.

11.22. –: „Wirklichkeit und Fiktion im Fernsehspiel. Zum Beispiel Außenseiter", in: *5.62.*

11.23. „SWF-Appeal im Fernsehspiel. Wie man mit kleinem Etat und einem kleinen Team Profil gewinnt". Interview mit Rolf von Sydow und Gig Malzacher, in: *Südwestfunk intern* 1975, H. 2, S. 6ff (Das Interview führte J. Splettstoesser).

12. Fragen der Fernsehspiel-Kritik

12.1. Döpke, O.: „Der Regisseur und die Fernseh-Kritik“, in: *12.13.*, S. 65ff.
12.2. Gast, W./Kaiser, G.R.: „Kritik der Fernsehspiel-Kritik. Das Beispiel ‚Acht Stunden sind kein Tag‘, in: Drews, J. (Hg.), *Literaturkritik – Medienkritik*, Heidelberg 1977, S. 103ff.
12.3. Janke, H.: „Interesse und Vermittlung – Was Kritik kritisiert“, in: *5.62.*
12.4. Jens, W.: *Fernsehen – Themen und Tabus. Momos 1963–1973*, München 1973.
12.5. Johann, E.: „Grundsätze des Fernseh-Kritikers“, in: *Sprache im technischen Zeitalter* 36 (1964), H.9/10, S. 733ff.
12.6. Kirst, H.H.: „Hat die Fernsehkritik einen Sinn?“, in: *5.69.*, S. 109ff.
12.7. Neudeck, R.: „Fernsehspiel und Kritik. Ich warte auf ein Fernsehspiel, das ...“, in: *ARD-Fernsehspiel*, April-Mai-Juni 1978, S. 34ff.
12.8. Prager, G.: „Das Fernsehen im Verhältnis zur öffentlichen Kritik“, in: ders., *Reden und Aufsätze*, Mainz 1975 (ZDF-Schriftenreihe Nr. 16: Materialien zum Programm), S. 7ff.
12.9. Prümm, K.: „Ein Arsenal der Flüchtigkeiten. Zustandsbeschreibung der Fernsehkritik am exemplarischen Fall“, in: Heygster, A.-L./Schmieding, W., *Fernseh-Kritik. Publikum und Publizisten*, Mainz 1979, S. 39ff (Mainzer Tage der Fernseh-Kritik, Bd. X).
12.10. –: „Fernsehkritik. Hinweise auf eine Misere“, in: Drews, J. (Hg.), *Literaturkritik – Medienkritik*, Heidelberg 1977, S. 84ff.
12.11. –: „Fernschspiel und Kritik. Für eine programmatische Fernsehspielkritik“, in: *ARD-Fernsehspiel*, April-Mai-Juni 1978, S. 20ff.
12.11. Sanders, H.: „Ihr Kritiker: guckt doch mal hin, hört doch mal zu! Aufforderung einer Filmemacherin zu solidarischer Kritik“, in: *epd/Kirche und Rundfunk* 28 (1977), Nr. 7, S. 1f. Der Beitrag von Helma Sanders, eine Reaktion auf die Kritik von Hans Janke an Gabi Kubachs Fernsehspiel ‚Das Ende der Beherrschung‘ *(epd/Kirche und Rundfunk* 28 (1977), Nr. 5, S. 12f.) löste eine Diskussion über die Verantwortung des Fernsehkritikers aus. Diskussionsbeiträge von Henrich von Nussbaum (Nr. 10, S. 1ff.), Rupert Neudeck (Nr. 12, S. 3ff.), Dieter Stolte (Nr. 12, S. 5ff.), Karl-Otto Saur (Nr. 13, S. 2ff.). Antwort von Helma Sanders (Nr. 15, S. 3ff.), Karl Prümm (Nr. 17, S. 3ff.).
12.12. Schwitzke, H.: „Die Kritik vor der Fülle der Welt“, in: *Sprache im technischen Zeitalter* 36 (1964), H.9/10, S. 719ff.
12.13.*Stolte, D. (Hg.): *Fernseh-Kritik. Im Streit der Meinungen von Produzenten, Konsumenten, Rezensenten*, Mainz 1969 (Mainzer Tage der Fernseh-Kritik, Bd. I).
12.14. Storz, O.: „Der Autor und die Fernsehkritik. Oder: die Schlacht findet im Vorzimmer statt“, in: *12.13.*, S. 55ff.
12.15. Wellershoff, D.: „Zur Kritik des Hör- und Fernsehspiels. Kritik als Anhängsel des Produktionsapparates?“, in: *Sprache im technischen Zeitalter* 36 (1964), H.9/10, S. 716ff.

Anhang: Wichtige Publikationen zum Fernsehspiel in der DDR

A.1.* Beckert, F.: *Fernsehspiel – Erleben und Persönlichkeit. Beitrag zu einer psychologischen Grundlegung*, Berlin (Ost) 1967.
A.2. Bleimann, M.: „Verfilmung? Gefährlich! Bemerkungen eines Dramatikers“, in: *Kunst und Literatur* 13 (1964), H.2, S. 177ff.
A.3. *„Fernsehdramatik im Gespräch“. Theoretische Konferenz des Staatlichen Komitees für Fernsehen im Ministerrat der Deutschen Demokratischen Republik*, hgg. vom Staatlichen Komitee für Fernsehen im Ministerrat der DDR, Berlin (Ost) 1969.

A.4. „Das Fernsehspiel, Teil 1–3 (Diskussionsbeiträge)", in: *Film und Fernsehen* 3 (1975), H.6, S. 28ff. H.7, S. 28ff. H.10, S. 6ff. und S. 46.
A.5. Guralnik, U.: „Für und wider die Verfilmung literarischer Werke", in: *Kunst und Literatur* 12 (1964), H.2, S. 159ff.
A.6. Hörnick, Th.: „Einige Tendenzen unserer Fernsehdramatik", in: *Filmwissenschaftliche Beiträge* 17 (1976), H.2, S. 48ff.
A.7. Hoff, P.: „Das sozialistische Volksstück – ästhetische Grundmaxime unseres fernsehkünstlerischen Schaffens. Ein Versuch zur historisch-sozialen Bestimmung ästhetischer Positionen der Fernsehkunst in der sozialistischen Gesellschaft", in: *Filmwissenschaftliche Beiträge* 16 (1975), H.2, S. 37ff.
A.8. –: „Wie sich die Gattungstheorie der sozialistischen Fernsehkunst in der DDR zu entwickeln begann. Die vorwissenschaftliche Phase der Theoriebildung", in: *Filmwissenschaftliche Beiträge* 15 (1974), S. 208ff.
A.9. Kaltofen, G.: „Einleitung über die dramatische Kunst auf dem Bildschirm", in: *2.1.*, S. 7ff.
A.10. –: „Fernsehkunst im Aufbruch", in: *Deutsche Filmkunst*, 1960, Nr. 6, S. 193ff.
A.11. –: „Film und Fernsehen – Film im Fernsehen – Fernsehfilm", in: *Deutsche Filmkunst*, 1959, Nr. 8, S. 232ff.
A.12. –: „Zur Dramaturgie des Fernsehspiels", in: *Theater der Zeit*, 1957, Nr. 10, S. 25ff.
A.13. Krecek, W.: „Bildschirm und Komödienfreunde. Zur Rezeption von Komödien im Fernsehen", in: *Film und Fernsehen* 5 (1977), H.12, S. 14f.
A.14. Lingenberg, J.: „Das Fernsehspiel in der DDR", in: *Rundfunk und Fernsehen* 14 (1966), H.3, S. 296ff.
A.15.*–: Das *Fernsehspiel in der DDR*, Pullach 1968.
A.16. Matschke, E./Schröder, R.: „Fernsehdramatik 1966. Held – Konflikt – Perspektive", in: *Filmwissenschaftliche Mitteilungen* 8 (1967), H.1, S. 226ff.
A.17.*Münz-Koenen, I.: *Fernsehdramatik. Experimente – Methoden – Tendenzen. Ihre Entwicklung in den sechziger Jahren* (Reihe: Literatur und Gesellschaft, hgg. von der Akademie der Wissenschaften der DDR), Berlin (Ost) 1974.
A.18. Rülicke-Weiler, K.: „Zur Gattungsspezifik der Film- und Fernsehkunst. Ein Beitrag zur Diskussion", in: *Weimarer Beiträge* 21 (1975), H.7, S. 140ff.
A.19. –: „Im Gestrüpp der Definitionen. Vorschlag zur Gattungsspezifik der Film- und Fernsehkunst", in: *Film und Fernsehen* 5 (1977), H.6, S. 13ff.
A.20.*Schauer, H.-E.: *Grundprobleme der Adaption literarischer Prosa durch den Spielfilm*, Phil. Diss., Berlin (Ost) 1964.
A.21. Schwemin, W.: „Realismus und Poesie. Aspekte zur Bilanz der Fernsehdramatik zwischen zwei Parteitagen", in: *Film und Fernsehen* 4 (1976), H.4, S. 9ff.
A.22. Thurm, B.: „Material der Wirklichkeit und künstlerische Erfindung. Zur publizistischen Adaption literarischer Werke", in: *Film und Fernsehen* 3 (1975), H.1, S.31ff.
A.23. Tok, H.-D.: „Erkundung der Lebenswahrheit? Versuch einer Bilanz der Fernsehdramatik '76", in: *Film und Fernsehen* 5 (1977), H.1, S. 10ff.
A.24. –: „Fernsehdramatik im Zwielicht? Anmerkungen zu einem fernsehdramatischen Jahrgang, als gesunde Provokation gedacht", in: *Film und Fernsehen* 3 (1975), H.2, S. 10ff.
A.25. –: „Gesichter, die sich eingeprägt haben? Gedanken zu Fernsehfilmen und ihren Helden", in: *Prisma. Kino- und Fernseh-Almanach* 7, 1976, S. 95ff.
A.26. –: „Natürlich kann man über fast alles lachen. Anmerkungen zur heiteren Fernsehdramatik", in: *Film und Fernsehen* 6 (1978), H.7, S. 13f.

Hartwig Kalverkämper

Kommentierte Bibliographie zur Fernsehgattung ‚Talk Show'

Wer sich einen bestimmten Abend in irgendeiner Woche mit dem Argument freihält, er wolle dann die Talk Show im Fernsehen anschauen, sollte – egal, ob als Medientheoretiker oder als ‚normaler' Fernseh-Konsument – eigentlich wissen, für welche Art von Sendungen er sich entscheidet und aus welchem Grund er dies tut. Bei vielen anderen Sendeformen des deutschen Fernsehens wie Kriminalfilm, Musical, Sportberichterstattung, Nachrichten, Reportagen, Kindersendungen oder Quizsendungen wird es diesem möglichen Zuschauer leicht gelingen, die Einzelsendung oder die Sendeform zu definieren und zu klassifizieren; und es wird ihm auch nicht schwerfallen aufzuzählen, was ihn dazu bewegt, sich diese Sendung oder eine solche Sendeform anzusehen. Dagegen wird er bei dem, was im deutschen Fernsehen unter dem Etikett ‚Talk Show' figuriert, Schwierigkeiten haben, evident zu machen, worin sich das Talk Show-Spezifische fassen läßt und was ihn zur Sendung vor den Bildschirm lockt. Selbst wenn er dies wissen sollte und mitteilen könnte, geriete er leicht in Konflikt mit seinem Gesprächspartner, der mit ebenfalls einsehbaren Argumenten ganz anders – sprich kontrovers – die Sendeform ‚Talk Show' und sein Zuschauer-Verhältnis zu ihr beurteilt.
Den Grund für diese im Gespräch immer wieder feststellbaren und in der Medienliteratur und in Fernsehkritiken stets auftauchenden Unsicherheiten und kontroversen Standpunkte und Beurteilungen hat man in der Art und Weise zu suchen, wie die Sendeform(en) mit dem vereinheitlichenden Etikett ‚Talk Show' in den Kanon etablierter Fernsehgenres eingedrungen ist.
Jedes Genre im Fernsehen hat seine Rezeptionsgeschichte; sie wird für den Zuschauer von zwei konstitutiven Faktoren bestimmt: das Genre ist einerseits begrenzt (definiert) durch die Festlegung auf bestimmte Sendesituationen und Redekonstellationen, die die Sendeleitung, die Programmgestalter, die Regie, der Redakteur oder andere Instanzen bestimmen. Derartigen Konventionen über den Umfang von Sendeformen, die unter einer typisierenden Genre-Bezeichnung wie ‚Quiz', ‚Nachrichten' oder ‚Sportsendung' abstrahiert werden, geschehen außerhalb der Zuschauerschaft und verstehen sich als – praktisch immer akzeptiertes – Gattungsangebot an die Zuschauer; die extensionale Begrenzung und von vorgegebenen Konzeptionen ausgehende Präsentationshaltung von Genres seitens der produzierenden Anstalt gehen mit einer passiv-annehmenden Rezeptionshaltung seitens der Zuschauer einher. Auf der anderen Seite wirkt bei der Profilierung eines Genres ein Faktor, dessen Wirksamkeit gebunden ist an Komponenten wie Seriencharakter (Periodizität der Sendungen), hohe Frequenz, Zuschaueranzahl, nämlich: Die Auffüllung eines Genre-Etiketts mit spezifischen Merkmalen, die der Zuschauer aus den Sendungen in – meist nicht bewußter – Eigeninitiative herauskristallisiert und in

summa als für dieses Genre typisch erkennt; der intensionale Aufbau mittels Merkmalen vollzieht sich also empirisch, induktiv, am dargebotenen Material, das der Fernsehzuschauer analysierend – schließlich über eine lange Rezeptionszeit synthetisierend – gesehen und gehört hat. Diese Eigenleistung schwankt in ihrer Intensität je nach psychischer, soziologischer, intellektueller Disposition des Zuschauers und ist daher eher individuell; die erkannten spezifischen Merkmale werden soziales Wissen und Allgemeingut, das die Rezeptionserwartungen bei kommenden Sendungen entscheidend vorherbestimmt dadurch, daß die einzelnen Sendungen ihren seriellen (und somit wiederholenden) Charakter unterstreichen, daß sich die für das Genre konstitutiven Elemente deutlich und stets (‚obstinat') zeigen, daß die Sendungen die deduktiv festgelegten Konventionen einhalten und daß sie zum anschließenden Gespräch und Meinungsaustausch unter den Zuschauern anregen und so zur weithin gemeinschaftlich akzeptierten Herausbildung charakteristischer Züge beitragen.

Aus diesem dialektischen Prozeß erwächst die Haltung, die medienpädagogisch und medienpsychologisch als Motivation zum Zuschauen bezeichnet werden kann. Sie bewegt sich zwischen den bekannten, traditionell als unvereinbar angesehenen Polen des Erkenntnisgewinns (Information, Bildung) und des Unterhaltungseffekts (Entspannung, Amüsement), deren ehemalige scharfe Trennung inzwischen allerdings zugunsten eines mehr integrativen Miteinanders aufgelöst wird.

Damit verlieren aber Genres, die noch relativ jung und um ihre Eigenständigkeit bemüht sind, wichtige extensionale Klassifikationshilfen und intensionale Profilierungsmerkmale. Und das Genre ‚Talk Show' ist im deutschen Fernsehen relativ jung, bislang die letzte Neuetablierung einer ‚eigenständigen' Sendegattung innerhalb der bereits bestehenden Gattungen. Um so mehr müßte den Verantwortlichen daran gelegen sein, der noch fehlenden deutschen einheitlichen Rezeptionsgeschichte des Genres mit Konzeptionen zu den Zielen einer Talk Show, zu deren Durchführung und Strukturierung nachzuhelfen, um so die Gattung im Medienbewußtsein des Zuschauers zu etablieren und zu ihrer Profilierung beizutragen.

Wohl kaum eine Gattung hat mit so wenig theoretischer Vorgabe und praktischer Originalität in der Duchführung begonnen wie die ‚Talk Show', als sie ab dem 4. März 1973 im 3. Programm (WDR) mit Dietmar Schönherr als Gastgeber begann. „Man wußte tatsächlich noch nicht, was Talk Show sein sollte", hatte er gesagt und bemühte sich nun, das amerikanische Modell mit „Je später der Abend" zu kopieren. Der glänzende und seit etwa 1960 langanhaltende Erfolg der vielfältigen amerikanischen Talk Shows mit Talk Master-Größen wie Jack Paar, Joey Bishop, Merv Griffin, David Frost, Johnny Carson oder dem auch in Europa bekannten Dick Cavett ließ sich in der deutschen Produktion nicht wiederholen. Auch ein Auswechseln des Talk Masters durch Hansjürgen Rosenbauer (1975) und dann Reinhard Münchenhagen (1976–1978) brachte nicht die erhoffte Attraktivität. Zu ungenau war die erstrebte Position im Kräftefeld zwischen Bildung und Amüsement, zu viel Prominenz war als Gäste gefragt, zu stark beeinflußten den Dialog Jo-

vialität und devote Haltung des Talk Masters vor den eingeladenen Gästen, zu selten fanden Talk und Show zu einem abgewogenen Verhältnis.
Und gerade diese Verbindung macht im Grunde die besondere Intention der Sendeform ,Talk Show' aus. Miteinander sprechen und sich zeigen, vorgeführte Kommunikation, vitale Interaktion mit all ihren kalkulierten und ihren spontanen Begleiterscheinungen, wo Gast und Gastgeber sich füreinander – und somit für das Fernsehpublikum, das dadurch unterhalten wird – im Dialog öffnen und sich hinter die Kulissen, in die Seele, hinter das Rollenklischee schauen lassen (was vor allem auf die Prominenten zielt) – das sind die letztlich humanen und oft schon vergessenen oder verschütteten Absichten, die eine Talk Show zu verwirklichen gedenkt. Gerade die Vagheit der Ziele auf eine – das treffende Wortspiel sei erlaubt – unterhaltende Unterhaltung hin und die Ambitionen auf eine den Gast decouvrierende Funktion des personen- (und nicht sach-)bezogenen Talks hin verhelfen in der Vielfalt, mit der sie ausgefüllt (aber auch ausgelassen oder umgangen) werden können, nicht zu einer gattungsspezifischen Eigenständigkeit.
So sucht sich die Talk Show stets zu behaupten und abzugrenzen gegenüber ähnlichen oder fast gleichartigen kommunikativen Interaktionsformen wie Interview, Diskussion, Portrait, Disputation, Kommentar, Erörterung, Quiz oder Show. Sie schafft dies – abgesehen von dem Mitte 1978 vom Programm abgesetzten „Je später der Abend" – mit wechselndem Erfolg in den beiden anderen im Deutschen Fernsehen ebenfalls offiziell als Talk Shows eingeführten Sendeformen, dem „Kölner Treff" (WDR, 3. Programm ARD) und der Sendereihe „III nach 9" (Radio Bremen, 3. Programm ARD). Wie die Bezeichnung ,Talk Show' selbst auf Addition von Komponenten schließen läßt, leisten diese Talk Shows allmählich die für die Genre-Etablierung so notwendige intensionale Profilierung, indem sie von den Begriffs-Nachbarn jeweils ein oder wenige Merkmale übernehmen und in jeweils anderer Gewichtung in der Sendung zu kombinieren versuchen. Ein bißchen Befragung, dabei ein bißchen Portrait, dazu ein bißchen Disputation, zusätzlich ein bißchen Kommentar, gemischt mit ein wenig Präsentation und Show, das Ganze mehr auf die eingeladene Person ausgerichtet als sach- oder fachbezogen dialogisiert, und eingebettet in eine Kommunikationssituation, bei der der Talk Master den Kristallisationspunkt darstellt und sich verschiedenartig interessante Gäste mit ihm unterhalten und von ihm befragt werden, bei der weiterhin ein mehr oder weniger einbezogenes Studiopublikum anwesend ist, und bei der schließlich die weite Welt – die Fernsehzuschauer – zusieht und auf die Decouvierung der Rollenklischees der Beteiligten wartet ... – so scheinen sich die Spezifika der Gattung ,Talk Show' herauszupräparieren.
Dem stehen allerdings noch extensionale Schwierigkeiten entgegen; denn was mit einem solchermaßen gefaßten Talk Show-Begriff als zur Gattung gehörig anzusehen ist, welche Sendung oder Sendeform also Talk Show-Qualitäten aufweist, steht – auf Grund der vagen intensionalen Merkmale – im Widerstreit der Meinungen. „Ruf mich an" (Bayerisches Fernsehen) läuft als ,Talk Show für Kinder', „Spätere Heirat nicht ausgeschlossen" (WDR, 3. Programm ARD) wird qualifiziert als „Talk

Show mit Sinn", den Sendereihen „Das ist Ihr Leben" (ZDF) und „V. I. P.-Schaukel" (ZDF) gewinnt man Talk Show-Elemente ab, ebenso verschiedenen Teilen ganz anders gearteter Sendereihen wie „Monitor" oder „Aktuelles Sportstudio". ‚Die Talk Show' als homogene Gattung im Fernsehen gibt es noch nicht, wenngleich die Intentionen und Merkmale der offiziell als Talk Show laufenden (nunmehr nur noch) zwei Sendereihen die erwähnten Gemeinsamkeiten und übereinstimmenden spezifischen Charakteristika zeigen. An einem medientheoretischen Modell, das aus den Gattungsmerkmalen herauszufiltern wäre, gilt es noch, in theoretischer Diskussion und praktischer Umsetzung zu arbeiten. Auch dieses ist ein dialektischer Prozeß, der sich in Deutschland vorzugsweise in der schriftlichen Auseinandersetzung der Medienkritik mit dem Phänomen ‚Talk Show' austrägt. Wissenschaftliche medientheoretische Analysen des bisherigen Angebots, fundierte Verbesserungsvorschläge, psychologisch-rhetorische und psychagogische Konzeptionen sowie gattungstheoretische Überlegungen gibt es bislang noch nicht.
Wer an dem eingangs angesprochenen Abend merkt, daß er nicht so recht weiß, was er sich da eigentlich ansehen will und warum er das will, wer also im Wechselspiel extensionaler und intensionaler Standortbestimmungen und Eingrenzungen der Sendeform ‚Talk Show' herumirrt und Informationen sucht, ist lediglich auf Kurzberichte in Zeitungen und Fernsehzeitschriften und auf Kritiken in den entsprechenden Organen (insbesondere *Fernseh-Dienst, Funk-Korrespondenz, Medium*) angewiesen.
Die folgende Bibliographie will die weitverstreuten Informationsquellen zusammentragen und so das Recherchieren für Medientheoretiker, Programmgestalter, Wissenschaftler der verschiedenen sozialwissenschaftlichen Sparten, für Lehrer und interessierte Laien erleichtern. Sie will weiterhin die oft nur schwer zugänglichen Informationen gerafft darstellen und in eine systematische Gemeinschaft bringen. Sie kann nicht exhaustiv sein, wenngleich sie auch kleine Spalten-Beiträge beachtet, allerdings unter dem Auswahlprinzip, ob die gelieferten Informationen zur Diskussion um die Gattung ‚Talk Show' etwas beitragen.
Die oft äußerst schwierige und aufwendige Sucharbeit nach Material und die Art der (mir oft nur als Kopie zugänglich gewesenen) Quellen ließen leider gelegentlich einige Inkonsequenzen, z. B. bei der Angabe von Seitenzahlen in Zeitschriften, bestehenbleiben.
Die Zusammenstellung habe ich Mitte 1978 abgeschlossen.

1 von Barloewen, Constantin / Brandenberg, Hans (Hrsg.): *Talk Show. Unterhaltung im Fernsehen = Fernsehunterhaltung?*, München – Wien 1975 (Reihe Hanser Medien 201)
Das 170 Seiten umfassende Taschenbuch vereinigt Beiträge von Constantin und Wolf von Barloewen, Klaus Bayer, Hans Brandenberg, Werner Höfer, Wolfgang Korruhn, Volker Elis Pilgrim, Hansjürgen Rosenbauer, Gerhard Schmid, Dietmar Schönherr und Wolf Dieter Wiest.
Den Arbeitsgebieten, Interessen und Provenienzen der Autoren entsprechend

bewegen sich die Aufsätze auf unterschiedlichen Niveaus vom plaudernden Feuilleton bis zum analytischen Fachtext. Damit ist eine für die Talk Show zur heutigen Zeit bezeichnende Pluralität der Meinungen und Perspektiven erreicht, was allerdings zu Lasten kohärenter Informationen über die neue Gattung geht.
Die beiden Herausgeber bieten einen Überblick über die noch kurze Entwicklung der Talk Show in Deutschland (seit Silvester 1973/74) (S. 17–23), den Werner Höfers Rückblick auf die Nachkriegsentwicklung ergänzt (S. 10–16), und skizzieren den Verlauf von Talk Shows in den USA und in Deutschland (S. 27–42); die deutschen Verhältnisse werden mit zum Teil statistisch belegten Angaben aus der Presse- und Zuschauerkritik (S. 59–72), mit einer wiedergegebenen Gäste-Befragung zu einer erlebten Talk Show (S. 73–77) und schließlich mit einer kurzen Analyse der Studio-Zuschauer (S. 97–100) illustriert.
Das Dilemma, Talk Master zu sein, schildert der abgetretene Pionier Dietmar Schönherr (S. 43–51) in persönlich gefärbter Sicht, und auch Hansjürgen Rosenbauer bemüht sich um eine Standortbestimmung der Talk Show aus der Sicht des (1975 noch) amtierenden Talk Masters (S. 52–58); Wolf Dieter Wiest versucht aus psychologischer Sicht, der Person und Funktion des Talk Masters gerecht zu werden (S. 107–112).
Dem Gast als durchaus schillerndem Faktor einer Talk Show widmet sich der ,Insider' Wolfgang Korruhn (S. 78–88), der aus dieser Sicht auch zu hohe Ambitionen zur öffentlichen Demontage der befragten Gäste und zur Decouvrierung ihrer Rollenklischees relativiert; ein abgedrucktes Interview mit einem Talk Show-Gast (Maria Schell) bestätigt dies (S. 89–96).
Als wohl wichtigste und interessanteste Überlegungen zu medientheoretischen Grundsätzlichkeiten von Talk Shows können die Ausführungen Gerhard Schmids über „Talk Show oder Show Talk?" gelten (S. 113–128), der sich mit den Komponenten des Talks und der Show und dem realisierten Verhältnis beider zueinander beschäftigt und eine Definition der Gattung versucht:

> Die optisch-verbalen Präsentationsmuster von Prominenten und weniger Prominenten sollen in einer Kleingruppensituation vor einem realen Publikum, dem das Regiekonzept einen spontanen Aktionsraum anbietet, ermittelt werden. Unter Leitung eines Gesprächsinitiators sollen sie einem ,dispersen Publikum' informativen Unterhaltungswert bringen.

Die Öffnung in die noch weitere Dimension einer Soziologie der Massenkommunikation vollzieht Wolf D. von Barloewen (S. 129–137) und verweist auf die medientheoretischen und -praktischen Veränderungen in der nunmehr etwa zwanzigjährigen Geschichte amerikanischer Talk Shows, was auch zur Kontrastierung mit den wenigen konzeptionellen Prinzipien deutscher Talk Shows beiträgt.
Als Kontrast dazu empfiehlt sich die Plauderei von Volker Elis Pilgrim (S. 101–106) über die Abwesenheit von störenden Fernsehkameras in Bühnen-Talk Shows und den damit voraussehbaren Erfolg und das (im Talk Show-Sinn) echte Gelingen des Abends.

Das Bändchen, zur Zeit die einzige Monographie über ,die Talk Show', ist sicherlich günstig zu einer Zeit erschienen, als die Bezeichnung und die Sendeform ,Talk Show' für das deutsche Fernsehpublikum interessant und beachtenswert zu werden begannen. Für eine derart motivierte Informationssuche bietet es allerdings recht wenig, zumal sich viele Informationen in den Einzelbeiträgen wiederholen und oft den Stempel des Allzu-Subjektiven und der individuellen Situationsgebundenheit tragen. Wünschenswerter wäre es gewesen, wenn die notwendigen Informationen in zusammenhängender Form, nicht so verzettelt, verstreut und unter neuen Überschriften zerrissen, dargeboten worden wären. Eine Strukturierung nach den Hauptkomponenten von Talk Shows, wie sie in dieser Kurzbesprechung angewandt worden sind, hätte mehr Transparenz in die einzelnen Elemente gebracht und somit der Leitfrage des Bandes, „Unterhaltung im Fernsehen = Fernsehunterhaltung?" mit einer besser faßbaren Antwort mehr gedient.
Vgl. 38.

2 Baudry, Pierre: „Economiques sur les média. Remarques sur la télévision, la radio et le cinéma", in: *Cahiers du cinéma* 1977, Nr. 274, S. 48–54; Nr. 277, S. 15–28
Überlegungen zum „vulgum pecus", dem ,nichts sagen könnenden' Publikum, das den ,sagen könnenden' Professionals und ihren Gesprächspartnern im ,Theater der Information' gegenübersteht. Der monopolisierten Rede setzt es seine Rolle als autonomer Herr seiner Entscheidung zum Teilnehmen an der Sendung oder zum Abschalten des Gerätes entgegen. Einen Brückenschlag zwischen den Antipoden stellen Quiz und Publikumsspiele mit Gewinnchancen dar. Diese unterliegen ihrerseits allerdings auch wieder einseitig der Bestimmung durch das Medium.

3 Bellon, Peter: „Spürbare Auflockerung. Zur zweiten Ausgabe von ,Spätere Heirat nicht ausgeschlossen'", in: *Fernseh-Dienst* 1974, Nr. 50, S. 3–4
Bellon warnt vor einer Vermarktung der heirats- oder freundschaftswilligen Personen durch eine voyeuristische Presse, die mit ihrer indiskreten Berichterstattung die Intentionen der Sendung zerstört, nicht für die Show und das Amüsement der Fernsehzuschauer dazusein, sondern für die vorgestellten Personen. Dennoch sei ein hoher Unterhaltungswert der Sendung vorhanden, der bis in die Gespräche der Zuschauer miteinander hineinwirke: Bereitschaft zur Kommunikation zeigen und leben.

4 Bellon, Peter: „Talk-Show für Edelpensionäre. Das WDR-Fernsehen macht mit ,Dämmerschoppen' den Versuch einer Talk-Show mit Bürgern über 65 Jahre alt", in: *Fernseh-Dienst* 1976, Nr. 19, S. 2–3
Kurzer Bericht über den – inzwischen wieder eingestellten – Versuch des WDR, Kontakte durch Gespräch und Präsentation mit alten Menschen zu knüpfen, um Brücken der Verständigung zwischen ihnen selbst und zwischen ihnen und den jüngeren Mitmenschen zu schlagen. Die ,geeignete' Sendeform scheint die Talk Show zu sein, die das Rollenklischee vom unproduktiven und abgedrängten al-

ten Menschen in unserer Gesellschaft zu entlarven ermöglichen soll und so wieder zu Respekt vor vollbrachter Leistung zurückführt. Zur Durchbrechung der Isolation verhelfende Kommunikation, selbst, wenn man vieles nur redet, „damit es einfach weitergeht" – ist dies „eine Schwäche (oder Stärke?) aller Talk-Shows"?

5 Bellon, Peter: „Talkshow: ,Der teuerste Sandmann der Nation' macht halbes Jahr Pause", in: *Westfalenpost* 1978, Nr. 16 (19. 1. 1978)
Bericht über die geplante Absetzung von „Je später der Abend" mit Reinhard Münchenhagen nach 25 Sendungen (Vorgänger Hansjürgen Rosenbauer 16mal, davor erster Talk Show-Moderator Dietmar Schönherr 22mal). Hauptargumente: Niemand weiß so recht, „was die Sendung eigentlich bringen soll", und „die Sendung braucht ein Ziel".

6 Benning, Adolph C.: „Frischer Wind bei ,III nach Neun'", in: *Hör Zu* 1978, H. 1. S. 24
Kurzvorstellung des Moderatorenteams der gelobten Bremer Talk Show.

7 Besser, Joachim: „Talk-Show – der Schwatz für alle", in: *Vorwärts* 1976, Nr. 50 (9. 12. 1976), S. 31
Talk Shows sind nur Unterhaltung und Geplauder, wobei Menschen zur Unterhaltungsware degradiert werden (vgl. 85, 91). Die „Talkerei" ist eine Modewelle, die schon bald ein „neuer Blödsinn" ablösen werde.

8 Beth, Hanno: „Untenhalten durch Unterhalten? Gesellschaftspolitische Aspekte von Unterhaltungssendungen im Fernsehen", in: M. Kötterheinrich / U. Neveling / U. Paetzold / H. Schmidt (Hrsg.), *Rundfunkpolitische Kontroversen. Zum 80. Geb. v. Fritz Eberhard*, Frankfurt – Köln 1976, S. 194–205
Die traditionelle Einteilung von Fernsehsendungen in ,Information' und ,Unterhaltung' ist gegenüber der Komplexität des Angebots und der Sendeformen zu verflachend. Auch Unterhaltung kann informativ und gesellschaftlich und politisch („Unterhaltung hat mit Haltung zu tun") relevant sein, wie auch informative Bildungs-Inhalte nicht zwingend einer unterhaltenden Darbietungsweise entbehren müssen. Die Einbeziehung von sozialen Normen und Erwartungen und die Auswirkungen von Verhaltensmustern auf Unterhaltungssendungen werden anhand zweier Hauptvertreter der Unterhaltung, nämlich der Quizsendungen und der Talk Shows (ab S. 201) analysiert. Beth moniert bei den Talk Shows die autoritativen Züge im Verhältnis von Talk Master und Gast, die restriktiven und dabei noch undurchsichtigen Kriterien für die Wahl der Gäste, den Leistungsdruck bei den Gesprächen im Medium und die einseitige werbeträchtige Verlagerung auf die Show-Komponente.

9 Brackhane, Rita: „Frauen in Talk-Shows", in: *Funk-Report. Informationsdienst für Medienpolitik* 12, 1976, H. 4, S. 3–4
Brackhane greift das diffuse Verständnis des Prominenz-Begriffs bei Redaktion und Regie von „Je später der Abend" an, indem sie die Einladung von Rosita Serrano kritisiert und in die Reihe der „Vertreterinnen jenes spektakulären, offenbar besonders show-geeigneten Frauen-Typs" stellt. Show-Probleme wer-

den mit solchen Frauen in der degradierenden Funktion ‚visueller Objekte' kompensiert, was auf Misogynität („eine sehr diffizile Frauenfeindlichkeit") in (manchen) Talk Shows schließen lasse.
Vgl. 94.

10 Bubenik, Anton: „Klimbim, Abramakabra, Hei-wi-tip-top, etcetera ... Vom Elend der Fernsehunterhaltung", in: *Medium* 4, 1974, H. 2. S. 12–16
Standortsuche der Fernsehunterhaltung im traditionellen Schema von Information und Bildung gegenüber der Unterhaltung. Vor dem Hintergrund einer kritischen Einstellung gegenüber Überlegungen von Adorno, Knilli, Holzer, Scheuch und anderen zum Unterhaltungs-Begriff entwickelt Bubenik ein gesellschaftspolitisches Verständnis. Es definiert Fernsehen als „Instrument zur Aufhebung entfremdeter Arbeit und entsprechend behinderter Kommunikation" und Unterhaltung im Fernsehen entsprechend als Mittel, die Arbeitsteilung in unserer Gesellschaft „und deren Auswirkungen zu kompensieren, damit aber auch zu sanktionieren". Daraus ergeben sich spezifische Funktionen des Zuschauers und somit spezifische Relationen zwischen ihm und dem Fernsehen.

11 Bubenik, Anton: „Information kleingeschrieben. Zur Problematik von Informationssendungen im Fernsehen", in: *Medium* 5, 1975, H. 10, S. 7–11
Aus der unter 10 dargestellten Ausgangsposition heraus greift Bubenik die bisherige Art von Nachrichtensendungen als Informationsquelle (und somit Bildungs-Vermittler) an.

12 Buhl, Dieter: „... und gähnte für Deutschland. Die neuen Sendungen ‚heute-journal' und ‚Tagesthemen'; Köpckes Geste war bezeichnend", in: *Die Zeit* 33, 1978, Nr. 3, S. 2
Eine auch gerade bei Talk Shows fundamentale Frage: Das ausgewogene Verhältnis zwischen dem Zuschauermagneten ‚Show' und den Informationssendungen. „Je unterhaltsamer die Nachrichtensendungen werden, um so weniger werden sie entbehrt".

13 Coenen, Ursula: „Dietmar Schönherr: Was bei meiner Talkshow alles falsch gemacht wurde", in: *TV – Hören und Sehen* 1974, H. 49
Der scheidende erste Talk Master einer deutschen Talk Show („Je später der Abend") äußert Kritik an den Umständen im Hintergrund einer Talk Show-Sendung (Redakteur, Regie) und an dem wertenden Vergleich deutscher und amerikanischer Verhältnisse (Mentalität, Humor, Sprache).
Vgl. 18.

14 Coenen, Ursula: „Nur weiter so, Herr Rosenbauer", in: *TV – Hören und Sehen* 1975, H. 6. S. 12

15 Cossardt, Monica: „Ödes Prinzip des miteinander Quatschens", in: *Die Welt* 1977, Nr. 146 (27. 6. 1977), S. 17
Interview mit dem Wiener Kabarettisten Werner Schneyder über „Sinn und Unsinn von Talk Shows". Er äußert sich gegen das Zufällige und die nicht kalkulierbare Spontaneität, findet Talk Shows uninteressant und nicht originell, weil immer schon vorhanden. „Jedes Gespräch braucht ein Schleifchen. Und

das Wort ,Talk Show' ist ein glitzerndes, häßliches, phosphoreszierendes Schleifchen".
Vgl. 67.

16 Delling, Manfred: „Talk-Shows und Demokratie", in: ders., *Bonanza & Co. Fernsehen als Unterhaltung und Politik. Eine kritische Bestandsaufnahme,* Reinbek bei Hamburg 1976 (rororo 6969), S. 36–45
Wichtiger Beitrag zu gattungstheoretischen Fragen, der die verschiedenen Komponenten einer Talk Show kritisch anspricht: Talk Show als Kommunikationsersatz für den Zuschauer; die in Deutschland psychologisch und praktisch schlecht gelingende Verbindung von Show und Talk; die schillernde Rolle des Talk Masters im Umgang mit den Gästen und ihre Suche nach einem Weg zwischen Interview, Diskussion und Gespräch; das ambitiöse Format des ,idealen' Talk Masters; Kritik an der Durchführung verschiedener Talk Shows: „[...] eine richtige Sache wie Talk-Shows im Fernsehen nach einem falschen Konzept von falschen Leuten mit falschen Leuten gemacht [...]".

17 Donner, Wolf: „Spiel mit Grenzen. Ein amerikanisches Modell, zwei Sendungen und viele Pläne: Die Talkshow", in: *Die Zeit* 29, 1974, Nr. 20, S. 17–18
Wichtiger Beitrag aus der Anfangszeit der Gattung ,Talk Show' im deutschen Fernsehen, als sich offiziell zwei Folgen als ,Talk Show' bezeichneten: „Je später der Abend" (Dietmar Schönherr, WDR) und „Der heiße Draht" (Joachim Fuchsberger, SWF). Donner spricht sich sehr für die Sendeform ,Talk Show' aus als „bestes, schönstes Fernsehen", als „geradezu ideale Gattung, amüsant und informativ, spottbillig [...] und doch sehr attraktiv". Er untersucht insbesondere die beiden deutschen Talk Show-Reihen; Vergleiche zu amerikanischen Verhältnissen, vor denen die deutschen Sendungen kaum bestehen können. Zeigt kritisch einige Komponenten der Talk Show auf: der Dialog bzw. das Gespräch, die schlechte Vorbereitung der Sendungen, die prominenten Gäste und die Public Relations, die ,schwerfällige' deutsche Sprache als Hemmnis eines small talk. Ausblicke auf (damals) geplante Talk Show-Serien, die den einsetzenden Boom illustrieren.

18 Engelmeier, Peter W.: „Je später der Abschied, desto größer die Geste", in: *Die Welt* 1976, Nr. 23 (8. 10. 1976), S. 22
Der scheidende zweite Talk Master von „Je später der Abend", Hansjürgen Rosenbauer, äußerst die gleiche Kritik wie schon sein Vorgänger Dietmar Schönherr an den äußeren Zwängen, in die die Sendung durch Eingriffe von Redaktion, Regie und anderen Instanzen gerät, insbesondere bei der Auswahl der Gäste. Ein unbedingt notwendiges neues Konzept wird für die Sendungen ab 1977 anvisiert.
Vgl. 13.

19 Esser, Klaus: „Die Show aus der Kneipe", in: *Hör Zu* 1977, H. 37, S. 15

20 Ferber, Christian: „Warum bedrohen Monotonie und Plattheit unsere Unterhaltungssendungen?", in: Anne Rose Katz (Hrsg), *Vierzehn Mutmaßungen*

über das Fernsehen. Beiträge zu einem aktuellen Thema, München 1963 (dtv 190), S. 43–51
Der Autor sieht die Gründe für das Niveau-Dilemma der deutschen Unterhaltungssendungen nicht beim Publikum, sondern bei den Programmgestaltern, Produzenten und Regisseuren. Sie diktieren mit einem deutsch-schwerfälligen Programm aus eigener Produktion oder mit minderklassigen, meist ausländischen Produktionen den Unterhaltungskonsum und schaffen es nicht, sich in unserem „System des Beamtenfernsehens" zu neuen, anregenden Ideen durchzuringen. Es fehlt eine inspirierende Medien-Metropole wie im Ausland (Paris, London).

21 Frank, Bernward: „Unterhaltung im Fernsehen – Ergebnisse der bisherigen Forschung und Ausblicke", in: *Politische Medienkunde*. 1: *Politische Prägung durch Unterhaltung*. Zusammengestellt von H. Friedrich, Tutzing 1972 (Akademie für Politische Bildung. Materialien und Berichte. Nr. 53), S. 21–32
Der mehrdeutig-vage Begriff ‚Unterhaltung' findet sich oft statt ‚Gespräch', um etwas als von niedrigem Niveau, unbedeutend abzuqualifizieren, weiterhin zur Bezeichnung eines Ressorts, und schließlich als Gattungsetikett. Im Laufe der medientheoretischen, wissenschaftlichen Diskussion um ‚die Unterhaltung' ist der Begriff aus seiner scharfen Trennung gegenüber ‚Information und Bildung' gelöst worden; zudem rückte ab den sechziger Jahren die Mass Communication Research mit ihren kommunikationstheoretischen Überlegungen die ehemalige idealistische Teilung des Publikums in eine relativierende Sehweise, in der der Rezipient (und nicht mehr ‚die Aussage') in seiner sozialen Situation, als Angehöriger verschiedener sozialer Gruppen, Ausgangspunkt ist. Für ein solchermaßen heterogenes, disparates Publikum gibt es kein einhelliges Urteil, das Sendungen in allseits akzeptierte Kategorien preßt. Für die Sendungen besagt dies, daß in jeder Darbietung und Sendeform die drei Komponenten enthalten sind. Im 2. Teil (S. 23–27) aufschlußreiche Statistiken (1969, 1970) zu verschiedenen Fragestellungen (Einschaltquoten, Programmvorlieben, Frauen/Männer-Verteilungen, jüngere/ältere Zuschauer etc.).
Im 3. Teil (S. 28–32) einige interessante (statistische) Ergebnisse der Fernsehwirkungsforschung über Zuschauerreaktionen auf Unterhaltungssendungen. Vgl. auch 24.

22 Frenzel, Ivo: „Medien-Gespräche. Die Rolle von Diskussionen, Interviews und Talk-Shows in Funk und Fernsehen", in: *Bertelsmann Briefe* 1976, H. 88 (Oktober), S. 7–10
Inhaltsreicher, wichtiger Beitrag, der eine Standortbestimmung von ‚Gespräch', ‚Diskussion' und ‚Interview' versucht und Differenzierungen mit soziologischen, rhetorischen und inhaltlichen Kriterien anbietet. Frenzel sieht eine „Renaissance des Gesprächs", die er mit der Rolle zusammenbringt, die ein Interviewer als ‚Kommunikator' im Kommunikationsgeschehen innehat, wobei auch dem Publikum eine wichtige Funktion zufällt (kein Konsum, selbst Aktivität zeigen im und für das Gespräch). Talk Show leistet die Unterhaltungsfunktion

am besten. Sie ist personen-, nicht sach- und fachbezogen und bedingt dazu einen exquisiten Talk Master; sie betont die Show-Komponente der Unterhaltung und ermöglicht ein besonders intensives Erleben der „stummen Dimension" des Gesprächs, also der non-verbalen Signale (Gestik, Mimik, Stimmklang, Habitus etc.).

23 Gallasch, Peter F.: „Talk – einmal fort von der Show. Wie das BBC-Fernsehen mit Erfolg auf VIPs und Prominente verzichtete", in: *Funk-Korrespondenz* 1976, Nr. 10, S. K5–K6
Das Genre ,Talk Show' greift um sich im deutschen Fernsehen, allerdings mit starkem Gefälle zum amerikanischen Vorbild. Auch sehr enges ,Prominenz'-Verständnis in „Je später der Abend", was z.B. im „Kölner Treff" als „einer Spielart von Talk Show" (!!) wohltuend auf Nicht-Very Important Persons erweitert wurde. In diesem Zusammenhang Darstellung der BBC-Talk Serie „Let the People Talk" mit Charakterisierungen, die für die Gattung ,Talk Show' im Fernsehen auch gelten sollten: Streitgespräche ,frei von der Leber weg', in „nicht selten leidenschaftlichen Formen", gepaart mit dem angespannten Warten, „daß ,etwas passiert'".
Vgl. 87, 108.

24 Geerts, Claude: „Le divertissement, fonction principale de la télévision?", in: *WACC Journal* 22, 1975, Nr. 4, S. 19–23
Das Fernsehen ist für den Zuschauer in erster Linie ein Mittel der Zerstreuung, indem es hauptsächlich Unterhaltung bietet, die man passiv aufnehmen kann. Die Ergebnisse hier bestätigen die Erkenntnisse von B. Frank (Nr. 21), daß Unterhaltungssendungen, die kaum eine gewisse Anstrengung vom Publikum verlangen (Spielfilm, Filmserien, Shows, Zuschauerspiel mit Spannungseffekt, Kriminal- und Boulevardstücke), in der Zuschauergunst weit vorn liegen, während ,anspruchsvolle' Sendungen (musikalisch, philosophisch, politisch, religiös, literarisch, künstlerisch, wissenschaftlich, historisch) in abgestuften Graden zurückhaltender angenommen werden. So liegt der immer wieder geäußerte Versuch nahe, Informationssendungen unterhaltsamer zu machen.

25 Grünefeldt, Hans-Otto: „Eine gute Mischung – anders geht es nicht. Ein paar Gedanken zur Unterhaltung im Fernsehen", in: *Notizen zum ARD-Programm*. Hrsg. v. d. Pressestelle der Programmdirektion Deutsches Fernsehen/ARD, München 1972, S. 138–140
Setzt sich für vielfältige Formen der Unterhaltung ein, unter denen sich auch – aber nicht ausschließlich – die informative, problemorientierte, desillusionierende Unterhaltung finden sollte.

26 Gulden, Alfred: „Das [sic!] ich besser weiß, wie ich was frag, wenn ich was wissen will. Das Interview: ein Kursmodell", in: *Medium* 5, 1975, H. 3, S. 34–41
Bericht über zwei Münchener Volkshochschulkurse 1974/75, in denen gelehrt wurde, wie man ein Interview macht. Überlegungen zu Didaktik, Theorie und praktischer Durchführung des Kurses und des Interviewens. Hier bietet sich ein Maßstab, den man an die Fragetechnik der Talk Master anlegen könnte.

27 Hamm, Martin: „‚Das ist Ihr Leben'. Von Kritikern verrissen, beim Publikum beliebt: Beschreibung einer Sendereihe im ZDF", in: *Die Zeit* 32, 1977, Nr. 7, S. 66

Gewährt einen Blick hinter die Kulissen der dem englischen Vorbild „This is Your Life" nachgeahmten ZDF-Sendereihe. Von den deutschen Programm-Verantwortlichen als „Idealform der Unterhaltung – zugleich ein Stück Zeitgeschichte" apostrophiert, von den Zuschauern mit relativ hohen Einschaltquoten honoriert, von den Kritikern kaum mit Wohlwollen quittiert, versucht die nicht live gesendete Reihe seit 1976 im deutschen Fernsehen einen eigenständigen Weg zwischen Talk Show, Portrait und Präsentation, Action und Show, Spannung und Überraschung, Vorbereitetsein und Unterhaltungs-Improvisation mit Spontaneität. Lange Ausführungen zu den anfallenden Produktionskosten.

28 Hoff, Hannes: „Neue Trends in der Fernsehunterhaltung", in: *Notizen zum ARD-Programm*. Hrsg. v. d. Pressestelle der Programmdirektion Deutsches Fernsehen/ARD, München 1972, S. 141–144

Sozialrelevante Probleme werden – so die programmatische Aussage – in Unterhaltungssendungen integriert; der Zuschauer soll aktiv Teilnehmender werden und so mit dazu verhelfen, den Distributionsapparat ‚Fernsehen' zu einem Kommunikationsinstrument umzufunktionieren. Forderung nach pluralistischer Ausrichtung der Fernsehunterhaltung, die sich nicht nur nach den Bedürfnissen der Mehrheit richten darf (wie im kommerziellen Fernsehen der USA), sondern als öffentlich-rechtliches deutsches Fernsehen auch Minderheiten – für das Fernsehen immerhin hunderttausende Zuschauer – mitberücksichtigen muß.

Vgl. dagegen 32, weiterhin 97.

29 Janke, Hans: „Mit dem Hörer auf Du und Du. Rundfunk am Vormittag am Beispiel des WDR", in: *Medium* 4, 1974, H. 12, S. 16–19

Lesenswerte Untersuchung zum Umgang mit Menschen im Rundfunk, die nachdenklich stimmt. Sie offenbart die weite Kluft zwischen einerseits dem sicherlich zustimmenswürdigen Anspruch, hörernah zu sein, kommunikative Brücken zum Hörer zu schlagen, dem Hörer ein ‚feed back' zu ermöglichen, die einseitige dominante Kommunikationsrichtung vom Rundfunk zum Hörer hin zu durchbrechen und zu ergänzen, und auf der anderen Seite der menschenverachtenden, heuchelnden, distanzierten, sprachlosen, kontaktlosen, anonymen Verwirklichung dieser Absichten. Diese auch genereller gültigen Beobachtungen zur medialen Kommunikationssituation decken sich mit vielfach geäußerten kritischen Bemerkungen zur allgemeinen Gesprächshaltung in manchen Talk Shows (was insbesondere für die Serie „Je später der Abend" gilt).

Vgl. 37.

30 Janke, Hans: „Gesellschaftsausweis – Über Talk-Shows im Fernsehen der BRD", in: *Medium* 6, 1976, H. 11, S. 5–8

Janke spricht die vielfältigen Aspekte der deutschen Talk Show an: Die wichtigste Komponente, das Gespräch, etikettiert er unter politischer Perspektive als

„Ersatzkommunikation", bei der „Öffentlichkeit in Talk-Shows inszeniert" wird. Das „Kommunikationsimitat" ‚Talk Show' (vgl. 87) ermöglicht prominenten Gästen werbende Selbstdarstellung und eitle Bestätigung ihres gesellschaftlich exponierten Status: Talk Show als in Public Relations, Habitus und Niveau verborgene Klassenveranstaltung der „oberen Mittelschicht". Dabei kann sie bei aller ritualisierten Verkrustung und allem kalkulierten Exhibitionismus dennoch zu decouvrierenden Einsichten und überraschenden Informationen verhelfen, auf die die Zuschauer, angestachelt vom Prickeln des Peinlichkeitsreizes, voyeuristisch warten. Schon daraus ergibt sich der über den Gesprächen lastende Erfolgszwang und Leistungsdruck für Talk Master und Gäste sowie für Redaktion und Regie. Als wichtigstes Kriterium gilt die Perfektion, die so ausschlaggebend das Kommunikationsgeschehen beherrscht, daß anvisierte ‚eigentliche' Tugenden der Gattung wie Spontaneität, verbaler Schlagabtausch, Sich Nähern und Sich Öffnen im partnerachtenden Gespräch dem Show-Verlauf zum Opfer fallen.

31 John, Herbert: „Männer ohne Eigenschaften. Wie beim deutschen Fernsehen gepfuscht wird", in: *Die Zeit* 30, 1975, Nr. 16, S. 47
Polemisch gehaltene Kritik am System der deutschen Fernsehunterhaltung. Ausgangspunkt ist die – sicherlich fragwürdige – Gleichsetzung der Unterhaltung mit Lachen und Witz. Die Fähigkeit, Humor zu haben, wird dem deutschen Fernsehkonsumenten abgesprochen. Als Verbesserungsrezept schlägt John ein Ernstnehmen des Seriencharakters von Sendereihen vor, indem die Sendungen einer Reihe in wesentlich höherer Anzahl in wesentlich kürzerem Abstand aufeinander folgen sollten. Neben finanziellen Einsparungen bringt dies einen Memorierungs- und Gewöhnungseffekt mit sich, denn „Lachen ist Wiedererkennen". Insbesondere Talk Shows sollten stärker frequent – wie in Amerika täglich – gesendet werden, denn „Erfolg liegt in der Häufigkeit".
Vgl. 42.

32 John, Herbert: „Wie aus Butter Margarine wird. Die deutschen Fernsehunterhalter machen die besten Ideen kaputt", in: *Die Zeit* 30, 1975, Nr. 17, S. 53
Vor dem Hintergrund amerikanischer Erfolge von Unterhaltungssendungen im Fernsehen votiert John für die Serie (vgl. 42). Es soll „in Massen und für die Massenunterhaltung" produziert werden.
Vgl. dagegen 28.

33 John, Herbert: „Auch Witzbold ist ein Lehrberuf. Aber das deutsche Fernsehen überläßt Unterhaltung dem ‚Fahrenden Volk' ", in: *Die Zeit* 30, 1975, Nr. 18, S. 49–50
Der ironisch-polemische Artikel vergleicht die Machart amerikanischer Talk Shows mit den deutschen Talk Shows. Sein vernichtendes Urteil über die deutsche Produktion richtet sich gegen die nach Johns Meinung unqualifizierten, weil ungeschulten und aus falschen Branchen (z. B. Journalismus) kommenden (vgl. 120) Talk Master; weiterhin gegen das dilettantische Unvorbereitetsein und die fehlenden Absprachen, womit man dem deutschen Publikum ein ‚ent-

täuschendes', nicht akzeptables, „abgekartetes Spiel" ersparen will (vgl. 38); schließlich gegen die wenigen Sendungen mit weitem Zeitabstand, was einen Erfolg wie bei amerikanischen Talk Shows, die von vornherein auf dem zuschauerfreundlichen Prinzip der Serie beruhen, vereitelt.

34 John, Herbert: „Lauter kleine Merseburger. Im Fernsehen sitzen zu viele Meinungsmacher", in: *Die Zeit* 30, 1975, Nr. 19, S. 43–44

35 John, Herbert: „Weinen aus Verzweiflung. Beim Fernsehen wird am falschen Ende gespart", in: *Die Zeit* 30, 1975, Nr. 20, S. 45–46

36 John, Herbert: „Bartok im Bad. Warum die Fernsehmacher Mitleid verdienen", in: *Die Zeit* 30, 1975, Nr. 24, S. 43

37 Just, Renate: „Carmens Star ist der kleine Mann", in: *Zeit -Magazin* 1977, Nr. 21, S. 4–10
Vgl. 29, 98, 101.

38 Kalverkämper, Hartwig: „Talk Show – eine Gattung in der Antithese", in: Helmut Kreuzer/Karl Prümm (Hrsg.), *Fernsehsendungen und ihre Formen*, Stuttgart 1979, S. 406–426
Der Beitrag will die Gattungsmerkmale aufzeigen, die eine Talk Show ausmachen. Eine Typisierung gestaltet sich insofern als schwierig, als die Sendeform in allen ihren wichtigen Komponenten zwischen unterschiedlichen Meinungen, Konzeptionen und Verwirklichungen steht.
Nach Darstellung der Geschichte und Formen der Talk Show in Amerika und im Vergleich dazu in Deutschland wird die Gattung ‚Talk Show' global definiert:

> Leute hören und sehen öffentlich anderen Leuten zu, die miteinander privat über irgendetwas reden.

Oder:

> Leute werden unterhalten, weil andere Leute sich unterhalten.

Die sich daraus ableitenden einzelnen Komponenten ergeben in ihrer Gemeinsamkeit das Spezifische der Talk Shows:
Das personenbezogene Gespräch; die Gäste aus der Skala von Normalmensch über Prominenz und Exponent zum Spektakulären bis hin zum Exoten; die die Spontaneität hemmende Rolle des Mediums; der Talk Master in seiner Rolle als gesprächsführender, fragender Statthalter des fragenden Fernsehpublikums und als möglicher Durchbrecher des Rollenklischees seiner Gäste, und schließlich der Talk Master im übermäßigen Anspruch der Zuschauer, Kritiker und Mediengewaltigen; der Zuschauer, der – zum passiven Teilnehmen verurteilt – motiviert ist vom voyeuristischen „Peinlichkeitsreiz"; die Problematik der Spontaneität, Improvisation und Kreativität des Gesprächs und der Situation; das Studio-Publikum in seiner Lethargie und Aktivität.
Einige als Talk Show zur Zeit offiziell etikettierte Sendereihen („Je später der Abend", „III nach 9",„Ruf mich an", „Spätere Heirat nicht ausgeschlossen", „Auf den ersten Blick"; cum granu salis „Das ist Ihr Leben" und „V.I.P.-Schaukel") werden vorgestellt und untersucht.
Die Anwendung eines wissenschaftlichen (soziolinguistischen) Modell-Ansat-

zes (Freiburger Germanistik, Hugo Steger) auf die bestehenden Talk Show-Varianten erweist die Gattung als noch wenig homogen und konsistent.

39 von Kardorff, Ursula: „Der Witz, der im Chaos liegt. Fernsehunterhaltung als Sprung ins kalte Wasser. Das Team der Bremer Talkshow ,III nach neun' hat nur vor einem Angst: in Routine zu verfallen", in: *Süddeutsche Zeitung* 32, 1976, Nr. 156 (9. 7. 1976), S. 10
Hintergrundinformationen über die im März 1976 mit dem Adolf-Grimme-Preis in Bronze ausgezeichnete, allseits sehr gelobte und beliebte Talk Show aus Bremen (seit Herbst 1974). Kaum Vorbereitung, wenige Proben, selten Vorprogrammiertes, kaum Abgesprochenes (vgl. dagegen 33), fliegender Start, offenes Ende, mögliche thematische Bindung aktueller Probleme, eine „Mischung aus Chaos, Improvisation und Witz", produziert und realisiert von einem von Sendung zu Sendung wechselnden Dreierteam als Moderatoren, das auch das Studio-Publikum ins Gespräch einbindet, unterstützt von einer flexiblen Regie mit Sinn für spaßig-absurde Inserts – dies sind neue, nichts Amerikanisches kopierende Dimensionen der Fernsehunterhaltung mit Talk Shows.

40 Karge, Robert: „ ,Small talk' für Kinder. Ruf mich an. Talk-Show für Kinder. Reihe", in: *Funk-Korrespondenz* 1977, Nr. 45, S. K7
Kurzkritik über eine neue Kindersendung mit der Möglichkeit des dialogischen Brückenschlags vom Studio zu den Fernseh-Zuschauern, die sich zwar (zugkräftig) als ,Talk Show' bezeichnet, aber doch nur „aufgelockerte Expertenbefragung" ist.

41 Knilli, Friedrich: „Amerikanisches Fernsehen aus deutscher Sicht. Ein Vergleich", in: *Medium* 6, 1976, H. 5, S. 12–17
Vergleich des kommerziellen, finanziell lukrativen amerikanischen Fernsehsystems mit dem öffentlich-rechtlichen, finanziell ausgelaugten deutschen System. Die Profitmaxime diktiert in den USA die Ausstrahlung von Serien, was auch fast immer zum Erfolg bei der Zuschauerbeteiligung führt; eine derartige zielgerichtete Programmgestaltung fehlt dem deutschen Fernsehen, wo mehr auf die Einzelsendung Wert gelegt wird (vgl. 31, 32).
In Amerika zudem bessere Marktforschung, Vorausanalysen von Zuschauer-Orientierungen und Untersuchungen der Einschaltquoten. Wegen der Marktorientiertheit kein Kontrastprogramm, sondern Konkurrenz rund um die Uhr, unterbrochen von Werbe-Einblendungen.

42 Knilli, Friedrich: „Fernsehen in der BRD: zurückgeblieben. Ein Vergleich der Programmformen von bundesdeutschem und US-Fernsehen", in: *Medium* 6, 1976, H. 7, S. 13–19
Vergleich der Programmformen ,Ansage', ,Nachrichten' und ,Serie' im amerikanischen und deutschen Fernsehen.
Die Sendeform der Serie, die die Medienkritik für die Talk Show stets als wichtiges, in Deutschland noch vermißtes Mittel zur Verbesserung dieses Genres anpreist (vgl. 28, 31, 32, 41), wird auf ihre Art und Struktur hin analysiert; die

Grundlage bildet die Familienserie „Ein Herz und eine Seele" (im Vergleich mit der entsprechenden amerikanischen Serie „All in the Family").

43 Knilli, Friedrich: „Kein Fenster zur Neuen Welt. Zum Import und Export von Fernsehprogrammen in den USA und der BRD", in: *Medium* 6, 1976, H. 9, S. 14–18
Die Untersuchung schließt (S. 12–18) mit einer Zusammenfassung über Gemeinsamkeiten und Unterschiede des amerikanischen und deutschen Fernsehens, die die beiden in *Medium* voraufgegangenen Vergleichs-Analysen (vgl. 41, 42) berücksichtigt.

44 Knilli, Friedrich: „Talk-Shows: Das Kabinett des Dr. Biolek", in: *Medium* 6, 1976, H. 12, S. 9
Informationen und positive Kritik zum „Kölner Treff", einer Talk Show „ohne Krämpfe und Krallen". Gelobt werden die „Dramaturgie eines Abnormitätenkabinetts", die Vielfalt der eingeladenen Gäste mit irgendetwas Interessantem in Beruf, Hobby oder Lebensweise, weiterhin das ins Bühnen- und Talk-Geschehen integrierte Studio-Publikum und die beiden Talk Master Alfred Biolek und Dieter Thoma.

45 Kraft, Jörn: „Tagesshow. Nachrichten im Fernsehen", in: *Medium* 2, 1972, H. 12, S. 12–15
Der Beitrag illustriert recht evident, daß die Trennung in ‚Information' und ‚Unterhaltung' bei der Sendeform ‚Nachrichten' im Fernsehen bereits aufgelöst ist und sich eine starke Verlagerung zur ‚Show' abzeichnet. Diese Erkenntnis ist für die Diskussion um den Standort der Gattung ‚Talk Show' im Kräftefeld zwischen den beiden Komponenten sehr beachtenswert; denn damit wird wieder – von anderer, vielleicht sogar gesellschaftlich relevanter Seite her – eine Konzession an unsere „Präsentationskultur" gemacht, wobei sich allerdings in sehr vielen Fällen die verbalen und die optischen Informationen nicht ergänzen oder verstärken, sondern gegenseitig ablenken.
Vgl. 86.

46 Krause, Manfred: „Lokale Größen zierten Sofa unter der Palme. Erster ‚Essener Treff' mit Alfred Biolek brachte dem Theater viel Lob ein und rührte in den Wunden der Verwaltung", in: *Westdeutsche Allgemeine* 1977, Nr. 286 (10. 12. 1977)

47 Kressenberg, Konrad: „Talkshow gegen die ‚Macht des Schicksals'. Die ehrlichste Prominenten-Diskussion ist in der Krebsklinik", in: *Neue Rhein-Zeitung* 29. 8. 1977
Talk Show ohne das störende Medium Fernsehen, das zur unehrlichen, verkrampften Haltung aller Beteiligten verführt. Die Talk Shows in der Bad Trissl-Krebsnachsorgeklinik Oberaudorf/Inntal finden dort intern, mit Prominenz und dem Medizinjournalisten Georg Schreiber alle drei Wochen vor den Patientinnen statt und haben wegen ihrer Einbeziehung in die Therapie nachweislich „psychisch stabilisierenden" Wert; denn mit „Bekenntnissen, wie man

sie sonst kaum hört", verhelfen die Talk Shows zu Einsichten in die eigene Lebenssituation.
Vgl. 99, 133.

48 Kretzschmar, Peter: „Roberto Blanco läßt die Kinder reden. Talkshow aus München", in: *Hör Zu* 1977, H. 38, S. 20

49 Krey, Michael: „‚Der Mann mit der roten Nelke'", in: *Medium* 5, 1975, H. 12, S. 22
Kurzbericht über den medienkritischen Film dieses Titels von Klaus Wildenhahn und Gisela Tuchtenhagen, gesendet am 26. 12. 1975, WDF, Reihe „Fernsehauge" (wiederholt am 12. 2. 1976).
Er beschäftigt sich mit den Vorbereitungen für die letzten beiden Talk Shows von Dietmar Schönherr und entlarvt die Schwierigkeiten und Zwänge, denen die deutschen Talk Show („Je später der Abend") seitens der Vorgesetzten (Regie, Redaktion Kay-Dietrich Wulffen, Direktion) und auch der Gäste mit ihren Sonderwünschen ausgesetzt ist. Derartige repressive Maßnahmen und Reglementierungen, die vordem nicht öffentlich erkennbar waren, erklären durchaus die von der Fernsehkritik so oft bemängelte fehlende Spontaneität und Kreativität und das vielfach flache Niveau der deutschen Talk Shows (insbesondere „Je später der Abend").

50 Land, Bodo: „Streit um Talk-Show beigelegt", in: *Hör Zu* 1973, H. 14, S. 141
Kurzer Einblick in die Diskussion um ‚die Talk Show' zur Zeit ihrer Etablierung im deutschen Fernsehen.

51 Land, Bodo: „Ton ab . . . Kamera läuft . . . Prost!", in: *Hör Zu* 1976, H. 34, S. 8
Beschäftigt sich mit dem Problem, daß vor und während der Talk Show zu viel Alkohol getrunken wird, so daß manche Gäste aus der Rolle fallen (in einer Art, wie sie auch nicht von der Gattungs-Konzeption der Talk Show gewünscht ist; so in „III nach 9": Helmut Qualtinger; in „Je später der Abend": Veruschka, Rosita Serrano, Maria Schell).
Es ist allerdings sicherlich nicht im Sinne eines ‚eigentlichen' Talk Show-Verständnisses, die angetrunkene Haltung der Gäste als – wie z. B. B. Land es hier tut – „peinlichen Ausrutscher" zu werten, sondern eher – mit Reinhard Münchenhagen – so, daß „sich die Gäste so präsentieren, wie sie sind", also als erlebte Decouvrierung des Rollenklischees. Mit der allgemeinen Konzeption der Gattung ‚Talk Show' unvereinbar ist in solchen Fällen allerdings, daß Gespräche [!] kaum noch möglich oder ergiebig sind.
Vgl. 81.

52 Land, Bodo: „Wer kann die Talk-Show jetzt noch retten?", in: *Hör Zu* 1976, H. 41, S. 18–20
Abgesang der deutschen Talk Show zur Zeit des zweiten Talk Master-Wechsels bei „Je später der Abend" (R. Münchenhagen für H. Rosenbauer): „Gespräche zum Gähnen, Fragen ohne Pfiff, Selbstdarstellung von Stars", kein Nachhaken und kritisches Fragen von den Talk Mastern. Krisenstimmung für die Gattung

nach 100 Sendungen in drei Jahren. Kritik D. Schönherrs und anderer Talk Master an den restriktiv-selbstherrlichen Zuständen hinter den Kulissen (Redaktion), an dem Themen-Diktat mancher Gäste und an ihrer Unehrlichkeit in den öffentlichen Sendungen, schließlich am Erfolgszwang, der die Sendungen belastet. Suche der Sender nach neuen Formen und Auswegen.
Vgl. 49, 54, 78, 79, 127.

53 Land, Bodo: „Eine Show für Höfer!", in: *Hör Zu* 1977, H. 21, S. 12
Bericht über die neue (seit 27. Sept. 1977; sie läuft Ende 1978 aus), als Talk Show etikettierte Sendereihe „Auf den ersten Blick" mit Gastgeber Werner Höfer. Überraschungs- und Spannungseffekt dadurch, daß der eingeladene Gast erst mit Beginn der live-Sendung Höfer vorgestellt wird, somit keine Möglichkeit der Vorbereitung gegeben ist, aber viele Möglichkeiten der Spontaneität und Kreativität offenstehen.
Vgl. 63, 93, 129.

54 Land, Bodo: „Der schöne Reinhard soll abtreten", in: *Hör Zu* 1978, H. 5, S. 10
Reinhard Münchenhagen äußert seine Kritik anläßlich der Absetzung der Talk Show „Je später der Abend" im Juli 1978: Konzeptlosigkeit, Verunsicherung, Desorientiertheit über die Erwartungen der Zuschauer (vgl. dazu 41), Alleingelassensein von Redaktion (K.-D. Wulffen) und Ressort (H. Hoff), belastete Arbeitsatmosphäre im Team.
Vgl. 49, 52, 78, 79, 127.

55 March, Marcel: „‚Die Tür zur Heirat.' Im japanischen Fernsehen gibt es einen Vorläufer zum WDR-Heiratsmarkt", in: *Fernseh-Dienst* 1974, Nr. 50, S. 4–5
Der Anspruch von Reinhard Münchenhagens Talk Show „Spätere Heirat nicht ausgeschlossen" (WDR, 3. Programm), die erste Sendung dieser Art überhaupt zu sein, wird durch diese Informationen über die japanische ‚Heiratsmarkt'-Sendung „Die Tür zur Heirat" (TBS, Tokio; 37 Sendungen von April 1973 bis März 1974) relativiert. March beschreibt den Aufbau und Ablauf des japanischen Modells, das sich allerdings nicht unwesentlich vom deutschen Vorgehen unterscheidet.
Vgl. 82.

56 Markwort, Helmut: „Warum immer Prominente?", in: *Gong* 1974, H. 47, S. 3

57 Markwort, Helmut: „Die rote Karte für ein offenes Gespräch", in: *Gong* 1975, H. 17, S. 3
Die Talk Show könnte – wie sich bei Bühnen- und Theater-Talk Shows evident zeigt (vgl. 1, 47, 69) – eine Möglichkeit bieten, wieder miteinander in ein offenes, selbstverständliches Gespräch zu kommen.

58 Model, Rainer: „Alfred Biolek – Er bringt sie alle zum ‚Singen'", in: *Neues Rheinland* 20, 1977, H. 2, S. 20–21
Eloge auf den Initiator der ersten Live-Talk Show der Bundesrepublik im Kölner Kleintheater „Senftöpfchen", wo Alfred Biolek alle 14 Tage unter dem Motto „Wer kommt, der kommt" seine vielbesuchten Gesprächs- und Frage-Abende abhielt. Wegen seiner menschlichen Qualitäten gelingt es ihm, die Talk

Show nicht zum Interview und zur Public Relations-Show für seine Gäste abgleiten zu lassen. Er beweist seine Vorliebe für Menschen, die interessant – und nicht notwendig prominent – sind.
Die fast unveränderte Übernahme des ,Senftöpfchen'-Ablaufs ins Studio vor die Kameras als „Kölner Treff" blockiert spürbar die unmittelbare Spontaneität und Improvisationsbereitschaft (vgl. 1, 47, 57, 69, 84, 106, 108).

59 Morgenstern, Klaus: „In Zukunft wird auf allen Kanälen ,getalkt'. Die Fernsehanstalten bieten zwölf verschiedene Shows an. Rund hundert Stunden Sendezeit", in: *Frankfurter Rundschau* 32, 1976, Nr. 1 (2. 1. 1976), S. 3
Anläßlich der Anfang 1976 zwei Jahre alten Gattung ,Talk Show' im deutschen Fernsehen und dem für deutsche Verhältnisse (vgl. 31, 32, 33, 41, 42) bei zwölf verschiedenen Talk Shows (deren vollständige Aufzählung Morgenstern allerdings schuldig bleibt) wie ein Boom wirkenden Interesse an dieser Sendeform befaßt sich Morgenstern mit einigen ihrer Aspekte:
Die vergleichsweise niedrigen Produktionskosten (ca. 20000 bis 50000 DM pro Sendung) (vgl. 90); der Premierencharakter jeder Sendung, weil das Gesetz der Serie mißachtet wird (vgl. dazu 31, 32, 41, 42); die unflexible Orientierung auf den amerikanischen Star-Talk Master Dick Cavett; die Art der Vorbereitung einer jeweiligen Sendung; die reglementierend eingreifende Funkhaus-Hierarchie über dem Talk Master; die Gäste, die über sich doch nicht die Wahrheit sagen und in ihrem Rollenklischee verbleiben.

60 Mostar, Gerhart Herrmann: „Sind Gesellschaft und Sprache hierzulande dem Amüsanten abgeneigt?", in: Anne Rose Katz (Hrsg.), *Vierzehn Mutmaßungen über das Fernsehen. Beiträge zu einem aktuellen Thema*, München 1963 (dtv 190), S. 37–42
Gedanken zum gängigen Urteil, die Deutschen seien zu humorlos, ihre Lebensart zu ernst, ihre Sprache zu schwerfällig, um für Unterhaltung, speziell auch für Talk Shows (im amerikanischen Sinn) empfänglich zu sein.

61 Müller, Renate: „Bio-logie mit Ertl, Schmalz und Ungarns Landwein. Zum Abschied großer Bahnhof für Alfred Biolek im ,Senftöpfchen'", in: *Kölnische Rundschau* 32, 1977, Nr. 292 (17. 12. 1977)
Rückblick auf die Geschichte des und das Geschehen im Kölner „Senftöpfchen", dessen Talk Show-Serie nach 43 Abenden im Dezember 1977 auslief. Vgl. 58.

62 Münchenhagen, Reinhard: „Kein Meister, der vom Himmel fiele", in: *Gong* 1977, H. 34, S. 3
Das Dilemma der Talk Show und des Talk Masters, im Widerspruch der Meinungen zu stehen (vgl. 88). Münchenhagens Resignation ist Ausgangspunkt für die Gattungsanalyse von Nr. 38.

63 Muthmann, W. F.: „Wer quatscht, wird wieder ausgeladen", in: *Gong* 1977, H. 39, S. 12
Konzeption und Prinzipien der Werner Höfer-Talk Show „Auf den ersten Blick": Ein bis direkt zu Beginn der Live-Sendung Werner Höfer unbekannter

Gast, nur Redakteur (K.-D. Wulffen) und Unterhaltungschef (H. Hoff) als Eingeweihte. Höfers Gage von ca. 5000 DM pro Sendung.
Vgl. 53, 129.

64 Neudeck, Rupert: „Die Walachei, was ‚immer das sein mag'. Dietmar Schönherr, Je später der Abend ... Talk-Show", in: *Funk-Korrespondenz* 1973, Nr. 50, S. 17–19
Kritik der letzten Sendung im 3. Programm der ersten Talk Show Deutschlands: Zu einseitig Prominenz und personenbezogene Themen; keine kommunikative Beziehung zwischen den Gästen und erst recht keine Einbeziehung des Studio-Publikums ins Gesprächsgeschehen; wegen des „Illustrierten-Niveaus" der Gespräche ist kein decouvrierender Blick hinter das Rollenklischee und die Fassade der Gäste möglich.

65 Neudeck, Rupert: „Bisher kein Modell. Dietmar Schönherr, Je später der Abend. Talk-Show", in: *Funk-Korrespondenz* 1974, Nr. 5, S. 20–22
Ritualisierte Gespräche ohne Kommunikation der Gäste untereinander. Ein gemeinschaftlich-komplexes Gespräch kommt nicht zustande. Talk Master hakt nicht nach und zeigt rhetorische Ungeschicklichkeiten.

66 Neudeck, Rupert: „Ein frisches, freches Talk-Gefühl. Zur Talk-Show ‚III nach neun' mit Gert von Paczensky, Wolfgang Menge und Marianne Koch", in: *Funk-Korrespondenz* 1975, Nr. 1–2, S. K6–K7
Lobende Kritik über die seit dem 19. Nov. 1974 laufende Bremer Live-Talk Show, die Neudeck ansiedelt „auf der Kammspitze zwischen Unterhaltung und Information, Klugheit und Kurzweil, politischem Journalismus und Entertainment". Besonders beachtenswert sei die harte, insistierende, ungenierte Fragerei und Gesprächspartnerschaft von G. v. Paczensky und von W. Menge (zwei Talk Mastern des Teams).

67 Neudeck, Rupert: „Ausgetalkt... Viele falsche Konzepte und ein richtiges", in: *Medium* 5, 1975, H. 2, S. 4–5
Neudeck beschäftigt sich mit dem „langsamen Entstehen, dem schnellen Aufblühen und dem irren Ausufern einer Programmode im bundesdeutschen Fernsehen". Seine These, die die Gattung über die zur Zeit offiziell als Talk Show fungierenden Sendereihen hinaus erweitert und damit auch zugleich verwässert, lautet:
„Talk-Sendungen hat es im bundesdeutschen Fernsehen gegeben, solange es das Fernsehen gibt." (Vgl. 15)
Er skizziert Befragungssendungen mit sach- und themenorientierten Zielen („Zur Person", Günter Gauss; „Profil", Friedrich Luft; „Porträt", Klaus Harpprecht), und mit stärker die Show betonendem Verlauf („Literarisches Colloquium"; „Internationaler Frühschoppen"; „Fernsehdiskussion"; „Journalisten fragen – Politiker antworten"; „Starporträt", Henne Lohmeyer; „V.I.P.-Schaukel", Margret Dünser).
Die Idealform („das rettende Modell") sieht er in Konzeption und Realisation von „III nach neun" (Radio Bremen), das sich vom bislang dominierenden Vor-

bild des amerikanischen Star-Talk Masters Dick Cavett freigemacht hat und Unterhaltung (Unterhaltsamkeit) mit Information erfolgreich verbindet.

68 Neudeck, Rupert: „Für Elise und Rosenbauer. Je später der Abend ... (Reihe)“, in: *Funk-Korrespondenz* 1975, Nr. 8, S. K3–K4

69 Neudeck, Rupert: „Einzige Bedingung: ohne Fernsehen. Oder: ‚Alfredos‘ Talk-Show – zu einer fernsehlosen ‚Talk Show‘ in Köln im Windschatten des Überdrusses am Medium“, in: *Fernseh-Dienst* 1975, Nr. 18, S. 1–2
Den überwältigenden Erfolg von Alfred Bioleks Bühnen-Talk Show „Wer kommt, der kommt“ im Kölner Kleintheater „Senftöpfchen“ (vgl. 58, 61, 106) und die Misere der Fernseh-Talk Show „Je später der Abend“ nimmt Neudeck zum Anlaß, über die fernsehlose Talk Show nachzudenken. Ihre erlebbaren und im Erfolg gesicherten und bewiesenen Vorteile sieht er darin, daß der „verkabelte Mensch“ vom „Bruder Technik“ freikomme, der immer weniger zwischenmenschlichen Kontakt und Gespräche ermögliche und bald zu einer „hoffnungslosen Isolation“ führe. Die neue Art der öffentlichen Kommunikation enthebt die Gesprächspartner des belastenden, zum Heucheln verführenden Leistungsdrucks, befreit sie von den Sorgen der öffentlichen Inspektion durch ein voyeuristisches Zuschauerpublikum, ermöglicht ihnen einen Exhibitionismus in Spontaneität und psychischer Gelöstheit.
Die Idee der fernsehlosen Talk Show hat in vielen Städten Bühnen- und Theater-Talk Shows aufkommen lassen (vgl. 1, 47, 84, 99), die begeistert besucht und gefeiert werden – „die Gesellschaft schafft sich noch Freiräume, die von dem bisher alles verschlingenden Medium nicht zu vereinnahmen sind“.

70 Neudeck, Rupert: „Talk-Show-Zwischenbilanz. Wer kommt nach Rosenbauer in die WDR-Talk-Show und wer wird die neue ZDF-Talk-Show bekommen?“, in: *Funk-Korrespondenz* 1975, Nr. 41, S. 12–14 (Auch in: *Fernseh-Dienst* 1975, Nr. 48, S. 5–6)

71 Neudeck, Rupert: „‚Das nichtige Spiel, welches beide treiben ...‘ Parteien zur WDR-Talk-Show“, in: *Funk-Korrespondenz* 1975, Nr. 43, S. 16–17

72 Neudeck, Rupert: „Talk-Show-Kompromiß. Hansjürgen Rosenbauer und Reinhard Münchenhagen machen 1976 im Wechsel die Talk-Show ‚Je später der Abend ...‘“, in: *Fernseh-Dienst* 1975, Nr. 50, S. 4
Anknüpfung an die Fragen von Nr. 70. Informative Ankündigung des „Kölner Treff“ als „wirkliche Neuigkeit auf dem Talk-Markt des WDR“.

73 Neudeck, Rupert: „Erste Annäherung an Dick Cavett“, in: *Fernseh-Dienst* 1975, Nr. 2 (9. Dez. 1975), S. 2
Informationen zu Dick Cavetts Biographie.

74 Neudeck, Rupert: „Neue Farben auf der Talk-(Show-)Szene. (Je später der Abend. Talk-Show mit Reinhard Münchenhagen.) (Kölner Treff. Reihe. Gastgeber Alfred Biolek.)“, in: *Funk-Korrespondenz* 1976, Nr. 5, S. K8–K9

75 Neudeck, Rupert: „Weiter unerreicht. III nach neun. (Moderation: Marianne Koch, Karl Heinz Wocker, Carmen Thomas)“, in: *Fernseh-Dienst* 1976, Nr. 19, S. 7

76 Neudeck, Rupert: „Neues und Altes von der Talk-Szene. ‚III nach neun‘ (Redaktion Alfred Mensak) zu Silvester im 1. Programm; Kulenkampf ’77 mit neuer Talk Show“, in: *Funk-Korrespondenz* 1976, Nr. 28, S. K3–K5
Kurze kritische Anmerkungen zum „Kölner Treff“; Lob für „III nach neun“, das man statt als ‚Talk Show‘ treffender als „Talk-Happening“ bezeichnen sollte. Sie sei in der Gestaltung abwechslungsreich, sie sei spannend und unterhaltsam.

77 Neudeck, Rupert: „Sterile Szenerie. Je später der Abend (Talk-Show mit Hans Jürgen Rosenbauer)“, in: *Funk-Korrespondenz* 1976, Nr. 37
Neudeck moniert die passive Rolle des Studio-Publikums; es sei zur Staffage erstarrt.
Vgl. 78, 79, 141.

78 Neudeck, Rupert: „Zwei, drei, vier ‚rote Nelken‘. Was kommt nach Rosenbauer? (WDR-Talkshow ‚Je später der Abend‘. Reihe)“, in: *Funk-Korrespondenz* 1976, Nr. 43–44, S. K7–K8
Knüpft an die Erkenntnisse aus dem medienkritischen Film zur Talk Show-Produktion („Der Mann mit der roten Nelke“, vgl. 49) an.
Harte Kritik an dem Redakteur von „Je später der Abend“, Kay-Dietrich Wulffen, der „die Sendung zu Tode redigiert hat“ (vgl. auch 49, 52, 54, 127). An dem desolaten Zustand ist der „Mangel an Konzeption“ schuld. Einseitig legt man sich auf Prominenz als Gäste fest; das Studio-Publikum wirkt in seiner Klatsch- und Dekorationsfunktion steril (vgl. 77, 79, 141). Es bedarf eines Auswechselns des Redakteurs, um „Innovation und Phantasie“ in die Sendereihe zu bringen.

79 Neudeck, Rupert: „Eine ganz andere Talk-Show. H.J. Rosenbauer verläßt das sinkende Talk-Show-Schiff, Münchenhagen harrt (noch?) aus“, in: *Fernseh-Dienst* 1976, Nr. 45, S. 5
Verbesserung von „Je später der Abend“ ist weniger mit ausgewechselten Talk Mastern zu erreichen als vielmehr mit einer anderen Konzeption und einer neuen Regie und Redaktion (Kay-Dietrich Wulffen, cf. 78). Kritik weiterhin an dem Prominenz-Denken bei der Auswahl der Gäste und an dem mißachteten Studio-Publikum (vgl. 77, 78, 141).
Wachsende Beliebtheit dagegen von „III nach neun“: Überraschungen, Happening, sowohl einfache als auch normale und ‚besondere‘ Leute als Gäste. Hinweise auf die überaus erfolgreiche Radio-Talk-Sendung „Radioscopie“ (France-Inter), moderiert von Jacques Chancel (vgl. 119).

80 Neudeck, Rupert: „Ein Tagtraum und utopisches Aphrodisiacum. Zu der Silvester-Sendung ‚III nach neun‘“, in: *Fernseh-Dienst* 1977, Nr. 5, S. 4–5

81 Neudeck, Rupert: „Show Ost – Show West. (Je später der Abend. Talk-Show. Moderator: Reinhard Münchenhagen)“, in: *Funk-Korrespondenz* 1977, Nr. 27, S. K9–K10
Kritik des Talk Show-Abends mit den Gästen Klaus Kinski (‚Talk West‘) und Werner Krug (‚Talk Ost‘). Das exaltiert-neurotische Benehmen Kinskis in aller Öffentlichkeit während einer Sendung zur Unterhaltung aller rührt an eines der

Grundanliegen der Gattung ‚Talk Show': die Decouvrierung, die Demaskierung, das Fallenlassen der Fassaden, das Auseinandernehmen der Persönlichkeit – „man wird schon sehr nachdenklich nach einer solchen Sendung, in der ein Mensch äußerlich wie ein Triumphator, in Wirklichkeit in all seinen Schwächen von der Kamera ausgebeutet wird".
Vgl. 51.

82 Prior, Ingeborg: „Spätere Heirat ...", in: *Köln. Vierteljahrschrift für die Freunde der Stadt* 22, 1976, H. 4. S. 22–29
Die Talk Show „Spätere Heirat nicht ausgeschlossen" mit Reinhard Münchenhagen (Redaktion Rolf Spinrads, WDR 3. Programm, Erstsendung 13. Okt. 1974) ist kommunikativ, sozial, anregend zur Interaktion auch über den Sendeschluß hinaus und wird deshalb gern als „Talkshow mit Sinn" apostrophiert. Die „Sendung zum Kennenlernen" – so der Untertitel – versteht sich als Partner-Talk Show, nicht als ‚Heiratsmarkt' (vgl. 55). Der Beitrag vermittelt Informationen über das, was der Zuschauer selbst nicht mehr miterlebt: Die Reaktion bekanntschaftswilliger Zuschauer auf die im Fernsehen präsentierten Angebote. Es zeigt sich, daß nur wenige solcherart zustandegekommenen Verbindungen in die Ehe münden.

83 Radtke, Michael: „Das Letzte vom Erlebnis-Händler", in: *Funk-Korrespondenz* 1973, Nr. 41, S. 20–22
Die zu fordernden Fähigkeiten eines Talk Masters (die Dietmar Schönherr angeblich nicht vorweisen kann): Geistesgegenwärtigkeit, Intellekt, schauspielerische Fähigkeiten; also: psychagogische und Rollenspiel-Qualitäten.

84 Richter, Wolfgang: „Evelyn Künneke kam barfuß auf die Bühne. Talk-Show live ohne Fernsehkameras in Aachens Kellertheater ‚Klimbim'", in: *Aachener Volkszeitung* 32, 1977, Nr. 203 (3. 9. 1977)
Die gerühmten Vorteile des Gesprächs ohne zudringliche Kameras (vgl. 1, 47, 69, 99) erweisen sich auch hier für die Aachener Bühnen-Talk Show als berechtigt: Gelockerte Plauderatmosphäre, gelöste Stimmung, privat stimmendes Duzen, Verzicht auf Perfektion verhelfen zu ehrlicher, befreiender, im wirklichen Sinne sozialer Kommunikation.

85 Rölz, Josef: „Die wahre Familie als Ware Familie. Zur ZDF-Serie ‚Wünsch dir was'", in: *Medium* 2, 1972, H. 2, S. 30–31
Anhand der Ende 1972 abgesetzten Serie mit Dietmar Schönherr wird eine auch und insbesondere für Talk Shows gefährliche Komponente öffentlicher Inspektion und Zurschaustellung von Privatpersonen offenbar: Die Vermarktung der Persönlichkeit, die Degeneration des Individuums zur Ware.
Vgl. 7, 81, 91.

86 Rölz, Josef: „Information als Unterhaltung. Vordergründige Kategorien verhindern Einsichten in die Programmstruktur des Fernsehens", in: *Medium* 7, 1977, H. 10, 8–12
Verteidigt die drei „klassischen Säulen" ‚Information – Bildung – Unterhaltung' und das dualistische Einteilungsprinzip ‚Information / Bildung' gegenüber

,Unterhaltung' als Einteilungshilfen; der arbeitende Mensch habe ein Recht auf ein reines Entspannungsangebot, worin die humane Aufgabe des Fernsehens liege. Außerdem sind Fernsehunterhaltung und Fernsehinformation sowieso sehr eng zusammengerückt (vgl. 45); sie gleichen sich weitgehend im Formalen wie im Inhaltlichen, in den Produktionsbedingungen wie im Rezeptionsverhalten.

Für Talk Shows als zur ,Unterhaltung' gehörig erkennt Rölz bei den verschiedenen sozialen Schichten eine jeweils unterschiedliche Rezeption:

Niedrige soziale Schichten nehmen Talk Shows meistens als Unterhaltung, die an die „Marktwerte" der auftretenden Prominenz und Stargäste gekoppelt ist, an; höhere Schichten erleben darüber hinaus noch die Möglichkeit, mit den zeitgeschichtlichen Persönlichkeiten an der Zeitgeschichte teilzuhaben. Rölz folgert daraus, daß bei aller Trennung eine Interdependenz von Information und Unterhaltung angenommen werden müsse.

Vgl. 98, 102, 125.

87 Rotzoll, Christa: „Schöne Geselligkeit. Der nationale Nutzen von Talkshows", in: *Süddeutsche Zeitung* 1976, Nr. 31 (7./8. 2. 1976), S. 92

Interessanter Artikel, der sich hauptsächlich der Talk Show aus der Perspektive des Fernsehzuschauers und im Hinblick auf ihn widmet.

Auch hier wird die Anti-Kommunikativität dieser ,kommunikativen' Sendeform herausgestrichen (vgl. 30). Die Motivation, überhaupt bei derartigen Fernsehgesprächen zuzusehen, liegt im ,Peinlichkeitsreiz', der voyeuristisch auf das Lampenfieber, das Herausfallen aus altbekannten, klischeehaften Rollen warten läßt (vgl. 108). Damit berührt diese Komponente einen spezifischen Punkt von Talk Shows: „Diese imitierten Gastgeber erstreben jedenfalls, was echte Gastgeber vermeiden müssen: daß es für den einen oder anderen Gast peinlich werde". Dem bislang verkümmerten Personen-Interesse wird hier mit der immer interessanten Peinlichkeit in der „Nachfeier des öffentlich-privaten Abends" (vgl. 108) Ersatz beschafft.

Vgl. die Fälle 71, 121, 138, 139, 140.

88 Rumler, Fritz: „,Ach, du dickes Ei'", in: *Der Spiegel* 30, 1976, Nr. 6, S. 137

Unter den vielen vernichtenden, verreißenden, besserwissenden und utopistischen Kritiken eine der sehr wenigen – und doch sicherlich auch berechtigten – Elogen auf einen Talk Master (Reinhard Münchenhagen). Sie spricht das Phänomen der sich widersprechenden Beurteilungen an (vgl. 38). Die Gespräche Münchenhagens seien wie „Kleinholz machen", „in den Clinch gehen", klängen nach „krachenden Schienbeinen" und läuteten in solchermaßen befreiender Art „eine neue Epoche der Talk-Show" (1976!) ein. Neben diesen dem Talk Show-Idealtypus für die Gesprächsführung sehr nahekommenden Merkmalen wird das ebenfalls postulierte Spezifikum der Spontaneität als bestenfalls paradoxe ,vorbereitete Spontaneität' an einem tatsächlichen Vorkommen (,Ach, du dickes Ei') entlarvt.

89 Scheffel, Werner H.: „Wie soll er aussehen, der ideale Talkmeister?", in: *Welt am Sonntag* 4. 5. 1975
Analysiert und kritisiert werden die Talks von amtierenden und potentiellen Talk Mastern in einer „III nach neun"-Sendung (Anfang Mai 1975), um den „idealen Talkmaster" zu finden. Die geforderten oder gesuchten Qualitäten eines solchen Gastgebers und Gesprächsführers kommen dabei allerdings kaum zutage, da die Kritiken personengebunden bleiben:
Gert von Paczensky, Wolfgang Menge, Marianne Koch, Hansjürgen Rosenbauer, Walther Schmieding.
Abschließend umfassendes Lob für das Bremer Talk Show-Modell, das von Witz und Stimmung beherrscht wird.

90 Schmitt-Hausser, Gerd: „Reden, reden – weil's so schön billig ist. Talk-Shows kommen im Fernsehen immer mehr in Mode", in: *Fernsehwoche* 1975, H. 16, S. 8
Talk Shows kosten pro Abend ca. 20000 DM, was gegenüber anderen Formen von Unterhaltungssendungen sehr günstig ist. Auf das Rezept der Unterhaltung zum kleinen Preis führt man allgemein den Talk Show-Boom 1975/76 zurück.
Vgl. 59.

91 Schneider, Norbert: „Menschen-Material. Ein Aspekt zur Kritik des Fernsehens", in: *Medium* 3, 1973, H. 12, S. 2–3
Der unvermittelt, unvorbereitet vor die Kamera, d.h. in die Öffentlichkeit geholte Mensch läuft Gefahr, sich lächerlich zu machen, weil er hilflos ist und als Lachmittel ausgebeutet wird, weil er den Wünschen der Fernsehproduzenten, ,Wirklichkeit' ungeschminkt zu zeigen, geopfert wird. In dem Zirkel von Fernsehanstalten als Fabriken und den Sendungen als Waren wird der gezeigte, an das Medium in seiner Unmittelbarkeit nicht gewöhnte oder vorbereitete Mensch verbraucht, vermarktet, in seiner Persönlichkeit degradiert, materialisiert. Zu fordern ist ein neu erwecktes Bewußtsein für einen verantwortungsvolleren Umgang mit Menschen vor den Kameras.
Vgl. 7, 81, 85.

92 Schulte, Rolf: „Alle Talker talken in Marl. TV-Unterhaltung – wie macht man das?", in: *Welt am Sonntag* 1977, Nr. 11, S. 59
Organisatorischer Vorbericht über das 3. Marler Fernsehforum zur Frage, wie man Fernsehunterhaltung generell und Talk Shows im besonderen gestalten soll.
Vgl. 98.

93 Schultz-Gerstein, Christian: „Findling im TV-Studio", in: *Der Spiegel* 31, 1977, Nr. 41, S. 237
Besprechung der ersten Sendung „Auf den ersten Blick" (27. Sept. 1977) mit Talk Master Werner Höfer (vgl. 53) und dem Bergsteiger Reinhold Messner. Die intendierte Spontaneität und Unvermitteltheit beschränkt sich lediglich auf die kurze Spannung zwischen Eintreten des unbekannten Gastes und seiner Namensnennung. Die Gespräche „aus dem hohlen Bauch der Menschlichkeit",

ohne Archivpräparierung und „Personalakten-Muff" kreisten ängstlich um nur ein Thema (Bergsteigen), auf das der Gast reduziert wurde.
Vgl. 129, 132.

94 Schwaegerl, Tony: „Senta Berger: ‚Macht eine Talk-Show für uns Frauen'", in: *Hör Zu* 1975, H. 50, S. 22–23
Frauen seien „hübsches Beiwerk" und zu wenig in Talk Shows vertreten (als Gäste, als Talk Master).
Vgl. 9.

95 Stehr, Jürgen: „Die neue Talkshow soll endlich interessanter werden", in: *TV – Hören und Sehen* 1975, H. 2, S. 5

96 Stehr, Jürgen: „Am Mittwochabend muß Dietmar Schönherr endgültig Farbe bekennen", in: *TV – Hören und Sehen* 1974, H. 7
Das Gefälle zwischen amerikanischen und deutschen Talk Shows liegt nach allgemeiner Meinung vor allem in der schwerfälligen, für die Mischung von Unterhaltung und Information ungeeigneten deutschen Sprache begründet. D. Schönherr sieht die Qualität von Talk Shows hauptsächlich an die Gäste gebunden; Kritik richte sich aber stets gegen den Talk Master.

97 Stolte, Dieter: „Der Schlaf vor dem Schirm. Einförmige Programme und ewige Wiederkehr des Gleichen sind die Ursachen der Fernsehmüdigkeit", in: *Die Zeit* 33, 1978, Nr. 5, S. 14
Der Programmdirektor des ZDF spricht hier die beobachtbare Fernsehmüdigkeit (nicht gleichzusetzen mit der tatsächlichen Fernsehnutzung!) an und sieht deren Gründe in der „Einförmigkeit der Fernsehprogramme". Das Fernsehen als „Massenkommunikationsmittel, das sich an möglichst viele Zuschauer wendet", will zur „Erweiterung des sozialen Umfelds, der geistigen Erfahrungen und Kenntnisse" beitragen, zielt aber inzwischen an den Bedürfnissen, der Welt und Sprache der betroffenen Zuschauer vorbei. Er stellt abschließend die neuen Zielvorstellungen des ZDF seit der Programmreform (Anfang Januar 1978; Koordination von ZDF und ARD) vor.
Vgl. 28, 32, 120.

98 Teichert, Will: „Die Illusion des Mitmachens – Garant für die ‚Fernsehtreue' des Publikums", in: *Evangelischer Pressedienst / Kirche und Rundfunk* 1977, Nr. 24, S. 4–8
Sehbeteiligung und tatsächliche Aufmerksamkeit sind meist unterschiedlich. Die Zuschauer verbringen über 50% ihrer täglichen Freizeit vor dem Fernsehen, was sich auf das zwischenmenschliche Beziehungsgefüge auswirkt. Ersatz wird verschafft durch ein anwesendes Studio-Publikum, das mit seiner situationsangemessenen Reaktion (Klatschen, Mitleid etc.) den Brückenschlag zur Fernseh-Öffentlichkeit herstellen soll. Unterhaltungssendungen haben Ersatz- oder Ergänzungsfunktion im System der unterbrochenen sozialen Bindungen und Kontakte. Sie werden hauptsächlich gesehen von Menschen „mit formal niedriger Schulbildung, mit geringen öffentlichen Aktivitäten und einer generellen Tendenz zur sozialen Isolation" (vgl. 29, 86). Die Gründe für ihre Vor-

liebe an Unterhaltungssendungen liegen einerseits in deren Hilfsfunktion bei Identitätsproblemen und bei Wünschen nach ablenkender Zerstreuung.
Vgl. auch 102, 125.

99 Thumshirn, Werner: „Prominenten-Talk gegen Lebensangst. Bayerisches Modell der Krebsnachsorge-Klinik", in: *Münchner Merkur* 1977, Nr. 246 (25. 10. 1977)
„Anders als bei den professionellen Selbst-Inszenatoren der oft recht ärgerlichen Fernseh-Talk-Shows brauchen die Gäste hier keine Angst vor heimtückischen Knock-out-Fragen zu haben – und geben sich deshalb so privat und mitteilsam auch über Intimes, wie es die Fernsehmacher gerne hätten, aber nicht zustande bringen."
Neben der hier angesprochenen Situation in der Krebsklinik (vgl. 47) gilt diese Beobachtung auch für die Bühnen- und Theater-Talk Shows, bei denen keine störenden Kameras zuschauen (vgl. 1, 47, 69, 84, 133).

100 Tiemann, H.: „Favorit Nummer 1: Fuchsberger", in: *Hör Zu* 1973, H. 12, S. 18

101 Turow, Joseph: „Talk Show Radio as Interpersonal Communication", in: *Journal of Broadcasting* 18, 1974, Nr. 2, S. 171–178
Behandelt die Radio-Talk Show aus amerikanischer Sicht. Sie ist Ersatzform für alte soziale, kommunikative Beziehungen (vgl. 98). Kommunikationslosigkeit, Isolationsgefühl und der Wunsch nach erlebbarem sozialen Kontakt sind die Motive, warum Hörer beim Rundfunk zum öffentlichen Gespräch anrufen.
Vgl. 29, 37.

102 Unholzer, Gerhard: „Information und Unterhaltung im Fernsehen – Angebot und Nachfrage", in: *Politische Medienkunde. 1. Politische Prägung durch Unterhaltung*. Zusammengestellt v. H. Friedrich, Tutzing 1972 (Akademie für Politische Bildung. Materialien und Berichte 53), 7–20
Instruktive statistische Angaben zur Sozialstruktur, den Interessen, Präferenzen und zum Rezeptionsverhalten der Zuschauer.
Vgl. 86, 98, 125.

103 Venske, Henning: „,Was zum Teufel soll ich hier?' ", in: *Der Spiegel* 29, 1975, Nr. 4, S. 103
Eine Talk Show („Je später der Abend" mit H. Rosenbauer, Januar 1975) wird hier von einem Gast (Venske) vernichtend kritisiert in ihrem Prominentenrummel und den eitlen Zwängen, die der ,eigentlich' intendierten Selbstdarstellung keine Gelegenheit der Entfaltung gestatten.

104 Vetter, Hans: „,Wir stricken alle Modelle durch.' Nach den Abtritten von Rosenbauer und Schmieding: Kritik und Selbstkritik an den Talk-Shows", in: Frankfurter Rundschau 32, 1976, Nr. 243 (28. 10. 1976), S. 8
Obgleich es kein Patentrezept für ,die Talk Show' gibt, die allen Erwartungen gerecht würde, war einzusehen, daß Ende 1976 die von ARD („Je später der Abend" mit H. Rosenbauer) und ZDF („Zu Gast im ZDF" mit W. Schmieding) produzierten Talk Shows abgesetzt werden mußten. Der Grund dafür

wurde in der mangelnden Qualifikation der Talk Master gesucht, denen es an psychagogischen Fähigkeiten, rhetorischem Geschick und an Gästen mit der Bereitschaft, sich ihr Rollenverständnis als Prominente abnehmen zu lassen, mangele.

105 Wagner, Franz Josef: „Verlieren – das kann der Münchenhagen", in: *Hör Zu* 1978, H. 22, 15–18
Interview-Bericht mit Reinhard Münchenhagen („Je später der Abend", „Spätere Heirat nicht ausgeschlossen"). „Die Talk-Show, wie ich sie mache, ist eine Fehlkonstruktion"; er sieht eine Chance zur Verbesserung in der Anlehnung an das Bremer Modell „III nach neun" oder an den „Kölner Treff" (wegen „Remmidemmi und Rummel und Musik"). Gedanken zur Gage (9000 DM).

106 Wittwer, Malte: „Der verwaiste Treffpunkt. Viele interessante Leute begegnen sich im ‚Senftöpfchen' bei Alfred Biolek. Keine Zeit mehr für eine Veranstaltung, die in Köln Furore machte", in: *Kölner Stadt-Anzeiger* 1977, Nr. 286 (10./11. 12. 1977)
Anläßlich der Schließung der Kölner Bühnen-Talk Show „Wer kommt, der kommt" im „Senftöpfchen" (vgl. 58, 61, 69) lobende Würdigung der berühmten Veranstaltungsserie. Sie findet ungeteilten Beifall, weil sie mit ihrem Talk Master Alfred Biolek es ermöglicht, daß alle Schichten des Volkes sich begegnen, miteinander reden und so wieder zueinander finden (vgl. 58); weil sie der Spontaneität, Kreativität und Improvisation den notwendigen Raum zur Entfaltung bietet, nicht zuletzt auf Grund der fehlenden Fernsehkameras (vgl. 69); weil der Talk Master selbst den so oft geäußerten Idealvorstellungen vom Gesprächspartner im „liebenswerten Chaos" nahekommt.

107 Wülfing, Antje: „‚Die 2' aus Köln. Talks & Gags mit Thoma & Biolek", in: *Bunte Wochen-Zeitung* 1977, Nr. 46, S. 8–9
Hintergrundinformationen über Organisation, Konzeption und Durchführung des „Kölner Treff" mit Alfred Biolek und Dieter Thoma als Talk Master.

108 Zimmer, Dieter E.: „Wut aufs Bild", in: *Die Zeit* 31, 1976, Nr. 15, S. 33
Beschäftigt sich (kopfschüttelnd) mit den Gesprächen der Zuschauer nach einer Talk Show. Er stellt Emotionalität, Gehässigkeit, Aggressionen fest, deren Ausbruch gegenüber den Fernseh-Talkern (Gästen, Talk Master[n]) er dem Medium ‚Fernsehen' anlastet: Lässigkeit und Spontaneität der Diskutierenden seien erkennbar geheuchelt; der Zuschauer, sonst nicht an bloßen Plaudereien mit dem Mitmenschen interessiert, habe – weil es eben im Medium ‚Fernsehen' geschieht – zu hohe Erwartungen, die durch die Wirklichkeit enttäuscht werden; die Passivität, zu der das Medium den Zuschauer zwingt, wird abgelenkt in eine hämisch-schadenfrohe, bissig-harte, lauernde Haltung, die sich nach der Sendung entlädt (Ähnliches beobachtet Rotzoll Nr. 87).
Vgl. die Fälle 71, 121, 138, 139, 140.

Anonyma

109 „Schwatz ohne Schnörkel. ‚Talk Show‘ – was ist das eigentlich?“, in: *Hör Zu* 1973, H. 8
Kriterienkatalog für die 1973 in Deutschland noch sehr unbekannte Fernsehgattung. Sehr idealistische Ambitionen.

110 „Von morgens bis Mitternacht“, in: *Der Spiegel* 28, 1974, Nr. 21, S. 124–127
Informationen zu den Talk Shows in Amerika: Johnny Carson, Dick Cavett und anderen; die Aufmachung der Sendeform; die Gäste; die Themen.

111 „Talk-Show mit Sinn“, in: *Fernseh-Dienst* 1974, Nr. 43, S. 1–4
Informatives Interview mit Rolf Spinrads (Redakteur) und Reinhard Münchenhagen zur geplanten Talk Show-Sendefolge „Spätere Heirat nicht ausgeschlossen“ (ab 13. Okt. 1974, WDR, 3. Programm). Sie wird als ausgesprochen medienspezifisch („pures Fernsehen“) herausgestrichen, indem Möglichkeiten geschaffen werden, daß Einsame, isoliert Lebende andere Menschen kennenlernen und Partnerschaften (verschiedenster Formen) eingehen können. In einem Gespräch, aufgelockert durch optische Elemente (Dias), sollen sich die Kandidaten selbst präsentieren, wobei ihnen der Talk Master verbale Hilfestellung leistet. Eine Talk Show „mit Sinn“.
Vgl. 55, 82.

112 „Fragen, wie ein Chirurg schneidet ...“, in: *Gong* 1974, H. 7, S. 24
Fünf potentielle Talk Master (D. Hildebrandt, H.J. Kulenkampff, W. Schmieding, Fr. Nowottny, H.-J. Friedrichs) antworten – synoptisch gedruckt – auf fünf Fragen zur Talk Show (Interesse an eventuellem Angebot; eventuelle Bedingungen; welche Gäste; Eigenschaften eines Talk Masters; Meinung zu amerikanischen Talk Shows).

113 „Der Hörer als Talk-Master. Nun auch im Hörfunk: ‚Der direkte Draht‘ – eine Talk-Show im Hörfunkprogramm des WDR II“, in: *Fernseh-Dienst* 1975, Nr. 3, S. 5–6
Eine neue Radio-Talk Show ab 19. Jan. 1976. ‚Talk Show‘ wurde als schillernder Begriff erklärtermaßen nur gewählt, um Erwartungen freizusetzen und die Gestaltung der Sendeform offenzuhalten. Immerhin gibt es noch andere Hörerbeteiligungs-Sendungen im WDR II („Funkhaus Wallrafplatz“, „Phone in“). Mit der Aufforderung „Talken Sie mal mit“ soll der Hörer sich einmal öffentlich – durchs Telephon – produzieren: Er soll mit dem prominenten Partner am anderen Ende der Leitung (als erster: Hans Rosenthal) talken, wobei kein Talk Master bzw. Moderator helfend beispringen soll.

114 „Mitschnitt vom Seelen-Strip“, in: *Hör Zu* 1975, H. 26, S. 29

115 „Auf wen sind Sie denn neugierig? Gong-Umfrage über Talk-Shows“, in: *Gong* 1975, H. 3
Für 1975 wird das „Jahr der Talk-Shows“ proklamiert (vgl. dazu 145). Leser-Umfrage, wen man am liebsten als Gast in einer Talk Show sähe.

116 „Das ist ihr Leben. Neue ZDF-Show“, in: *Fernsehwoche* 1975, H. 45, S. 4

117 „Wie wär's denn mit ‚Plauderstunde'?“, in: *Fernsehwoche* 1975, H. 1, S. 10
Die Bemühungen, die neue Gattung im Fernsehen zwischen den etablierten einzuordnen, zeigen sich auch in den ‚Übersetzungsversuchen'. Anläßlich eines Wettbewerbs ‚für einen deutschen Namen' gab es über 250 Bezeichnungsvorschläge; häufigster: ‚Plauderstunde' (50mal); andere, zum Teil humorige Vorschläge.

118 „Dick Cavett: Große Namen sind nicht wichtig. US-Talkmaster heute im ZDF“, in: *Frankfurter Rundschau* 1975, Nr. 288 (12. 12. 1975), S. 13
Biographische Informationen zu dem Star-Talk Master.
Vgl. 142.

119 „L'Express radioscopie Jacques Chancel. A l'occasion de sa 2000[e] émission“, in: *L'Express* 1976, Nr. 1317, S. 78–89
Wichtiges Interview über Radio-Talk Shows mit Jacques Chancel anläßlich der 2000. Ausstrahlung von „Radioscopie“ (France-Inter) am 5. Okt. 1976. Entdeckende Neugier, Vielfältigkeit und Spontaneität prägen die beliebte Sendung; herausragende Eigenschaft des Talk Masters sei, wie Chancel sagt, unersättlich-leidenschaftliche Neugier, die aber auch zuzuhören versteht, wenn der Partner antwortet, die weiterhin Toleranz und die Fähigkeit, auch einmal zurückzustecken, ausübt. So gelangt man zum Talk Show-Ziel, den Menschen zu treffen, ihm im Gespräch zu begegnen. Gedanken zur Bindungslosigkeit, Isolation, Desinteresse, Schweigen der Mitmenschen; zur Hörer-Soziologie und Sprechweise der Gäste; zum ‚Spectaculum' der Sendung mit Hilfe von Gästen in extremen Lebenslagen (z. B. Krüppel) (das wäre im Fernsehen also die Show-Komponente); zum Wettstreit zwischen Radio-Talk Show und Fernseh-Talk Show („Invité du dimanche“, „Le Grand Amphi“, „Le Grand Echiquier“), den J. Chancel mit klarem Votum für das Radio klärt, weil es eine spontane, direkte Kunst garantiert und dabei noch ein gewisses Mysterium bewahrt.

120 „Wo Meister vom Himmel fallen. Die Vertalkung der Mattscheiben“, in: *Esprit. Deutsches Gesellschaftsmagazin* 7, 1976, Nr. 5 (Mai 1976), S. 22–26
Talk Shows werden hier als Mittel der Fernsehanstalten interpretiert, einen Ausweg aus dem Trend zu finden, daß sich in zunehmendem Maße Zuschauer mit Hilfe von Zusatzgeräten und einem kommerziell angebotenen Unterhaltungsprogramm ihre eigene Zerstreuung suchen und gestalten (vgl. 97). Talk Shows sollen also das Unterhaltungsangebot aktualisieren, was bislang nicht so durchgreifend gelungen ist, wie es erhofft war. Die dafür angeführten Gründe werden kontrovers beurteilt.
Da „Show-Talking eine Profession ist, die sich kaum nebenbei aus dem Ärmel schütteln läßt“ (vgl. 33), interessiert ein Blick auf die amerikanischen Verhältnisse. Die „Exponiertheit der Talker“ im deutschen Fernsehen rechtfertigt relativ hohe Gagen (8000 bis 9000 DM) (vgl. 105, 122, 123, 124); dafür sollen sie dann den Idealvorstellungen von Unterhaltungschef und Programmverantwortlichen möglichst nahe zu kommen versuchen (universelles Wissen, In-

teresse am Mitmenschen, jugendliche Unverfrorenheit, Fähigkeit zum simplen Gespräch), um den Gast aus den vertrauten Rollenklischees zu locken. Die erwünschten Small talks finden allerdings nach landläufiger Meinung gegenüber dem der deutschen Mentalität angeblich mehr entsprechenden Big talk wenig Beifall.
Die drei ‚amtierenden' Talk Shows „Je später der Abend", „Kölner Treff" und „III nach neun" weisen unterschiedliche Konzeptionen und Realisationen auf; die Diskussion um ‚die Talk Show', die so schwierig zu definieren ist, erhitzt die Gemüter derer, die sich kompetent für ein Urteil glauben – und das sind „die meisten Leute".

121 „Die ‚skandalöse Doppelmoral' des Hans Jürgen Rosenbauer?", in: *Fernseh-Dienst* 1976, Nr. 42, S. 5–6
Beispiel aus der Wirklichkeit des ‚öffentlichen Nachspiels' von Talk Shows.
Vgl. 71, 87, 108, 138, 139, 140, 144.

122 „Wenn zwei das Gleiche tun . . . Zu den Sonderregelungen des WDR für die beiden Talkmaster Reinhard Münchenhagen und Hans-Jürgen Rosenbauer", in: *Fernseh-Dienst* 1976, Nr. 11, S. 6
Das prekäre Kapitel der öffentlichen Diskussion um Talk Master-Gagen; Unterschiede bei R. Münchenhagen und H. Rosenbauer für die gleiche Arbeit; Sonderregelungen gegenüber ihren Journalisten-Kollegen.
Vgl. 120, 123, 124.

123 „Die Talkmaster fordern Extra-Gage. Mit einem Trick werden sie für mehrere Jahre zu Fernseh-Großverdienern", in: *Gong* 1976, H. 5, S. 15
Vgl. 118, 122, 124.

124 „Sonderrechte für zwei Talkmaster. Ärger um WDR-Mitarbeiter", in: *Frankfurter Rundschau* 1976, Nr. 35 (11. 2. 1976), S. 11
Vgl. 118, 122, 123.

125 „Talkshows sind die ‚Renner' im Dritten", in: *Gong* 1976, H. 16, S. 46
Erörterungen der Zuschaltquoten verschiedener fester Sendungen des Westdeutschen Fernsehens. Die drei Talk Shows „III nach neun" (Radio Bremen), „Kölner Treff" (WDR) und „Spätere Heirat nicht ausgeschlossen" (WDR) verbuchen ein für das 3. Programm sehr großes Publikum. Die Zuschauerschaft hat meist eine weiterführende Schule besucht (was auch für „Monitor im Kreuzfeuer" und naturwissenschaftliche Sendungen gilt) und hat meistens ein Alter von 30 bis 49 Jahren bzw. um 60 Jahren.
Vgl. 86, 98, 102.

126 „Wem nützen eigentlich die Talk-Shows", in: *Medium* 6, 1976, H. 11, S. 2
Zielt auf die eingeladenen Gäste von Talk Shows. Vorherrschen der Prominenz aus dem Show-Geschäft, der Politik und Wirtschaft. Die speziell in „III nach neun" und im „Kölner Treff" auch anzutreffenden Minderheiten sind ihrerseits ebenfalls attraktiv und exotisch oder treten nur anläßlich eines Jubiläums oder einer besonderen (meist superlativischen) Eigenschaft auf.

127 „Viele Köche verderben den Brei", in: *Gong* 1976, H. 43

Die Probleme der Talk Show „Je später der Abend" liegen nicht nur an den Talk Mastern (vgl. 96), sondern ebenfalls an Redaktion (Kay-Dietrich Wulffen, „mit dem noch kein Talkmaster ausgekommen ist") und Regie.
Vgl. 49, 52, 54, 78, 79.

128 „Wovor haben Talkmaster die größte Angst?", in: *TV – Hören und Sehen* 1976, H. 12
Elf Fragen, die H. Rosenbauer und R. Münchenhagen zur Beantwortung vorgelegt wurden. Die synoptisch abgedruckten Antworten geben eigentlich mehr über verschiedene Züge der beiden Talk Master Auskunft als über ‚die Talk Show' oder die Titelfrage.

129 „Fragen um Loewe und Höfer", in: *Die Zeit* 32, 1977, Nr. 47, S. 13
Zur Frage, ob Werner Höfer seine erste Talk Show-Sendung „Auf den ersten Blick" integer, d.h. tatsächlich völlig unvorbereitet, geführt habe.
Vgl. 93, 132.

130 „Talk-Master startet den ‚Essener Treff' ", in: *Westdeutsche Allgemeine* 1977, Nr. 284

131 „Biolek. Keine Talk-Show mehr im Senftöpfchen", in: *Express* 25. 11. 1977

132 „Das Ende aller Tricks. Nach Werner Höfers Mogelei wird die Geheimhaltung aufgegeben", in: *Gong* 1977, H. 47
Vgl. 93, 129.

133 „Politiker und Fernsehstars in der ersten Klinik-Talk-Show. 270 Patientinnen ließen sich gern aufheitern und informieren. Live-Experiment soll Nachahmer finden – Thema Nr. 1 bei den Frauen", in: *Westdeutsche Allgemeine* 1977, Nr. 22 (27. 1. 1977)
Hintergrundinformationen über Talk Master Georg Schreiber und die eingeladenen Gäste der fernsehlosen Talk Show „Abends Gäste in Bad Trissl" in der Krebsnachsorgeklinik für Frauen, Oberaudorf.
Vgl. 47, 99.

134 „Erste Talk-Show in Aachens Kellertheater", in: *Aachener Volkszeitung* 26. 8. 1977

135 „Noch 'ne Talkshow! Guido Baumann trifft ab 18. Oktober ‚Gefragte Gäste' ", in: *Neue Rhein-Zeitung* 8. 10. 1977

136 „‚So ist alles schon einmal dagewesen, wie alles einmal wiederkommt.' Werner Höfer und das ‚Prinzip Talk-Show': Beide nicht ‚umzubringen' ", in: *Fernseh-Dienst* 1977, Nr. 23, S. 6
Glosse zur Ankündigung von Werner Höfers neuer Talk Show „Auf den ersten Blick" (vgl. 53, 63, 93); sie nimmt Höfers Anspruch (ausgesprochen in Nr. 1) auf, der erste mit der Idee und Verwirklichung von Talk Shows im deutschen Fernsehen gewesen zu sein („Rhein-Ruhr-Clübchen", Köln, 50er Jahre; „Espresso", Köln, 1965).

137 „Alles neu und alles anders – demnächst. Zu der letzten „III nach neun"-Sendung vor dem Wiederbeginn im Januar 1978", in: *Fernseh-Dienst* 1977, Nr. 27, S. 8

138 „Streit um die Wiederholung der WDR-Talkshow mit Klaus Kinski“, in: *Fernseh-Dienst* 1977, Nr. 44, S. 11
Beispiel aus der Wirklichkeit des ‚öffentlichen Nachspiels‘ von Talk Shows.
Vgl. 71, 87, 108, 121, 139, 140, 144.

139 „Aus München kam das Aus für Kinski“, in: *Gong* 1977, H. 30
Beispiel aus der Wirklichkeit des ‚öffentlichen Nachspiels‘ von Talk Shows.
Vgl. 71, 87, 108, 121, 138, 140, 144.

140 „Was stört Werner Höfer an München?“, in: *Gong* 1977, H. 39
Beispiel aus der Wirklichkeit des ‚öffentlichen Nachspiels‘ von Talk Shows.
Vgl. 71, 87, 108, 121, 138, 139, 144.

141 „Jetzt talkt das Publikum. Radio Bremen gibt Zuschauern eine Talk-Chance“, in: *Gong* 1977, H. 25
Integration des Publikums ins Talk Show-Geschehen bei „III nach neun“; zwölf Studio-Zuschauer aus unterschiedlichen gesellschaftlichen Schichten sollen sich unter Leitung eines Moderators über aktuelle Probleme unterhalten.
Vgl. 77, 78, 79.

142 „‚In Deutschland macht's mehr Spaß!‘ Der amerikanische Meisterplauderer Dick Cavett über Talkshows“, in: *Hör Zu* 1977, Nr. 46, S. 10
Biographische Informationen über Dick Cavett (vgl. 118), Informationen zur amerikanischen Art der Talk Show-Produktion (vgl. 149).

143 „‚So einen Talkmaster müßten wir auch mal haben‘“, in: *Bild & Funk* 1977, Nr. 45, S. 35
Darstellung der berühmten Fragetechnik von Dick Cavett. Lob seiner Flexibilität, Vorbereitung, Unbefangenheit und grenzenlosen Neugier (zu letzterem vgl. 119).

144 „Schmerzlinderung in Talkshow löst großes Echo aus. Nur die Ärzte reagierten sauer: ‚Wunderheiler‘ hat es auf Raucher abgesehen“, in: *Westdeutsche Allgemeine* 14. 2. 1978
Beispiel aus der Wirklichkeit des ‚öffentlichen Nachspiels‘ von Talk Shows.
Vgl. 71, 87, 108, 121, 138, 139, 140.

145 „Glaube, Liebe, Hoffnung“, in: *Der Spiegel* 32, 1978, Nr. 47, S. 255.
Die „marche funèbre“, die Dick Cavett am 14. September 1978 der deutschen Talk Show im Deutschen Fernsehen blies (vgl. 151), ist hier Anlaß, über das Mißlingen deutscher Talk Show-Produktionen zu sinnieren. Werner Höfers „Auf den ersten Blick“ ist zur Zeit die letzte Serie, die nach früheren „Schwatzbuden“-Konkursen (E. Helmensdorfer: „Gespräche mit Zeitgenossen“; W. Schmieding: „Zu Gast im ZDF“; G. Baumann: „Gefragte Gäste“; Lohmeyer: „Star-Gäste“; H.-J. Kulenkampff: „Feuerabend“) nunmehr (November 1978) ebenfalls vom Programm gestrichen wird. Als „unerreichbares?“ Ideal eigenständiger Talk Show-Machart empfiehlt sich lediglich „III nach neun“.
Ansonsten ist mit dem Jahr 1978 „im deutschen Talk-Showbusiness [...] eine

Ära zu Ende [gegangen], die der Personality-Show" (vgl. dazu 115). Der Grund liege darin, daß „das Cavett-Konzept [...] nicht für das Teutonische [taugte]" und die deutsche Gesellschaft keine Berühmtheiten oder Besonderheiten als Gäste mehr aufbringen könne.
Als Verbesserung wird für eventuelle zukünftige Neuprojekte anvisiert, nicht (mehr) nach „Seelenmüll", also personengebunden zu fragen, sondern sich „zur Sache" zu unterhalten.

Medientheoretische Sendungen

146 „‚*Zu Gast im ZDF.*' Talkshow in den USA – Talkshow im deutschen Fernsehen. Talkmaster Walther Schmieding talkt mit seinem Gast Dick Cavett."
12. Dezember 1975, ZDF.

147 „‚*Der Mann mit der roten Nelke.*' Film von Klaus Wildenhahn und Gisela Tuchtenhagen."
26. Dezember 1975 (wiederholt 12. Februar 1976), WDF (3. Programm, Reihe „Fernsehauge").
Vgl. 49.

148 „*Talk Show – eine Erfindung wird zur Inflation.*"
Medienkritischer Fernsehfilm der Redaktion ‚Glashaus', Redaktionsgruppe ‚Aktualität', WDR, am 9. Oktober 1977.

149 „‚*New York Talk.*' Paul Kuhn spricht mit Talk Master Dick Cavett über das Show-Business im Fernsehen der USA."
Sendung von Dieter Finnern.
9. November 1977, ARD (1. Programm, SFB).
Am deutschen Fernsehen gefällt Dick Cavett: „Die Ernsthaftigkeit, das Fehlen des zirkusartigen Drumrum, das Amerikas Massen verlangen."
Ihm gefällt nicht, „daß es meist beim trockenen Frage- und Antwort-Spiel bleibt. Ein bißchen lockerer dürfte es schon sein."
(Zitat s. 142).

150 Interview des Moderators Gert Höhler mit dem Leiter der Programmgruppe ‚Fernsehen, Spiel und Unterhaltung', Günther Rohrbach, im Morgenmagazin des WDR II über die Absetzung der Talk Show-Reihe „Je später der Abend" (R. Münchenhagen).
19. Januar 1978.
Rohrbach erkennt die erste Talk Show (WDR) als „zu ernst", „zu abstrakt"; die Heiterkeit der Sendung hänge vom Talk Master wie auch von den Gästen ab. Die Gesprächsform hat sich zu stark dem Interview angenähert. Die amerikanische Art, Talk Shows zu produzieren, würden die deutschen Zuschauer nicht mitmachen, speziell wegen der offensichtlich vorbereiteten, vorprogrammierten Form nicht. Der Talk Master kann nicht Sympathiefigur aller Zuschauer sein. Die Zuschauerquote hat sich bei 15% pro Sendung stabilisiert. Es

wird an einer neuen Konzeption für einen Wiederbeginn Anfang bis Mitte 1979 gearbeitet.

151 „*,Dick Cavett und Werner Höfer.*' Ein Gespräch über Gespräche. Talk-Show über Talk-Shows."
Sendung von Dieter Finnern.
14. September 1978, ARD (1. Programm, SFB).
Geplant sind zwei Anschluß-Sendungen:
10. Februar 1979 Dick Cavett-Talkshow mit Filmschauspielerin Lilli Palmer über ,Die Geschichte der großen weiblichen Hollywood-Stars'.
22. März 1979 Dick Cavett-Talkshow mit dem Berliner Theater- und Filmkritiker Friedrich Luft über ,Die großen Hollywood-Komiker'.
Talk Shows dürfen nach Dick Cavett nicht zu sehr intellektuellen Anstrich aufweisen, lieber noch mehr Aktion, Variété, Späßchen. In seinen amerikanischen Talk Shows sind die Gäste, z. B. Politiker, gelöster und singen z. B.; es gelingt auch sehr oft, sie als durchaus anders als ihrem Rollenklischee entsprechend zu erkennen. Das liegt nicht zuletzt an der Narrenfreiheit der amerikanischen Talk Master. „Was die Deutschen ,Talk Show' nennen, würden wir eine Beerdigung nennen", Dick Cavett.

Systematische Zusammenstellung

I. Medientheorie allgemein (mit Blick auf Talk Show und verwandte Formen)
Baudry 2; Bubenik 10, 11; Buhl 12; Ferber 20; Frank 21; Geerts 24; Grünefeldt 25; Hoff 28; Janke 29; John 31, 32, 34, 35, 36; Just 37; Knilli 41, 42, 43; Kraft 45; Mostar 60; Rölz 86; Stolte 97; Teichert 98; Unholzer 102.

II. Medientheorie (,Unterhaltung') mit direktem Bezug zu Talk Shows
Besser 7; Beth 8; Cossardt 15; Delling 16; Donner 17; Frenzel 20; Gallasch 23; Janke 30; John 31, 33; Kalverkämper 38; Land 52; Morgenstern 59; Rölz 86; Rotzoll 87; 109; 110; 120.

III. Allgemeine breite Information zu Talk Shows
(Beiträge in Klammern argumentieren spezieller in Hinblick auf eine bestimmte Talk Show-Sendereihe)
v. Barloewen/Brandenberg 1; Delling 16; Donner 17; Frenzel 22; Janke 30; John 31, 33; Kalverkämper 38; (Model 58); (Neudeck 67, 69); (Prior 82); Rotzoll 87.

IV. Einzelne Talk Show-Reihen
„Auf den ersten Blick"
Land 53; Muthmann 63; Schultz-Gerstein 93; 129; 132; 136; 145.
„Dämmerschoppen"
Bellon 4.

V. Einzelaspekte von Talk Shows

Hans-Dieter Kübler

Kinder und Fernsehen. Ein Literaturbericht

1. Vorbemerkung

Wer in dem weiten Forschungsgebiet ‚Kinder und Fernsehen' einen einigermaßen umfassenden Überblick und eine grobe Orientierung zu schaffen trachtet, muß sich mit einigen Imponderabilien und Hypotheken abmühen und wohl auch abfinden. Da verunsichert zunächst die Unabgrenzbarkeit und tendenzielle Universalität des Themas: ‚Kindheit' bedeutet ja nicht ‚nur' den in jeder Hinsicht elementaren Lebensabschnitt des Individuums von 0 bis 13 Jahren, sofern diese obere Begrenzung akzeptiert wird, sondern eben auch die sich unaufhörlich reproduzierende Phylogenese einer Gesellschaft. Je nachdem, welches kollektive Bewußtsein sie von ihrer Regeneration besitzt, welche Ziele und Normen sie an sie knüpft, welchen funktionalen (Sozialisation) und intentionalen (Erziehung) Regeln, Institutionen und Maßnahmen sie sie unterwirft, so fallen der Begriff und die Vorstellung dessen aus, was unter Kind verstanden wird. Erst in jüngster Zeit haben beispielsweise P. Ariès (1976^2), D. Elschenbroich (1977) u.a. dargelegt, daß ‚Kindheit' in ihrer überkommenen moralisch-pädagogischen Bedeutung erst von der bürgerlichen Gesellschaft des 18. Jahrhunderts ‚erfunden' wurde. Und es scheint gerade ein widersprüchliches Signet der gegenwärtigen gesellschaftlichen Situation – nicht nur im spektakulären „Jahr des Kindes" – zu sein, daß man sich – zumindest vordergründig – umso intensiver um die ‚richtige' Aufzucht und Entwicklung der wenigen zu kümmern beginnt, je mehr die Geburtenzahlen und die Kinderbegeisterung schwinden. In diesen Gesamtzusammenhang sind die Massenmedien, besonders das Fernsehen, unlösbar verwoben – nicht nur als symbolischer Multiplikator und Träger der gesellschaftlich erwünschten Erziehungsziele und Wirklichkeitsentwürfe, sondern auch als realer Faktor des Enkulturations- und Sozialisationsprozesses selbst. So verzichtet kaum eine der vielen Einführungen und Handreichungen zur Pädagogik, Entwicklungspsychologie, Sozialisation etc., der noch zahlreicheren Sach- und Populärschriften zur Erziehungs- und Elternberatung auf bekannt-ernste Ausführungen über Einfluß und Bedeutung der Massenmedien. In der Tat waren es ja vor allem Psychologen und Pädagogen, die mit dem Aufkommen des Fernsehens die ersten wirkungsanalytischen, experimentellen Untersuchungen anstrengten – damals allerdings vorwiegend mit der Absicht, die oft beschworene Schädlichkeit oder wenigstens Ungeeignetheit des Mediums für Kinder zweifelsfrei nachzuweisen. Sie alle hier zu würdigen, übersteigt bei weitem den gegebenen Rahmen.

In dem Maße, wie das Fernsehen zum fast selbstverständlichen Element des familiären Lebens und Freizeitverhaltens und mithin der kindlichen Wahrnehmungs- und Lebenswelt geworden ist, verschwimmen die begrenzenden Konturen nochmals:

Die Beziehungen zwischen der Familie, ihren Erziehungspraktiken, ihrer routinierten Organisation des Alltags, ihrer Position und Rolle innerhalb des gesamten Sozialisationsprozesses einerseits und ihrem Freizeit- und Medienverhalten andererseits rücken in den Blickpunkt des analytischen Interesses. Mehr noch: Den immer wieder heftig aufbrechenden Diskussionen ist es fast jedesmal gelungen, das Fernsehen für alle erdenklichen Defekte und Ungereimtheiten der heranwachsenden Generation und ihrer Erziehungsinstanzen zumindest mitverantwortlich zu machen. Seien es physische Schäden, psychische Deformationen wie Konzentrationsschwäche, Lernhemmungen, Überreizung etc. oder seien es gar dissoziale Verhaltensweisen wie die wachsende Aggressivität und Kriminalität unter Kindern und Jugendlichen – eilfertig, oftmals vehement, in der Regel aber ohne hinreichendes wissenschaftliches Fundament werden solche Klagen und Anklagen von sogenannten Experten und Sachbuchautoren vorgetragen.
Wissenschaftliche Redlichkeit und Rationalität muß sich deshalb immer wieder erneut anschicken, diesen Nebel von apodiktisch gespreizten Behauptungen und professionell kalkulierter Ignoranz zu durchdringen, wohl wissend, daß sie kaum jemals dessen öffentliche Wirksamkeit erreicht und sich ebensowenig von seinen Herausforderungen und Insinuationen dauerhaft und hermetisch abriegeln kann. Denn jene Ratgeber und pädagogischen Traktate prägen die breite Öffentlichkeit viel eindrücklicher als die wenigen, schwer zugänglichen wissenschaftlichen Arbeiten; sie fördern Wissenschaftsgläubigkeit oder -phobie und beeinflussen damit nachhaltig das betroffene erzieherische Bewußtsein und Handeln.
Die Vielzahl der beteiligten Wissenschaftszweige und die vom Forschungsgegenstand geforderte Multidimensionalität der Zugangsweisen erlauben ferner weder die Bevorzugung einer Disziplin noch die vorschnelle Aussonderung bestimmter Ansätze und Überlegungen. Denn dies hieße einen gesicherten Erkenntnisstand und einen konzisen Wissenschaftsbegriff, zumal für alle tangierten Richtungen, vorauszusetzen, die es nicht gibt und wohl auch nicht geben kann. So verfahren die wenigen deutschsprachigen Survey-Artikel (Dahlmüller/Kommer, 1973; 1974; Saxer, 1975)[1] zu diesem Thema jeweils gleichermaßen einseitig, selegieren die ihnen genehmen oder signifikanten Repräsentanten, ohne über hinreichend überprüfbare Auswahlkriterien zu verfügen bzw. Rechenschaft abzulegen. Wahrend vor dem materialistischen Maßstab von Dahlmüller/Kommer keine der älteren Tendenzen „bürgerlicher Medienforschung", ob nun in der Tradition einer idealistisch-irrationalistischen Pädagogik oder in der Nachfolge eines funktionalistisch-integrationspädagogischen Neopositivismus, bestehen und deshalb eigentlich nur der „erbärmliche Zustand auf diesem Forschungsgebiet" (1974, S. 113) diagnostiziert werden konnte, schließt U. Saxer unter dem Rubrum einer deklamierten Wissenschaftlichkeit nicht nur sämtliche „spekulativen" Ansätze aus, die nicht den gängigen methodologischen Standards empirischer Forschung genügen, sondern dazuhin noch alle

1 Sieht man von Handbuchartikeln wie Kasper (1978) oder Rezensionen wie Kasper (1975) ab.

Arbeiten, deren Ergebnisse nicht „einigermaßen zuverlässig, objektiv und gültig" sind (1975, S. 176); darunter fallen selbstredend alle materialistischen, neomarxistischen und ideologiekritischen Arbeiten, so daß die Zahl der nennenswerten Beiträge zwangsläufig „sehr klein" (ebd., S. 177) gerät. Als Sozialwissenschaft unterliegt mithin auch die Medien- und Fernsehforschung den Polarisierungen und Spannungen, die in der Soziologie zu Beginn dieses Jahrhunderts als „Werturteilstreit", in den 60er Jahren nochmals als „Positivismusstreit" aufbrachen. Aber da es ihr lange Zeit an originären theoretischen Bemühungen und Entwürfen mangelte – erst in den letzten Jahren kündigen sich Versuche an, der Publizistik- und Medienwissenschaft ein eigenes theoretisches Gerüst zu konstruieren (z. B. Bohrmann/Sülzer, 1973; Scharf/Schlie, 1973; Petermann, 1976; Merten, 1978) –, wird dieser Disput ungleich versteckter und weniger profund als in anderen sozialwissenschaftlichen Disziplinen geführt.

In dieser Arbeit soll hingegen versucht werden, den gegenwärtigen Forschungs- und Diskussionsstand, soweit er hiesige soziale Verhältnisse betrifft, in seiner Gesamtheit wenigstens annähernd widerzuspiegeln. Selektionen sollen sich aus der inhaltlichen Auseinandersetzung, aus der Erarbeitung und Definition des jeweiligen historischen Forschungsniveaus, das anschließend nicht mehr unterboten werden sollte, oder pragmatisch insofern ergeben, als aus Platzgründen auf ältere, in den beiden anderen Überblicken behandelte Arbeiten verzichtet werden muß. Zudem muß die Einschränkung gelten, daß es sich lediglich um den manifesten Forschungs- und Diskussionsstand handeln kann. Denn wie bei allen derart attraktiven Untersuchungsobjekten existiert vermutlich eine weit größere Anzahl von abgelegen publizierten, unveröffentlichten oder begrenzt aussagefähigen Arbeiten, auf die man nur durch Zufall stößt. So bedenkenlos man diesen Umstand im allgemeinen in der Selbstgewißheit der anerkannten szientifischen Binnenkommunikation zu vernachlässigen weiß, für die gegenwärtige Neuorientierung der Fernsehforschung, die wohl in der Absage an repräsentative und experimentelle Großuntersuchungen und in der Hinwendung zu exemplarischen Fallstudien im Kontext alltäglichen Medienverhaltens kulminiert, erlangt er doch gewisse Relevanz. Die Beobachtung und pädagogische Betreuung einer Kindergruppe bei und nach dem Fernsehempfang durch eine Erzieherin beispielsweise mag mitunter nicht weniger Einsichten befördern als eine akribische, groß angelegte, aufwendige Befragungsaktion einer repräsentativen Population (Uebele, 1974; Maurer, 1976).

Doch Dominanz und öffentliche Präsenz bestimmter Forschungsrichtungen sind nicht nur eine Frage der wissenschaftlichen Erkenntnis und ihres Fortschritts, sondern auch der jeweiligen Organisationsformen wissenschaftlicher Forschung. Immer noch ist die universitäre Medienforschung, zumal in diesem Bereich, überaus schwach institutionalisiert, so daß sich die ihr eigene Methodenvielfalt und Erkenntnispluralität gegenüber der von den Fernsehanstalten und anderen Auftraggebern zweckrational und stringent auf harte Daten ausgerichteten, empirisch-demoskopischen Medienforschung kaum entfalten kann. Ob dafür nicht zuletzt auch die (psychologisch orientierte) Münchener „Domäne" auf dem Gebiet der Medienforschung und -pädagogik (Projektgruppe Kinderfernsehen, 1975, S. 94ff) verantwortlich ist, wo sich die Forschungskapazitäten vor allem im „Internationalen Zentralinstitut für das Jugend- und Bildungsfernsehen (IZI)" (Leitung: Hertha Sturm) und im „Wissenschaftlichen Institut für Jugend- und Bildungsfragen in Film und Fernsehen" (heute auch: „Institut Jugend Film Fernsehen") (Leitung: M. Keilhakker, H. Schiefele)[2] konzentrieren, sei dahingestellt. Immerhin läßt sich als vorweggenommenes Fazit von einer gewissen Stagnation oder gar von einem Rückstand der bundesdeutschen Kinderfernsehforschung sprechen, wenn man sie mit anderen Sparten der Medien- und Fernsehforschung vergleicht. Dieses Manko wiegt um so schwerer, als den gegenwärtig diskutierten Paradigmenwechsel, der sich nochmals verkürzt im Wandel der Fragestellung, nämlich von „Was macht das Fernsehen mit den Kindern?" zu „Was machen die Kinder mit dem Fernsehen?" (Baacke, 1975, S. 42), ausdrücken läßt, die fragliche Zielgruppe wie kaum eine andere fordert, wie noch zu zeigen sein wird.

Vollends ermangelt es der Kinderfernsehforschung an einer systematischen, transparenten Koordination und Forschungsplanung. Weit entfernt sind hiesige Bemühungen beispielsweise von einem Aktionsplan, analog zu dem, den amerikanische Arbeitsgruppen (Leifer u. a., 1975; Anderson u. a., 1976) im Auftrag des „Office of Child Development", einer Abteilung des US-Gesundheitsministeriums, 1973 erstellten, nachdem der „Surgeon General" in einem fünfbändigen „Report on Television and Social Behavior" (1972) eine Bestandsaufnahme aller diesbezüglichen Forschungen in den letzten zehn Jahren initiiert und publiziert hatte. Ausgangspunkt war der erneute Versuch, eine abschließende Klärung des vermuteten Zusammenhanges von im Fernsehen dargestellten Gewalthandlungen mit aggressivem Verhalten bei Kindern und Jugendlichen herbeizuführen. Doch die Stellungnahme fiel eher vorsichtig, mancherorts sogar widersprüchlich aus; sie leugnete zwar nicht gewisse Interdependenzen, behauptete aber keineswegs eine kausale Verursachung und erweiterte sich, wie der Titel schon annonciert, zu dem übergreifenden Untersuchungsfeld des Medienverhaltens als Teil sozialen Handelns. Wie zu erwarten, war damit die Gewaltdiskussion mitnichten beendet, sondern sie beschwor neue Kontroversen herauf (Bogart, 1974), zumal die amerikanischen Networks diesen vermeintlichen wissenschaftlichen Freibrief dazu benutzten, ihre violenten Programme ungehindert fortzuführen (Kellner, 1977a). Die erwähnte Kommission hatte weitere Studien über die Wirkung von Gewaltdarstellung für wenig erfolgreich erklärt, da verläßlichere als die verfügbaren Ergebnisse kaum zu erwarten seien und man es endlich bei der Erkenntnis bewenden lassen sollte, „daß das Anschauen von Gewaltdarstellungen durchaus keine wünschenswerten Wirkungen hat" (Leifer u. a., 1975, S. 23). Ebenso sollte auf Untersuchungen über die Wirkungsweise der

2 Beide Institute geben eine wissenschaftliche Zeitschrift heraus: das IZI die dreimal jährlich erscheinende „Internationale Zeitschrift für Medienpsychologie und Medienpraxis": *„Fernsehen und Bildung"*, das andere die „Vierteljahresschrift für audiovisuelle Kommunikation": *„medien + erziehung (merz)"* (früher: „Jugend Film Fernsehen"); ab Jan. 1979 erscheint *„merz"* alle zwei Monate.

Werbung sowie auf neuerliche Beweisführungen verzichtet werden, daß Menschen durch Beobachtungen zu lernen vermögen.
Empfohlen wurden hingegen Forschungen und Experimente darüber, wie das Fernsehen eine Vielzahl von Darstellungsweisen verwirklichen und sozial gebilligte Verhaltensweisen vermitteln könne. Dazu sollten Programme und Produktionsverfahren systematisch variiert und kombiniert werden, um ihre Attraktivität, Verständlichkeit und ihren pädagogischen Nutzen zu erproben und zu erhöhen. Zugleich sollten flankierende medienpädagogische Maßnahmen wie die Bereitstellung von ergänzendem Verbundmaterial, Einführungskurse in das Verstehen der ‚Mediensprache', die Einbeziehung der Eltern in und ihre Unterrichtung über die Fernsehrezeption ihrer Kinder etc. veranlaßt und geprüft werden. Zur Koordination und öffentlichen Information wird die Errichtung von Fernseh-Informationszentren vorgeschlagen. Noch wenig beackert seien kognitions- und wahrnehmungspsychologische Fragestellungen, nämlich wie Kinder audiovisuelle Informationen aufnehmen und verarbeiten und welche Lerngewinne (z. B. für die visuelle Bildung oder Kreativität) sie aus dem vermehrten visuellen Angebot ziehen. Schließlich harrten die neuen Video-Technologien einer wissenschaftlichen Fundierung und Implementation. Denkbar, aber innerhalb des gegebenen Zeitraums von fünf bis zehn Jahren und angesichts der vorhandenen Finanzmittel nicht zu realisieren, seien Untersuchungen, ob und inwieweit das Fernsehen zur politischen Sozialisation der Kinder beiträgt und für institutionalisierte Förderungsprogramme systematisch genutzt werden kann. Prinzipiell plädierten die Autoren für integrierte, interdisziplinäre „Gesamtansätze", die soweit wie möglich sich der natürlichen Situation des Fernsehempfangs annähern, die unterschiedliche, multivariante Erhebungs- und Meßmethoden verwenden und die, im Gegensatz zu früheren Arbeiten, langfristig – als Längsschnittuntersuchungen (eine Altersgruppe wird über einen Zeitraum hinweg verfolgt) oder als Querschnittschnittuntersuchungen (unterschiedliche Altersgruppen gleichzeitig) – angelegt werden (Ebd., S. 12).
„Im Grunde [läuft] jede Kommunikationsforschung auf eine Untersuchung der Wirkung hinaus" – diese von Katz und Lazarsfeld (1962, S. 22) früh formulierte Einsicht trifft für den Bereich ‚Kinder und Fernsehen' in besonderem Maße zu: Der generelle Argwohn gegenüber dem Fernsehen und umgekehrt die Annahme einer starken Anfälligkeit und Beeinflußbarkeit der Heranwachsenden prägen versteckt oder offen nahezu alle Forschungsaktivitäten. Dennoch sei hier um der Übersicht willen zunächst an der traditionellen, durch Lasswells Frageformel strukturierten Unterscheidung der Untersuchungsbereiche festgehalten und registriert und geprüft, was
– zum Bereich der Kommunikatoren und Produktion (4.),
– zum Bereich der angebotenen Aussagen und Inhalte (3.) und
– zum Bereich der Rezeption (2.), unterteilbar in die Reichweite und Nutzung von Fernsehsendungen durch Kinder und in die Frage nach ihren Wirkungen,
erarbeitet ist, bevor eine kritische Synopse (5.) und mögliche Forschungsperspektiven (6.) vorgetragen werden sollen.

2. Fernsehrezeption und Kinder

2.1 Reichweite und Nutzung

Fernsehen war das erste elektronische Massenmedium, dessen Einführung mit sozialwissenschaftlichen Beobachtungsmethoden systematisch verfolgt werden konnte. Wie es sich in den verschiedenen regionalen und sozialen Aggregaten ausbreitete, welche Veränderungen allein die Teilnahme an ihm, ungeachtet der Inhalte seiner Sendungen, im alltäglichen Leben, in den Einstellungen und Verhaltensweisen der Rezipienten bewirkte, das waren die beherrschenden Fragen der ersten großen Felduntersuchungen. Und da man in kulturkritisch-pädagogischer Besorgnis vor allem Wirkungen auf Kinder und Jugendliche vermutete, überwogen anfangs Untersuchungen mit dieser Population (Noelle-Neumann, 1969, S. 486 f.). Die Reichweite eines Mediums bezeichnet den Anteil an einer technisch oder demoskopisch definierten Grundgesamtheit von potentiellen Rezipienten,[3] der von dem jeweiligen Medium erreicht wird. Die Nutzung betrifft zwar denselben Tatbestand, nämlich den quantitativen Einfluß des Mediums, allerdings gibt dieser Meßwert unter einer veränderten Fragestellung Auskunft über die zeitlichen und finanziellen Vorleistungen und über Verhaltensweisen, die für den Gebrauch von Massenmedien notwendig sind (Zoll/Hennig, 1970, S. 59, 86).
Rund 4500 Schulkinder im Alter von 10 bis 14 Jahren in vier britischen Städten bezogen Himmelweit u. a. (1958) in ihre umfangreiche Studie, die erste dieser Größenordnung, ein. Sie setzte sich zum Ziel, die damals in der Öffentlichkeit virulenten Befürchtungen und Erwartungen über den Fernsehkonsum von Kindern mit einer Vielfalt von Methoden (Befragung der Kinder, Eltern und Lehrer; Auswertung von Kinder-Tagebüchern; Paarvergleiche von Kindern aus Fernsehhaushalten und solchen, die zuhause kein Gerät hatten; Studien nach dem „Vorher-Nachher-Modell", also des Verhaltens vor und nach der Anschaffung eines Fernsehgeräts; Inhaltsanalysen der Programme) zu prüfen. Ähnlich wie die in den USA von Schramm u. a. (1961) und die in Japan von Takeo Furu (1962; 1971; 1974) wenige Jahre später durchgeführten Untersuchungen erbrachte die englische Studie einige in der internationalen Kinderfernsehforschung immer wieder bestätigte Ergebnisse (Thewalt, o. J., S. 3f.): Der durchschnittliche Fernsehkonsum von Kindern steigt ab dem 3. bis zum 12. oder 13. Jahr kontinuierlich an, erreicht in diesem Alter den Höhepunkt von zwei (England) oder drei (USA) Stunden täglich und sinkt dann wieder zwischen dem 14. und dem 16. Jahr auf das bei Erwachsenen durchschnittliche Maß ab. Alle Kinder sehen und bevorzugen Programme für Erwachsene, je älter sie sind um so mehr. Schädliche Einflüsse auf Gesundheit, psychische Disposition und Verhalten konnten bei einem durchschnittlichen Fernsehverhalten ebensowenig empirisch nachgewiesen werden wie positive; temporäre Vorsprünge im Wortschatz und Pro-

3 Beim Fernsehen gemessen als Versorgungsdichte bzw. Gerätebesitz und als Einschaltquoten.

blemlösen konnten nicht-fernsehende Kinder bei entsprechender schulischer Unterrichtung rasch aufholen. Die anfänglichen sozialen Unterschiede beim Fernsehkonsum, die kulturkritische Fernsehabstinenz der Oberschicht und die materiell erzwungene durch den Nichtbesitz eines Fernsehgerätes in der unteren Unterschicht, nivellierten sich in quantitativer Hinsicht weitgehend bei erreichter Sättigung.
Für die Veränderung der Lebensgewohnheiten entscheidend war die Frage, welche Tätigkeiten der 2- bis 3stündige Fernsehkonsum verdrängt. Auch darüber konnten die Studien beruhigen: Nicht die hochgeschätzten Primärtätigkeiten wie Spielen im Freien und ‚aktives' Zusammensein mit Gleichaltrigen wurden vom Fernsehen ausgestochen, auch nicht die gehaltvolle Lektüre, die Schularbeiten und die Hobbys, sondern die ohnehin minderbewerteten Unterhaltungen wie das Lesen von Comics und Abenteuergeschichten oder das Herumtrödeln schlechthin.
Eine kleine Studie unter 12- bis 13jährigen Kindern kam in der Bundesrepublik zu vergleichbaren Resultaten (Weber, 1963). Lange fanden diese inzwischen als ‚klassisch' apostrophierten Studien hierzulande hinsichtlich ihres repräsentativen Umfangs und ihrer Aussagekraft nur begrenzte Nachfolger. Als Pionier, wohl auch Begründer hiesiger empirischer Zuschauerforschung (die sich in Form von tentativen „Tiefeninterviews" schon damals an qualitative Methoden heranwagte) kann wohl G. Maletzke mit seiner Hamburger Untersuchung *Fernsehen im Leben der Jugend* (1959) gelten. Da er 15- bis 20jährige Probanden auswählte, braucht die Arbeit hier nicht berücksichtigt zu werden. Eher aufgrund von theoretischen Überlegungen, gewonnen aus den bekannten amerikanischen Studien (Riley/Riley, 1951; Maccoby, 1951; 1954; Bogart, 1956; Himmelweit u. a., 1958; Schramm u. a., 1961), als von ihrer recht begrenzten Befragung von 78 Freiburger Müttern mit 6- bis 14jährigen Kindern im Frühjahr 1959 sah B. Fülgraff (1965) den damals in der Soziologie breit prognostizierten Struktur- und Funktionsverlust der Familie bestätigt. Fernsehen, als quasi-primärer Erziehungs- und Sozialisationsfaktor in die Familien eingedrungen, beschleunige die „soziale Schwächung der Familie" (S. 119), indem es sich nicht nur Erziehungsfunktionen durch das Heranbringen der äußeren Welt anmaße, sondern auch die Beschäftigung der Eltern mit den Kindern einschränke und zu einem ständigen unbewältigten Konfliktstoff geworden sei. Mit ihrem funktionalistischen Ansatz machte diese Studie immerhin auf den auch analytisch zu berücksichtigenden Zusammenhang von familiärer Lebensweise und Fernsehrezeption aufmerksam, den psychologische Richtungen allzu häufig ignorierten (s. u.).
An der Schwelle zu den 60er Jahren setzten dann auch in der Bundesrepublik demoskopisch-repräsentative Umfragen ein: 1958 fragte das Institut für Demoskopie in Allensbach nach Motiven für die Anschaffung eines Fernsehgerätes; seit 1959 veröffentlichte es in seinen jährlichen Werbeträger-Analysen für die Inserenten relevante Rezeptionsdaten; Kinder und Jugendliche wurden nur in diesem Kontext berücksichtigt. 1966/67, „als es fast zu spät war" (Noelle-Neumann, 1969, S. 487), ermittelte Allensbach die Auswirkungen des Fernsehens auf die Lebensgewohnheiten, auf die Interessen und auf das Bild der Politik vor und nach der Anschaffung eines Fernsehgeräts. Generell konnten „keine Veränderungen des Familienlebens

durch Fernsehen" (ebd., S. 494) trotz der konstatierten enormen Sehdauer festgestellt werden – kein Wunder bei dem gemeinhin angewandten, allzu groben Befragungsinstrumentarium. Seit April 1963 erhoben die beiden Institute Infratam und Infratest im Auftrag der Fernsehanstalten Tag für Tag die Sehbeteiligung und das Urteil der Zuschauer zu bestimmten Sendungen (Ernst, 1967; Bessler, 1974; 1976). Doch das eine maß nur die repräsentativ hochgerechnete Zahl eingeschalteter Geräte, das andere befragte nur Erwachsene: Kinder wurden beide Male ausgeklammert, allenfalls in Sonderstudien beachtet (Infratest o. J. [1976]).
So bot die von Stückrath/Schottmayer (1967) 1962 in Hamburg durchgeführte Befragung von 17 383 Schülern und Schülerinnen im Alter von 8 bis 19 Jahren, also aller Schulstufen und auch -arten, die umfänglichsten und einigermaßen verläßlichsten Anhaltspunkte. In den 63% der Haushalte, die bereits über ein Fernsehgerät verfügten, belief sich die tägliche Sehdauer auf durchschnittlich zwei Stunden gegenüber einer halben Stunde in Familien ohne Fernsehgerät. Falls zwischen dem 1. und einem 2. Programm (dem damaligen Versuchsprogramm der ARD) gewählt werden konnte, erhöhte sich der Fernsehkonsum um eine weitere halbe Stunde täglich. Bereits jedes zweite Kind im Vorschulalter sah regelmäßig fern. Alter, Geschlecht und Schulbildung beeinflußten das Sehverhalten: Der Zenit des Fernsehkonsums wurde während des 13. Lebensjahres beschritten, Jungen sahen in der Woche durchschnittlich über drei Stunden länger fern als Mädchen, Hilfschüler mehr als Volksschüler, Gymnasiasten am wenigsten. Ebenso deutete sich eine Korrelation zwischen Fernsehnutzung und familiärem Kontext an: Je geringer das „Erziehungsniveau" – ein Konglomerat aus Schichtzugehörigkeit, Familienstruktur, Erziehungszielen u. a. m. –, umso länger die Fernsehdauer. Diese unmißverständlichen Daten hinderten die Autoren gleichwohl nicht daran, pädagogisch äußerst rigide Direktiven zu statuieren, so mächtig war unter Pädagogen und Medienforschern offenbar die Ablehnungsfront gegen das Fernsehen. Kategorisch erklärten sie, das „sechs- bis neunjährige Kind braucht nicht fernzusehen" (S. 325). Denn der Konsum von Fernsehsendungen führe zu Nervosität und diese steigere wiederum den Konsum; zudem bewirke er einen „Verlust an zwischenmenschlichem Zusammenhang" (S. 194 f.), worunter die Kinder am schmerzlichsten zu leiden hätten. Doch diese und andere Schlußfolgerungen dürfte das methodische Instrumentarium des Fragebogens kaum stützen. Immerhin hat diese Untersuchung Fragen aufgeworfen und Ergebnisse eruiert, die bis heute diskutiert und rekapituliert werden. Darüber hinaus gewinnt sie insofern an historischer Einmaligkeit, als sie Korrelationen zwischen Fernsehbesitz und Sehdauer aufstellen konnte, wie sie mittlerweile unmöglich geworden sind. Globale Reichweitedaten verlieren an Relevanz, sobald das jeweilige Medium die gesamte Bevölkerung erreicht; sie müssen dann hinsichtlich bestimmter Sendezeiten, Programme und Zielgruppen differenziert und durch Nutzungsdaten ergänzt werden.
Eine der seltenen Langzeitstudien gelang F. Bertold (1970) von 1959 bis 1966 im Landkreis München und 1966 auch in der Stadt München. Ihn beschäftigte bei seiner multivarianten Untersuchung des Medienverhaltens von mehr als 25 000 Schü-

lern in den Klassen 1 bis 8 (Landkreis München), den Klassen 6 bis 8 (Stadt München) die „zweifellos gewaltige Bedeutung, welche Film und Fernsehen im bewußten (und statistisch einigermaßen erfaßbaren) Erleben des Kindes einnehmen" (S. 11), und zwar obendrein in den unterschiedlichen „Milieus" von Stadt und Land. Daten zur Nutzung des Fernsehens, zu Programmpräferenzen und zur Favoritenrolle von Film- und Fernsehdarstellern (S. 54ff.) spielten bei dieser Studie, die übrigens eine Verbindung zwischen soziologisch-repräsentativer und psychologisch-individueller Rezeptionsforschung anstrebte, nur die Rolle dispositioneller Rahmendaten – wie bei anderen, noch zu besprechenden Fallstudien, z. B. Schäfer (1973), Hunziker u. a. (1973; 1975). Bertold fand im wesentlichen heraus, daß traditionelle Erlebnisquellen für Kinder unter 14 Jahren (darunter zählte er recht undifferenziert: Buch, gehört, selbst erlebt, Unterricht) durch das Fernsehen keineswegs in ihrer Bedeutung verdrängt, sondern eher sogar gefördert wurden.

Ende der 60er Jahre brach die (aus welchen Gründen auch immer) entfesselte Vorschuldiskussion das jahrelang verteidigte Tabu des Fernsehkonsums von Kleinkindern (Mundzeck, 1973, S. 67ff.; Schedler, 1975, S. 18ff.): Fernsehen avancierte zeitweilig zur „Vorschule der Nation" (Woller, 1974), wie sie sich vor allem im Ankauf und der raschen Popularisierung der amerikanischen Serie *Sesamstraße* und nicht zuletzt in der erregten, nicht nur mit (medien-)pädagogischen Argumenten geführten Debatte über ihren Wert oder Unwert manifestierte (vgl. dazu Feinstein, 1972; Schleicher, 1972; Flemmer, 1974; Projektgruppe Kinderfernsehen, 1975, S. 73ff.). In ihrem Umfeld entstand auch die Mehrzahl der pädagogischen Ratgeber und Handreichungen, von engagierten ‚Machern'[4], Journalisten[5], Medienpädagogen oder anderen Berufenen[6] verfaßt.

Um zur „Versachlichung und Objektivierung" der vehementen Diskussion über „Funktion und Wirkung des Fernsehens bei Kindern im Vorschulalter" beizutragen, ermittelte als eines der ersten das Wissenschaftliche Institut für Jugend- und Bildungsfragen in Film und Fernsehen in einer „Pilotstudie" im Herbst 1970 die *Fernsehgewohnheiten und Einflüsse des Fernsehens* bei 259 Kindern im Alter von 3 bis 5 Jahren aus Bayern (München) und Baden-Württemberg (Stuttgart sowie ländliche Bezirke) (Firnkes u. a., 1973). Befragt wurden wiederum die Eltern, ein Verfahren, das wohl bei dieser Altersgruppe von Probanden unvermeidlich ist, bei dem gleichwohl gemäß den Entdeckungen von Greenberg u. a. (1972) hierzulande ebenfalls Verzerrungen zwischen (von Eltern) gewünschtem und tatsächlichem Sehverhalten einzukalkulieren sind. Dennoch widerlegten die Befunde alle früher prokla-

4 Z.B. Paetow, 1970; Müntefering, 1974; Flemmer, 1974; sowie die sendungsspezifischen Begleitbücher: Arbeitsgruppe *Sesamstraße,* 1973–1974; Nemetschek/van Lessen, 1975; Buresch/Mundzeck, o.J.; Hohenacker, o.J.

5 Z.B. Mundzeck (1973); Hunscha (1974) und unzählige Artikel in nahezu allen Zeitungen und Zeitschriften.

6 Furian/Vogg, 1970; Goldner, 1973; Grasser u. a., 1973; Zacharias/Mayrhofer, 1973; Pfeiffer, 1974; Geisler/Kalb, 1975; Furian/Maurer, 1978; Kelmer/Stein, 1978. Vgl. als kritische Übersicht Dumrauf, 1979.

mierten Verbote. Nur neun Kinder waren keine Fernsehzuschauer, über 50% sahen im allgemeinen jeden zweiten Tag fern. Bei einer altersspezifischen Aufteilung stellte sich signifikanterweise heraus, daß sich der Fernsehbeginn bei den jüngeren gegenüber den älteren Kindern bereits nach vorne verschoben hatte und daß sich die Häufigkeit des Fernsehkonsums mit zunehmendem Alter ebenfalls erhöhte. Bevorzugte Sehzeit (62%) war damals schon die Zeit zwischen 17.30 und 19 Uhr, eine Spanne mithin, in der kaum noch Kinder- und Jugendprogramme ausgestrahlt wurden. Trotzdem gaben die Eltern – wohl eher im Sinne ihrer subjektiven Wunschvorstellungen – an, daß die meisten Kinder nur manchmal (56%) oder sogar nie (43%) Erwachsenenprogramme sehen dürften und daß sie Kindersendungen am liebsten hätten (S. 42). Entsprechungen für solcherart Widersprüche fanden sich nicht nur in den Angaben der Eltern zu ihrem eigenen Fernsehverhalten und ihrer Anteilnahme am Kind – vielsehende Erwachsene animierten bei den Kindern ein ähnliches Verhalten –, sondern auch in der auffallenden Ambivalenz und Unsicherheit ihrer Einstellungen zu den Fernsehgewohnheiten der Kinder. Bedenken und Befürchtungen („Fernsehen im Kleinkindalter kann Kinder ängstigen", 43%) und positive Erwartungen („Fernsehen für Kleinkinder ist lehrreich", 37%) wurden in nahezu gleichem Maß geteilt (S. 35f.); methodisch hätte es hier einer programmspezifischen Differenzierung bedurft. Als übergreifender Befund schälte sich immerhin die Erkenntnis heraus, die in den kommenden Jahren verstärkt ins Blickfeld der Fernsehforschung (vgl. z. B. Hunziker u. a., 1973; 1975) rücken sollte, daß nämlich „Fernsehen in den Familien zum festen Bestandteil des Lebens und Freizeitverhaltens geworden ist und somit auch bereits im Leben vieler Kleinkinder einen breiten Raum einnimmt und den kindlichen Alltag z. T. im erheblichen Maße mitbestimmt, ja determiniert" (S. 37). Eine analoge Untersuchung wiederholten Kerstiens/Thürmer (1975) im Raum Weingarten im Auftrag der Aktion Jugendschutz Baden-Württemberg.

Entbehrlich werden solche punktuellen Eigenerhebungen, seitdem die Fernsehanstalten sich auch für Kinder Reichweite- und Nutzungsdaten durch demoskopische Institute kontinuierlich ermitteln lassen. Was immer ARD und ZDF bewogen hat, war es die jahrelange Ungewißheit und das damit verbundene Unbehagen, war es die im Zuge des Vorschulbooms erlangte offizielle Anerkennung der Kinder als wichtige Zuschauergruppe oder war es – perfiderweise – das Interesse der Inserenten an diesem kaufstimulierenden Potential (Arbeitsgemeinschaft, 1975^2; Fuhrmann u. a., 1975), in die im Winter 1970/71 veranstaltete repräsentative Tagesablaufstudie (Stolte, 1973) wurden bei Fernsehhaushalten, also bei rund 85% aller Haushalte, Kinder zwischen 3 und 13 Jahren einbezogen. Je nach Sachlage wurden die Kinder oder ihre Eltern anhand einer halbstündigen Intervalltabelle nach den Lebensgewohnheiten befragt; die Medianutzung, insbesondere die Fernsehgewohnheiten verkörperten mithin nur einen – allerdings einen sehr wichtigen – Aspekt dieser Untersuchung. Ihr umfangreiches Datenmaterial wurde mehrfach publiziert (Bessler/Zimmer-Schürings, 1973; Frank, 1974; Horn, 1972 a; 1972b; 1973). Aufsehen erregte abermals, daß sich die allenthalben gehegte Befürchtung

über das Sehverhalten der Kinder nun mit statistisch-repräsentativer Evidenz bestätigt hatte: 346 Minuten sahen die 3- bis 6 jährigen durchschnittlich in der Woche fern, die 7- bis 9jährigen 563 Minuten, die 10- bis 13jährigen sogar 768 Minuten. Der Fernsehkonsum steigt mithin, wie bekannt, mit zunehmendem Alter an, so daß er bei den ältesten Kindern eine additive Beschäftigungsgruppe ‚Spiel' (spielen in und außerhalb des Hauses, basteln, malen, handarbeiten, selbst musizieren, Sport treiben) zumindest am Wochenende an Umfang übertrifft; er wird ferner beeinflußt von der Schulbildung des Haushaltsvorstandes und der Größe des Wohnorts. Hingegen wirkt sich die Berufstätigkeit der Eltern kaum auf die Fernsehdauer, wohl aber auf die Sehbeteiligung aus. Und deren zeitliche Erstreckung war denn auch das eigentlich brisante Resultat – das seither die Rundfunkanstalten nicht mehr aus ihrer Verantwortung entläßt und immer wieder „Welle[n] des schlechten Gewissens" (Mohrhof, 1976), mindestens bei ihren sensiblen Repräsentanten, aufwühlt: Alle drei Altersgruppen sahen – grob gesprochen – an Werktagen bevorzugt zwischen 18.30 und 19.30 Uhr fern, an Samstagen noch etwas später und sonntags etwas früher zwischen 17 und 18.30 Uhr, jedenfalls kaum zu den Zeiten, zu denen die Fernsehanstalten Kinder- und Jugendprogramme anboten.
Auch in den letzten Jahren hat sich an diesem Umstand prinzipiell nichts verändert – weder durch die Vorverlegung des ZDF-Abendprogramms seit dem 1. Oktober 1973 noch durch die wachsende Publizität der Kindersendungen. Im Mai 1973 und Februar 1974 ließen ARD und ZDF in einem Projekt „Fernsehen und Familie" (Infratest, 1974a; Kiefer, 1974; Frank, 1974) nochmals das Sehverhalten der Kinder während der Vorabendzeit, die dabei herrschende soziale Rezeptionssituation und die Einstellungen der Eltern zu Fernsehkonsum und -verhalten ihrer Kinder mittels Fragebögen an die Erwachsenen erheben. Dahinter stand das Interesse zu erfahren, welche Veränderungen die von der ARD nach der Tagesablaufstudie im April 1972 beschlossene spätere Terminierung des Kinder- und Jugendprogramms (ab 17 Uhr) einerseits wie die Verlegung des ZDF-Abendprogramms auf 19 Uhr andererseits gezeitigt hätten. Viel erfreulich Neues konnten die Daten nicht indizieren: Die Sehfrequenz der Kinder – 75% aller 3- bis 13jährigen – hatte sich an einem durchschnittlichen Werktag (Montag bis Samstag) nicht verringert, im Gegenteil: die Kinder sahen ‚nur' noch häufiger, nun auch vor 18 Uhr fern, verbrachten somit insgesamt mehr Zeit vor dem Fernsehschirm. Abermals wurden diese Variablen beeinflußt vom Alter des Kindes, von der Schulbildung des Haushaltsvorstandes, der Berufstätigkeit der Mutter sowie dem Sehverhalten der Eltern. Unverändert blieben auch die Programmpräferenzen: In höchster Gunst standen nach wie vor actionbetonte Spielserien wie *Der rosarote Panther, Wickie und die starken Männer, Follyfoot-Farm*, aber auch Krimi-, Western- und Abenteuerserien. Gerade letztere wurden mit wachsendem Alter verstärkt bevorzugt. Je älter die Kinder waren, um so selbständiger gingen sie mit dem Fernsehapparat um. Vor 18 Uhr schalteten sogar 3- bis 5jährige in 44% der Fälle das Gerät selbst ein. Fügt man hinzu, daß 23% aller Sendungen zwischen 17 und 20 Uhr von Kindern allein gesehen wurden, so war das Vorabendprogramm bis 20 Uhr in der Tat zur „Domäne" (Kiefer, 1974, S. 610) der

Kinder avanciert. So nimmt es nicht wunder, daß sich die Eltern vermehrt über den extensiven Fernsehkonsum ihrer Kinder beklagten; nur Eltern mit höherer Schulbildung konnten ihn offenbar einigermaßen steuern. Andererseits hatte sich die Neigung verbreitet, Fernsehen als Kindermädchen und als Erziehungsmittel einzusetzen, wie man auch die entspannende Funktion des Fernsehens besonders für die älteren, schulgeplagten Kinder gern hervorhob.

Eine Verschiebung der Programmpräferenzen und der Sehbeteiligung zugunsten der Kindersendungen, vor allem der *Sesamstraße*, glaubten die beiden Reichweiten-Untersuchungen des Hans-Bredow-Instituts im Rahmen der gesamten *Sesamstraße-Studie* (s. u.) in den Frühjahren 1973 und 1974 ausmachen zu können (Goetzmann, 1974) – namentlich in den Gebieten, wo die Serie fast täglich zu sehen war. Inzwischen dürften sich diese Werte wieder zum gewohnten Durchschnitt hin nivelliert haben, zumal längst andere Favoriten den Kinder-Bildschirm bevölkern.

Die vorläufig letzte Erregung über den Widerspruch zwischen Programmterminen und Sehzeiten der Kinder flammte auf, als „teleskopie", das neue Verfahren der Publikumsstatistik von ARD und ZDF (Bessler, 1974; Frank, 1976),[7] kontinuierliche Daten über das tägliche Sehverhalten von Kindern zwischen 3 und 13 Jahren veröffentlichte. Presse-Schlagzeilen wie „Kinder pfeifen auf das Kinderprogramm" (*Südwest-Presse*, 7. August 1976), „920000 Kinder sahen Samstagnacht Katastrophenfilm im ARD-Programm" (*epd*. Nr. 38 vom 15. Mai 1976, S. 12) rüttelten im Frühsommer 1976 wieder einmal eine ratlose Öffentlichkeit wach. Wohl konterten die Fernsehanstalten ihrerseits mit einer eilends in Auftrag gegebenen „teleskopie"-Sonderuntersuchung zum Sehverhalten der Kinder (Darschin, 1976), die zwischen Schulkindern (8–13 Jahren) und Kindern im Vorschulalter zu differenzieren wußte und zeigen konnte, daß die beunruhigende Millionenquote nächtlicher Seher vornehmlich die älteren Kinder bestritten, während sich die kleinen mehrheitlich mit den ihnen zugedachten Sendungen begnügten; doch das reguläre Sehverhalten der Kinder blieb weitgehend unverändert: Das gesamte Jahr 1976 über erzielte die Nettoreichweite[8] der Kinder zwischen 3 und 13 Jahren an Wochentagen zwischen 19 und 20 Uhr ihre Spitze, und 1977 war es ebenso (*Media Perspektiven* 4, 1978, S. 312ff.). Um 21 Uhr erreichte das Fernsehen immer noch gleich viele Kinder wie während der Zeit der Kinderprogramme. Samstags verlagerten sich die Sehbeteiligungszenite noch weiter, zwischen 20 und 22 Uhr, wohingegen sich am Sonntag der

7 Die beiden beteiligten Institute, das Institut für Demoskopie Allensbach und das infas-Institut für angewandte Sozialwissenschaft in Bonn-Bad Godesberg, bieten ihren Kunden, den Rundfunkanstalten, eine Reihe von Diensten an: von der Schnellauswertung („telequick") am Tag nach der Sendung bis zu zusammenfassenden Berichten über bestimmte Zeitabschnitte, Zuschauergruppen etc. Einer begrenzten Öffentlichkeit werden die Daten durch die vierteljährliche Bekanntgabe in *Media Perspektiven*, der kostenlosen Zeitschrift der „Arbeitsgemeinschaft Rundfunkwerbung" der Rundfunkanstalten, zugänglich.

8 Nettoreichweiten sind Rezipient-pro-Tag-Reichweiten. Sie geben an, wie viele Personen in der jeweiligen Zeiteinheit, in der Regel eine Viertelstunde, fernsehen (Frank, 1976, S. 408; *Media Perspektiven* 6/1976, S. 279).

gesamte Nachmittag (zwischen 15 bis fast 20 Uhr) eines gleichmäßig regen Zuspruchs erfreute.
Die Vorbereitungen zu „teleskopie“ im November/Dezember 1974 ermöglichten zugleich eine repräsentative Sonderbefragung der Panelhaushalte mit Kindern zwischen 3 und 9 Jahren (Horn, 1976). Wie bei den Erwachsenen (Berg/Kiefer, 1978, S. 76ff.) schien auch bei Kindern der Fernsehkonsum zwischen 1970/71 und 1974/75 angestiegen zu sein, und zwar an Werktagen um eine halbe Stunde auf 84 Minuten; „d. h. nahezu anderthalb Stunden durchschnittlich verbringen die Kinder Werktag für Werktag vor dem Fernsehschirm“ (S. 358). 83% von ihnen sahen täglich oder fast täglich fern; wenn sie könnten, würden sie dem Fernsehapparat noch mehr Zeit widmen. Allerdings war bei knapp 60% von ihnen das Fernsehen mindestens gelegentlich von anderen Beschäftigungen begleitet oder unterbrochen. Alter der Kinder, Schichtzugehörigkeit und Haushaltsgröße beeinflußten wiederum das Sehverhalten. Zwar saßen die Kinder selten allein vor dem Fernsehapparat, aber die bloße Anwesenheit der Eltern oder der älteren Geschwister im Fernsehzimmer kann nicht mit einer Kontrolle des kindlichen Tuns gleichgesetzt werden. Bezüglich der Programminteressen der Kinder ergab sich zwischen den Angaben der Eltern und denen der Kinder eine größere Übereinstimmung als früher; allerdings unterschätzten die Eltern, namentlich bei älteren Kindern, immer noch die Vorlieben für Abenteuer-, Western-, Kriminal- sowie für Spielfilme allgemein. Unverändert war das „erschreckend hohe Maß an Unsicherheit“ (S. 364). Die Eltern retteten sich über ihre ambivalenten Einstellungen mit positiven Schutzbehauptungen über die „lehrreiche, nützliche Funktion des Fernsehens“ (ebd.) hinweg, suchten im übrigen den Zugang zum Fernsehen formal – über Ausmaß und abendlichen Endtermin –, kaum aber hinsichtlich der Programmwahl zu regeln. Dabei verzichteten Mittelschichtfamilien lieber ganz auf das Fernsehen, um das Kind nicht zu verleiten, während Unterschichtfamilien sich eher gemeinsam vor den Bildschirm setzten.
Eine deutlich gewachsene tägliche Sehdauer konnte die jüngste Auswertung der „teleskopie“-Daten von 1976 (Darschin, 1977a; 1977b) nicht registrieren. Hingegen scheint sich die Fernsehnutzung der Kinder im Vergleich zu 1970/71 weiter in die Abendstunden verlagert zu haben. Im Gegensatz zu den typischen ‚Fernsehländern‘ wie den USA und Japan liegen die nun seit mehreren Jahren relativ stabilen Fernsehwerte der deutschen Kinder und Jugendlichen immer noch weit unter denen der Erwachsenen. Stark beeinflußt das Alter das Sehverhalten nicht nur in seinem Ausmaß, sondern auch in seiner zeitlichen Plazierung. Je älter die Kinder, um so häufiger sehen sie auch nach 20 Uhr fern, um so bedeutungsloser werden für sie das Nachmittags- und das Vorabendprogramm. Dennoch bleibt letzteres für alle Altersgruppen bis 13 Jahren das am häufigsten frequentierte Programm. Diese Tendenz belegen auch die gemessenen Programminteressen (die sich von den erfragten beträchtlich unterscheiden). Ältere Kinder bevorzugen Filmkomödien, Volksstücke (50%), sodann Zeichentrickfilme, Slapsticks, Quiz-Shows (40%), Schlagersendungen und erzählte Geschichten für Kinder (30%). Kindersendungen mit erzieherischer Funktion (wie *Sesamstraße* und *Rappelkiste*) nehmen einen mittleren

Rangplatz ein, während am unteren Ende Sportsendungen, Kriminalserien (18%) und Nachrichten (10%) stehen. Jüngere Kinder favorisieren Zeichentrickfilme (40%), verfilmte Kindergeschichten vom Typ *Pippi Langstrumpf* (30–40%), Slapstick-Komödien (30%), Volksstücke und Kindersendungen (20–30%). Kriminalfilme (6–8%) und Nachrichten (2–3%) rangieren an letzter Stelle. Der verhältnismäßig geringe Anteil der Action-Programme darf insofern nicht beruhigt vernachlässigt werden, als es gerade die ohnehin vielsehenden Kinder aus unterschichtlichem Erziehungsmilieu sind, die auch diese Genres, besonders Kriminalfilme, bevorzugen. Und 18% bedeuten immerhin mehr als 900000 Acht- bis Dreizehnjährige! Hinzu kommt, daß entgegen früheren Befürchtungen Kinder zwar seltener allein als gemeinsam mit Erwachsenen fernsehen, aber immer noch fast jedes fünfte Kind, sei es groß oder klein, auch nach 20 Uhr allein vor dem Bildschirm sitzt.

Der beträchtliche Zeitaufwand fürs Fernsehen, seine Faszinationskraft und sein Prestige verleiteten verständlicherweise dazu, sich bei der Erforschung und Erfassung der ‚Freizeitaktivitäten‘[9] von Kindern fast ausschließlich auf dieses Medium zu konzentrieren; inzwischen stehen ihm ja auch die perfektesten und kostspieligsten Erhebungsmethoden zur Verfügung. Die Zuwendung der Kinder zu anderen Medien, zu Hörfunk, Schallplatten, Kassetten, Tonbändern, zu Zeitungen und Zeitschriften, zum Kino und Theater, zu Büchern und Heftchen, wurde hingegen weit weniger oder nur isoliert beachtet (Künnemann, 1974[2]; Funke u. a., 1974; Bauer/Vogt, 1975; Furian, 1977[2]; *Ästhetik und Kommunikation* 8, 1977, 27). Sie gewann auch nicht vergleichbare öffentliche Resonanz, bedürfte zudem differenzierterer Methoden, obgleich ihre Erforschung erst Zusammenhänge, Entsprechungen, Widersprüche und Äquivalente aufzeigen und mithin ein Bild dessen konturieren könnte, was das Medien- und Freizeitverhalten der Kinder insgesamt ausmacht und neuerdings unter vorwiegend vergegenständlichender Perspektive mit dem Begriff der „Kinderkultur“ („Hoffmann's Comic Teater“, 1973; Bauer/Hengst, 1978; Lenzen, 1978) belegt wird.

Nach den sekundärenalytischen Aufbereitungen und Interpretationen von Daten über das Rezeptionsverhalten von Jugendlichen durch Zoll/Hennig (1970, S. 123ff.) und Hüther (1975), dort unterstützt durch eigene punktuelle Erhebungen (Kübler, 1978) gaben Albrecht u. a. (1977) bzw. Mitzschke/Opper (1977) eine Übersicht über die wichtigsten Ergebnisse der emprischen Medien- und Leserforschung, soweit sie zugänglich und aktuell (seit 1968) waren. Unterschiedlich in ihren Erkenntnisinteressen, in ihren Forschungskapazitäten und Gegenstandsbestimmungen erwiesen sich die Stichproben als unvergleichbar, wichen die angewandten Verfahren der Erhebung und Auswertung erheblich voneinander ab, variierten die berücksichtigten bzw. abgefragten Medienbereiche und divergierten endlich die Darstellungs- und Veröffentlichungsformen der empirischen Daten, so daß von

9 In formaler Hinsicht ist dieser Begriff der für Erwachsene üblichen Dichotomie zwischen Arbeit und Freizeit entlehnt; er trifft bei Kindern die Sachverhalte noch weniger als dort und zementiert – ebenso wie der Gegensatz zwischen Arbeit und Spiel – Ideologisches. Vgl. zuletzt Lenzen, 1978, S. 107f.

einer kontinuierlichen, übergreifenden Freizeit- und Medienforschung, die Entwicklungen, Veränderungen und langfristige Einflüsse registriert und zu erklären versucht und sich mithin von periodischen Momentaufnahmen zu lösen vermag, nicht die Rede sein kann.
Jüngste Untersuchung zum fraglichen Themenkomplex ist die im Auftrag der Bertelsmann-Stiftung durchgeführte Infratest-Studie *Kommunikationsverhalten und Buch* vom Juni 1977 bis Februar 1978, die außer Erwachsenen auch 821 nach dem Quota-Verfahren repräsentativ ausgewählte Kinder und Jugendliche zwischen 6 und 17 Jahren mündlich befragte. Wieder ist die Fülle der Befunde und Korrelationen, deren Schwerpunkt auf der Buchlektüre liegt, hier nicht darstellbar (vgl. Infratest o. J.; Kiefer, 1978; Unholzer, 1978; Steinborn, 1979). Bezieht man Schulbücher mit ein, sind Buch und Fernsehen die beiden Medien, mit denen Kinder und Jugendliche am häufigsten (80–85%) in Beziehung kommen. Als Freizeitmedium allein rangiert das Buch aber hinter Fernsehen und Hörfunk, jedoch gleichauf mit Schallplatte und Kassette. Mit anderen Worten: Pro Tag nimmt rund jeder zweite 6- bis 17jährige einmal ein Buch zur Hand, das kein Schulbuch ist. Andere Printmedien (Zeitung, Zeitschrift, Heftchen, Comics) werden weit weniger genutzt. Überschlagsartig beanspruchen sie aber ebensoviel Zeit bei Kindern und Jugendlichen wie die elektronischen Medien, nämlich jeweils rund 64 Stunden pro Monat. Allerdings differiert die Mediennutzung nach Alter und sozialer Schicht. Infolge der ausgedehnteren Nutzung von Hörfunk und Schallplatten gewinnen die elektronischen Medien bei Jugendlichen ein merkliches Übergewicht. Bei Kindern aus oberen Sozialschichten verliert das Fernsehen zugunsten der Buchlektüre. Sie sind es auch, die dem Buch nicht nur die „ernste Funktion" der Wissensvertiefung abgewinnen können, sondern es auch als Unterhaltungsmedium nutzen. Spaß und Spannung sind sonst vor allem dem Fernsehen vorbehalten; die jüngeren Kinder erwarten sie überdies von Comics, Schallplatte/Kassette, während die älteren Hörfunk, Schallplatte/Kassette zur Erzeugung emotionaler Stimmungen und Tagträume schätzen. Zeitungen und Zeitschriften, wobei hier freilich nicht zwischen gruppenspezifischen Angeboten differenziert wurde, stellen für Kinder und Jugendliche – mindestens in ihrem befragten Bewußtsein – relativ irrelevante Medien dar, die erst an der Schwelle zum Erwachsenwerden an Bedeutung gewinnen.
Die uneingeschränkte Dominanz des Fernsehens förderte auch S. Thyssen (1977) bei der Befragung von 186 Vorschulkindern im Alter von 5 und 6 Jahren in der rheinischen Stadt Heiligenhaus 1972 zutage. Außer einer schriftlichen Befragung der Eltern wurden erstmals derart kleine Kinder in einem durch einen Leitfaden lose vorstruktuierten, offenen Gespräch selbst interviewt, um Dimensionen der subjektiven Erfahrungen, des familialen Umgangs und der individuellen Auseinandersetzung – trotz konzedierter methodischer Vorbehalte – einzufangen. Das Kino war der Mehrzahl der Kinder schon vom Namen her unbekannt, den Hörfunk erlebten sie nur als unspezifische musikalische Geräuschkulisse ohne Programmstrukturen – besondere Programme für Vorschulkinder wurden damals noch nicht angeboten (Finger-Hoffmann, 1977[2]; Hoffmann/Müller-Kaldenberg, 1977; de Haen/Op-

permann, 1977) –, allein Zeitung und Zeitschriften spielten noch eine gewisse Rolle, weniger aber als Informationsmedien denn als Spielmaterial, das die Kinder bearbeiten (ausschneiden, malen, basteln) konnten. So graviert sich das Fernsehen schon von klein auf als *das* Familienmedium in Sozialverhalten und Bewußtsein ein. Frühzeitig entzünden sich an ihm Erziehungsprobleme, denen die Eltern mit der bekannten Unsicherheit und Ratlosigkeit begegnen. Fast alle scheinen sich damit abgefunden zu haben, daß die Kinder fernsehen; nur formal wird der Fernsehzugang geregelt, inhaltliche Begründungen für Verbote werden selten gegeben. Mehrheitlich wird das Fernsehen indes als Erziehungsmittel, zur Belohnung oder Bestrafung, eingesetzt – ein Regulationsmodus, der zudem von der Bereitschaft der Kinder, sich bei Fernseherlaubnis entsprechend wohlzuverhalten, gestützt wird. Der ständigen Querelen überdrüssig, neigen die Eltern eher zum Gewährenlassen, sofern nicht strikte Grenzmarken überschritten werden. Dies vor dem Hintergrund, daß damals – vor dem Beginn des TV-Vorschulbooms – aus expliziten Kindersendungen keineswegs das größte Kontingent des Fernsehkonsums der Vorschulkinder bestritten wurde; ihre Hauptfernsehzeit lag, wie bekannt, am Vorabend. Dort gezeigte Sendungen wie *Schweinchen Dick* und *Dick und Doof* wurden freilich von Kindern wie Eltern als Kindersendungen apostrophiert; vielleicht erklärt sich aus dieser Fehleinschätzung manch einer der erwähnten Widersprüche bezüglich der Programmpräferenzen zwischen Kindern und Eltern.
Eine Fülle von historischen und aktuellen Befunden und Daten stellt mittlerweile die Rezeptionsforschung bereit, mit deren Hilfe das äußere Medien- und Fernsehverhalten von Kindern, im statistischen Durchschnitt nun seit Jahren weitgehend stabilisiert, beschrieben werden kann. Unbefriedigend ist die auffällige Diskrepanz der Untersuchungsansätze, je nach Erkenntnisinteressen und mithin wissenschaftlich-methodologischem Selbstverständnis der Untersuchenden und den Verwertungsinteressen ihrer Auftraggeber: Je umfänglicher und ‚repräsentativer' eine Studie angelegt ist – bis hin zur Perfektion und täglichen Ergiebigkeit von „teleskopie" –, um so eingeschränkter und oberflächlicher ihre Fragestellungen und Resultate, ihre analytische Reichweite. Explanatorische Dimensionen, die Ursachen, Entwicklungstendenzen und Zusammenhänge aufzuzeigen und zu erklären suchen, weisen meist nur punktuelle, von Einzelforschern unternommene Fallstudien auf, die aufgrund ihrer ausgrenzenden Gegenstandsbestimmung, ihrer mangelnden methodischen Vielfalt und nicht zuletzt aufgrund ihrer meist verspäteten Publikation – zwischen Datenerhebung und Veröffentlichung liegen meist Jahre – nur minimale Gültigkeit und begrenzte Aussagekraft beanspruchen können. Das Ideal einer annähernd vollständigen Erfassung des Gegenstandsfeldes, seiner interdisziplinären Durchforstung und einer relativ großen Validität, was Reichweite, Aktualität und Vieldimensionalität der Erkenntnisse anlangt, scheitert mithin, wie ja schon die erwähnten ersten Großuntersuchungen unter Beweis stellten, weniger an methodischer Phantasielosigkeit und Leistungsmangel denn an geeigneten Forschungsorganisationen und ihrer ausreichenden personellen und materiellen Ausstattung.

2.2. Wirkungen des Fernsehens auf Kinder

Wiederholt war auch schon in den Reichweite- und Nutzungsstudien von Wirkungen die Rede; keine von ihnen begnügte sich mit der Deskription äußerlichen Verhaltens, sofern seine konkrete, im jeweiligen sozialen Aggregat und/oder individuell vorgenommene Ausformung nicht selbst schon als Effekt der Existenz und der Aussagen des Fernsehens begriffen wurde. Die Terminierung von Essens- und Besuchszeiten, die komplementäre Festlegung von Freizeitaktivitäten, schließlich die gesamte Strukturierung des Tagesablaufs und Familienlebens unter Berücksichtigung des Fernsehprogramms können in der Tat als Wirkungen apostrophiert werden, wenngleich es darüber über plausible Überlegungen hinaus (Halloran, 1966; Wand, 1968; Walters/Stone, 1971) hierzulande kaum hinlänglich gesicherte Belege gibt – sieht man einmal von derart spektakulären Experimenten wie dem freiwilligen Fernsehverzicht Berliner Familien ab (Bauer u. a., 1976). J. Hackforth (1976, S. 11) hat die Vielzahl der in der Literatur gebräuchlichen Wirkungsbegriffe nach

- ihrer Valenz (Wertigkeit), Wirkungsrichtung und Dauer,
- den verschiedenen Wirkungsbereichen, entsprechend der physiologisch-soziopsychischen Konstitution des Menschen,
- den einzelnen Positionen im Kommunikationsprozeß,
- den Addressaten: vom einzelnen Rezipienten über gruppenspezifische Publika bis hin zu gesamtgesellschaftlichen Wirkungen, die im allgemeinen als Funktionen definiert werden,

zu kategorisieren versucht; sie können hier nicht expliziert und auf den fraglichen Themenbereich übertragen werden.

Eine im Auftrag des ZAW-Fachausschusses für Rundfunkwerbung von R. Bergler/B. Six erstellte Literaturexpertise[10] der seit 1970 erschienenen, insgesamt kaum überschaubaren Forschungsarbeiten grenzt, gemäß den Materialvorgaben, den Wirkungsbegriff auf die „Einflüsse des Fernsehens auf Einstellungen, kognitive Fähigkeiten (Intelligenz, Wissen, Leistung) und Verhalten der Rezipienten" (Horn, 1975, S. 431) ein, ohne damit freilich das entdeckte „Hauptkennzeichen" der gegenwärtigen Wirkungsforschung, nämlich „ein Nebeneinander von nicht integrierten Konzepten, Methoden und Ergebnissen" (ebd.) beseitigen zu können. Um die disparaten Untersuchungsergebnisse bis zu einem gewissen Grad systematisieren und angemessen interpretieren zu können sowie darüber hinaus „‚sinnvolle Fragestellungen für zukünftige Forschungsvorhaben' (S. 2) zu formulieren" (S. 429), entwickeln die Autoren ein theoretisches Bezugssystem, das eher einer soziologischen Perspektive verpflichtet ist und für eine „allgemeine Theorie der Massenkommunikation im Rahmen einer Theorie der sozialen Interaktion" plädiert, die „‚neben persönlichkeitsspezifischen Merkmalen, vor allem Merkmale

10 Obwohl ihre Veröffentlichung als Taschenbuch im Verlag Huber (Bern) für 1978 angekündigt war, lag sie bei Manuskriptabschluß immer noch nicht vor. Zitiert wird deshalb nach dem Bericht von Horn (1975). Inzwischen ist eine erweiterte und aktualisierte Fassung erschienen: Bergler/Six (1979).

der Personen als Rolleninhaber, Institutions- und Organisationsangehörige, als Angehörige von in Wechselwirkung befindlichen Gruppen, Klassen oder Strukturen im Kontext eines Variablensets [enthält], zu dem auch Einstellungen, Vorurteile, Sozialisationsinstanzen sowie soziale und ökonomische Abhängigkeitsverhältnisse gehören' (S. 15)" (S. 430).

Einfluß und Prävalenz der psychologischen Fernsehforschung mögen wohl dafür verantwortlich sein, daß hierzulande der Wirkungsbegriff[11] vornehmlich individual-psychologisch interpretiert und experimentell, in Test- und Laborversuchen, zu erfassen gesucht wird. Zwar verneint man zwischenzeitlich ebenso einen linearen oder gar monokausalen Zusammenhang zwischen Fernsehen und konkretem Verhalten (als Ausdruck erfolgter Wirkungen) und befleißigt sich, durch die Hereinnahme sogenannter intervenierender (vorwiegend soziologischer) Variablen, in der Regel einer ‚aufgeklärten' Version, aber auch sie basiert immer noch auf einem Kommunikationsmodell, das eine (wie auch immer) isolierbare, direkt-indirekte Beziehung zwischen einem stimulierenden Fernsehkommunikat und einem reagierenden Individuum voraussetzt. Wahrnehmung, Verarbeitung von Fernsehinhalten und mögliche Handlungskonsequenzen werden nicht als integraler Bestandteil der kindlichen Sozialisations- und Lerngeschichte betrachtet, die sich unaufhaltsam verändert und situativ unterschiedlich reaktualisiert, sondern als punktuelle, eindeutig beziehbare und auf diese Weise auch exakt meßbare Stimulanzien und Reaktionsfolgen, die obendrein in die kuranten Dimensionen sozusagen als psychologische Konstrukte menschlichen Bewußtseins, also in den kognitiven, emotionalen und konativen Sektor, vermeintlich zergliedert und dergestalt kategorisiert werden können. Da sich die Vertreter der psychologischen Wirkungsforschung unerfindlicherweise aber nicht scheuten, aus ihren singulären, oftmals ungesicherten Befunden pädagogisch restriktive und infolge öffentlichkeitswirksamer Beziehungen durchaus mächtige Verhaltensanweisungen abzuleiten, belegten Dahlmüller/Kommer (1973; 1974) diese Forschungsrichtung – wohl in persiflierender Anlehnung an den damaligen Bestseller M. McLuhans (1968) – mit dem despektierlichen Epitheton „Keilhacker-Galaxis", benannt nach dem einflußreichen Psychologen und Leiter des Wissenschaftlichen Instituts für Jugend- und Bildungsfragen in Film und Fernsehen, Martin Keilhacker.[12] Darüber hinaus flossen ihre Hypothesen, Vermutungen und Behauptungen als scheinbar wissenschaftlich unanfechtbare oder gar erwiesene Grundlagen in die schnell wachsende Flut populärer (medien-) pädagogischer Ratgeber- und Traktatliteratur ein und zeitigten immense, kaum faßliche Wirkungen. Ihr dürfte für die in den Befragungen (s. o.) wiederholt ermittelte Hilf- und Ratlosigkeit der Eltern hinsichtlich des Fernsehkonsums ihrer Sprößlinge ein gehöriges Maß an Verantwortung insofern anzulasten sein, als die Diskrepanz zwischen den in pädagogischer Askese geschöpften Normen vom ‚rechten

11 Vgl. hingegen den ‚materialistischen' Wirkungsbegriff von Bisky/Friedrich (1971) und Bisky (1976), dem sich hiesige Medienwissenschaftler (Dröge, 1973^2) annähern.

12 Dazu zählten sie folgende Schüler und ihre Arbeiten: Zieris (1960; 1963); Wodraschke (1964); Riedel (1966); Wasem (zusammen mit Mt. Keilhacker) (1965).

Umgang mit dem Fernsehen' und dem tatsächlichen Fernsehverhalten von Kindern *und* Erwachsenen auf penetrante, aber unlösbare Weise vor Augen geführt wurde. Bruchlos knüpfte man dabei an die Erkenntnisziele und Methoden der schon bestehenden oder selbst betriebenen Filmwirkungsforschung an, so wie sie beispielswiese von Mg. und Mt. Keilhacker (1953), I. Gerhartz-Frank (1955), Mt. Keilhacker u. a. (1957), Wasem (1957), Mt. Keilhacker (1967), K. Heinrich (1967^2) u. a.[13] vorgezeichnet war. Da man ohnehin mit Kleingruppen in laborähnlichen Versuchen arbeitete, blieb die unterschiedliche Rezeptionsweise zwischen Film und Fernsehen, verursacht sowohl durch die unterschiedliche Beschaffenheit des Mediums als auch durch die der Sehdauer und der Rezeptionssituation selbst, unbeachtet. Für die stärkere empirische Ausrichtung wurde schließlich die Rezeption und Aufarbeitung der behavioristischen, später lerntheoretischen Kognitions- und Wahrnehmungspsychologie eines Bruner, Bandura oder Gibson (1973) relevant (Nickel, 1967; Jungfer, 1973; Ewert, 1974).

Die zu diesem Problemkomplex formulierten Abhandlungen sind Legion; ihnen allen eignet zugleich der Impetus, das nun nicht mehr eliminierbare Fernsehen auf möglichst unschädliche und positive Weise in die Entwicklung und Erziehung der Heranwachsenden zu integrieren. So mutet es geradezu wie eine Beschwichtigung an, wenn die erwähnte, bei M. Keilhacker angefertigte Langzeitstudie Bertolds (1970) die traditionellen Erlebnisse gegenüber den medial-modernen als vorherrschend und sogar expandierend erkannte, ohne freilich ihre realen Interdependenzen auszuloten. Um die „Auffassungs-, Erlebens- und Vorstellungsweisen kindlicher und jugendlicher Fernsehzuschauer" (Zieris, 1960, S. 7) kümmerten sich auch die im selben Institut verfaßten Dissertationen von Zieris (1960) und Wodraschke (1964). Welche Konsequenzen „sich aus der Wiederholung gleicher oder ähnlicher (Fernseh-)Publikationen im Hinblick auf die Persönlichkeitsgestaltung und Gemeinschaftsbildung ergeben" (ebd.), suchte Zieris vornehmlich durch Beobachtung von Kindern zwischen 7 und 16 Jahren beim Fernsehempfang sowie durch anschließende Gruppengespräche zu ergründen. Ergänzend verwendete er in einzelnen Fällen Interviews und Explorationen. Drei Jahre später wiederholte Wodraschke das nämliche Vorhaben mit anderen Probanden. Wie sich derart psychologische Erkenntnisse für die Produktion von Kindersendungen nutzen lassen, erörterte Mg. Keilhacker (1963) und hob als wesentliche Grundprinzipien der Gestaltung die Form der fortlaufenden, abgeschlossenen Geschichte und die Anschaulichkeit hervor.

Nach der Gründung des „Prix Jeunesse International" im Jahr 1964 machte es sich das „Wissenschaftliche Institut für Jugend- und Bildungsfragen in Film und Fernsehen" zur Gewohnheit (Mg. Keilhacker/Vogg, 1965; Mt. Keilhacker, 1967; Mg. Keilhacker u. a. 1968; Mg. und Mt. Keilhacker u. a., 1969), die dort ausgezeichneten Sendungen zu testen, um – wie es 1967 (Mt. Keilhacker, 1967, S. 4) heißt –

13 Vgl. jetzt als Überblick Keller (1978).

1. auf der Grundlage möglichst exakter konkreter Einzelbobachtungen zu gesicherten Erkenntnissen über die Erlebnisweisen von Kindern und Jugendlichen vor dem Fernsehschirm zu gelangen

und

2. zu untersuchen, wie weit Themen und Gestaltungsformen des Fernsehens für Kinder und Jugendliche ‚international' sind oder ob und wie weit bei Sendungen aus anderen Ländern das Interesse, das Verständnis und die Ausdeutung durch die nationale Eigenart des Zuschauers beeinflußt werden.

Eine diesem Psychologieverständnis adäquate, absichtlich „begrenzte" Fragestellung bearbeitete auch L. Watzka (1968). Bei 210 Wiener Kindern im Alter von 6,0 bis 6,6 Jahren testete sie auf experimentelle Weise, welche Wirkung unterschiedliche Darbietungsformen einer Bildergeschichte, besonders die persönliche Erzählung und die „unpersönliche" Fernsehsendung, auf Behalten und Reproduktion, auf Identifikation und Interesse der Kinder jeweils haben. In allen Wirkungsdimensionen erwies sich die persönliche Erzählung als überlegen. Trotzdem (oder just deshalb?) mochte die Autorin ihre Studie als Anstoß zu weiteren Forschungen gewertet wissen, um die „Sinnlosigkeit" (S. 145) des sturen Fernsehverbots für Kleinkinder endlich zu überwinden.

Generell betrachtet, suchte diese psychologische Fernsehforschung – stets mit der Prämisse einer unidirektionalen Beziehung zwischen Fernsehkommunikat und Rezipient – nach Methoden und Erkenntnissen, auf welche Weise – d. h. in welchem Ausmaß, mit welcher Intensität, mit welcher Wirkung etc. – Kinder Fernsehsendungen, vor allem ihre Handlungen und Personen, erleben und verstehen, um daraus Richtlinien oder wenigstens Anregungen für die Produktion ‚kindgemäßer' (und das hieß damals und heißt wohl auch heute: besserer) Sendungen zu filtern. Mindestens an diesen Intentionen und Fragestellungen hat sich seither kaum etwas geändert. Ohne Zweifel erbrachte diese Forschungsrichtung eine Fülle singulärer, teils willkürlicher, teils plausibler Daten und Befunde; doch erlaubt ihre Summierung auch nach sorgfältiger Prüfung kaum eine konzise Verallgemeinerung hinsichtlich des alltäglichen Umgangs von Kindern mit Fernsehen. Dafür sind ihre Versuchsanordnungen und Testmethoden allzu untypisch-artifiziell, ihre analytischen Reichweiten und Fragehorizonte allzu begrenzt, und oftmals genügt die Untersuchungsdurchführung nicht den Standards empirischer Sozialforschung. Aus ihren Resultaten destillierte Kompendien (Pflüger u. a., 1975; Thewalt o. J.) oder gar ‚Regelkanons' kindlicher Fernsehwahrnehmung (Baacke, 1975, S. 45ff.), so evident und hilfreich sie auf den ersten Blick sein mögen, beruhen notgedrungen auf Verkürzungen und pauschalierenden Standardisierungen bis hin zu leerformelhaften Behauptungen. Wie eine ernüchterte Bilanz seiner langjährigen Arbeit wirkt es hingegen, wenn M. Keilhacker (1973, S. 13) angesichts des TV-Vorschulbooms warnend zu bedenken gibt: „Die Erlebnisweisen von Kindern unterscheiden sich [. . .] weitgehend, zum Teil grundsätzlich, von den Erlebnisweisen der Erwachsenen, einschließlich der Auffassung der Erwachsenen von den Erlebnisweisen der Kinder." Aber über die immanenten und inhaltlichen Dimensionen der kindlichen Fernsehwahrnehmung ist so gut wie nichts (gesichert) bekannt (Keilhacker, 1979).

Daher erstaunt es nicht, daß die psychologische Fernsehforschung immer wieder prinzipielle Orientierung bei der allgemeinen Kinder- und Entwicklungpsychologie, vor allem bei dem umfangreichen Werk Piagets (Sturm, 1971; 1974; Mt. Keilhakker, 1973; *Fernsehen und Bildung* 11, 1977, 1–2) suchte. So förderlich deren Hypothesen für eine grobe Strukturierung oder Dimensionierung ontogenetischer Entwicklungen sein mögen, ihre Elementarisierung unter dem Anspruch fernsehpraktischer Anwendung oder ihr unmittelbarer Transfer auf die kindliche Fernsehwahrnehmung gewärtigen doch eine Reihe ungelöster Probleme. Gerade in den letzten Jahren entfernte sich die Kognitions- und Entwicklungspsychologie unter dem Einfluß materialistischer (Holzkamp, 1973; Wygotski, 1972[4]; Leontjew, 1977[2]) und ökologischer Ansätze (Walter, 1973; 1973; 1975) zusehends vom sektoralen Konzept einer autonomen, weitgehend intrinisisch gesteuerten, gar sequentiell terminierten Entwicklung (Oerter, 1974[14]; Neidhardt, 1975) und näherte sich zunächst über die komplementäre Integration soziologischer Variablen einer Sozialisationsforschung an, die auf multidisziplinäre Weise das dynamische Wechselverhältnis von sozialer Struktur und individueller Disposition oder die „soziale Konstitution der ontogentischen Entwicklungsprozesse" (Oevermann u. a., 1976, S. 372) zu ergründen bemüht ist. Darüber hinaus läßt sich die Wahrnehmung eines statischen Bildes, worauf sich die überwiegende Mehrzahl kognitionspsychologischer Aussagen bezieht, mit dem bewegter, zudem audiovisueller Fernsehbilder kaum vergleichen; nicht nur bieten sie für den Rezipienten eine weitaus größere und komplexere Informationsmenge, ihre ästhetisch-medialen wie auch ihre handlungslogisch-inhaltlichen, weitgehend routinierten Signale schaffen zugleich Orientierung, steuern Aufmerksamkeit, reduzieren mithin die Informationskomplexität (Ballstaedt, 1977a; 1977b). Um sie wahrzunehmen, bedarf es indes entsprechender Fähigkeiten, die das Kind, aufbauend auf der beschränkten physiologischen Aufnahmekapazität des menschlichen Auges und dem natürlichen intellektuellen Selektionsvermögen, in einer je spezifischen Fernsehsozialisation frühzeitig erlernt.

Nun gehört es seit langem zum populären Arsenal kulturkritischer Topoi, daß das Fernsehen (wie vor ihm die Photographie und der Film) die Wahrnehmungsformen und -kapazitäten verändert, wenn nicht denaturiert; glaubhafte Belege von Langzeitstudien, die heute wohl nur noch – trotz der eingehandelten Imponderabilien – interkulturell angelegt sein könnten, stehen aus. Einige singuläre Beobachtungen über angeblich verbesserte Wahrnehmungsleistungen von sechsjährigen Mädchen durch den Fernsehdauerkonsum im Vergleich zu früheren Generationen (Bastian u. a., 1973, S. 61ff.) genügen dafür gewiß nicht, können sogar in die Irre führen. Aus den wenigen Einzelbeobachtungen von Kindern beim Fernsehen (Benninghoven, 1975; Horn, 1976; Pflüger/Weingart, 1974; Goetzmann, 1975) läßt sich indes schließen, daß mit dem Fernsehen aufwachsende Kinder schon in früheren Jahren ein hohes Selektionsvermögen erwerben. Ob man es als vom Fernsehen induzierte Unfähigkeit zur Konzentration klassifiziert oder als (notgedrungen) erlernte Kompetenz, nur das perzipieren, was entsprechend dem erreichten Intellekt- und Be-

wußtseinsniveau zu verarbeiten und zu bewältigen ist, ist wohl eher eine Frage der abschließenden Wertung.
Derart essentiellen Fragen konnten sich die während des Vorschulbooms in Auftrag gegebenen Studien, allen voran die Begleituntersuchung zu *Sesamstraße* des Hans-Bredow-Instituts für Rundfunk und Fernsehen an der Universität Hamburg (1972–1975), nicht widmen; sie dienten primär der Akzeptanz- und Effektivitätskontrolle der neu eingerichteten Serien, firmierten mithin als Evaluation und Legitimation gleichermaßen. Dabei war die mit 1,25 Mill. DM aus dem Bundesministerium für Bildung und Wissenschaft geförderte *Sesamstraße*-Studie am umfänglichsten und methodisch multipelsten konzipiert. Ähnlich wie ihre amerikanischen Vorbilder (Ball/Bogatz, 1970; 1971)[14] sollte sie am Beispiel dieser kompensatorischen Vorschulserie ergründen, auf welche Weise das Fernsehen in die Vorschulerziehung integriert und dort nutzbringend verwendet werden kann. Dazu wurde eine „Mehrebenenanalyse" mit sechs Teilschritten durchgeführt *(Projektgruppe Kinderfernsehen*, 1975, S. 169f.; Berghaus u. a., 1978, S. 15ff):

1. Repräsentativ-Erhebung im Sendegebiet, die Sehfrequenz, Reichweite und Beurteilung von *Sesamstraße* im Zusammenhang mit dem allgemeine Fernsehverhalten in Familien mit Kindern ermittelte (s. o.);
2. Schriftliche Erhebung von Erziehereinstellungen zum Fernsehen;
3. Systematische Analyse einer für den Untersuchungszeitraum repräsentativen Stichprobe der Sendung *Sesamstraße* nach Form (optische und akustische Gestaltungstechniken, Szenenlängen, Wiederholungen usw.) und Inhalt („Lernziele" der Arbeitsgruppe *Sesamstraße* des NDR[15], weitere pädgogische Inhalte, Akteure und ihre sozialen Handlungsweisen usw.) (s. u.);
4. Beobachtung der Quantität und Qualität kindlicher Aktivitäten beim Anschauen von *Sesamstraße*;
5. Untersuchung des Einflusses von *Sesamstraße* auf die soziale Wahrnehmung, das Sozialverhalten und die Entwicklung intellektueller Fähigkeiten bei Kindern im Vorschulalter;
6. Erhebungen zum sozialen Kontext der Kinder, die hinsichtlich ihrer „Verhaltensmodifikationen" getestet wurden: Erziehungsverhalten der Eltern, weitere häusliche Sozialisationsbedingungen der Kinder, sozialstatistische Daten der Familien.

Sesamstraße war zuvörderst eine res publica, vielleicht sogar ein Paradigma für Aufstieg und Fall der hiesigen (kompensatorischen) Vorschulpädagogik; davon konnte sich offenbar auch die Begleituntersuchung nie befreien. Denn trotz wiederholter gegenteiliger Versicherungen *(Projektgruppe Kinderfernsehen*, 1975, S. 170; Berghaus u. a., 1978, S. 10, S. 191ff.) mißlang es weitgehend methodisch und vollends in der öffentlichen Rezeption der Studie, das generelle Erkenntnisziel – *Sesamstraße* nur als Exempel für die vorschulpädagogischen Möglichkeiten des Fernsehens – einzulösen; vielmehr blieb es bei der Analyse und Evaluation, letzten Endes sogar bei der kontroversen Auseinandersetzung um diese Serie. So erfuhren die vorab

14 Über internationale Forschungsaktivitäten zu *Sesame Street* geben zwei Zeitschriften-Nummern Auskunft: *Journal of Communication,* 26/1976/2 und *Fernsehen und Bildung,* 10/1976/1–2 (einschließlich Bibliographie).

15 Diese Lernzielkataloge finden sich erstens in Arbeitsgruppe Sesamstraße (1972) sowie später modifiziert in Arbeitsgruppe Sesamstraße (1973).

veröffentlichten Zwischenergebnisse (Hans-Bredow-Institut, 1973; 1975), die daraus komprimierten, bundesweit verbreiteten Kurzberichte und die regelmäßig erfolgten Repliken namentlich von seiten der angesprochenen Produzenten und engagierter Pädagogen sehr viel größere öffentliche Resonanz als der kürzlich publizierte, verspätete Endbericht (Berghaus u. a., 1978), von dem kaum jemand mehr Notiz nahm. Doch es waren jeweils nur bestimmte Partikel, besonders die Befunde zur Reichweite, zu speziellen Inhalten und zu den sozialen Lernzielen, die sich Gegner wie Befürworter herauspflückten und für ihre parteiliche Argumentation verwandten (vgl. auch Charlton u. a., 1975; Vowinckel, 1976). Daher dürften die recht ernüchternden Resultate über die Wirkungspotentiale der Serie kaum bekannt sein, die nun ausgewählt vorliegen – wobei dieser nun die kognitiven Lernziele geringachtenden Auswahl gleichfalls eine zeitbedingte Wertung inhäriert. Überdies verschweigt der Endbericht die gewiß gravierende methodische Entscheidung, die Kontrollgruppe aus der ‚Vor-Sesam-Generation' zu wählen, ohne den tiefgreifenden Wandel des pädagogischen Klimas während dieser bildungspolitischen Morgendämmerung zu berücksichtigen. Im Vergleich zu dieser Kindergruppe verhielten sich die *Sesamstraße*-Seher gegenüber Erwachsenen weniger ‚unangemessen', d. h. weniger aggressiv, gegenüber Gleichaltrigen zudem kooperativer und waren insgesamt zu größerer Anpassung bereit. Für Konfliktsituationen, für schicht- und geschlechtsspezifische Verhaltensdivergenzen bot *Sesamstraße* keine Modifikationsmodelle an. Erfolgreich war sie hingegen bei der Vermittlung bestimmter Wissensgebiete (z. B. Berufs- und Arbeitswelt), beim Training bestimmter intellektueller Fertigkeiten und bei der Anregung von Spielaktivitäten. Eine generelle Anhebung des intellektuellen Entwicklungsniveaus vermochte sie jedoch nicht zu erreichen; am wirksamsten waren ihre Impulse dort, wo ohnehin ein tolerantes, liebevolles, pädagogisch reflektiertes Sozialisationsklima in der Familie vorherrschte. Zu einem ähnlich ungünstigen Ergebnis für die unteren Sozialschichten kam eine unabhängige Befragung im Raum Gütersloh/Bielefeld über die Erziehungsstile und die Einstellungen der Eltern zum Vorschulfernsehen (Brockerhoff, 1978). Anders als frühere und folgende Studien konnte die flankierende Inhaltsanalyse der Bredow-Untersuchung mit einem hohen Maß an Plausibilität aufzeigen, weshalb die Serie derart von den ursprünglichen Intentionen abweichende ‚Lernerfolge' erzielte (s. u.).

Weit weniger aufwendige Begleituntersuchungen wurden für die anderen Vorschulserien bewilligt; oftmals können sie den Eindruck bloßer Image-Aufwertung qua Wissenschaft nicht verleugnen. Für das ZDF-Konkurrenzunternehmen *Rappelkiste*, das aus heutiger Sicht die Fernsehvorschule in Zielsetzung und Gestaltungsformen nachhaltiger prägte und voranbrachte, genehmigte das Bundesbildungsministerium nur noch 48000 DM für Begleitforschungen. Deshalb begnügte sich die „experimentell-psychologische Problemstudie" des Contest-Instituts (Frankfurt 1972) weitgehend mit der Fragestellung, inwieweit Kinder Handlungsabläufe nacherzählen können oder nicht (Projektgruppe Kinderfernsehen, 1975, S. 193). Eine Infratest-Studie (1974b, S. 4) befragte im Jahre 1974 Erwachsene in 312 Fernsehhaushalten mit Kindern im Alter von 3 bis 9 Jahren, die die Sendereihe ‚*Rappelkiste*' mindestens einmal gesehen hatten, nach ihren Beobachtungen über die Reaktionen der Kinder auf die Sendung sowie nach ihrer eigenen Meinung zu der Sendereihe. Nur auf sehr pauschale Weise wurden dabei äußere Verhaltensweisen, emotionale Beteiligung, Anregungen etc. ermittelt. Zwei sendungsspezifische Projektstudien mit schichtspezifisch ausgewählten Müttern und Kindern beim Fernsehempfang blieben trotz Anfrage unzugänglich (Horn, 1978a). Daß sie dennoch ,Wirkungen', freilich auch bei ganz anderen Adressaten, nämlich bei aufgeschlossenen Produzenten zeitigen können, lassen die Überlegungen der *Rappelkiste*-Redaktion darüber erkennen, wie die „emotionale Bedrohung der Zuschauer", die durch das Aufzeigen alternativer Handlungsweisen in den Sendungen auftreten könnte, durch sendungsimmanente Hilfestellungen gemildert oder verhindert werden kann (Lorey, 1976; 1978).

Wie schon seinen Vorläufer *Die Spielschule* (Firnkes u. a., 1973, S. 71 ff.) testeten Mitarbeiter des Wissenschaftlichen Instituts für Jugend- und Bildungsfragen in Film und Fernsehen (Pflüger/Weingart, 1974) auch drei Sendungen von *Das Feuerrote Spielmobil*, indem sie 80 Kinder in Münchener und Karlsruher Kindergärten systematisch und nach festgelegten Kategorien beim Sendungsempfang beobachteten und anschließend befragten – auch diesmal ohne stichhaltige Beweise irgendwelcher signifikanter Lernfortschritte. Interessant war an diesem Unternehmen indessen, daß das Rezeptions- und das folgende Spielverhalten der Kinder auf die jeweiligen Sendungsformen des Vorschulmagazins bezogen wurden, um Indizien und Regelmäßigigkeiten der Aufmerksamkeit und Abwendung herauszufinden. Zwar konnten keine eindeutigen Kovarianzen konstatiert werden, wohl aber einige evidente Analogien, die freilich – nah besehen – kaum mehr als die vom täglichen Fernsehen habitualisierten Wahrnehmungsformen reflektierten. Ein Gutachten zum kommerziellen Parallelprogramm von *Rappelkiste*, nämlich zu *Kli-Kla-Klawitter*, eingeschränkt auf die der Sendung „zugrunde gelegten theoretischen Konzeptionen" für die Bereiche Sprachförderung, soziale Konflikte und Kreativität sowie auf „die Umsetzung durch das Medium Fernsehen", fertigte eine Arbeitsgruppe des Deutschen Jugendinstituts (1975, S. 149ff.) an und bekräftigte darin die allenthalben geäußerten kritischen Stellungnahmen.

Gänzlich unbestritten ist es, daß Fernsehen vor allem für Kinder emotional-affektive Bedeutung besitzt. Allerdings vermag diese evidente Erkenntnis, hier wohlweislich pauschal formuliert, weder das theoretische noch das methodisch-empirische Problem zu lösen, den ,emotionalen Bereich' auf irgendeine Art hinlänglich zu definieren und ihn gar vom kognitiven oder konativen zu scheiden. Die lange vergebliche wie widersprüchliche Reihe der Einstellungsdefinitionen (Meinefeld, 1977) oder der Lernzieltaxonomien der Pädagogen (z. B. Bloom, 1973[2]) sind dafür ebenso entmutigende Beispiele wie die jüngste Untersuchung des Internationalen Zentralinstituts für das Jugend- und Bildungsfernsehen, des größten und materiell potentesten Instituts der Fernsehforschung in der Bundesrepublik. Anknüpfend an der von Sturm u. a. (1972) gemachten, methodisch durchaus anfechtbaren Entdeckung, daß emotionale Eindrücke durch Medienkommunikate länger als Wissens-

zuwächse haften bleiben und zudem medienpezifisch unterschiedlich (Hörfunk vs. Fernsehen) ausfallen, wurde diese Fragestellung im Frühjahr 1975 an 483 Münchener Hauptschülern und Gymnasiasten der 9. Klasse – also im Alter von 14 bis 15 Jahren – auf gezieltere und detaillierte Weise erneut aufgenommen und überprüft (Sturm u.a., 1978). Im Funkhaus des Bayerischen Rundfunks wurde ihnen ein eigens produzierter Fernseh-Spielfilm mit dem Titel *Versteckspiele* vorgeführt; es handelte sich um die Geschichte konfliktreicher Liebesbeziehungen unter Jugendlichen. Unmittelbar danach und dann im Abstand von jeweils einer Woche wurden vier homogene Teilgruppen gebeten, sowohl den gesamten Film als auch die fünf Akteure einzeln mittels des Eindrucksdifferentials von Ertel erlebnismäßig einzuschätzen. Außer einigen geschlechts- und schichtspezifischen Differenzierungen erbrachte die Studie lediglich die äußerliche Bestätigung der früheren: die emotionalen Eindrücke blieben über drei Wochen hinweg im wesentlichen konstant. Emotionale Wirkungen, besonders Verunsicherungen, Spannungen, Frustrationen etc., befürchtet die IZI-Leiterin, H. Sturm, ansonsten vor allem von den „kurzzeitigen Angebotsmustern des Fernsehens“ (die bei der soeben vorgestellten Untersuchung unerklärlicherweise vernachlässigt wurden). „Kurzfristreize [...] in vielfältiger Gleichzeitigkeit“ attestiert sie (in Anlehnung an Wembers [1976] These vom „Augenkitzel“) dem Fernsehen im Bereich der Thematik (z. B. rascher Themenwechsel bei Nachrichten und Magazinen), im Bereich der Inhalte (*was*, d. h. welcher Teilaspekt eines Themas wird jeweils mitgeteilt?), vor allem aber im Bereich der medienspezifisch formalen Angebotsweisen (z. B. Montage, Schnitte, verschiedene Kamera-Einstellungen, Umsprünge in Bild und Ton) (1975, S. 42). Fernsehen belaste den Rezipienten mit einer Fülle unverbundener, unerledigter, d. h. nicht zu Ende geführter Detailhandlungen und Darbietungsmuster, und im Sinne des sogenannten „Zeigarnik-Effekts“ sei zu befürchten, daß es ihn in ebenso unerträgliche Spannungszustände versetzt, wie dies unerledigte reale Handlungen tun. An 320 Kindern wird diese Vermutung gegenwärtig (1977) überprüft.
Zum ‚emotionalen Bereich‘ der Fernsehwirkungen gehören gewiß auch all jene sozial unerwünschten Gefühlsreaktionen wie Angst, Furcht, psychische Störungen, Spannungen, Frustrationen, Depressionen, Aggressivität und Brutalität, die seit dem Bestehen als wesentliche Anschuldigungen für die Schädlichkeit und Kinderfeindlichkeit des Mediums herhalten müssen. Schon die Filmwirkungsforschung konnte allerdings belegen, daß nicht nur, vielleicht nicht einmal vordringlich violente und kriminogene Inhalte Erregung und Angst bei Kindern erzeugen, sondern mindestens im gleichen Maße solche, die Bedrohung, Verlassenheit, Unsicherheit, Liebesentzug etc. ausdrückten (Mg. Keilhacker u. a., 1967, S. 28, 50f.; Hellbrügge, 1974, S. 69; Kelmer/Stein, 1978, S. 111). Die Kontextgebundenheit oder sogar die kontextuelle Determination gilt mithin sowohl für die dargestellten Handlungsfolgen als auch, oder noch mehr, für das potentiell bewirkte Verhalten der kindlichen Rezipienten in der realen Empfangssituation: „Je eindrücklicher, sicherer und ‚präsenter‘ die Situation des Kindes, desto geringer sind totale Identifikationen“ (Baacke, 1975, S. 50). Dieses vielschichtige Problem läßt sich als behender Kurzschluß

vom Identifikationsangebot des Fernsehens auf die Identifikationsannahme des zuschauenden Kindes für popularisierte Darstellungen um vieles leichter bewältigen als für wissenschaftlich umsichtige Überlegungen.
Die stattliche Reihe von Übersichten und Literaturberichten zum Thema ‚Gewalt im Fernsehen' soll nicht verlängert werden (Kellner/Horn, 1971a; Halloran u. a., 1972; Lüscher, 1973; J. u. E. Bauer, 1974; Sommer/Grobe, 1974; Kunczik, 1975; Hackforth, 1976, S. 96 ff.; medien + erziehung 22 [1978]4), zumal hierzulande, trotz der periodischen öffentlichen Brisanz (Silbermann u. a., 1974; Der Spiegel, Nr. 4 vom 17.1.1972; Nr. 51 vom 12.12.1977) und aller Beteuerungen der Verantwortlichen bis auf die Hildesheimer, nur teilweise veröffentlichte und überaus anfechtbare Fallstudie (Heinrichs, 1974; J. u. E. Bauer, 1974, S. 40 ff.) keine wissenschaftlichen Untersuchungen vorliegen.[16] Die einzige seriöse, großangelegte Studie von ARD, ZDF und der Bundeszentrale für politische Bildung nahm im langen Verlauf ihrer Realisierung bezeichnenderweise eine andere Wendung, erweiterte sich von der Violenz- zur Sozialisations- und Interaktionsforschung (s. u.). Ein unbedachter Transfer vor allem der amerikanischen, nicht weniger fragwürdigen Befunde, die dort in der Regel in Laborexperimenten eruiert wurden, bietet infolge der unterschiedlichen Lebens-, Kultur-, Erziehungs- und Medienverhältnisse allenfalls minimale, meist falsche Aufschlüsse – trotz der beträchtlichen Anzahl amerikanischer Serien in bundesdeutschen Fernsehprogrammen.
Bei den Studien zur medialen Gewalt verdichten sich die Schwierigkeiten, Problempunkte und Unzulänglichkeiten, die die psychologisch-empirische Wirkungsforschung insgesamt kennzeichnen (Koszyk, 1972; Böckelmann, 1975; Hackforth, 1976; Schenk, 1978):

- das Fehlen eines theoretischen Bezugsrahmens, der die Massenkommunikation und ihre Medien, voran das Fernsehen als das relevanteste und wirksamste Medium, in einen makro- und mikrosozialen, in einen objektiven wie subjektiven Konstitutionszusammenhang stellt;
- die trügerische Annahme, soziale Faktoren und Phänomene (Meinungen, Einstellungen, Emotionen, Handlungen) aus den (massen-)kommunikativen Beziehungen isolieren und in eine eindeutige, lineare, im Idealfall sogar kausale Relation setzen zu können; dazu gehört auch die fälschliche Partikularisierung des Kommunikationsprozesses in scheinbar autonome Teilkonstituenten, die nicht nur deren Interdependenz, sondern vor allem die historische und inhaltliche Dimension, die jeweils konkrete Erfahrung und Bedeutung für die beteiligten Individuen ausblendet;
- das Streben nach planer Objektivität, exakter Meßbarkeit oder gar Quantifizierbarkeit, das die Erkenntnisinteressen dem Diktat methodischer Konvention unterwirft und die Analyse auf manifeste, den empirischen Methoden erschließbare und kurzfristige Effekte beschränkt;

16 Ein weiteres, nicht minder fragwürdiges Forschungsprojekt aus kriminologischer Sicht, bezogen allerdings auf die Gewaltdarstellungen selbst und weniger auf die Folgen, besprach kürzlich Hackforth (1978).

- die fehlende Begriffsbestimmung von Wirkungen, deren theoretische Skala von der Bekräftigung des (präkommunikativen) status quo ante über keine registrierbare Wirkungen (sozusagen als – manifester – Nullstand) bis hin zum eigentlichen Wirkungsindikator der Einstellungs- und Verhaltensänderung reicht – wie gleichfalls eine befriedigende Definition von Aggression bzw. Aggressivität, bezogen auf die aggressiven oder aggressionsfördenden Fernsehinhalte wie auch auf die aggressiven Reaktionen, aussteht;
- und endlich die gänzlich ungenügende Reflexion und Anerkennung der Individualität der Probanden, ihrer Fähigkeiten, Erfahrungen und Bedürfnisse, die unter den erwähnten Prämissen allzu leichtfertig zu artifiziellen Konstrukten meßbarer Variablen amputiert werden. Vor allem Kinder verkümmern den wissenschaftlichen Methodikern häufig zu instinktiven, bewußtlosen Reaktionsbündeln, deren möglichst autochthone Artikulationen unverfälscht zu registrieren und zu messen sind.

Wie diesen nicht nur methodologischen, sondern auch wissenschaftstheoretischen und -ethischen Dilemmata zu entfliehen ist, darüber sind kaum Überlegungen angestellt. In die geeignete Richtung weisen Versuche, die aus dem Bemühen heraus, die Kinder als Subjekte auch in der Forschungsarbeit ernstzunehmen, eine Verbindung von pädagogischem Handeln und Handlungsforschung anstreben. So beobachteten de Haen/Kamp (1977) in einem wohlweislich als unwissenschaftlich deklarierten Projekt nicht nur zehn 6- bis 10jährige Kinder beim Empfang von Gewaltdarstellungen im Fernsehen; vielmehr arbeiteten sie mit ihnen und ihren Eltern die Sendungen medienpädagogisch auf, probierten einige Szenen und geläufige Medientechniken und -tricks selbst aus, um „durch kritische Betrachtung der gängigen Handlungsmuster in Krimis und durch Eigenerfahrung mit der Technik" die Kinder möglicherweise „gegen die Faszination der Krimiserien im Fernsehen" zu immunisieren (S. 36). Sicherlich werden mit diesem bescheidenen Unternehmen keine (vermeintlich) objektiven Erkenntnisse über die Beziehungen zwischen violenten Medieninhalten und Reaktionen der Rezipienten gewonnen, die einer Überprüfung oder gar Verallgemeinerung besser standhielten als die Fülle der anderen Ergebnisse; aber von Medienpraktikern und Rezipienten wurden Erfahrungen gemacht, Sensibilisierungen und gegenseitiges Verständnis für die Sehweise anderer vorbereitet, und zumindest die zehn beteiligten Kinder scheinen Lernerfolge (Distanzierungshilfen) erzielt zu haben, die sie für ihr künftiges Fernsehen besser qualifizieren.

3. Fernsehinhalte und Kinder

Nicht nur die zahllosen kulturkritischen Verdikte gegen das Fernsehen, auch die empirischen Wirkungsstudien verzichteten im allgemeinen auf eine wissenschaftliche Sicherung der dargebotenen Fernsehinhalte. Der bloße Augenschein oder die nachträglich registrierten Rezipientenreaktionen schienen zu genügen, um sich über die Beschaffenheit und Aussageintentionen der Fernsehkommunikate, aufgefaßt als *das* Fernsehen schlechthin, zu unterrichten. Daher sind Methodologie und Methoden der Fernsehanalyse, sofern sie Tendenzen oder gar quantifizierbare Häufigkeitsmerkmale in formaler und inhaltlicher Hinsicht zu fassen sucht, noch kaum entwickelt. In der Regel beschränkt sie sich entweder auf die Identifikation und proportionale Verteilung von Sendungstypen und inhaltlichen Auffälligkeiten oder auf die interpretativ-ideologiekritische Analyse einzelner Sendungen oder Genres; als jüngste Variante wäre noch der Versuch zu nennen, Kategorien der interaktionstheoretischen Gruppenanalyse auf die dargestellten Handlungen der TV-Akteure zu transponieren (Berghaus, 1974).

Vor dem Hintergrund der Rezeptions- und Nutzungsdaten von Kindern verschwimmt aber auch der zu bestimmende Gegenstand, erweist sich nämlich die Analyse von Kindersendungen, d.h. der vom Programmschema und den Redaktionen so klassifizierten Sendungen, als mindestens teilweise peripher; ebensogut ließen sich Nachrichten, Spielfilme oder Unterhaltungssendungen mit dem Blick auf kindliche Rezipienten wählen. Für das hauptsächlich frequentierte Vorabendprogramm, auch das heimlich(-unheimlich)e Kinderprogramm genannt, lehnen andererseits die Verantwortlichen – das sind in der Regel die Betreiber des Werbefernsehens unter der rechtlichen Oberaufsicht der Fernsehanstalten – eine ausschließliche oder auch nur vornehmliche Rücksichtnahme auf das kindliche Publikum ab. Gleichwohl, wenn man registrieren will, was den Kindern von den Fernsehanstalten angeboten wurde und wird, bleibt nur der Rekurs auf das ausgewiesene Kinderprogramm. Die wenigen ihm speziell gewidmeten Analysen stehen hier bis auf ein paar Ausnahmen, die den erwähnten Zusammenhang ausdrücklich thematisieren, im Mittelpunkt des Interesses.

Erst gegen Mitte der 50er Jahre bildete sich im deutschen Fernsehen allmählich ein regelmäßiger Sendungsturnus für das Kinderprogramm heraus. Pädagogen wie Programmverantwortliche waren sich lange Zeit uneins, bis zu welcher Altersgrenze das Fernsehen die heranwachsende Generation bedienen sollte. Die Novellierung des Jugendschutzgesetzes, dessen Gültigkeit die Fernsehanstalten für ihre Programmarbeit bereitwillig akzeptierten, schloß 1957 Kinder unter sechs Jahren (bis etwa 1969) kategorisch vom Fernsehgenuß aus.

Die erste wissenschaftliche Inhaltsanalyse, durchgeführt an der Landesbildstelle und der Pädagogischen Hochschule Berlin, klammerte dann auch die „reinen Kindersendungen" aus und konzentrierte sich auf die „200 Sendungen des deutschen Jugendprogramms in der Zeit vom 1. April bis 7. Dezember 1957" für die 11- bis 16jährigen (Heimann u.a., 1958, S. 23). Da sie mit diesem Sample durchaus noch die hier behandelte Klientel anvisierte und überdies einer kürzlich erstellten Programmanalyse als „ergiebiger Bezugspunkt" (Merkert/Karge, 1978, S. 14) diente, soll sie hier berücksichtigt werden. Analysiert (und von freiwilligen Jugendgruppen beurteilt) wurden die Sendungen

1. nach ihren Inhalten, will heißen: ob sie schulnahe oder schulferne Gegenstände behandelten;
2. nach ihren Gestaltungsformen, und zwar unterteilt

   a) nach den Sendungstypen (live – Film – gemischt),
   b) nach den Programmformen (Genres);
3. nach ihren Bildungsabsichten und Bildungswirkungen, operationalisiert in folgende Zielbereiche:
   a) das Orientierungsbedürfnis (in der Erschließung neuer Tatsachenbereiche in konkret-bildhafter Form) befriedigen,
   b) die Erlebnisfähigkeit und -willigkeit (mit emotional-musisch betonten Themen) ansprechen,
   c) den Gestaltungswillen (in motorischer, künstlerischer, technisch-handwerklicher Form) anregen,
   d) oder bestimmte Haltungen provozieren, befestigen oder sogar habitualisieren wollen (S. 36).

Mit 64% überwogen die schulnahen Gegenstandsbereiche deutlich. Da Berichte und Vorträge mit Studiodemonstrationen (25%) sowie Demonstrationen von Spiel- und Arbeitsformen zum Zwecke der Nachahmung (14,5%) die zwei verbreitetsten Programmformen waren, dominierte die Filmsendung. Die enge Verpflichtung des Jugendfernsehens an die bestehenden pädagogischen Regulative manifestierte auch die Klassifikation nach den intentionalen Haupttendenzen: 64,5% der Sendungen verfolgten orientierende Bildungsabsichten, während die anderen in weitem Abstand rangierten. Demgegenüber schien das Kinderfernsehen dieser Zeit fast gänzlich in der fiktionalen Welt der Geschichten, Märchen, Puppenspiele und (amerikanischen) Abenteuerserien zu verharren; jedenfalls läßt dies die von H. Wetterling (1960) ermittelte Analyse des Kinderprogramms (1. Januar bis 31. Dezember 1958) mit folgenden gattungsspezifischen Schwerpunkten vermuten:

– erdichtetes Geschehen	71,8%
– Beispiele und Demonstrationen	14,4%
– Berichte	14,0%

Um die Bildungsrelevanz und -einflüsse des Kinder- und Jugendfernsehens in unterschiedlichen Gesellschaftssystemen zu erschließen, untersuchten Foerster/Holz (1963) nach quantitativen Gesichtspunkten das ARD-Programm wie das Programm des „Deutschen Fernsehfunks" der DDR vom 1. Januar bis 31. Dezember 1962. Für das bundesrepublikanische Programm ergab sich, ohne daß die verwendeten Kategorien hinreichend expliziert waren, folgende thematische Aufteilung:

1. *erdichtetes Geschehen (Spielhandlungen, Geschichten)*	
a) deutsche und ausländische Volksmärchen	21 Sendungen
b) Märchen mit realistischen Zügen	39 Sendungen
c) Tiergeschichten	28 Sendungen
d) Geschichten aus dem Kinderleben	40 Sendungen
e) Abenteuer (Wildwest, Erlebnisse mit Tieren und Verbrechern, Jugendabenteuer)	40 Sendungen
insgesamt	168 = 63,4%

2. *Information und Berichte*	
a) aus Natur und Tierwelt	18 Sendungen
b) aus fremden Ländern	8 Sendungen
c) aus der Umwelt	11 Sendungen
d) aus der Bibel	6 Sendungen
insgesamt	43 = 16,3%
3. *Demonstration zum Mit- und Nachtun*	
Spiel- und Arbeitsformen, Tanzen, Musizieren	54 Sendungen = 20,3%

Bei den Darstellungsformen überwogen mit 41,6% die (wohl weitgehend angekauften) Filmreihen und mit 25,7% Studiodarbietungen mit Demonstrationen, während Reportagen und Übertragungen mit 3,7% und Fernsehspiele mit 2,6% kaum vertreten waren. „Im ganzen" – so das Fazit der beiden Pädagogen, auch mit Blick auf das ostdeutsche Pendant (vgl. Arbeitsgruppe Kindermedien, 1979) – „scheint eine überholte idealisierte Auffassung vom ‚Kind' maßgebend für Inhalte und Themenschwerpunkte zu sein, die das Kind möglichst lange von den Sachverhalten und Erscheinungen des modernen Lebens abschirmen und seine frühkindliche Märchen- und Phantasiewelt erhalten möchte" (1963, S. 62f).
Danach riß die wissenschaftliche Auseinandersetzung mit den Inhalten und Formen des Kinderfernsehens ab. Seine Programme wie auch die öffentliche Resonanz in den 60er Jahren überhaupt waren offenbar nicht dazu angetan, weitere Forschungsanstrengungen zu stimulieren. Es blieb bei seltenen aktuellen Einzelkritiken meist aus journalistischer Feder oder bei pauschalen Abwertungen in den pädagogischen Ratgebern und Traktaten. So kann sich eine mögliche Rekonstruktion der Programminhalte nur auf wenige Anhaltspunkte stützen (Mundzeck, 1973, S. 67ff.; Schedler, 1975, S. 10ff.; Kübler/Lipp, 1979). Erst der Vorschulboom weckte wieder das allgemeine und öffentliche Interesse am Kinderfernsehen. Mit Verve stürzte man sich auf die debütierenden Serien, die den einen pädagogisch-journalistischen Fortschritt, den anderen weiteres Fernsehunheil oder nur einen neuen Schachzug bürgerlicher Pädagogik zu annoncieren schienen – und ignorierte dabei meist die Gesamtheit des Kinderfernsehens. Erstmalig war nun auch die (neu erstandene) ideologiekritische, materialistische Fernsehforschung auf das Kinderfernsehen aufmerksam geworden.
Den Reigen eröffnete die *Zeitschrift für engagierte Kunst, tendenzen* (August/September 1973), unter Schedlers Motto „Die Schonzeit ist um" – nachdem natürlich die Vor- und Nachteile von *Sesamstraße* in allen einschägigen Gazetten in kontroverser Breite erörtert worden waren.[17] Unter klassenkämpferischer Perspektive ex-

17 Der chronistischen Vollständigkeit halber sei noch auf die Diplomarbeit von S. Goldner (1973) hingewiesen, die medienpädagogische Überlegungen, vor allem unter dem Leitziel „emanzipatorischer Kreativitätserziehung", und einige Hinweise zum damaligen Kinderprogramm konfrontierte und als Typoskript besonders in linken Kreisen gewisse Beachtung fand.

emplifizierten zunächst die beiden Filmemacher Behrens/Gansera an einigen während zweier Wochen im Mai 1973 besichtigten Reihen und typischen Genres, daß „im deutschen Kinderfernsehen [. . .] immer noch über weite Strecken die Tanten und Onkels, der Empirismus, die kleinbürgerliche Moral, Zerstörung und Phantasielosigkeit, die Handkamera und das Hochdeutsch [regieren]" (S. 10). Sodann unterzog J. Paech[18] die WDR-Serie *Die Sendung mit der Maus* seinen ideologiekritischen Betrachtungen, und S. Bartmann entlarvte *Sesamstraße* als „Prachtboulevard des Kapitals", bis schließlich H. Holzer eine komprimierte Fassung seiner materialistischen Analyse über die gesamtgesellschaftliche Determination und Formbestimmung der Fernsehkommunikation sowie über die Gebrauchswerte und Bedürfnisse der kindlichen Rezipienten vorstellte.[19] Diese wurde in dem im darauffolgenden Jahr erschienenen Band Holzers (1974b) mit ideologiekritischen Einzelinterpretationen der wichtigsten Vorschulserien ergänzt und veranschaulicht.[20] So treffend manche dieser Analysen sein mögen, als singuläre Fallstudien entbehren sie doch der verallgemeinerbaren und überdauernden Reichweite. Ästhetische Traditionen, Formentwicklungen und -deprivationen im Medienvergleich (Puppenspiel, Märchen, Film und Fernsehen) arbeiteten in z. T. überschneidender Weise Kommer, Hickethier und Gulden[21] in dem von der Redaktion *betrifft: erziehung* herausgegebenen Sammelband auf (Geisler/Kalb, 1975);[22] sie bedürften der Erweiterung und Fortsetzung, wie es J. Thiele am neuen Erfolgsrenner *Die Biene Maja* exemplifizierte (1978a; 1978b). Einen analogen Versuch im Inhaltlichen, der trotz seines „aphoristischen" Einschlags (Richter, 1975) vielversprechend und dem Gegenstand angesichts der zahlreichen Querverbindungen und Beeinflussungen angemessen ist (Lenzen, 1978), unternahm Ch. Hunscha (1974) mit einer historisch-exemplarischen *Darstellung der Wirklichkeit in Kinderbüchern und Kinderfernsehen.*
Daß der Prototyp *Sesamstraße* zahllose kritische Stellungnahmen und Kritiken erfuhr, versteht sich. Im Auftrag des Deutschen Bildungsrats erörterten Iben/Eckart (1975) vornehmlich an seinem Beispiel die „pädagogischen Möglichkeiten des Fernsehens im Bereich der Eingangsstufe", verschwiegen aber nicht ihre „Vorbehalte" im Umgang mit und in der Diskussion um *Sesamstraße* und plädierten bereits 1973 für eine „Erziehung zu kritischen Umgang mit dem Fernsehen", die eine Vielzahl flankierender oder sogar komplementärer pädagogischer Maßnahmen in Zusammenarbeit „der Produzenten, wissenschaftlichen Berater, der Eltern, der Erzieher und vor allem der Kinder selbst" (S. 232) vorsah. In regelmäßigen Abständen begutachtete der Vorschulpädagoge D. Höltershinken (1975; 1976; 1977; 1978) die Entwicklungen und Verbesserungen der Vorschulserie und seines ZDF-Kon-

18 Eine veränderte Fassung findet sich auch in Geisler/Kalb (1975, S. 119–148).

19 Kaum veränderte oder gleiche Fassungen finden sich bei Holzer (1973b; 1974a; 1975a; 1976).

20 Vgl. auch Holzer (1975b).

21 Über die Moderationsfiguren des Kinderfernsehen und ihre psychisch-therapeutische Funktion siehe ferner Gulden (1973).

22 Viele der Beiträge sind weitgehend identisch mit den in *betrifft: erziehung* 6/1973/9 veröffentlichten Fassungen.

kurrenten in dem von Produzenten stark beachteten evangelischen Pressedienst (epd). Weitere Untersuchungen widmeten sich bereits Teilaspekten der Vorschulserien: Völzing/August (1978) auf linguistisch-empirische Weise den „informativen und normativen Strukturen" von *Rappelkiste*, um im Rahmen eines großen Projekts über Verstehensschwierigkeiten und potentielle Handlungsfolgerungen von Kindern Aufschluß zu erhalten (August u. a., 1979). Die musikalische Garnierung der *Sesamstraße* und ihre möglichen (musikpädagogisch abträglichen) Wirkungen auf die kindlichen Rezipienten wurden von H. de la Motte-Haber (1976) und F. Spangemacher (1975; 1976) kritisch betrachtet.

Den methodischen Standards der empirischen Sozialforschung zu genügen, bemühte sich die Inhaltsanalyse der *Sesamstraße*-Begleituntersuchung (Berghaus 1974; 1975). Außer der üblichen Klassifikation und proportionalen Verteilung von äußeren Gestaltungselementen, intentionalen Schwerpunkten und Darstellungsweisen der Personen wurde versucht, die „vieldimensionierten, vieldeutigen Inhalte einer Fernsehsendung" auf originelle Weise zu analysieren. Ausgehend vom Theorem des symbolischen Interaktionismus, Verstehen und Handeln geschehe in einem reziproken Prozeß der Rollendeutung und gedanklichen Rollenübernahme, wurden sie in den Handlungen und Interaktionen der Fernsehakteure erfaßt, da sie 1. „einen relativ geschlossenen, herauslösbaren Komplex [bilden], der ein selbständiger Teil ist und auch isoliert sinnvoll dargestellt werden kann", und da sie 2. „begründbar den Anspruch erheben, einen wesentlichen Gehalt der Sendung zu erfassen" (1974, S. 346). Fernsehanalyse unterscheidet sich in der Form der Interaktionsanalyse nur noch graduell von der Beobachtung realer Handlungen und Gruppenprozesse; deren Instrumente und Kategorien können sinngemäß verwendet werden. Die darin involvierten Prämissen und Reduktionen können hier nicht in vollem Umfang erörtert werden. Gewiß stellt dieses Verfahren eine interessante Version dar, die sich für die Analyse von Detailaspekten eignet; sie indes als „zuverlässig und objektiv" zu bezeichnen, wie dies bei ihrer zweiten Anwendung (Sturm u. a., 1978, S. 18) geschehen ist, erscheint als vorschnell. Allein die Fixierung der Beobachtungseinheiten als formale Abschnitte von zehn Sekunden, repräsentiert durch das jeweilige Standphoto, wobei für jeden Akteur jeweils nur eine Interaktion protokolliert werden konnte, demonstriert die doch recht beschränkte Informationsaufnahme. Mediale, dramatische und szenische Aspekte blieben unberücksichtigt.

Die Befunde dieser Analyse wurden weithin verbreitet: Unzweideutig ergab sich die Dominanz der kognitiven Lernziele gegenüber den sozialen, und zwar nicht nur in den Anteilen (55% zu 21%), sondern auch in den Gestaltungsweisen. Soziale Lernziele wurden nämlich „mit weniger Komik, in wesentlich geringerem Maße direkt unterrichtend, mit weniger unmittelbarer Hinwendung zum Zuschauer und weniger Aktivierungsversuchen angeboten" (1975, S. 34). Sodann frappierte die Fixierung traditionell geprägter, dichotomisierender Verhaltensweise und Rollenbilder sowohl im Verhältnis zwischen Kindern und Eltern als auch zwischen weiblichen und männlichen Fernsehakteuren, so daß sich zwischen den bekundeten Absichten bzw. Lernzielen und den produzierten Sendungen eine signifikante, unvertretbare Diskrepanz eröffnete. Daß die nachfolgenden Staffeln der *Sesamstraße* sie schließen konnten, wurde zwar von journalistischer Seite behauptet (z. B. Frankfurter Rundschau vom 3. März 1976, S. 24), wissenschaftlich jedoch nicht mehr überprüft (Michelbacher, 1978).

Auf Diskrepanzen ganz anderer Art machten die folgenden Autoren aufmerksam. M. Schedler (1975) stellte die „Filmgruppe Naunystraße" und G. Behrens „Entwürfe zu einem emanzipatorischen Fernsehen" vor, die im konventionellen „bürgerlichen" Fernsehen zumindest ungewöhnlich waren oder gar abgelehnt wurden, nachdem er zuvor in einem engagierten Essay die widersprüchliche, beschämende Geschichte des etablierten Kinderfernsehens skizziert hatte. Es sind Filme, die die Autoren – in einem ersten Schritt praktischer Medienarbeit (Paech, 1974; 1977; Hickethier, 1975c) – mit Kindergruppen selbst erarbeitet und produziert hatten und die formal und inhaltlich von der professionellen Glätte und Konformität abweichen.

Die Kluft zwischen dem wirklichen Sehverhalten der Kinder und dem Programmangebot thematisierten die beiden Arbeiten von M. und H. Naumann (1975) und R. Bierkandt (1978). Beide untersuchten Programme, die die Kinder tatsächlich sehen, auf inhaltliche, intentionale und ideologische Gehalte hin – die Naumanns in der Woche vom 13. Juli bis 19. Juli 1974 alle Sendungen, die laut Einschaltquoten von Kindern mehrheitlich frequentiert wurden; Bierkandt alle, nämlich sechzehn Serien in der Zeit vom 22. April bis 19. Mai 1974, „in denen ein Kind oder mehrere (ca. 3 bis 13 Jahre bzw. bis zum Berufseintritt) mit familiärem Hintergrund im Mittelpunkt der Handlung standen und denen eine reale Spielhandlung zugrunde lag" (S. 96). Diese Auswahl, getroffen unter dem Gesichtspunkt, wie das Fernsehen den Alltag von Kindern darstellt, ist problematisch; schließt sie doch just die für Kinder attraktivsten Serien wie Zeichentrickfilme, Krimis und Western aus. Zwar werden darin meist keine Alltagshandlungen und -umwelten von (TV-)Kindern präsentiert, wohl aber Verhaltensmuster, Attitüden und Handlungsweisen, die mindestens ebenso nachhaltig auf den Alltag der zuschauenden Kinder Einfluß nehmen und ihre Sozialisation prägen können. Die Fülle der inhaltlichen Befunde und Kategorien der beiden Analysen kann hier abermals nicht rekapituliert werden; beide Male wurden eher zur Anpassung und Konformität drängende Verzerrungen der Wirklichkeit konstatiert: Fernsehsendungen, selbst wenn sie sich realistisch gaben, hatten mit der vorhandenen Realität von Kindern und Jugendlichen relativ wenig gemein; sie bereiteten ihr Publikum deshalb auch kaum auf diese vor.

Das Werbefernsehen selbst, eine bei Kindern überaus beliebte Programmsparte – ein Umstand, den die amerikanischen Planer von *Sesame Street* weidlich zu nutzen wußten –, war bezeichnenderweise bislang nur einmal Gegenstand einer kindbezogenen Analyse (Arbeitsgemeinschaft, 1975[2]; Fuhrmann u. a., 1975). Über ein Viertel der Spots im Werbefernsehen des Bayerischen Rundfunks und des ZDF vom 2. bis 14. Juli 1973 setzten Kinder als Werbeträger ein. Emotionalisierende, scheinbar realitätsnahe Strategien und Kontext-Personen schleifen zudem ganz nebenbei gesellschaftliche Normen, Einstellungen und Verhaltensdispositionen in einer über-

aus wirksamen Kurzdramaturgie ein, so daß „das Werbefernsehen als didaktisch perfektes Lernprogramm [...] zur Vorschule der Nation" (Fuhrmann u.a., 1975, S. 116) zu avancieren droht.[22a]
Fraglos fließen in derart vergleichende Kontrollen verschiedener Realitäten oder Realitätsgrade wertende Maßstäbe ein; Wirklichkeitsausschnitte, reale wie vermittelte, haben unfaßbar viele Dimensionen und Schichten, die von phänomenologischen Registraturen nur partiell ermittelt und verglichen werden können. Unbeachtet bleiben ferner mediale und ästhetische Eigengesetzlichkeiten des Dargestellten, Traditionen des Fernsehens und seiner Genres. So versuchten die jüngsten Untersuchungen zumindest tendenziell die Gesamtheit des Programmangebots innerhalb eines bestimmten Zeitraums zu erfassen: Kübler/Lipp (1979) während zehn Programmwochen vom 2. Februar bis 11. April 1976, Merkert/Karge (1978) während des 4. Quartals 1977. Beide Studien beschränkten sich zunächst auf eine quantifizierende Auflistung von Genres und inhaltlichen Trends, um anschließend einzelne so klassifizierte Teilmengen eingehender zu beschreiben und zu interpretieren. Danach ergab sich bei der an Heimann (1958) angelehnten Untersuchung von Merkert/Karge (1978, S. 15) folgende Verteilung der Genres:

1. Filme mit zentralen außergewöhnlichen bzw. abenteuerlichen Ereignissen	3710' = 27,19%
2. Unterhaltungsmagazine	1800' = 13,2 %
3. Filme mit zentralen alltäglichen Ereignissen	1615' = 11,8 %
4. Berichte, Reportagen, Dokumentationen	1515' = 11,1 %
5. Vorschulmagazine	1110' = 8,13%
6. Märchenfilme etc.	930' = 6,8 %
7. Informations-Magazine	720' = 5,27%
8. Beteiligungssendungen	630' = 4,6 %
9. TV- bzw. Filmkomödien	510' = 3,7 %
10. Diskussionssendungen	430' = 3,15%
11. Quizsendungen	315' = 2,3 %
12. Sendungen mit direkter Aufforderung zur Nachahmung (Basteln, Spiel ...)	310' = 2,3 %
13. Aufzeichnungen von Theateraufführungen u. Ä.	50' = 0,3 %

Der Anteil von Reihen (d.h. von in sich geschlossenen Beiträgen in einem bestimmten sachlichen bzw. thematischen Kontext) und Serien (d.h. von aufeinander aufbauenden Beiträgen, die erst als Gesamtheit ein Ganzes ergeben) betrug bei den Anstalten der ARD 57% des Gesamtangebotes mit 4420 Minuten für Kinder. Beim ZDF belief sich der Anteil der direkt oder indirekt an die Zielgruppe adressierten Serien und Reihen mit 3425 Minuten auf 58,1% des Gesamtangebotes für diese Altersgruppe. Am Ende einer sechsmonatigen Beobachtungsphase (Oktober 1977 bis März 1978) verspürten die Analysierenden „so etwas wie Konfusion", befiel sie als

22a Inzwischen hat sich die Arbeitsgemeinschaft für Kommunikationsforschung, München, erneut und ausführlicher mit dem Thema befaßt: Böckelmann u.a., 1979.

vermutliche Reaktion auf das Gesehene eine „recht unwissenschaftliche Mischung aus wachsender Bescheidung, gelegentlicher Euphorie und mitunter sehr unheiligem Zorn" (S. 13) – Gefühlsregungen, die nur teilen kann, wer sich ähnlichen Strapazen (als Erwachsener) unterzogen hat.

Die Sendezeit zwischen 16 und 18 Uhr (ARD) und zwischen 16 und 19.30 Uhr (ZDF) beobachteten im April 1978 de Haen/Kamp (1978) auf die nun schon bekannte Weise, um Eindrücke über das den Kindern angebotene Programm (einschließlich des Vorabendprogramms des ZDF) zu sammeln. Immer noch scheinen die Redaktionen die Bevorzugung des Kleinkinderprogramms nicht überwunden zu haben. Während diese Klientel mit einer guten Mischung aus „ein wenig Märchen, ein wenig Spaß und Spannung, ein wenig Realität, behutsam interpretiert", bedient wird, sind die 8- bis 12jährigen „Höchstseher" sträflich unterversorgt; außer Unterhaltung wird ihnen nichts serviert. Erst für die nächste Altersstufe gibt es wieder Informationssendungen, die interessant und treffend zugleich sind.

„Untersucht die Inhaltsanalyse eigentlich Inhalte?" fragte kürzlich I. Fühlau (1978) und kam zu dem Ergebnis, daß die positivistisch orientierte Inhaltsanalyse (content analysis) über keinen adäquaten Inhaltsbegriff verfügt, wie er beispielsweise in Kommunikationswissenschaft und Linguistik diskutiert wird (vgl. auch Ritsert, 1972; Cicourel, 1970, S. 203ff; Lisch/Kriz, 1978). Diese Aussage gilt für audiovisuelle Kommunikate in potenzierter Weise, selbst angesichts derart detaillierter und aufwendiger Methoden, wie sie Schulz u.a. (1976) anempfahlen. Denn solcherart „Inhaltsanalyse ist, soweit sie als wissenschaftliches Instrument zur Rekonstruktion eines bereits produzierten Films verwendet wird, nichts anderes als eine Reproduktion der Filmproduktion" (Rust, 1977, S. 355), gehorcht mithin gleichfalls produktionstechnischen Gesetzen. Daher ermöglicht das Sezieren eines Films in Ton- und Bildelemente, in Sequenzen und weitere Partikel am Schneidetisch zwar eine relativ verläßliche, wenngleich artifizielle Aggregation von ‚bedeutungstragenden' Segmenten, ein stimmiges (dokumentarisches oder dramatisches) Ganzes, so wie sich ein Fernsehkommunikat der alltäglichen Wahrnehmungs- und Erlebnisweise eines ‚durchschnittlichen' Zuschauers, gar eines Kindes, präsentiert, entsteht dadurch nicht. Auch die von Rust vorgeschlagene Kombination aus „objektiver" (=wissenschaftlicher) und „subjektiver" Inhaltsanalyse (als dokumentierte Wiedergabe der Filmrezeption durch die Probanden) scheint zwar ein gangbarer Kompromiß, verlagert aber nur das Problem, wenn die objektive Inhaltsanalyse zum (wohlweislich nicht normativen) Maßstab der „jeweiligen Art von Verständnis" (1977, S. 361) erhoben wird. Statt einem stehen nun zwei Inhaltskomplexe zur Analyse an. Beide Male unterliegt die wissenschaftliche Inhaltsanalyse denselben Prozessen des (Fremd-)Verstehens wie die alltägliche (wobei die meisten ihrer Versionen nicht einmal die theoretisch selbstgesetzten Kriterien der Objektivität, Validität und Reliabilität in der praktischen Forschung zu erfüllen vermögen).

„Die soziologische Methode als Kommunikation kann die Regeln der Kommunikationsprozesse im Forschungsbereich [...] nicht autonom festsetzen, wie das eine naive Experimentaltechnologie immer wieder unterstellt, sondern muß sich an die dem Forschungsprozeß vorgängigen Regeln der alltagsweltlichen Kommunikation anpassen" (Schütze u.a., 1973, S. 434). Mit anderen Worten: Inhaltsanalyse muß sich dem Rezeptionsvermögen, den Bedeutungs- und Relevanzstrukturen der jeweiligen Rezipientenpopulation annähern, wenn sie nicht die Fähigkeiten des Forschenden unbefragt zum Maßstab erheben will. Die einfache lineare Korrelation zwischen dem, was angeblich objektiv zu messen war, und dem was beim Rezipienten nachträglich zu erfahren ist, um aus der Differenz, Abweichung oder Übereinstimmung auf die Verstehens- und Behaltensleistungen zu schließen, funktioniert nicht, operiert mit unzulässigen, schiefen Prämissen. Denn zwischen Medieninhalten und Inhaltsanalyse interveniert der Rezeptionsvorgang, der wissenschaftlich kontrollierte ebenso wie der alltagsweltliche, den man mit Objektivitätsansprüchen nicht kurzerhand eskamotieren kann. Wahrnehmung (als Rezeptionsvorgang) und Wahrzunehmendes (als sinnliches, gehaltvolles Objekt) lassen sich, worauf die Literaturwissenschaft (Jauß, 1970; Iser, 1972; 1976) neuerdings aufmerksam macht, auch analytisch nicht folgenlos trennen; vielmehr müssen die unterschiedlichen Rezeptionsvorgänge einschließlich der unterschiedlichen Rezeptionsergebnisse vor dem Hintergrund divergierender Bedeutungs- und Relevanzstrukturen als Teil des methodologisch-methodischen Kalküls offen thematisiert werden. Inhaltsanalyse müßte sich mithin verstehen als systematisches, wissenschaftlich kontrolliertes Rekonstruktionsverfahren des *Rezeptions*prozesses, des individuellen bzw. kollektiven Zuordnens von Bedeutungen einer auf Bedeutungszuweisung hin konzipierten und diese heischenden Symbolwelt, der Fernsehkommunikate, wobei es im Gegensatz zur (vermeintlich) inhaltsneutralen Wirkungsforschung darauf ankäme, Koinzidenzen und Dissonanzen (und ihre Ursachen) zwischen den dem Kommunikat vom Autor antizipatorisch imputierten Rezeptionsstrategien und den vom Rezipienten (einschließlich des rezipierenden Forschers) aktualisierten Rezeptionsfähigkeiten und -maßnahmen herauszuarbeiten. Kohli (1977) hat den Prozeß Vermittlung genannt und definiert ihn „als Handeln des Rezipienten gegenüber den Medienangeboten, d.h. als Herstellung eines Zusammenhangs zwischen dem Dargestellten und der eigenen Handlungsorientierung" (S. 77).

Von der hermeneutischen Interpretation unterscheidet sich dann die sozialwissenschaftliche Inhaltsanalyse ‚nur' noch graduell, vor allem in der Wahl ihrer Untersuchungsobjekte: Während sich jene um das historisch einmalige, in sich geschlossene Kunstwerk in seiner Gänze kümmert, beschäftigt sich diese mit unabgeschlossenen, standardisierten Kommunikatreihen, aus deren repräsentativ bestimmten Teilmengen (Samples) strukturelle und inhaltliche Häufigkeiten, Analogien und Regularitäten approximativ herauszufiltern sind. Die tendenzielle Infinität des Gegenstands letzterer wie die jeweils unterschiedlichen Erfahrungs- und Rezeptionshorizonte der Interpreten bei beiden Verfahren, manifestiert in den jeweiligen Kategoriensystemen oder Interpretationsschemata, zwingen zur permanenten Überprüfung und Revision der Befunde, die nur pragmatisch zu beenden ist.

4. *Produktion und Produzenten von Kinderfernsehsendungen*

Mehr noch als in anderen Programmsparten (Feil, 1977; Berg/Kiefer, 1978, S. 36f.) fehlt es beim Kinderfernsehen an einer systematischen Erforschung des Kommunikatorbereichs, der materiellen und organisatorischen Produktionsbedingungen wie der programmatischen, intentionalen Konzeptionen. Dabei waren einige seiner prominentesten Repräsentanten während der vergangenen öffentlichen Debatten und Legitimationsbezeugungen außerordentlich publizitätsfreudig und engagiert wie kaum andere Programmverantwortliche des Fernsehens.[23] Die kritische Analyse ihrer zahlreichen Äußerungen, wie es die Projektgruppe Kinderfernsehen – allerdings auf gelegentlich einseitige Weise – begann (1975, S. 36ff.), könnte neben beharrlichen Kontinuitäten einige wechselhafte, kontroverse Konturen der programmatisch-äußeren Geschichte des bundesdeutschen Kinderfernsehens und seines institutionalisierten Selbstverständnisses enthüllen.
In organisatorischer Hinsicht leisten die Fernsehanstalten ihren Teil, um die Produktionsverhältnisse des Kinderfernsehens der Öffentlichkeit vorzuenthalten, Verhältnisse, die gegenüber vergleichbaren Sparten des Erwachsenenprogramms sowohl in personeller und materieller Ausstattung als auch in der hierarchischen Bewertung immer noch generell zu wünschen übrig lassen. Weder die ARD noch das ZDF weisen das zeitliche Volumen, den Anteil der einzelnen Genres und die jeweiligen (finanziellen) Aufwendungen des Kinderfernsehens in ihren Jahrbüchern gesondert aus. Als M. Schedler (1973) zehn Kinderfernsehredaktionen schriftlich nach ihren Etats, ihren Sende- und Autorenkosten, nach Formen ihrer Programmatik, Zusammen- und Öffentlichkeitsarbeit sowie nach der Berücksichtigung der Zuschauer (Zuschauerpost, mögliche Einflußnahme auf die Programmgestaltung, Kooperation mit Wissenschaftlern, spezielle Programme für Unterschichtkinder) befragte, bekam er in den entscheidenden (ökonomischen) Fragen nur „ausweichende oder gar keine Antworten" (1975, S. 40), bei den anderen bestätigte sich das Bild von einer konzeptionell dürftigen, routiniert verkrusteten Programmarbeit, die die Antwortenden gleichwohl mit Überheblichkeit und selbstgenügsamer Ignoranz glaubten überspielen zu können. Spärlicher und verklausulierter noch sind Informationen über die Beteiligung privater Produktionsfirmen am Kinderfernsehen (wie je am gesamten Fernsehprogramm), obwohl nicht nur beim ZDF aufgrund seiner engen Verflechtung mit L. Kirchs Filmfirma BETA u. a. (Kalb, 1973; 1975; *Der Spiegel*, Nr. 19 vom 30. Mai 1976) ganze Programme des Kinderfernsehens fremdproduziert werden und mithin eher Verkaufsmaximen denn pädagogisch-publizistischen Intentionen gehorchen. Pädagogisch-wissenschaftliche Beiräte firmieren dann nur noch wie beispielsweise bei *Kli-Kla-Klawitter* als imageträchtiges, autoritätsheischendes Gütesiegel ohne Einfluß und Verantwortung.

23 Neben den erwähnten Ratgebern vgl. die Selbstdarstellungen in: Heygster/Stolte, 1974 (besonders die Kontroverse zwischen der ZDF- und der WDR-Redaktion), die oftmals programmatischen Äußerungen der WDR-Redaktion (z.B. Mohrhof, 1975, 1977a, 1977b; Müntefering, 1971, 1972a, 1972b, 1977) und zahlreiche tagesaktuelle Beiträge.

Daß die von der Projektgruppe Kinderfernsehen (1975) veröffentlichten, internen Informationen auf Befremden und Ärger bei den Betroffenen stießen (zumal sie, wie man diesen fairerweise zugeben muß, eine seriöse Überprüfung nicht erlauben und ebensosehr wie die kritisierten Fernsehprogramme mehr einer personalisierenden denn einer strukturellen Perspektive verpflichtet sind) – das kennzeichnet wohl markant das nach wie vor ungelöste, oft genug noch verkrampfte Verhältnis zwischen Medienpraxis und Wissenschaft. „Die derzeitige Perspektive für redaktionelle Rundfunkforschung" – so resümiert W. A. Mahle (1977, S. 22f.) seine jahrelangen, bisher vergeblichen Bemühungen um eine solche Disziplin – „ist keineswegs ‚normal', sondern so widersprüchlich wie das Verhalten eines Obstbauern, der im Herbst einen jungen Baum pflanzt, ihn weder düngt noch gießt und im folgenden Frühjahr schon vor den Eisheiligen ernten will [. . .] Erst dann, wenn die Zusammenarbeit eingespielt, die Forschung integrierter und selbstverständlicher Gesprächspartner des Programmachers geworden ist, kann das Zusammenwirken von redaktioneller Forschung und Praxis unter ‚Normalbedingungen' seine tatsächliche Leistungsfähigkeit beweisen." Daß eine derartige „redaktionelle Rundfunkforschung" oder „angewandte Kommunikationsforschung" (Weiß, 1977, S. 25ff.; vgl. auch Berg/Kiefer, 1978, S. 35ff.) wohl in keinem anderen Bereich, bei keiner anderen Zielgruppe nötiger wäre, kristallisierte sich nicht nur als einhellige Erkenntnis bei den Diskussionen des „Prix Jeunesse International 1976" heraus, wollen nicht nur diese Ausführungen erneut betonen, sondern wissen eigentlich alle, die mit Kindern verantwortlich zu tun haben – gewiß auch einige unmittelbar betroffene Programmacher, nur eben die Verantwortlichen der Fernsehanstalten nicht.

5. *Gesellschaft, Familie, Kinder und Fernsehen*

Fernsehen ist ein gesellschaftliches und familiäres Medium zugleich, soll heißen: Es wird öffentlich produziert und produziert auch Öffentlichkeit, wird aber in der Regel privat, in der Familie oder Primärgruppe rezipiert. Diese heterogenen Bedingungen der Fernsehkommunikation gilt es theoretisch wie praktisch auszuhalten; die Zuweisung von Verantwortung nur der einen oder anderen Seite, wie es angesichts des übermäßigen Fernsehkonsums von Kindern aus durchsichtigen Motiven immer wieder geschieht, entlarvt sich als untaugliches Beispiel für eine falsche Separierung. Mindestens konzeptionell und auch in der Vielfalt ihrer methodischen Arrangements bewahrten die genannten ersten Studien zu diesem Thema diese Zusammenhänge im Blickfeld. Infolge des Bestrebens nach Objektivität und Exaktheit gerieten sie indes alsbald in den Hintergrund; erst die materialistische und ideologiekritische Fernsehforschung nahm diese übergreifende Perspektive wieder auf. Den weitreichendsten Entwurf legte zweifelsohne H. Holzer (1974b) vor. Ausgehend von einer globalen Skizze der „materiellen Basis, politischen Qualität und herrschaftlichen Funktion der Fernsehkommunikation"[24] im Sinne der Theorie des

24 Vgl. dazu auch Holzer (1971; 1973c; 1975c).

staatsmonopolistischen Kapitalismus suchte er die spezifischen Herrschafts- und Sozialisationsfunktionen des Fernsehens dadurch zu charakterisieren, daß er von einer typisierten (klassenspezifisch determinierten) Soziallage der Kinder aus ihre Kommunikationsbedürfnisse und -ansprüche formulierte und sie mit den surrogathaften, ablenkenden Fernsehangeboten konfrontierte: So wird der Wunsch der Kinder nach Realitätserklärung in das Training von Formalintelligenz abgebogen und denaturiert, der nach Dissonanzreduktion in die infantilisierende Darstellung und Erklärung der gesellschaftlichen Wirklichkeit, der nach Identitätsfindung in Anpassungszwang und schließlich der nach Spieltätigkeit und phantasiereicher Erprobung der Realität in billige Ersatzvergnügen und sinnlose Spielerei. Holzers Konzept ist mithin bestechend stringent, streng deduktiv von der materiellen Basis zum televisionären Überbau, aber auch mechanistisch wie ein simples, funktionalistisches Input-Output-Modell, das unter den bestehenden kapitalistischen Verhältnissen freilich nicht funktionieren darf. Die vielen Vermittlungen und Brechungen, die Bedürfnisse zu einem Syndrom von objektiven und subjektiven Komponenten verschmelzen (z. B. Hondrich, 1975) und mannigfaltige, keineswegs immer logische Mechanismen der Befriedigung und auch Ersatzbefriedigung zulassen, werden ebensowenig berücksichtigt wie die Fülle widerstreitender Einflußfaktoren auf die Fernsehkommunikate, denen allesamt nur in einem eminent abstrakten Sinne ideologische und herrschaftliche Funktionen unterstellt werden können. Als kategorialer Rahmen bleibt Holzers Entwurf gleichwohl bedenkenswert, da er die Fernsehkommunikation als untrennbare Gesamtheit anvisierte.
Die Perspektive der institutionellen Organisation und Geschichte der Fernsehanstalten sowie der Entwicklungsstränge der Vorschulpädagogik wählte die Projektgruppe Kinderfernsehen (1975). So sehr sich ihre Argumentation auch darum bemühte, die systemische Notwendigkeit zur Qualifikation der Arbeitskräfte in der Vorschulerziehung und im Kinderfernsehen zwingend nachzuweisen, die augenfälligen Inkonsistenzen und Zufälligkeiten, die nur temporäre Dauer und Ineffektivität des TV-Vorschulbooms lassen sich damit nur unzureichend erklären. Widersprüchlich wie die ökonomischen und sozialen Verhältnisse dieser Gesellschaft selbst sind auch ihre ideellen und kulturellen Ausformungen und Objektivationen. Unter der rehabilitierten Kategorie ‚Kultur' wurde in monographischer (Lenzen, 1978) und lexikalischer Form (Bauer/Hengst, 1978) versucht, die kulturell-mediale Objektwelt für Kinder, wovon das Fernsehen einen, wenngleich den maßgeblichen Teil verkörpert, zu analysieren. So anregend und den Kommerzialisierungsusancen adäquat diese Weiterungen sind, so ist doch beiden Arbeiten vorzuhalten, daß sie den zugrundegelegten Kulturbegriff – als Vermittlung zwischen anzueignender Objektwelt und subjektivem Erfahrungsschatz – bis auf wenige Ausnahmen nur auf der gegenständlichen Seite einlösen. Wenn O. Negt (1978, S. 193) am Beispiel des Kinderfernsehens das von außen organisierte Surrogat einer Kinderöffentlichkeit exemplifiziert, scheint etwas von jener Vermittlungsproblematik zwischen ‚objektiver' und ‚subjektiver' Kultur durch: „Die Kinder sitzen tatsächlich mit intensiver Aufmerksamkeit vor den Fernsehschirmen. Die Erwachsenen werden für be-

stimmte Stunden durch diese Tätigkeit der Kinder entlastet. Während das Programm abläuft, bleiben die Kinder jedoch passiv; sie entfalten keine Selbstaktivität in der Neuorganisation ihres Bewegungsspielraums und ihrer Zeit. Sie können das Programm nicht verändern, sie können es nur so selektiv ansehen, daß sie auf diese Weise sich ihr eigenes Programm nacherzählen. Insofern sehen die Kinder teilweise ein ganz anderes Programm als dasjenige, das objektiv auf dem Schirm abläuft. Dieses von ihnen selbst gemachte Programm fesselt sie, aber es ist nicht ihr eigenes."
Mindestens zu einem gesellschaftlichen Sektor, nämlich zum Erziehungs- und Bildungssystem, ziehen die von Pädagogen verfaßten Schriften, meist Kritiken oder Ratgeber über das Kinderfernsehen die Verbindung. Dafür lassen sich wenigstens drei ‚Scharniere' identifizieren: Trotz der neuerdings akzentuierten Unterhaltungsorientierung auch des Kinderfernsehens (Mohrhof, 1977a) kann es als öffentlich-rechtliches Programm für Kinder aus einem allgemeinen *pädagogischen Auftrag* eigentlich nicht entlassen werden. Darunter ist weder eine ängstliche Kindertanten-Mentalität noch eine schulpädagogische Maxime im Sinne des Schulfernsehens zu verstehen, sondern ein an den allgemeinen Erziehungs- und Bildungszielen orientiertes, pädagogisch verantwortliches, journalistisch-ästhetisches Handeln der Kommunikatoren. Grundsätzlich müßte dieser Auftrag für alle von Kindern mehrheitlich frequentierten Programme gelten, und es bleibt Aufgabe der (Medien-) Pädagogen und der pädagogisch engagierten Öffentlichkeit, die Programmverantwortlichen immer wieder auf diese Verpflichtung hinzuweisen und beharrliche Verstöße zu ahnden. Mit Prüderie und Aktionen wie der des „Sauberen Bildschirms" hat sie, versteht sich, nichts gemein.
Gleichsam wie eine kommunizierende Röhre dazu versteht sich die schulische und außerschulische *Medien- und Fernsehpädagogik*, deren vielfältige didaktische Konzeptionen, Unterrichtsmodelle und -materialien hier nicht dargestellt werden können (Baacke, 1973a; Schwarz 1974, 1976; Paech 1977; Wingen 1976; Kübler, 1977; Thull 1977; Klönne u. a., 1978). Ihre Lernziele und Inhalte definieren sich, sofern sie schlichte institutionen- und medienkundliche Informationen übersteigen, im allgemeinen aus der Diskrepanz zwischen den angestrebten Bildungs- und Erziehungsidealen und den angebotenen Fernsehinhalten: Der herrschaftskonformen, ideologischen Manipulation der Kulturindustrie (einschließlich des Fernsehens) soll durch (ideologie-)kritische, politisch-ökonomisch fundierte und adressatenspezifisch begründete Aufklärung (Schwarz, 1974) begegnet und entgegengewirkt werden. So progressiv und emanzipatorisch sich diese Medienpädagogik mithin gibt, ihr pädagogisches Handeln wird doch weitgehend beeinflußt und regiert von den kritisierten Gegenständen, den Fernsehkommunikaten, über die man sich meist nur durch bloßen Augenschein, seltener durch eine explizite Analyse ein Urteil gebildet hat. Einen Begriff vom Rezipienten und Adressaten der Kommunikation, seinem alltagsweltlichen Umgang mit dem Fernsehen und seinen gewonnenen Erfahrungen, und zwar so konkret, wie es pädagogisches Handeln verlangt, ebenso wie einen Begriff über Ziele und Möglichkeiten der meta-kommunikativen Prozesse im Unterricht besitzt die Medienpädagogik damit noch lange nicht.

Schließlich wäre unter pädagogischen Gesichtspunkten ein Aspekt zu reformulieren, der die Rezeptions- und Wirkungsforschung seit jeher bewegt, den aber die sogenannte Mediendidaktik freilich in restringierter Weise bislang allein behandelt: Didaktik als Lehre der Vermittlung, gleich welcher Form und welchen Inhalts der Kommunikation, entstand aus der Erfahrung und Erkenntnis der Verständnisschwierigkeiten und des Wissensgefälles zwischen unterschiedlich ‚entwickelten' Partnern und als Versuch, sie überwinden zu helfen. Massenkommunikative Prozesse sind weitaus weniger reflexiv oder reversibel und damit kommunikativ (im emphatischen Sinn) als jede personale Kommunikationsform; die gesamte metakommunikative Beziehungsebene (als wechselseitige, simultane Bedeutungszuweisung) fällt zumindest einseitig, für den Rezipienten, aus (Watzlawick u.a., 1974[4], S. 53ff.). Es ist daher (trotz allen Sträubens vieler Programmacher) nicht einzusehen, weshalb eine spezifische *Fernsehdidaktik* (im Sinne der erwähnten redaktionellen Rundfunkforschung) zumal für das Kinderfernsehen nicht von Gewinn sein könnte (Baacke, 1973b, S. 336ff.; Kübler, 1977). Mit ihrem schulisch-pädagogischen Pendant hätte sie allenfalls den essentiellen Gegenstand, die Vermittlungsproblematik, gemeinsam. Welche Mißverständisse das Vorurteil gegenüber einer enggefaßten Didaktik evozieren kann, demonstriert exemplarisch ein älterer Aufsatz von S. Mohrhof (1967), dem Chef des WDR-Familienprogramms, einem der profundesten Verfechter der sogenannten publizistischen ‚Eigenständigkeit' des Mediums: Das Kinderfernsehen – so die kategorische Schlußsentenz – könne und dürfe „nicht von didaktischen Überlegungen bestimmt werden" (S. 216), obwohl der gesamte Aufsatz zu Programmen und Vermittlungsformen des Kinderfernsehens nichts anderes als erste didaktische Überlegungen in dem hier gemeinten Sinn enthält!

Auf mikrosoziologischer Ebene bot sich die (Klein-)Familie als adäquate Untersuchungseinheit an. Um ihren Funktionswandel oder gar -verlust sorgten sich die Soziologen und Gesellschaftskritiker schon länger (vgl. z.B. Neidhardt, 1971[3]; Claessens/Milhoffer, 1973); galt er doch gleichsam als symptomatisches Prisma für die bindungslose, anonymisierende Massengesellschaft, für die strukturellen Veränderungen der Arbeits-, Wohn- und Verkehrsverhältnisse und endlich für die sukzessive Entprivatisierung und mithin Vergesellschaftung der Erziehung der Kinder. Nun brach obendrein das Fernsehen mit ungeahnter symbolischer Gewalt und Faszination in die freizeitliche, noch intakt geglaubte Familiensphäre ein, schien jegliche kulturelle und kommunikative Eigentätigkeit zu absorbieren und die öffentlich-berufliche Vereinzelung des Individuums ins Private hinein, vor dem Bildschirm, zu verlängern. B. Fülgraff (1965), die bekanntlich als eine der ersten anglo-amerikanischen Hypothesen und Befunde auf hiesige Verhältnisse transferierte, machte die sozialisatorischen Substitutionen des Fernsehens an drei Indikatoren fest (S. 93ff.): An der Intensität, mit der sich Eltern mit ihren Kindern beschäftigen, am Umfang der Kontrolle, den sie ausüben, und an der Erziehungsfunktion, die sie dem Fernsehen zuschreiben. Ihr jeweiliges Ausmaß und ihre jeweilige Intensität bestimmten in ungefähr reziproker Weise das Fernsehverhalten der Kinder. Wie in anderen Untersuchungen ist diese oberflächliche Kovariation kaum zu bestreiten; zu bedenken bleibt allerdings, wie es H. Kellner (1977b, S. 642; 1978a, S. 26) zwölf Jahre später anläßlich der erwähnten Sozialisationsstudie erneut formulierte, daß das Fernsehverhalten eher als abhängige denn als unabhängige Variable zu interpretieren sei, wobei die Rückwirkung dieses Fernsehverhaltens auf seine auslösenden Variablen sicherlich nicht unterschätzt werden darf.

Der Familienzentriertheit leistet auch das Fernsehen mit seinem Programmangebot Vorschub: Die Familienserie – besonders während des sogenannten „Familienprogramms" (Andreas, 1967; Mohrhof 1977b) – war nicht nur in den 50er und 60er Jahren ein überaus verbreitetes, populäres, zugleich aber auch umstrittenes Fernsehgenre (Bausinger, 1970; Knilli, 1971; Hickethier, 1975b; Netenjakob, 1976; Delling, 1976); seit Anfang 1978 reservieren ihm die ARD-Sender sogar einen 60-Minuten-Termin am Montagabend, um ihm noch mehr Spielraum und Geltung zu verschaffen. Den vorläufigen Höhepunkt der kritischen Auseinandersetzung markierte Fassbinders explizit progressive Serie *Acht Stunden sind kein Tag* (1972/1973) (z.B. Foltin/Würzberg, 1975, S. 103ff.) sowie Menges satirisch gemeinte Anti-Serie *Ein Herz und eine Seele* (1974).

Diese sinnfälligen Zusammenhänge inspirierten H. Schäfer (1973), strukturelle Analogien zwischen der Familie vor dem Bildschirm, der auf dem Bildschirm, am Beispiel der Serie *Familie Hesselbach* (1960ff.), und der hinter dem Bildschirm, den Kommunikatoren, zu ergründen. Während er über letztere kaum etwas in Erfahrung brachte, konnte er eine „direkte Beeinflussung" der beiden anderen Aggregate über eine äußerliche Gegenüberstellung rezeptionsanalytischer und inhaltsanalytischer Befunde hinaus nicht aufzeigen (S. 176ff.). Dazu hätte es subtilerer und langfristigerer Erhebungen bedurft. Nächst der originellen Konzeption blieb es daher bei der berechtigten Forderung, daß „gründliche Vorstudien und Feldforschungen, Vorlagenerstellung in Teamarbeit, Pretests, ständige laufende Kontrollen unter dem Postulat eines Pluralismus in der Fernsehforschung, Langzeituntersuchungen, gezielte Projektanalysen, keine Einengung durch hierarchisch-petrifizierte Abteilungskompetenzen, Praxisbezogenheit der begleitenden wissenschaftlichen Untersuchungen [...] im Fernsehen, und im besonderen dort bei der Produktion von Familienserien, den Eingang von zeitbezogeneren Problemen und die Impulse von Bewußtseinsveränderungen – bei Rezipient und Kommunikator – ermöglichen [müssen]" (S. 181).

Von theoretisch fortgeschrittenem Niveau aus näherte sich die Konstanzer Gruppe[25] dem Problemfeld Fernsehen und Alltagshandeln in der Familie. Ausgehend von der Kritik an der traditionellen Wirkungsforschung und nach Aufarbeitung der Theoreme des symbolischen Interaktionismus befaßte sie sich erneut mit dem Zusammenhang von Massenkommunikation und interpersoneller Kommunikation und stellte sich die Frage, „wie das Fernsehen in die Interaktion der Kinder untereinander und mit ihren Eltern eingeht" (Hunziker u.a., 1973, S. 386). Außer der

25 Dazu gehörten im wesentlichen K. Lüscher, P. Hunziker, M. Kohli; als Nachfolgearbeit ist Bierkandt (1978) zu werten.

Familie waren mithin die peer groups anvisiert. Leider erlaubten die „beschränkten Mittel" nur eine für den Ansatz unzulängliche schriftliche Befragung (vorwiegend geschlossener Art), durchgeführt im Sommer 1972 bei 851 Kindern der 4. und 6. Klasse in Kreuzlingen und Konstanz. Gefragt wurde nach der Verfügbarkeit über das Fernsehen und nach dem Verhalten der Kinder beim Fernsehen, unterteilt in:

a) die Häufigkeit des kindlichen Fernsehens,
b) die Beurteilung des Fernsehens durch die Kinder,
c) die sozialen Beziehungen der Kinder im Zusammenhang mit dem Fernsehen,
d) die sozialen Kontrollen über und durch das Fernsehen.

Entsprechend dem interaktionistischen Ansatz wurden besonders die Befunde der Bereiche c) und d) hervorgehoben: Zwar erwies sich das Fernsehen als fest und weitgehend komplikationslos in den Familienalltag integriert – nur eine Minderheit der Kinder sah gelegentlich allein fern –, aber die Verarbeitung der Fernsehinhalte fand vorwiegend im Kreis der Gleichaltrigen[26] statt. Gesprochen wurde während der Sendung relativ wenig, und wenn, dann waren es meist Informationsfragen zu einer Sendung. Idealtypisch ließen sich ein „unkontrolliertes" und ein „restringiertes" Fernsehverhalten unterscheiden, die mit dem Ausmaß der elterlichen Kontrolle des Fernsehkonsums, generell mit einem permissiven bzw. autoritären Erziehungsstil näherungsweise kovariierten. Dahinter verbargen sich bestimmte „kulturelle Leitvorstellungen" der Eltern über ihre Kinder: In dem Maße wie sie sie als kleine Erwachsene sahen oder aber die Kindheit als eine eigenständige Lebensphase auffaßten, sorgten sie entweder für ein erwachsenenorientiertes oder spezifisch kindliches Fernsehverhalten.

Die Verarbeitung von Fernsehinhalten gelingt offenbar am besten im jungen Alter; bei den älteren Kindern und Jugendlichen verliert Fernsehen merklich an Gesprächsreiz, meist sind es nur noch punktuelle, oberflächliche Signale und Wendungen, die einen als Fernseh-Eingeweihten in der Gruppe stipulieren. Daß soziale Rollen- und Affektspiele von Kleinkindern zu einem großen Teil, in diesem Fall zu 79%, von Fernsehsendungen beeinflußt werden, konnte W. Hölzel (1975) in einer 102 Stunden umfassenden pilotstudienartigen Beobachtungs- und Protokollphase in vier Stuttgarter Kindergärten in der Zeit vom Oktober 1973 bis April 1974 feststellen.

Zwei Jahre später interviewte die Konstanzer Arbeitsgruppe die noch erreichbaren Probanden ihrer ersten Befragung nochmals sowie nun auch ihre Eltern, um einen „Vergleich zwischen den Generationen der Eltern und der Kinder vorzunehmen, Interdependenzen zwischen Variablen zu ermitteln und Typen familiären Fernsehverhaltens zu entwickeln" (Hunziker u. a., 1975, S. 288). Ein Einfluß der Eltern auf das kindliche Fernsehverhalten ließ sich vor allem hinsichtlich der zeitlichen Dauer und der äußersten Begrenzung des Fernsehkonsums konstatieren, ansonsten erfolgte die Programmwahl weitgehend additiv, d. h. jede Generation bevorzugte ihre Fernsehzeit und ihre Programme. Vom Fernsehen angeregte Interaktionen in der Familie bezogen sich meist nur auf formale Regelungen und den Interessenaus-

26 Zu einem ähnlichen Ergebnis kamen schon Stückrath/Schottmayer (1967, S. 185).

gleich bezüglich der Programmwahl; die Verarbeitung der Inhalte geschah weiterhin außerhalb der Familie als ganzer: innerhalb der einzelnen Generationen. Ebensowenig provozierte das Fernsehen ein besonderes Erziehungsverhalten; vielmehr blieben die konventionellen Rollenmuster bewahrt, wenn sie sich nicht sogar verstärkten: Der vielsehende Vater stimulierte und legitimierte auch den hohen Fernsehkonsum der Kinder, die erzieherisch eher besorgte Mutter wollte auch qualitativ auf den Fernsehkonsum einwirken und kümmerte sich um die Programmwahl. In der durchschnittlich sehenden Normalfamilie wirft das Fernsehen mindestens nicht mehr Probleme auf als andere neuralgische Konfliktpunkte.
Auf der Basis dieser Daten und Erkenntnisse suchte Hunziker in zwei weiteren Arbeiten (1976; 1977) die vom Fernsehen initiierten oder wenigstens beeinflußten Muster interpersonaler Interaktionen und individueller Erlebnisweisen der beiden in der Familie zusammenlebenden Generationen weiter zu strukturieren und zu typisieren. Im wesentlichen nahm er zwei deutlich geschiedene Teilpublika (der Eltern und der Kinder) an, die lediglich zum Fernsehempfang vor dem Bildschirm zusammentreffen, sonst aber ihr spezielles Fernsehverhalten, eigene Erlebnis- und Verarbeitungsweisen besitzen. Schicht- und geschlechtsspezifische Differenzierungen der Typen familiären Fernsehverhaltens erbrachte die neuerliche Durchforstung und Reinterpretation des Datenkorpus unter gruppentheoretischen Gesichtspunkten: So waren die postulierten Generationen-Publika am häufigsten in der Mittel- und Oberschicht anzutreffen, während die Unterschichtfamilien, wohl schon wegen der beengten Wohnverhältnisse und fehlender Zweitgeräte, am häufigsten gemeinsam sahen. Die bekannte Dominanz der Väter über das Fernsehen wurde just in den wenig-sehenden Familien unterbrochen: Dort schauten die Mütter mit ihren Kindern häufiger fern als die Väter – wie ja die Mütter überhaupt die Kinder zu einem gezielten Fernsehempfang bewegen wollten und sich ihnen während der Sendungen häufiger zuwandten. Insgesamt gesehen trat jedoch das gemeinsame Fernsehen nur vereinzelt als „soziales Ereignis" ins erinnernde Bewußtsein, ohne nennenswerte familiäre Interaktion und Kommunikation wurden die stark routinisierten Stunden vor dem Bildschirm weitgehend als „tote Zeit" erlebt (Hunziker, 1977, S. 280).
Dieser These widersprach W. Teichert (1977) energisch. Derartige generelle Aussagen ließen sich schwerlich den erhobenen deskriptiven Daten abgewinnen – wie ja insgesamt – wohl aufgrund der finanziellen Einschränkungen – die angewendeten Methoden dem theoretischen Argumentationsniveau der Konstanzer Gruppe nachhinkten. Die Resultate der beiden Beobachtungsstudien (s. u.) – so Teichert weiter – hätten das Fernsehen geradezu als „gesprächsinitiierender Faktor" entdeckt, der außer „Anreize [n] zu einer emphatischen Teilnahme an der Umwelt" für die interpersonalen Beziehungen in der Familie substitutive Funktionen übernimmt (S. 290, 293). Das Berliner Experiment (Bauer u.a., 1976) hätte zudem die sozialtherapeutische und pazifizierende Wirkung des Fernsehens unter Beweis gestellt. Doch scheint diese Kritik das eigentliche Problem zu verfehlen. Hunziker erfaßte mit seinem nur bis zu einem gewissen Grad tauglichen Instrument die erinnernd-re-

flektierende Vergegenwärtigung des Fernsehhandelns seiner Probanden und schloß auf das reale. Was er mit adäquateren Methoden (Arbeitsgruppe Bielefelder Soziologen, 1976; Kohli, 1978) hätte erheben können, wären Verarbeitungs- und Deutungsstrategien seiner Probanden hinsichtlich dieses relevanten Segments alltäglichen Handelns gewesen. Teichert u.a. (1976; 1977; s.u.) beobachteten hingegen äußeres Verhalten (Reaktionen) auf vorwiegend quantitative Weise; über Qualität und Be-Deutung der kommunikativen Interaktionen seiner Probanden können sie fast keine Aussagen machen – vollends nicht über die Perzeption und Verarbeitung der Fernsehempfangs-Situation (die ja immer zugleich auch eine Beobachtungssituation war) durch die beteiligten Individuen. Als „tot" kann in der Erinnerung möglicherweise auch eine Zeitspanne empfunden werden, die voll von (bedeutungslosen, gänzlich routinisierten) Tätigkeiten und Gesprächen war.

Näher an die Rezeptionssituation und die individuellen Verarbeitungsprozesse wagte sich M. Kohli (1975; 1976) in seiner „experimentell-psychologischen Pilot-Studie" heran. 48 Jungen der 4. Grundschulklasse wurde ein halbstündiger Fernsehfilm allein, zusammen mit ihren Müttern oder mit zwei Kameraden vorgeführt. Zwar erbrachte die experimentelle Rezeptionssituation allein keine Unterschiede, aber in Verbindung mit der häuslich-habituellen stellte sich heraus, daß die Emphatie-Leistung derjenigen Kinder am höchsten war, die gemeinhin nicht allein sahen. Emphatische Kompetenz, bestimmt als die Fähigkeit, die Motive, Gedanken und Gefühle anderer Personen (hier: der TV-Akteure) zu erkennen, wird – so läßt sich folgern – situationsspezifisch aufgebaut und aktiviert. Kohli hat seinen Ansatz im Rahmen des Projekts „Arbeiter sehen Arbeiterfilme" (Kohli u.a., 1976) vertieft und zu einem „Modell des Rezeptionsprozesses" (Kohli, 1977) verallgemeinert: Wie erwähnt, möchte er nun Konstituenten und Indikatoren der „Vermittlung" – verstanden als „Herstellung eines Zusammenhangs zwischen dem Dargestellten und den eigenen Handlungsorientierungen" (S. 77) – sowohl auf seiten der Rezipienten innerhalb ihrer sozialen und aktuellen, rezeptiven Situationen als auch in den Fernsehkommunikaten selber eruieren. Für Kinder wären diese Überlegungen analog, wenngleich noch diffiziler zu entwickeln und zu applizieren.

Für derart qualitative Ansätze vermag die demoskopisch-quantitative Fernsehforschung, wie sie Infratest 1974 mit der Studie „Fernsehen und Familie" vorlegte, lediglich Rahmendaten bereitzustellen (s.o.). Die im März 1978 vom ZDF veröffentlichte Zusammenstellung der vorhandenen Daten und Erkenntnisse (ZDF-Schriftenreihe H. 21, 1978) spiegelt ihren Stand übersichtlich und komprimiert wider. Da ihre Perfektion und ihr Aufwand wohl von keinem universitären Forschungsprojekt übertroffen werden kann, böte sich eine Arbeitsteilung zwischen demoskopischer und qualitativer Fernsehforschung auch in organisatorischer Hinsicht an. Welchen internationalen Standard die Forschung auf diesem Gebiet zwischenzeitlich erreicht hat, skizziert in zuvor unerreichter Vollständigkeit die anläßlich des Prix-Jeunesse-Seminars 1975 veranstaltete Umfrage über „Fernsehen und Sozialisationsprozesse in der Familie" (*Fernsehen und Bildung* 9, 1975, 2–3; vgl. auch teilweise *Fernsehen und Bildung* 11, 1977, 3, S. 222ff.; Hömberg, 1978). Offenkundig scheint die Zeit der kurzfristigen, unidirektionalen Korrelationen von speziellen Fernsehinhalten (besonders Violenz, Werbung, Politik, Lernstoffe) und einzelnen Verhaltenssegmenten im Sinne eines Reiz-Reaktions-Modells überwunden. Statt dessen macht sich eine verstärkte theoretische Orientierung und Ausweitung in sozialisationstheoretische Fragestellungen bemerkbar, wobei voreilige, vermeintlich eindeutige Resultate, wie sie Auftraggeber in der Regel wünschen, profunderen, aber auch diffizileren und darum nicht unmittelbar ver- und anwendbaren Konzeptionen weichen müssen. Über diesen Erkenntnisstand vermochte das folgende Prix-Jeunesse-Seminar „Kind und Eltern im Fernsehprogramm" im Sommer 1977, wertet man den Bericht E. Hömbergs (1977, S. 195f.) in dieser Hinsicht, insgesamt nicht hinauszugelangen; im Gegenteil, manche der beteiligten Referenten erlagen offenbar wiederum der Versuchung, lineare Beziehungen zwischen Fernsehinhalten und dem Sozialverhalten von Kindern und Eltern zu konstruieren.

Als Marksteine zu einer qualitativen Fernsehforschung können die beiden Beobachtungsstudien des Psydata-Instituts (Frankfurt) und des Hans-Bredow-Instituts gelten; ihre Anfänge reichen bis in die frühen 70er Jahre zurück. Der damaligen Brutalitätsdebatte – die gegenwärtige ist darum nur eine kaum variierte, aber vermutlich ebenso erfolglose Dublette – begegneten die ARD-Anstalten u. a. mit einer Stellungnahme von Programmverantwortlichen (Programmdirektion, 1971a), das ZDF mit dem bereits genannten Forschungsbericht über den Stand der Aggressionsforschung (Kellner/Horn, 1971a). Immerhin schienen die Skrupel wachgerüttelt, denn jenen eher rechtfertigenden Unbedenklichkeitsbescheinigungen folgte eine Phase überaus produktiver Planung und Konzeptualisierung einer alternativen, die bloße Beteiligungs-Demoskopie überwindenden, qualitativen Fernsehforschung innerhalb und außerhalb der Fernsehanstalten. Trotz heteronomer wissenschaftstheoretischer Prämissen plädierten die gebetenen Gutachter und die senderinternen Medienreferenten allesamt für ganzheitlich-integrierte, interdisziplinäre Untersuchungen der Fernsehkommunikation und seiner konstitutiven Komponenten (Kommunikator, Aussage, Rezipient) (Kellner/Horn, 1971b; Hans-Bredow-Institut, 1972). Doch von den imposanten, weitreichenden Forschungsdesigns gelangten allenfalls Teilstücke zur Realisierung (Feil, 1977; Berg/Kiefer, 1978).

Im Auftrag von ARD, ZDF und der Bundeszentrale für politische Bildung ließ das Psydata-Institut 85 nicht repräsentativ ausgewählte, aber sozial gut gestreute Familien mit Kindern unter 14 Jahren im Raum Frankfurt an zehn über alle Wochentage verteilten Abenden von Mai bis Oktober 1974, werktags zwischen 18 und 22 Uhr und sonntags zwischen 16 und 20 Uhr, mit Hilfe eines Interaktions-Beobachtungsbogens in Intervallen von 5 Minuten offen beobachten. Dieser Beobachtungsphase war eine Repräsentativbefragung von 2000 Personen vorausgegangen, bei der der Tagesablauf, die spezifischen Verhaltensweisen gegenüber dem Fernsehen und die Einstellungen der Befragten zum Fernsehen, zu Gewalt u. a. ermittelt wurden. Etwa ein Jahr nach der Beobachtung wurden 60 erreichbare der 85 Familien in Einzelinterviews erneut zu ihrem Freizeit- und Medienverhalten, zu typischen Streitsituationen im Familien- und Berufsalltag sowie nach ihrem Urteil über Gewalt im Fernsehen bzw. deren möglichen Wirkungen befragt. Eine geplante inhaltsanalytische Aufarbeitung des Programms „zur Bestimmung sozial unerwünschter Programmangebote" – so die notgedrungen weite Definition von Gewalt – scheiterte „wiederum aus finanziellen aber auch methodischen Schwierigkeiten" (Kellner, 1978a, S. 21). Stattdessen begnügte man sich mit der dichotomischen Identifizierung von Non-action- und Action-Programmen. Als Ziel des Projekts wurde 1974 formuliert, „das *Gewicht* des Faktors Fernsehen innerhalb eines als Interaktionsprozeß zu verstehenden Kommunikationsgeschehens festzustellen und von daher auf seine Bedeutung und Handhabung sozial erwünschter bzw. unerwünschter Verhaltensmuster in unterschiedlich beschreibbaren Zuschauergruppen zu schließen" (Kellner, 1974, S. 27). Entsprechend der veränderten Forschungsperspektive wurden die Zuschauer nicht bloß als ‚Opfer' begriffen, vielmehr wurde unterstellt, daß das Nutzungs- und Rezeptionsverhalten, mithin auch das Eintreten sozial unerwünschter Wirkungen von ihnen selbst mitbestimmt werden. Gefragt wurde also nach der vom Zuschauer konstituierten (erlebten, erwünschten, erduldeten) „Funktion des Fernsehens bei der Herstellung familiärer Alltäglichkeit, so wie sie sich in dem familienspezifischen Verhalten, den Tätigkeiten und Interaktionen täglich selbst darstellt" (Kellner, 1978a, S. 21).

Da trotz gegenteiliger, in der Befragung ermittelter Einstellungen und Meinungen der Eltern kein „inhaltlicher Zusammenhang zwischen aggressiven Gesprächen und Action-Programmen" (ebd., S. 23) festzustellen war, sollen hier vorwiegend die Befunde zur „sozialen Bedeutung des Fernsehens", soweit sie veröffentlicht sind (Kellner, 1976; 1977b; 1978a; 1978b), in Kürze referiert werden:

– Fernsehen ist vornehmlich eine gemeinsame Beschäftigung der Familie (61% der gemeinsamen Tätigkeiten); sie besteht allerdings zu einem erheblichen Teil (mehr als 60%) aus Schweigen. Wenn gesprochen wird, beziehen sich die Gespräche selten (28%) auf das Programm. Action-Programme wirken besonders gesprächshemmend, obgleich sie alle Familienmitglieder am stärksten anlocken.
– Mit steigendem durchschnittlichem Fernsehkonsum nimmt die Interaktionsqualität, d. h. die Fähigkeit zur differenzierten verbalen und verhältnismäßigen Bewältigung von Familienalltag und -konflikten, ab und die affektive bzw. spannungsreiche Kommunikation zu. Nimmt man die Menge des Fernsehkonsums zum Maß, lassen sich fünf typische Familien-Nutzungsmuster unterscheiden: Den zwei Gruppen der Selektiv-Seher dient das Fernsehen eher zur Konturierung und Behauptung bestimmter generationstypischer Rollenmuster oder zur Spiegelung des individuellen Selbstverständnisses, ohne die familiäre Kommunikationsstruktur spürbar zu beeinträchtigen. Hingegen übernimmt es bei den Gruppen der Vielseher signifikante surrogative Funktionen, sei es um fehlende Inhalte innerfamilialer Beziehungen zu verschleiern, sei es um spannungsreiche Familiensituationen unter dem kleinsten Nenner der Fernsehunterhaltung scheinhaft zu neutralisieren, sei es um mit der Fernseh-Verfügungsgewalt Status und Prestige der Familienmitglieder, vor allem des Vaters, zu bekräftigen.
– Ohnehin scheinen sich die überkommenen familiären Sozialrollen im Umgang

mit dem Fernsehen eher zu verfestigen denn einander anzunähern. Kinder, für die in der Regel kein Programm-Tabu, nur ein äußerstes Zeitlimit besteht, sind mehrheitlich zum schweigenden Dabeihocken und Zuhören verurteilt, statt daß sie am Gespräch und an der Programmwahl gleichberechtigt beteiligt werden – ausgenommen davon sind die am Nachmittag und frühen Abend, bei der Abwesenheit des Vaters oder sonstwie tolerierten Nutzungs- und Verhaltensräume ‚Kinderfernsehen'. Für Kinder ergab sich insgesamt eine besonders enge Beziehung zwischen hohem Fernsehkonsum und geringer Kommunikationsmenge, -dichte und -komplexität der familiären Interaktionen.

– Während sich die Interaktionsqualitäten und die kovariierenden Fernsehnutzungsmuster nicht in einem programmspezifischen Zusammenhang interpretieren ließen, bestätigte sich (in der anschließenden Befragung) abermals die signifikante Korrelation zwischen der Menge des Fernsehkonsums (und also auch den daraus resultierenden Interaktions- und Nutzungsformen) und der Schichtzugehörigkeit: Selektiv-Seher (mit besserer Interaktionsqualität) verfügen über formal bessere Schulabschlüsse, höher qualifizierte Berufe, ein überdurchschnittlich gutes Einkommen und über mehr Freizeit; sie sind an Weiterbildung interessiert, nutzen die Medien komplementär und das Fernsehen gezielter, z. B. auch eher als Informationsquelle.

Vornehmlich dem Erfolg, der Nutzungsintensität und der geschenkten Aufmerksamkeit bestimmter Sendezeiten und Programmtypen wendete sich die Beobachtungsstudie des Hans-Bredow-Instituts zu (Brenne/Teichert, 1976; Teichert, 1977). Da sie Kinder ausklammerte bzw. die vorhandenen älteren Kinder (Schüler/Studenten) der 52 Hamburger Familien als (zunächst verdeckte, aber alsbald ‚entlarvte') Beobachter einsetzte, fällt sie nur bedingt in diesen Themenzusammenhang. Wie zu erwarten, lag die neu bestimmte Fernsehaufmerksamkeitsquote, die als Anteil der auf den Bildschirm gerichteten (visuellen) Aufmerksamkeit ebenfalls je rund vier Stunden lang an insgesamt 14 Abenden des Frühjahrs 1975 registriert wurde, erheblich niedriger (im Verlauf des Abends zwischen 30 und 58%) als die Fernsehkontaktquote, die mit der ‚teleskopie'-Reichweite vergleichbar ist, d. h. als Anwesenheit der Person vor dem laufenden Fernsehgerät gemessen wurde. Vermutlich würde die Fernsehaufmerksamkeitsquote bei Kindern vor allem tagsüber noch geringere Werte erlangen (Horn, 1976). In den Abend hinein, wenn die Primärtätigkeiten neben dem Fernsehen abnahmen (und wohl auch die Kinder im Bett waren), stieg sie bei den Erwachsenen unabhängig von Kontakthäufigkeit und Programm an, d. h. Fernsehen wurde zur (fast) ausschließlichen Beschäftigung. Unerwartete Diskrepanzen stellten sich dabei für einzelne Programmtypen heraus: Kriminalserien erzielten beispielsweise die höchsten Kontaktquoten überhaupt, aber der durchschnittliche Aufmerksamkeitsgrad lag unter dem von Fernsehspielen, die die wenigen zuschauenden Familienangehörigen am intensivsten fesselten. Nachrichten erreichten in beiden Programmen nur Mittelwerte der Aufmerksamkeit, wohingegen Theateradaptionen und ernste Spielfilme im ZDF zwar weniger Zuschauer, diese aber um so nachdrücklicher anzogen. Insgesamt konnte die ARD

eine ausgeglichenere Bilanz zwischen den beiden Parametern verbuchen als das ZDF.
Wie bereits erwähnt, richteten auch die Bredow-Beobachter ihr Augenmerk auf die verbalen Kommunikationen der Familienmitglieder während des Fernsehempfangs. Zwar ermittelten sie im Vergleich zu den Psydata-Ergebnissen eine höhere Quote fernsehbezogener Gespräche (48%), was zu der skizzierten Kontroverse mit Hunziker (1977) führte, aber verglichen mit den fernsehfreien Situationen waren diese Gespräche immer noch selten, sehr viel kürzer, thematisch reduziert und stärker polarisiert auf den weitesten (fremde Umwelt) und den engsten (bekannte Umwelt) Kommunikationskreis, ohne daß eine individuell oder gruppen-bezogene Vermittlung hergestellt wurde.
Zieht man endlich in Betracht, daß die ‚Bredow-Familien' älter waren und einer höheren Schicht angehörten als die jüngeren, sozial besser gestreuten ‚Psydata-Familien' mit kleineren Kindern, so fällt die etwas höhere Kommunikationsquote beim Fernsehempfang nicht so stark ins Gewicht; auch die Beobachtungsmethoden und -kategorien sind nicht gänzlich kompatibel. Jedenfalls lassen sich beide Beobachtungserhebungen hinsichtlich der Qualität der Interaktionen bzw. Kommunikationen während des Fernsehens wie folgt resümieren: „Je mehr ferngesehen wird, desto unmöglicher scheint es zu sein, eine differenzierte Interaktionsstruktur aufzuweisen beziehungsweise eine differenzierte verbale Kommunikation, worauf auch immer bezogen, aufrechtzuerhalten" (Kellner, 1978a, S. 28). Dieser Umstand beschreibt, angesichts des täglichen Zeitaufwands für das Fernsehen, ohne Zweifel einen mindestens ebenso gravierenden Faktor in der Sozialisationswirklichkeit der Kinder wie die den Fernsehinhalten allenthalben angelastete ideologische oder sonstwie pädagogisch zu verurteilende Beeinflussung ihrer Einstellungen, Werte und Verhaltensweisen.
Brenne/Teichert (1976) verstanden ihre Studie als Teil der seit 1972 geforderten und nur zögernd begonnenen Grundlagenforschung,[27] vor allem als „empirische Kritik" und potentielle Optimierung der demoskopischen Zuschauerforschung. Verglichen mit den theoretischen Arbeiten des Hans-Bredow-Instituts (z. B. Renckstorf, 1973; zusammengestellt: 1977; Teichert, 1973; 1974; 1975) handelt es sich freilich nur um eine wenn auch für die Effektivität der Programmgestaltung nützliche Bereichsstudie, wie die globalen Sehbeteiligungsraten durch eine differenzierte, Minderheiten berücksichtigende Erfolgs- und Akzeptanzmessung jeder Sendung ergänzt werden könnten. Kinder ließen sich damit als eines solcher Teilpublika erfassen und programmplanerisch einkalkulieren.
Die theoretischen Arbeiten dienten allerdings der kritischen Aufarbeitung und Fortführung interaktionstheoretischer Untersuchungsansätze, des sogenannten Nutzenansatzes (Uses-and-gratifications-approach) und eines noch weiter gespannten Handlungsansatzes. Bemüht sind sie allesamt um die adäquate Erfassung der sozialen, subjektiven Realität des Rezipienten. Wenn die konventionelle Wir-

27 Ein weiterer ist die von Renckstorf (1976) geleitete Nachrichtenstudie.

kungsforschung überhaupt eine Vorstellung davon anstrebte, so war es die eines medientypisierten, sozialstatistischen (als linear abhängige Variable stillgestellten) Konstrukts. Demgegenüber postulieren interaktionstheoretische Ansätze ein anderes Verständnis sozialen Handelns – und mithin der menschlichen Kommunikation. Denn Menschen reagieren nicht bloß auf die Reize und Handlungen anderer, sondern ‚definieren' und ‚interpretieren' sie zunächst. Mit anderen Worten: Handlungen und Umweltobjekte gewinnen erst in der perzipierenden (emphatisierenden) Interaktion des anderen konkrete Bedeutung, massenmediale und Fernsehaussagen ebenso. Daher darf die aktive Beteiligung des (bislang als passiv denunzierten) Rezipienten beim Empfang nicht unterschätzt werden. Seine Motive, Bedürfnisse, Werte, seine Interessen, Erfahrungen, seine kognitiven wie affektiven ‚Investitionen' – wie immer vermittelte Emanationen seiner sozialen Situation und individuellen Disposition – generieren die aktuelle Bedeutung der rezipierten Botschaften, die von der vom Kommunikator intendierten abweichen kann, aber gleichwohl wirksam wird. Diesen „Vorgang, mit dem sich der Zuschauer die Angebote des Massenmediums ‚Fernsehen' für sein alltägliches Leben verfügbar macht, dieses Erstellen einer bestimmten Ordnung, nach der der Zuschauer seine Beziehung zum Inhalt der Sendung, zu den ‚Aktionsrollen' der Sendung, zum ‚Fernsehen' als Institution und zu sich selbst definiert", dieses soziale Handeln als „subjektive, wirklichkeitserstellende Aktivität des Zuschauers" bezeichnete W. Teichert (1973, S. 537) in Anlehnung an Rosengren/Windahl (1975) als ‚parasoziale Interaktion'. Aktionen im Fernsehen sind als an den Zuschauer gerichtetes Rollenhandeln zu verstehen, sie werden nur in der Sinngebung des Zuschauers perzipierbar. Mithin sind Transmissionen, Regeln und Perzeptionsmodi zu eruieren, die zwischen den realen, alltagsweltlichen Situationen – als Resultanten objektiver Bedingungen und situativ-individueller (Empfangs-)Gegebenheiten – und den medial reproduzierten, symbolischen Situationsrepräsentanzen vermitteln und die Zuschauer befähigen, sich die Perspektiven und Dimensionen der diversen Rollen real oder imaginativ anzueignen.

Doch angemessene, empirisch einlösbare Konzeptionen und Operationalisierungen stehen dafür aus. Die vom Nutzenansatz gemeinhin verwendeten Typologien der Zuschauer-Gratifikationen, operationalisiert in vorher bei Gruppendiskussionen mit anderen Rezipienten explorierten ‚need-statements' über verschiedene Programme, evozieren allenfalls kurante Meinungen und Attitüden, wohl aber kaum (authentische) Bedürfnisse und existentiell stabilisierende Alltagsroutinen. Es rächt sich demnach, daß die Gratifikationsforschung glaubt, auf eine hinreichende theoretische Klärung von Bedürfnissen verzichten zu können – zumal sie just bei der empirischen Erhebung unterstellen muß, daß den Rezipienten ihre Bedürfnisse bewußt sind und daß sie sie artikulieren können. Das bei der Wirkungsforschung monierte kognitivistische Vorurteil konnte sie bislang selbst nicht überwinden, obwohl sie so nachdrücklich auf die affektiven Funktionen der Medienrezeption wie Ablenkung, Zerstreuung und Eskapismus pocht (Schenk, 1978, S. 228ff.; Brown, 1977). „Da das Material aufs Unbewußte spekuliert" – erkannte schon Adorno (1963, S.

75f.) – „hülfe direkte Befragung nicht. Vorbewußte und unbewußte Wirkungen entziehen sich der unmittelbaren sprachlichen Kundgabe durch die Befragten. Diese werden entweder Rationalisierungen oder abstrakte Aussagen wie die, daß der Fernsehapparat sie ‚unterhalte', vorbringen. Was eigentlich in ihnen sich ereignet, könnte nur umständlich ermittelt werden, etwa indem man Fernsehbilder ohne Worte als projektive Tests verwendet und die Assoziationen der Versuchspersonen studiert. Volle Einsicht wäre wohl erst durch zahlreiche psychoanalytisch orientierte Individualstudien an Gewohnheitsfernsehern zu gewinnen." Bei Kindern – so könnte die psychologische Wirkungsforschung unter Berücksichtigung etwa der Methoden und Erkenntnisse der Kognitions- und Entwicklungspsychologie, der kindlichen Psycho- und Spieltherapie, der Psycho- und Soziolinguistik sowie einer „nicht-reduktionistischen" Sozialisationsforschung (Oevermann u. a., 1976, S. 372) zeigen (und sie könnte es ungleich deutlicher, wenn sie sich auf derartige Individualstudien einließe, anstatt vermeintlich repräsentativen Aussagen nachzujagen) – bei Kindern sind diese Erlebnisse und ‚Wirkungen' noch weitaus vertrackter, verstellter und unbewußter, mit Sprache jedenfalls nur schwer zu (be)greifen; die Untersuchungsmethoden müßten daher noch ‚umständlicher', diffiziler und sorgfältiger sein.

Weitgehend unbeachtet bleiben vom Nutzenansatz ebenfalls die lebensgeschichtlich-ontogentische Dimension sowie die kontextuellen Konstitutionsbedingungen der Medienrezeption. Aufschlüsse über die Medien-Beeinflussung der Sozialisation und Individuation von Kindern ließen sich nur gewinnen, wenn Überlegungen über mögliche langfristige Lernprozesse aufgrund bestimmter medial geprägter Wahrnehmungsweisen, Erfahrungen, Bewußtseinsformen und Handlungsorientierungen angestellt würden, die pauschale Thesen, wie etwa Kindheit sei heute Fernsehkindheit (v. Hentig, 1976^2, S. 33), mit empirischen Indizien (verifizierend) auffüllen oder begründet widerlegen könnten. Daß derartige Fragestellungen nicht länger isoliert, im Wettstreit einzelner Disziplinen und Institute, behandelt werden können, sondern allenfalls, so schwierig ihre methodische Realisation ausfallen mag, in interdisziplinären, langfristig geplanten Projekten, wo Medienrezeption als integraler Bestandteil des Alltagshandeln begriffen werden muß, liegt auf der Hand. Gerade bei Kindern, für die sich funktionale Äquivalente zur Mediennutzung noch unmittelbar in ihrem täglichen Handeln und Spielen einstellen und ständig, in nur geringen Abständen, realisiert werden und bei denen die (im Fernsehen) dargestellte und die reale Welt bewußtseinsmäßig oft noch kontaminieren, sich beeinflussen und ineinander übergehen, ist ein solch ganzheitliches Vorgehen unabdingbar.

6. *Einige Schlußfolgerungen*

Die Ergebnisse und Desiderate der zahlreichen Forschungsarbeiten in bündige Sätze und wenige Worte zusammenzufassen, verbietet sich, zu heterogen und unvereinbar sind ihre Prämissen, Zielsetzungen und verwendeten Methoden. Ein solches die einzelnen Abschnitte übergreifendes Resümee müßte sich zwangsläufig im Allgemein-Abstrakten oder schlicht Wiederholenden verlieren. Deshalb sollen einige methodologisch-forschungsorganisatorische Folgerungen umrissen werden.

Feststeht, daß sich das Fernsehen mit weniger Problemen und Komplikationen in das familiäre Alltagsleben integriert hat, als es viele Pädagogen und Kulturkritiker befürchteten. Inzwischen haben sich weitgehend stabile Gewohnheiten und Routinen im Umgang mit ihm herausgebildet. Für die heute aufwachsenden Kinder ist es ein nicht mehr wegzudenkendes Umweltaccessoire, ein Gebrauchsgegenstand zwar nicht wie jeder andere, aber auch nicht so aufregend und überwältigend, wie man früher annahm. Die Faszination durch das Neue, das irrational gänzlich Einvernehmende des Fernsehens, die (besonders anfangs) viele der Studien insgeheim durchzieht, die Ängste vor weiterer kultureller und emotionaler Auszehrung und individueller Fremdsteuerung, die selbst aufgeklärte Pädagogen[28] bewegt, können sie nicht teilen, zumal für sie das Fernsehen oftmals nur einen, allerdings bequemen, Notbehelf für fehlende Spiel- und Erlebnismöglichkeiten bedeutet. Diese Einschätzung schließt allerdings nicht aus, daß es infolge der vielfältigen und leider wachsenden sozialen und individuellen Depravationen, die gerade in diesen Tagen allenthalben beschworen werden, zu hypertrophen und mithin schädlichen Ausmaßen des Fernsehkonsums kommen kann; aber sie weist zwingend darauf hin, daß die ausschließliche Erfassung des kindlichen Fernsehverhaltens und der dargebotenen Fernsehwelt in jedem Fall zu kurz greift. Fernsehforschung muß deshalb zu einem integralen Bestandteil der „nicht-reduktionistischen" Sozialisationsforschung werden – wenn sie den eingangs diagnostizierten Still- oder gar Rückstand hierzulande überwinden will. Fernsehwelt und Alltagswelt lassen sich namentlich bei Kindern nur ganzheitlich, in gegenseitiger, wie auch immer vermittelter und manifestierter Wechselbeziehung, analysieren.

Nach nun fast dreißigjähriger Gewöhnung an das Fernsehen scheint für die Fernsehforschung, die in der Bundesrepublik eigentlich erst zu Beginn der 70er Jahre einsetzte, eine gründliche Wende angezeigt. Die Phase vorwiegend deskriptiver Erfassung, statistischer Auszählung und Quantifizierung scheint vorüber, ihre Resultate genügen allenfalls noch geringsten oder legitimierenden Ansprüchen. Sie war wohl zugleich Ausdruck der faszinierten Ratlosigkeit, wo Zahlen und Proportionen allemal die sicherste Orientierung zu gewähren scheinen: Wer was wann wie lange – und unermüdlich dominant – mit welchem Effekt anschaute, das waren die dringlichsten und zugleich lösbaren Fragen der empirisch-positivistischen Medienforschung; dahinter mußten Fragen nach dem Warum, Wie, Wozu, nach den Bedürfnissen, Moti-

28 Vgl. z. B. den häufig zitierten, die Sozialisationsumwelt des Kindes unzulässig reduzierenden Satz von Bronfenbrenner (1974, S. 138): „Die meisten amerikanischen Familien bestehen aus zwei Eltern, einem oder mehreren Kindern und einem Fernsehgerät." Vgl. auch Baacke, 1975, S. 37. Die neue, vielgelobte Studie von M. Winn (1979) ist also großenteils nur eine Wiederauflage bekannter Vor-Urteile.

ven, Bedingungen und Äquivalenten zurückstehen. Sie reagierte mit diesen deskriptiven Fragen wohl auch auf die damals tonangebende kulturkritische, moralisierende Film- und Fernsehpädagogik: Fakten statt Urteile waren nun gefragt, zumal die Medien bzw. das Fernsehen, inzwischen zu einem relevanten Wirtschaftsfaktor avanciert, nach stichfesten, vorzeigbaren Erfolgsdaten verlangten.
Seit ihrer Entstehung in den USA der 30er Jahre konnte sich die empirische Medienforschung nicht von ihren kommerziellen Determinanten lösen, auch nicht in der Bundesrepublik unter der Obhut der öffentlich-rechtlichen Fernsehanstalten. Denn die Einschaltquoten, jetzt die „teleskopie"-Daten sowie die sie flankierenden methodischen Konzeptionen (Bessler, 1976) stellen in erster Linie Service-Leistungen der Fernsehanstalten an ihre Inserenten dar, wie sie jedes privatwirtschaftliche Presseunternehmen ebenfalls erbringt. Mit ihnen sollen Reichweite, Streubreite und der Grad der Aufmerksamkeit des Werbeprogrammes (einschließlich der ausgestrahlten Werbebotschaften) belegt werden, nach ihnen errechnet sich nicht zuletzt der Preis der Werbespots. Die intime Beziehung dieser Fernsehforschung zu den kommerziellen Marktforschungs- und Demoskopie-Instituten ist daher nicht verwunderlich. Die Indienstnahme dieser Daten als Akzeptanz- und Erfolgsindizes für andere Programmsparten erfolgte anfangs zufällig, unter dem Druck der zu Beginn der 70er Jahre einsetzenden Legitimationskrise des Fernsehens dann systematisch. Noch heute soll es Redaktionsleiter und untere ‚Hierarchen' in den Anstalten geben, die die ‚ratings' in demonstrierter Ignoranz nicht zur Kenntnis nehmen (wollen) – was sich die oberen Programmverantwortlichen wohl nicht mehr leisten können. Bei Minderheitenprogrammen, wozu eigentlich alle Sendungen außer denen am frühen Abend zwischen 19 und 21 Uhr und denen an Sonn- und Feiertagen zählen, in jedem Fall auch das Kinderprogramm, bieten die Beteiligungsdaten ohnehin kaum verläßliche, verwertbare Auskünfte, zu grob sind ihre Instrumentarien, zu groß die Fehlerquoten. So firmieren meist nur die Höchstquoten der kuranten Erfolgsrenner als in der Öffentlichkeit feilgebotene Aushängeschilder für die Leistungsbilanz der Fernsehanstalten: Unterhaltungssendungen und ihre Entertainer scheinen extrem abhängig von einem dergestalt ermittelten ‚Publikumsgeschmack' (der ja immer nur bilanzieren kann, was ohnehin gesendet worden wäre). Für alle anderen Sendungen sind wohl eher die Urteile und politischen Mehrheiten einer exquisiten, schwer identifizierbaren ‚television community' maßgebend, die sich vermutlich aus dem Kreis der Programmverantwortlichen, der einschlägig befaßten Partei- und Verbandsfunktionäre, der anerkannten Kritiker aus Presse und Pressediensten (wobei die beiden kirchlichen einen wichtigen Part innehaben) und aus für kompetent angesehenen Fachkollegen zusammensetzen dürfte. Das Publikum – selbst in der reduzierten Form der ‚ratings' und Zuschauerbriefe – spielt bei diesen Urteils- und Entscheidungsfindungen eine äußerst untergeordnete Rolle.
Aber auch die Zeit der Medien-Euphorie an den Universitäten und Hochschulen scheint vorüber. Zwar sind in fast allen größeren Institutionen medien-orientierte Stellen oder auch Arbeitsgruppen, in den verschiedensten Fächern, vor allem in der Soziologie, Psychologie, (Sozial-)Pädagogik, den Literaturwissenschaften und be-

troffenen Fachdidaktiken[29] eingerichtet worden, aber zu größeren Forschungsvorhaben, die die anstehenden Untersuchungsbereiche mit theoretisch weitreichenden Fragestellungen und multiplen, langfristig orientierten Methoden angemessen bearbeiten könnten, reicht es in den seltensten Fällen. Mangelnde personelle und sachliche Kapazitäten, die immer noch hierarchische Organisation der Hochschulen und ihre Anforderungen von Einzelqualifikation und Konkurrenz, die sich nach einer Phase der liberalen Öffnung in den letzten Jahren drastisch verschärften (Wagner, 1973), behindern weitgehend ein allein erfolgversprechendes, interdisziplinäres, projektorientiertes Forschen. Sie haben es nicht zuletzt zu verantworten, daß „in einer Unzahl von unverbundenen Einzelstudien [...] dieselben Fragen immer gedreht und gewendet [werden], ohne daß befriedigende Antworten gegeben werden können" (Ray Brown) (Hackforth, 1978, S. 510). Mit den anderen Sozialwissenschaften teilt mithin die akademische Medienforschung das Manko, „als eine empirische Sozialwissenschaft zur systematischen Dauerbeobachtung gesellschaftlicher Prozesse [noch immer nicht] angemessen [institutionalisiert zu sein]", wie es auf dem 17. Soziologentag 1974 in Kassel resignierend hieß; und ebenso wie jene muß sie sich weiterhin damit begnügen, „eine immer hinter der realen Entwicklung herlaufende Sinndeutung des sowieso Geschehenden" – und von den kommerziellen Instituten bereits Registrierten zu sein (Lepsius, 1976). Mögliche Alternativen dafür sind zu Genüge formuliert (Hans-Bredow-Institut, 1972; Feil, 1977; Berg/Kiefer, 1978); sie lassen sich allerdings nur realisieren, wenn sich die Fernsehanstalten zu einer veränderten, die akademische Medienforschung einbeziehenden Auftragsvergabe entschließen und zusammen mit anderen öffentlichen Forschungsträgern zu gemeinsamen Organisationsformen der Fernsehforschung bereitfinden könnten. Doch zuvor müßte die Fernsehforschung zumindest aus ihrem bornierten Auftrag als Legitimations- und Gratifikationsagentur entlassen werden.

Anläßlich einer Mediennutzungsstudie unter 800 7- bis 15jährigen Kindern im englischen Leeds wiederholte R. Brown (1977)[30] seine frühere These, „daß Mediennutzung als ein Prozeß betrachtet werden muß, der in Anpassung an Veränderungen in der kommunikativen Umwelt des Individuums und dessen wachsender Erfahrung und Entwicklung ständig neu organisiert wird" (S. 152). Es liegt auf der Hand, daß diese recht plausible These mit den konventionellen Forschungsverfahren, auch mit dem gegenwärtig erprobten ‚Uses-and-gratifications-Modell', kaum hinreichend verifiziert werden kann; dazu wären langfristigere, in die Lebenswelt hineinreichende Methoden erforderlich. Aber auf ein zweites weist sie hin: Medienforschung ist, wie alle sozialwissenschaftliche Forschung, sozial eingreifendes Handeln, selbst dann noch, wenn sie vorgibt, nur nachträglich zu registrieren oder neutral zu beobachten. Ob sie will oder nicht, induziert sie „Veränderungen in die kommunikative Umwelt des Individuums", sei es daß sie weitgehend intuitive, routinisierte Verhal-

29 Vgl. dazu die Umfrage, die die Zeitschrift *medien + erziehung* (20/1976/2 und 3) unter den „bekanntesten Medienwissenschaftlern und -pädagogen" veranstaltete.
30 Es handelt sich um eine Kurzfassung aus Brown (1976).

tensweisen durch ihre teilnehmende Beobachtung aus dem Familienalltag hervorhebt, sie aufdeckt und der Reflexion und Bewußtwerdung zuführt, sei es daß sie Menschen (nicht immer vertretbaren)[31] Versuchen und Experimenten aussetzt, sie mithin als Untersuchungsobjekte wissenschaftsintern vereinbarten Zielsetzungen und Handlungen unterwirft, ohne sie an deren Zustandekommen zu beteiligen und ohne sich um die von den Probanden gemachten Erfahrungen – Wissenschaft als Herrschaftshandeln – zu kümmern oder sie ihnen gegenüber zu verantworten. Zieht man in Betracht, daß Kinder, wie allgemein angenommen, besonders beeinflußbar oder – positiv formuliert – lernfähig sind, dann gerät das zentrale Anliegen der älteren Wirkungsforschung und Medienpädagogik – freilich unter anderen Vorzeichen – wieder ins Blickfeld, nämlich der Zusammenhang oder gar die Einheit von analytischem, forschendem und pädagogischem Handeln. Wer sich auf die Lebenswelt der Probanden einlassen will, und das muß eine so verstandene Fernsehforschung, wird sich der sozialen Herausforderung der Selbstdefinition, der Explikation der Erkenntnisinteressen und der möglichst weitreichenden Teilhabe der Probanden am Forschungsprozeß stellen müssen, wenn er nicht Konsequenzen und Wirkungen hervorrufen will, die sich seiner Verantwortung und Kontrolle entziehen. Pädagogisches Handeln im Forschungsprozeß meint mithin sozial expliziertes und verantwortetes, die gewollten und die unvermeidlichen Veränderungen kontrollierendes Handeln, wofür im Forschungsplan entsprechende wissenschaftstheoretische und -ethische Entscheidungen und methodologische Vorkehrungen getroffen werden müssen.

Die immer wieder ermittelte, verbreitete Unsicherheit und Ratlosigkeit der Eltern hinsichtlich des Fernsehumgangs ihrer Kinder signalisiert beispielsweise, daß jede Forschungsmaßnahme unweigerlich in einen latenten oder offenen Erziehungskonflikt hineingezogen wird; wer Erhebungen durchführt, wird immer wieder auf den Wunsch nach Beratung und Hilfestellung stoßen. Sich dann auf die Position des neutralen Interviewers oder des unbeteiligten Beobachters zurückzuziehen, wirkt nicht nur unglaubhaft (und beeinflußt die Resultate zumindest aufgrund der erzeugten Ir-

31 Dies gilt gewiß für die recht skrupellosen Experimente Banduras (vgl. J. und E. Bauer, 1974, S. 24ff.), aber auch für die Untersuchung Heinrichs (1974): „Nach fünf Monaten, in denen der normale Fernsehkonsum und die Grundbereitschaft zu aggressivem Verhalten beobachtet und registriert worden waren, wurden die Kinder systematisch auf besonders brutale Fernsehsendungen aufmerksam gemacht mittels Bezeichnungen wie ‚spannend, Klasse, prima, phantastisch, großartig, Spitze, astrein, moppe, mitreißend' usw. (a. a. O., S. 12). Mit diesen ‚unauffälligen, aber gezielten Empfehlungen' (ebd.) gelang es den Experimentatoren schließlich, daß 18 der 34 Kinder im Laufe des Jahres sich mehr und mehr diesen Sendungen zuwandten mit einer durchschnittlichen Steigerung des Fernsehkonsums um 20%. 16 Kinder fielen aus [...] Die anderen Kinder sahen dagegen jetzt wöchentlich 14 bis 63 Gewaltakte. Ergebnis, 12 Monate nach Beginn der Testphase: Die mit 100% angesetzte Normalquote stieg um 11% bei den 18 verbliebenen Versuchspersonen." (J. und E. Bauer, 1974, S. 41). Und was geschah *nach* dieser Restphase? Wer kümmerte sich dann um die Kinder? Wer ‚senkte' die Quote wieder auf ‚Normalmaß'? Wer sorgte sich um die bleibenden Veränderungen, Beeinträchtigungen, Schädigungen, die in dieser siebenmonatigen Experimentalphase möglicherweise entstanden sind?

ritation), sondern ignoriert auch die potentiellen Einflüsse vermeintlichen Nichthandelns; denn auch dadurch wird Verhalten bestätigt, verharmlost oder mittels wissenschaftlicher Autorität legitimiert.
Unverantwortbare Konsequenzen sind aber auch auf seiten der Kommunikatoren anzutreffen. Immer noch finden sich, um das brisanteste Beispiel herauszugreifen, Wissenschaftler und Analysen, die violenten und brutalen Fernsehdarstellungen Unbedenklichkeitsbescheinungen im Sinne kathartischer oder abschreckender Funktionen ausstellen oder, was eine eine nicht weniger unzulässige Verkürzung und Verharmlosung des Problems darstellt, die ausschließlich kriminalisierte Gewalthandlungen für schädlich erklären und vom Bildschirm tilgen wollen, ohne die viel häufigeren weichen, sublimen Formen der Gewalt und Depravation sowie ihre gesellschaftlichen Konstitutionsbedingungen mitzureflektieren. Ein propres Scheingefecht läßt sich auf diese Weise inszenieren, an dem sich die Fernsehanstalten in publikumswirksamer Selbstgerechtigkeit beteiligen. Und vom allmächtigen US-Vorbild winkt bereits die attraktive Lösung: der Brutalo-Krimi wird ersetzt durch den Porno-Krimi.
„Das Fernsehen gehört uns“ und mithin auch den Kindern; daran wieder einmal zurecht erinnern zu müssen, glaubten Ch. Longolius (1977) und die Bundeszentrale für politische Bildung in einem fernsehpädagogischen Magazin (1977). Daß das uns und vor allem denen, die das Fernsehen in ihrem angemaßten Besitz wähnen, stets von neuem gesagt wird, daß das Fernsehen hierzulande für Kinder nicht zum unabwendbaren ‚plug-in drug‘ (Winn, 1977; Horn, 1978b) wird, dazu könnte und sollte eine so konzipierte und institutionalisierte Fernsehforschung maßgeblich beitragen.

Literatur

1. Bibliographien

Dumrauf, K.: *Vorschulfernsehen für Kleinkinder. Eine kommentierte Bibliographie,* Berlin 1979.
Hackforth, J./Steden, U./Alte-Teigeler, U.: *Fernsehen – Programm – Programmanalyse. Auswahlbibliographie 1970–1977,* München 1978.
Internationales Zentralinstitut für das Jugend- und Bildungsfernsehen (Hrsg.): *Fernsehen für Kleinkinder. Vorschulerziehung. Spezialbibliographie,* München 1971 (masch.).
Meyer, M./Nissen, U.: „Bibliographie zu Sesame Street“, in: *Fernsehen und Bildung,* 10/1976/1–2, S. 134–146.
–: „Wirkungen und Funktionen des Fernsehens: Kinder und Jugendliche. Eine Bibliographie ausgewählter Forschungsliteratur der Jahre 1970–1976“, in: Internationales Zentralinstitut für das Jugend- und Bildungsfernsehen (Hrsg.), *Bibliographischer Dienst,* Nr. 1, München 1977.
Wissenschaftliches Institut für Jugend und Bildungsfragen in Film und Fernsehen: *Kind und Fernsehen. Literaturauswahl und Materialien,* München 1975 (masch.).

2. Angeführte Literatur

Adorno, Th. W.: „Prolog zum Fernsehen“, in: Ders., *Eingriffe. Neun kritische Modelle*, Frankfurt/M. 1963, S. 69–80.

Albrecht, R./Mitzschke, M./Opper, K.: „Anmerkungen zum Freizeit- und Leseverhalten von Jugendlichen. Ergebnisse der Medienforschung bei Schülern“, in: *Media-Perspektiven*, 1977/2, S. 95–105.

Anderson, K./Comstock, G./Dennis, N.: „Forschung zum Thema Kind und Fernsehen – Empfehlungen für Forschungsprioritäten“, in: *Fernsehen und Bildung*, 10/1976/1–2, S. 123–133.

Andreas, F. W.: „Die Chance der kleinen Schritte: Das Familienprogramm“, in: Chr. Longolius (Hrsg.), 1967, S. 179–190.

Arbeitsgemeinschaft für Kommunikationsforschung: *Das Werbefernsehkind*, München 1975[2] (masch.).

Arbeitsgruppe Bielefelder Soziologen: *Kommunikative Sozialforschung*, München 1976.

Arbeitsgruppe Kindermedien: *Kinderfernsehen in beiden deutschen Staaten*, Tübingen 1979 (i. Vorb.).

Arbeitsgruppe „Sesamstraße“: „Erziehungs- und Lernzielbestimmung für die deutsche Version von ‚Sesame Street‘“, in: *Rundfunk und Fernsehen*, 20/1972/1, S. 3–10.

Arbeitsgruppe „Sesamstraße“ beim NDR und der vgs (Hrsg.): *Sesamstraße. Information für Eltern und Erzieher*, 4 Bde, Köln 1973–1974.

Arbeitsgruppe Vorschulerziehung des Deutschen Jugendinstituts – Projekt: Medienforschung im Vorschulbereich: „‚Kli-Kla-Klawitter‘: Sprachförderung, Soziale Konflikte, Kreativität. Ein kritisches Gutachten“, in: Geisler/Kalb (Hrsg.), 1975, S. 149–186.

Ariès, Ph.: *Geschichte der Kindheit*, München 1976[2].

Augst, G./Fenner, M. L./Kaul, E.: „Kinder vor dem Bildschirm. Eine empirische Erhebung zum präkommunikativen, kommunikativen und postkommunikativen Fernsehverhalten 5- bis 10jähriger“, in: *MuK. Veröffentlichungen des Forschungsschwerpunkts „Massenmedien und Kommunikation“ an der Gesamthochschule Siegen*, Bd. 2, Siegen 1979.

Baacke, D. (Hrsg.): *Mediendidaktische Modelle: Fernsehen*, München 1973a.

–: *Kommunikation und Kompetenz. Grundlegung einer Didaktik der Kommunikation und ihrer Medien*, München 1973b.

–: „Kommunikationssituation Fernsehen als Sozialisationsfaktor“, in: Geisler/Kalb (Hrsg.), 1975, S. 37–60.

Ball, S./Bogatz, G. A.: *The First Year of Sesame Street: An Evaluation*, Princeton 1970.

–: *The Second Year of Sesame Street: A Continuing Evaluation*, 2 vols., Princeton 1971.

Ballstaedt, St.-P.: „Probleme audiovisueller Informationsvermittlung“, in: H. Friedrich (Hrsg.): *Kommunikationsprobleme bei Fernsehnachrichten*, Tutzing 1977a (Politische Medienkunde Bd. 3, hrsg. v. der Akademie für Politische Bildung), S. 54–65.

–: „Grenzen und Möglichkeiten des Filmjournalismus in der aktuellen Berichterstattung“, in: *Rundfunk und Fernsehen*, 25/1977b/3, S. 213–229.

Bartmann, St.: „‚Sesamstraße‘ – Prachtboulevard des Kapitals“, in: *tendenzen*, 14/1973/90, S. 18.

Bastian, H./Bastian, J./Studt, H.: „Filmwirkung, Emotionalität und Medienpädagogik“, in: *AV-forschung*, Bd. 9, 1973, S. 39–91.

Bauer, J. u. E.: *Weiterführende Aspekte zum Problem Fernsehen und aggressives Verhalten bei Kindern und Jugendlichen*, Stuttgart 1974 (Schriftenreihe des Bundesministers für Jugend, Familie und Gesundheit, Nr. 14).

Bauer, W./Baur, E./Kungel, B.: *Vier Wochen ohne Fernsehen. Eine Studie zum Fernsehkonsum*, Berlin 1976.

Bauer, K. W./Hengst, H. (Hrsg.): *Kritische Stichwörter zur Kinderkultur*, München 1978.

Bauer, K. W./Vogt, J. (Hrsg.): *Kinder – Bücher – Massenmedien*, Opladen 1975 (Lesen, Bd. 1).

Bausinger, H.: „Heile Familienwelt. Anmerkungen zu deutschen Fernsehserien", in: *Der Bürger im Staat, 20/1970/3, S. 145–150.*

Behrens, G./Gansera, R.: „Die Tanten und Onkels regieren. Zwei Wochen Kinderfernsehen besichtigt", in: *tendenzen*, 14/1973/90, S. 6–10.

Benninghoven, C.: „tv-vorschule im Wohnzimmer", in: Geisler/Kalb (Hrsg.), 1975, S. 231–250.

Berg, K./Kiefer, M. (Hrsg.): *Massenkommunikation. Eine Langzeitstudie zur Mediennutzung und Medienbewertung,* Mainz 1978.

Berghaus, M.: „Inhaltsanalyse von Fernsehsendungen. Anmerkungen zu ihrer Bedeutung und Darstellung eines Instruments zur Interaktionsanalyse", in: *Rundfunk und Fernsehen*, 22/1974/3–4, S. 330–356.

–: „Inhaltsanalyse", in: Hans-Bredow-Institut (Hrsg.), 1975, S. 5–34.

Berghaus, M./Kob, J./Marencic, H./Vowinckel, G.: *Vorschule im Fernsehen. Ergebnisse der wissenschaftlichen Begleituntersuchung zur Vorschulserie Sesamstraße,* Weinheim und Basel 1978.

Bergler, R./Six, U.: *Psychologie des Fernsehens. Wirkungsmodelle und Wirkungseffekte unter besonderer Berücksichtigung der Wirkung auf Kinder und Jugendliche*, Bern/Stuttgart/Wien 1979.

Bertold, F.: *Das Kind und seine Erlebniswelt. Wandlungen unter dem Einfluß des Fernsehens,* Osnabrück 1970.

Bessler, H.: „teleskopie-Zuschauerforschung. Ein neues System der quantitativen Fernsehforschung", in: *Media Perspektiven,* 1974/11, S. 537–546.

–: „Das Programm am Gängelband der Demoskopen? Zum aktuellen Stand der Hörer- und Zuschauerforschung", in: Arbeitsgemeinschaft der öffentlich-rechtlichen Rundfunkanstalten der Bundesrepublik Deutschland (Hrsg.), *ARD-Jahrbuch 1976,* Hamburg 1976, S. 41–48.

Bessler, H./Zimmer-Schürings, M.: „Lebensgewohnheiten von Kindern. Auswertung einer Stichtagbefragung über den Tagesablauf von Kindern in Fernsehhaushalten", in: Stolte (Hrsg.), 1973, S. 201–295.

Bierkandt, R.: *Der soziale Alltag von Kindern in Fernsehserien,* München 1978.

Bisky, L.: *Zur Kritik der bürgerlichen Massenkommunikationsforschung,* Berlin (DDR) 1976.

Bisky, L./Friedrich, W.: *Massenkommunikation und Jugend,* Berlin (DDR) 1971.

Bloom, B. S. (Hrsg.): *Taxonomie von Lernzielen im kognitiven Bereich,* Weinheim und Basel 1973[2].

Böckelmann, F.: *Theorie der Massenkommunikation,* Frankfurt 1975.

Böckelmann, F./Huber, J./Middelmann, A.: *Werbefernsehen und Kinder, Berlin 1979.*

Bogart, L.: The Age of Television, New York 1956.

–: „Vorsicht: Es gibt Untersuchungen, die den Einfluß von Gewaltdarstellungen im Fernsehen verharmlosen", in: *Rundfunk und Fernsehen,* 22/1974/1, S. 3–36.

Bohrmann, H./Sülzer, R.: „Massenkommunikationsforschung in der BRD. Deutschsprachige Veröffentlichungen nach 1960. Kommentar und Bibliographie", in: J. Aufermann/H. Bohrmann/R. Sülzer (Hrsg.): *Gesellschaftliche Kommunikation und Information,* Bd. 1, Frankfurt 1973, S. 83–120.

Brenne, F./Teichert, W.: „Häufigkeit und Intensität von Fernsehkontakten – Möglichkeiten zum Ausbau der kontinuierlichen Zuschauerforschung. Eine empirische Kritik aus Anlaß einer Untersuchung des Hans-Bredow-Instituts", in: *Media Perspektiven*, 1976/12, S. 601–624.

Brockerhoff, M.: „Zur Wirkung der Sendung ‚Sesamstraße'. Ergebnisse einer Elternbefragung", in: *Publizistik,* 23/1978/1–2, S. 87–94.

Bronfenbrenner, U.: *Wie wirksam ist kompensatorische Erziehung?,* Stuttgart 1974.

Brown, J. R. (Hrsg.): *Children and Television,* London 1976.

–: „Warum Kinder das Fernsehen und andere Medien nutzen", in: *Media Perspektiven,* 1977/3, S. 142–155.

Bundeszentrale für politische Bildung (Hrsg.): *Fernsehen Lernen,* Bonn 1977.
Buresch, U. u. W./Mundzeck, H.: *Das Maxi- und Mini-Buch,* Stuttgart o.J.
Charlton, M./Carsten, U./Haugg, R.-M./Hermann B.-J.: „Die Auswirkung von Szenen zum sozialen Lernen aus der Fernsehserie ‚Sesamstraße' auf Vorstellungsinhalte und Spielverhalten von Kindern", in: *Zeitschrift für Sozialforschung* 6/1975, S. 348–359.
Cicourel, A. V.: *Methode und Messung in der Soziologie,* Frankfurt 1970.
Claessens, D./Milhoffer, P. (Hrsg.): *Familiensoziologie. Ein Reader als Einführung,* Frankfurt 1973.
Dahlmüller, G./Kommer, H.: Die Keilhacker-Galaxis. Zur Lage der Kinder- und Jugendfernsehforschung in der BRD, in: *tendenzen,* 14/1973/90, S. 36–42.
–: „Zur Lage der Kinder- und Jugend-Fernsehforschung", in: Heygster/Stolte (Hrsg.) 1974, S. 113–126.
Darschin, W.: „Notizen zum Sehverhalten der Kinder", in: *Media Perspektiven,* 1976/8, S. 366–370.
–: „Veränderungen im Fernsehkonsum der Kinder. Neue Ergebnisse aus der kontinuierlichen Zuschauerforschung", in: *Media Perspektiven*, 1977a/11, S. 613–624.
–: „Veränderungen im Fernsehkonsum von Kindern. Neue Ergebnisse aus der kontinuierlichen Zuschauerforschung", in: *Fernsehen und Bildung*, 11/1977b/3, S. 210–222.
Delling, M.: *Bonanza & Co. Fernsehen als Unterhaltung und Politik. Eine kritische Bestandsaufnahme,* Reinbek bei Hamburg 1976.
Dröge, F.: „Zur Kritik der publizistischen Wirkungsforschung", in: F. Dröge/R. Weissenborn/H. Haft, *Wirkungen der Massenkommunikation,* Frankfurt 1973², S. IX–XXVI.
Dumrauf, K.: „Ratgeber für Eltern und Erzieher zum Fernsehen der Kinder", in: *medien + erziehung,* 23/1979/2, S. 79–90.
Elschenbroich, D.: *Kinder werden nicht geboren. Studien zur Entstehung der Kindheit,* Frankfurt 1977.
Ernst, W.: „Das Echo am Bildschirm. Entstehung und Sinn des Index", in: Chr. Longolius (Hrsg.), 1967, S. 251–256.
Ewert, O.: „Wahrnehmung und Lernen. Zufällige und beabsichtigte Entwicklungsprozesse bei Kindern", in: Heygster/Stolte (Hrsg.), 1974, S. 17–28.
Feil, G. (Hrsg.): *Fernsehforschung: Feedback oder Anpassung?* Berlin 1977.
Feinstein, Ph.: *Alles über Sesame Street. Die Geschichte der revolutionären Fernsehreihe für Kinder,* München 1972.
Finger-Hoffmann, G.: „Erziehungshilfen für Eltern durch den Rundfunk? Dargestellt am Beispiel des Vorschulprogramms ‚Der grüne Punkt'", in: M. Furian (Hrsg.), 1977², S. 88–96.
Firnkes, M./Keilhacker, Mg./Vogg, G.: *Das Fernsehen im Vorschulalter. Empirische Studie über Funktion und Wirkung des Fernsehens bei Kindern im Vorschulalter,* München 1973.
Flemmer, W.: *Kinder vor der Flimmerkiste. Das Beratungsbuch für Eltern,* München 1974.
Foerster, O./Holz, H.-J.: *Fernsehen für Kinder und Jugendliche,* München 1963.
Foltin, H.-F./Würzberg, G.: *Arbeitswelt im Fernsehen. Versuch einer Programmanalyse,* Köln 1975.
Frank, B.: „Kinder vor dem Bildschirm. Sehgewohnheiten und Sehinteressen", in: Heygster/Stolte (Hrsg.), 1974, S. 49–75.
–: „Die teleskopie-Zuschauerforschung. Aufbau, Ausbau und Ergebnisse", in: *Media Perspektiven,* 1976/9, S. 401–423.
Fühlau, I.: „Untersucht die Inhaltsanalyse eigentlich Inhalte? Inhaltsanalyse und Bedeutung", in: *Publizistik*, 23/1978/1–2, S. 7–18.
Fuhrmann, A./Mahle, W. A./Neverla, I./Winckler, K.: „Das Werbefernsehkind", in: A.-L. Heygster/E. Maseberg (Hrsg.): *Werbung im Fernsehen,* Mainz 1975 (Mainzer Tage der Fernseh-Kritik, Bd. VIII) S. 113–140.

Fülgraff, B.: *Fernsehen und Familie. Die Rolle des Fernsehens im Prozeß des strukturellen Wandels der Familie,* Freiburg 1965.

Funke, W./Horbelt, R./Schill, W./Schulz W. u.a.: *Thema:* Massenmedien. *Comics, Fernsehen, Schallplatten, Kinder- und Schulbücher als Unterrichtsgegenstand,* Düsseldorf 1974.

Furian, M. (Hrsg.): *Kinder und Jugendliche im Spannungsfeld der Massenmedien,* Stuttgart 1977².

Furian, M./Maurer, M.: *Praxis der Fernseherziehung in Kindergarten, Hort, Heim und Familie,* Heidelberg 1978.

Furian, M./Vogg, G.: *Fernseherziehung – Aufgabe für die Zukunft,* Essen 1970.

Furu, T.: „Die Rolle des Fernsehens im Leben der Kinder", in: *Rundfunk und Fernsehen,* 10/1962, S. 325–367.

–: *The Function of Television for Children and Adolescents,* Tokyo 1971.

–: „Die Funktionen des Fernsehens bei Kindern", in: R. Kurzrock (Hrsg.): *Medienforschung,* Berlin 1974, S. 98–109.

Geisler, W./Kalb, P.E. (Hrsg.): *Fernsehvorschule. Von Monstern, Mäusen und Moneten,* Weinheim/Basel 1975.

Gerhartz-Franck, I.: *Über Geschehensgestaltungen in der Auffassung von Filmen durch Kinder,* Leipzig 1955 (Schriftenreihe zur Entwicklungspsychologie, Bd. 3).

Gibson, J.J.: *Die Wahrnehmung der visuellen Welt,* Weinheim/Basel 1973.

Goetzmann, H.: „Repräsentativerhebung (1974)", in: Hans-Bredow-Institut (Hrsg.), 1975, S. 1–16 (Anhang).

–: „Beobachtung der Empfangssituation", in: Hans-Bredow-Institut (Hrsg.), 1975, S. 98–119.

Goldner, St. A.: *Vorschulische Erziehung und Fernsehen. Vorüberlegungen für die Beurteilung und Einbeziehung des Fernsehens in die gesellschaftliche Kleinkindererziehung auf der Grundlage eines Konzepts emanzipatorischer Kreativität,* Berlin 1973.

Grasser, A./Klein, F./Lüßmann, H./Müller-Egloff, P./Schulz-Merkel, A./Sommer, E.: *Fernsehfibel oder „Ich mach' mir mein Fernsehen selbst",* Weinheim/Basel 1973.

Greenberg, B.S./Ericson, Ph.M./Vlahos, M.: „Kinder vor dem Fernsehschirm – in der Beurteilung durch Mütter und Kinder", in: *Rundfunk und Fernsehen,* 20/1972, S. 123–137.

Gulden, A.: „'Liebe Kinder, liebe Jungen und Mädchen!' Hinweise zu den Moderationsfiguren im Kinderfernsehen der BRD", in: *Medium* 3/1973/10, S. 32–36.

–: „Formalästhetische Tradition und ihre Funktion in Vorschulsendungen", in: Geisler/Kalb (Hrsg.), 1975, S. 393–421.

Hackforth, J.: *Massenmedien und ihre Wirkungen. Kommunikationspolitische Konsequenzen für den publizistischen Wandel. Literaturexpertise und Bibliographie,* Göttingen 1976.

–: „Medienwissenschaftlicher und rundfunkpraktischer ‚Evergreen': Gewaltdarstellungen im Fernsehen und die sozialen Folgen. Kommentierende Rezension zweier wissenschaftlicher Publikationen", in: *Media Perspektiven,* 1978/7, S. 510–518.

de Haen, I./Kamp, U.: „Gewalt im Fernsehen – nahbesehen. Über den Versuch, eine alte Frage anders zu beantworten", in: *Medium,* 7/1977/12, S. 35–38.

–/–: „Fernsehangebot für Kinder. Beobachtung eines Monats", in: *Medium,* 8/1978/8, S. 16–19.

de Haen, I./Oppermann, W. R.: „Reaktionen von Eltern, Kindern und Erziehern auf die Hörfunkserie ‚Der Grüne Punkt'", in: *Fernsehen und Bildung,* 11/1977/3, S. 199–209

Halloran, J.D.: *Wirkungen des Fernsehens,* Hamburg 1966.

Halloran, J.D./Brown, R./Chaney, D.C.: *Fernsehen und Kriminalität,* Berlin 1972.

Hans-Bredow-Institut für Rundfunk und Fernsehen an der Universität Hamburg (Hrsg.) *Begleituntersuchung zur „Sesamstraße". Aufbau der Untersuchung und erste Ergebnisse,* o.J. [1973] (masch.).

–: *Begleituntersuchung zur Fernsehserie „Sesamstraße". Ausgewählte Ergebnisse des Gesamtprojekts,* Hamburg 1975 (masch.).

–: *Fernsehforschung in der Bundesrepublik Deutschland,* Hamburg 1972 (Sonderheft von Rundfunk und Fernsehen 1972).
Heimann, P./Foerster, O./Jorswieck, E./Ledig, H.-M.: *Jugend und Fernsehen,* München 1958.
Heinrich, K.: *Filmerleben, Filmwirkung, Filmerziehung,* Hannover 1967^2.
Heinrichs, H.: „Kind und Mediengewalt", in: A. Silbermann u.a., 1974, S. 25–40.
Hellbrügge, Th.: „Kinderärztliche Aspekte des Fernsehens", in. A. Silbermann u.a., 1974, S. 58–70.
v. Hentig, H.: Vorwort zur deutschen Ausgabe, in: Ph. Ariès, 1976^2, S. 7–44.
Heygster, A.-L./Stolte, D. (Hrsg.): *Kinder vor dem Bildschirm,* Mainz 1974 (Mainzer Tage der Fernsehkritik, Bd. VI).
Hickethier, K.: „Literarische Traditionen in Vorschulprogrammen", in: Geisler/Kalb (Hrsg.), 1975a, S. 349–392.
–: „Unterhaltung in Fortsetzungen – Fernsehspielserien im Vorabendprogramm", in: P.v. Rüden (Hrsg.), *Das Fernsehspiel. Möglichkeiten und Grenzen,* München 1975b, S. 136–168.
–: „Medienarbeit. Konzepte, Projekte, Erfahrungen", in: K.W. Bauer/J. Vogt (Hrsg.), 1975c, S. 111–138.
Himmelweit, H.T./Oppenheim, A.N./Vince, P.: *Television and the Child,* London/New York/Toronto 1958.
Hoffmann, G./Müller-Kaldenberg, R.: „Sozialisations- und Erziehungshilfen durch den Hörfunk? Am Beispiel des Vorschulprogramms ‚Der Grüne Punkt'", in: *Fernsehen und Bildung,* 11/1977/3, S. 192–198.
Hoffmann's Comic Teater: „Kinderkultur", in: *Kursbuch 34*, Berlin 1973, S. 25–48.
Hohenacker, H.: *Spielmobil-Spielbuch,* Stuttgart o.J.
Höltershinken, D.: „‚Zieht nicht gleich das Messer, reden ist viel besser!' Zur Auseinandersetzung um die Konzeption der ‚Rappelkiste'", in: *epd.,* Nr. 56 vom 9. Aug. 1975, S. 1–6.
–: „Widersprüchliche Handlungsmuster, zu wenig Beispiele für kooperatives Verhalten. Soziales Lernen in der Vorschulserie ‚Sesamstraße'", in: *epd.,* Nr. 47/48 vom 19. Juni 1976, S. 2–7.
–: „Die Überwindung der ‚emotionalen Bedrohung' des Zuschauens. Zur Neukonzeption der ZDF-Vorschulserie ‚Rappelkiste'", in: *epd.,* Nr. 23 vom 26. März 1977, S. 1–4.
–: „Eine positive Fortentwicklung. Zur dritten Staffel der Vorschulserie ‚Sesamstraße'", in: *epd.,* Nr. 21 vom 15. März 1978, S. 1–5.
Hölzel, W.: „Affektspiele im Kindergarten unter dem Eindruck von Fernsehsendungen", in: *Zeitschrift für Pädagogik,* 21/1973/3. S. 379–387.
Holzer, H.: *Gescheiterte Aufklärung? Politik, Ökonomie und Kommunikation in der Bundesrepublik Deutschland,* München 1971.
–: „Kinder und Fernsehen", in: *tendenzen,* 14/1973a/90, S. 24–36.
–: „Fernsehkinder. Anpassung frei Haus", in: *betrifft: erziehung,* 6/1973b/9, S. 42–50.
–: *Kommunikationssoziologie,* Reinbek bei Hamburg 1973c.
–: Thesen zur Klassenfunktion des Kinderfernsehens: Die TV-Vorschule für die Drei- bis Sechsjährigen, in: Heygster/Stolte (Hrsg.), 1974a, S. 127–134.
–: *Kinder und Fernsehen. Materialien zu einem öffentlich-rechtlichen Dressurakt,* München 1974b.
–: „Fernsehkinder", in: Geisler/Kalb (Hrsg.), 1975a, S. 11–36.
–: „‚Rappelkiste' – Das Beispiel vom ‚Haben und Hergeben'", in: Geisler/Kalb (Hg.), 1975b, S. 101–118.
–: *Theorie des Fernsehens. Fernseh-Kommunikation in der Bundesrepublik Deutschland,* Hamburg 1975c.
–: „Kinderfernsehen zwischen Emanzipation und Kompensation", in: R. Schwarz (Hrsg.), 1976, S. 155–172.

Holzkamp, K.: *Sinnliche Erkenntnis – Historischer Ursprung und gesellschaftliche Funktion der Wahrnehmung,* Frankfurt 1973.

Hömberg, E.: „Kinder und Eltern im Fernsehprogramm. Prix-Jeunesse Seminar 1977 in München", in: *Publizistik,* 22/1977/2, S. 195f.

– (Hrsg.): *Vorschulkinder und Fernsehen. Empirische Untersuchungen in drei Ländern,* München 1978.

Hondrich, K. O.: *Menschliche Bedürfnisse und soziale Steuerung,* Reinbek bei Hamburg 1975.

Horn, I.: *Kinder und Fernsehen. Bericht über verschiedene neuere Untersuchungen aus der BRD, der Schweiz und Österreich,* Mainz 1972a (masch.).

–: „Das Fernsehverhalten von Kindern. Bericht über drei Untersuchungen im deutschsprachigen Raum", in: *Media Perspektiven,* 1972b/12, S. 534–540.

–: „Das Fernsehverhalten von Kindern. Bericht über drei Untersuchungen im deutschsprachigen Raum", in: *Medien und Sexualpädagogik,* 1/1973/1, S. 18–20.

–: „Fernsehwirkung auf Kinder und Jugendliche – viele Hypothesen, wenig gesichertes Wissen. Ein neuer Literaturbericht zur Wirkungsforschung", in: *Media Perspektiven,* 1975/9, S. 428–437.

–: „Kinder und Fernsehen. Neuere Untersuchungsergebnisse zum Fernsehverhalten von 3- bis 9jährigen", in: *Media Perspektiven,* 1976/8, S. 357–366.

–: „Einstellungen und Verhalten der Eltern zum Fernsehen der Kinder. Ergebnisse aus Sonderuntersuchungen und Projektstudien", in: *ZDF-Schriftenreihe,* H. 21, 1978a, S. 30–37.

–: „Rezension von M. Winn: The Plug-in Drug. Television, Children, and the Family", New York 1977, in: *Media Perspektiven,* 1978b/8, S. 607f.

Hunscha, Chr.: *Struwwelpeter und Krümelmonster. Die Darstellung der Wirklichkeit in Kinderbüchern und Kinderfernsehen,* Frankfurt 1974.

Hunziker, P.: „Fernsehen und interpersonelle Kommunikation in der Familie", in: *Publizistik,* 21/1976/2, S. 180–195.

–: „Fernsehen in der Familie. Eine Analyse der Gruppenstrukturen", in: *Fernsehen und Bildung,* 11/1977/3, S. 269–285.

Hunziker, P./Kohli, M./Lüscher, K.: „Fernsehen im Alltag der Kinder. Eine Voruntersuchung", in: *Rundfunk und Fernsehen,* 21/1973/4, S. 383–405.

Hunziker, P./Lüscher, K./Fauser, R.: „Fernsehen im Alltag der Familie", in: *Rundfunk und Fernsehen,* 23/1975/3–4, S. 284–313.

Hüther, J.: *Sozialisation durch Massenmedien. Ziele, Methoden, Ergebnisse einer medienbezogenen Jugendkunde,* Opladen 1975.

Iben, G./Eckert, M.: „Pädagogische Möglichkeiten des Fernsehens im Bereich der Eingangsstufe (Vorschul- und Elementarbereich)", in: Deutscher Bildungsrat (Hrsg.): *Die Eingangsstufe des Primarbereichs,* Bd. 2/2: *Soziales Lernen und Sprache,* Stuttgart 1975 (Gutachten und Studien der Bildungskommission, Bd. 48/2), S. 179–237.

Infratest: *Fernsehen und Familie. Zusammenfassender Bericht,* München 1974a.

Infratest: *Die „Rappelkiste". Ergebnisse einer Zuschauerbefragung,* München o.J. [1974b].

Infratest: *Dokumentation wichtiger Ergebnisse der Fernsehforschung. Bd. 6: Kinder- und Jugendsendungen,* München o.J. [1976].

Infratest: *Kommunikationsverhalten und Buch. Endbericht,* München o.J. [1978].

Iser, W.: *Der implizite Leser. Kommunikationsformen des Romans von Bunyan bis Beckett,* München 1973.

–: *Der Akt des Lesens. Theorie ästhetischer Wirkung,* München 1976.

Jauß, H. R.: *Literaturgeschichte als Provokation,* Frankfurt 1970.

Jungfer, H.: „Lernen durch Bilder. Theoretische Konzepte und empirische Befunde", in: *AV-Forschung,* Bd. 7, 1973, S. 91–116.

Kalb, P. E.: „Die ganze, große BETA-Familie. Vorschulerziehung im Kommerz", in: *betrifft: erziehung,* 6/1973/9, S. 32–35.

–: „Das Geschäft mit der tv-vorschule", in: Geisler/Kalb (Hrsg.), 1975, S. 287–311.

Kasper, J.: „Kinderfernsehen. Forschung zwischen Leichenzählen und Kapitalismuskritik", in: K.W. Bauer/J. Vogt (Hrsg.), 1975, S. 215–224.
–: ‚Fernsehen', in: K.W. Bauer/H. Hengst (Hrsg.), 1978, S. 78–86.
Katz, E./Lazarsfeld, P.F.: *Persönlicher Einfluß und Meinungsbildung,* Wien 1962.
Keilhacker, Mg.: „Entwicklungspsychologische Gesichtspunkte zur Beurteilung von Kindersendungen", in: *Jugend Film Fernsehen,* 7/1963/3, S. 160–168.
Keilhacker, Mg./Keilhacker, Mt.: *Jugend und Spielfilm,* Stuttgart 1953.
Keilhacker, Mg./Keilhacker, Mt./Salzmann, W.R./Zerle, P.A.: *Codierbarkeit zu den Handlungsabläufen der Fernsehsendung „Die Vogelscheuche",* München 1969 (masch.) (Untersuchungsergebnisse aus dem Wissenschaftlichen Institut für Jugend- und Bildungsfragen in Film und Fernsehen).
Keilhacker, Mg./Kösel, E./Salzmann, W.R.: *Untersuchung zur Fernsehsendung „Clown Ferdl",* München 1968 (masch.) (Untersuchungsergebnisse aus dem Wissenschaftlichen Institut für Jugend und Bildungsfragen in Film und Fernsehen).
Keilhacker, Mg./Rutenfranz, J./Tröger, W./Vogg, G.: *Filmische Darstellungen im Erleben des Kindes,* München/Basel 1967.
Keilhacker, Mg./Vogg, G.: *Gesetzmäßigkeiten des Fernseherlebens bei Kindern und Jugendlichen dargestellt am Beispiel der preisgekrönten Sendungen des Prix-Jeunesse 1964,* München 1965 (H. 1. der Schriftenreihe des Internationalen Zentralinstituts für Jugend- und Bildungsfernsehen).
Keilhacker, Mt.: *Untersuchungen der durch den Prix Jeunesse International 1966 ausgezeichneten Sendungen,* München 1967 (masch.) (Untersuchungsergebnisse aus dem Wissenschaftlichen Institut für Jugend- und Bildungsfragen in Film und Fernsehen).
–: „Fernsehen für Kinder und die Kinderpsychologie", in: *Jugend Film Fernsehen,* 17/1973/1, S. 3–15.
–: „Wie Kinder und Jugendliche Film und Fernsehen erleben", in: *medien + erziehung, 23/1979/2, S. 67–78.*
Keilhacker, Mt./Brudny, W./Lammers, P.: Kinder sehen Filme, München 1957.
Keller, K.: *Kinder und Film. Geschichte, Erforschung und Perspektiven des Kinderfilms,* Aachen 1978 (AV-Medienpädagogik, Reihe Theorie, Bd. 3).
Kellner, H.: „Fernsehen als Sozialisationsfaktor. Ein Forschungsprojekt am Beispiel der Gewaltdarstellung im Fernsehen und des Verhaltens von Zuschauern", in: *Media Perspektiven* 1974/1, S. 24–29.
–: „Fernsehen als Sozialisationsfaktor. Erste Zwischenergebnisse einer Studie über die Wirkung von Gewaltdarstellungen im Fernsehen auf das Zuschauerverhalten", in: *Media Perspektiven,* 1976/7, S. 297–310.
–: „Gewalt im Fernsehen – ein permanent aktuelles Thema. Zum Diskussionsstand in den USA", in: *Media Perspektiven,* 1977a/11, S. 644–651.
–: „Fernsehen als Sozialisationsfaktor, Weitere Zwischenergebnisse einer Studie über die Wirkung von Gewaltdarstellungen im Fernsehen auf das Zuschauerverhalten", in: *Media Perspektiven,* 1977b/11, S. 636–643.
–: „I. Fernsehen als Sozialisationsfaktor – II. Visuelle Aufmerksamkeit und verbale Kommunikation unter dem Einfluß des Fernsehens. Ergebnisse zweier Grundlagenprojekte", in: *ZDF-Schriftenreihe,* 1978a, S. 20–29.
–: Fernsehen als Sozialisationsfaktor. Studie über die Wirkung des Fernsehens am Beispiel der Gewaltdarstellungen im Fernsehen und des Verhaltens der Zuschauer. Ergebnisbericht III", in: *Media Perspektiven,* 1978b/12, S. 887–900.
Kellner, H./Horn, I.: *Gewalt im Fernsehen. Literaturbericht über Medienwirkungsforschung,* Mainz 1971a (Schriftenreihe des ZDF, H. 8).
–/–: „ZDF-Forschungsprojekt zur Ermittlung eines neuen Meßinstrumentariums für die qualitative Zuschauerforschung", in: *Rundfunk und Fernsehen,* 19/1971b/4, S. 379–391.
Kelmer, O./Stein, A.: *Das Fernsehen und unsere Kinder. Ein Ratgeber für Eltern,* München 1978.

Kerstiens, L./Thürmer, B.: *Fernsehgewohnheiten der Kinder im Vorschulalter,* Stuttgart 1975 (Schriftenreihe: Jugend braucht Schutz Nr. 5).

Kiefer, M.: „Fernsehen und Familie. Eine Infratest-Studie zur Kinderfernsehforschung", in: *Media Perspektiven,* 1974/12, S. 603–612.

–: „Kommunikationsverhalten und Buch. Eine Medienvergleichsstudie und Funktionen des Buches", in: *Media Perspektiven,* 1978/8, S. 609–631.

Klönne, A. und Autorengruppe Münster: *Massenmedien – Warenwerbung und Systemwerbung. Ein Unterrichtsmodell zum Thema Fernsehen,* Stuttgart 1978 (Zur Praxis des politischen Unterrichts, Bd. 8).

Knilli, F. (Hrsg.): *Die Unterhaltung der deutschen Fernsehfamilie. Ideologiekritische Kurzanalysen von Serien,* München 1971.

Kohli, M.: *Der Einfluß der Situation auf die Rezeption einer Fernsehsendung durch Kinder. Eine experimentelle Pilot-Studie,* Konstanz 1975 (masch.).

–: „Die Bedeutung der Rezeptionssituation für das Verständnis eines Fernsehfilms durch Kinder. Eine experimentelle Pilotstudie", in: *Zeitschrift für Soziologie,* 5/1976/1, S. 38–51.

–: „Fernsehen und Alltagswelt. Ein Modell des Rezeptionsprozesses", in: *Rundfunk und Fernsehen,* 25/1977/1–2, S. 70–85.

–: „,Offenes' und ,geschlossenes' Interview: Neue Argumente zu einer alten Kontroverse", in: *Soziale Welt,* 1978/1, S. 1–25.

Kohli, M./Dippelhofer-Stiem, B./Pommerehne, B.: „Arbeiter sehen ,Arbeiterfilme' ", in: *Leviathan,* 4/1976, S. 328–367.

Kommer, H.: „Filmformen im Kinderprogramm", in: Geisler/Kalb (Hrsg.), 1975, S. 313–348.

Koszyk, K.: „Wirkungen der Massenkommunikation. Ergebnisse und Kritik einer Forschungsrichtung", in: *Aus Politik und Zeitgeschichte. Beilage zur Wochenzeitung „Das Parlament",* B 39/1972.

Kübler, H.-D.: „Kompetente Kinder vor'm Bildschirm. Grundlegung einer subjektorientierten Fernsehpädagogik", in: *medien + erziehung,* 21/1977/2, S. 81–101.

–: Problemfall: „Jugend und Fernsehen. Ein Literaturbericht", in: *medien + erziehung,* 22/1978/1, S. 32–36.

Kübler, H.-D./Lipp, C.: „Kinderfernsehen versus Kinder sehen fern", in: H. Kreuzer/K. Prümm (Hrsg.): *Fernsehsendungen und ihre Formen,* Stuttgart 1979 (i. Vorb.).

Künnemann, H.: *Kinder und Kulturkonsum. Überlegungen zu bewältigten und unbewältigten Massenmedien unserer Zeit,* Weinheim/Basel 1974².

Kunczik, M.: *Gewalt im Fernsehen. Eine Analyse der potentiell kriminogenen Effekte,* Köln/Wien 1975.

Leifer, A. D./Gordon, N. J./Graves, S. B.: „Kind und Fernsehen – Aktionsplan für künftige Forschungen", in: *Fernsehen und Bildung,* 9/1975/1, S. 9–28.

Lenzen, K.-D.: *Kinderkultur – die sanfte Anpassung,* Frankfurt 1978.

Leontjew, A. N.: *Probleme der Entwicklung des Psychischen,* Kronberg/Ts. 1977².

Lepsius, M. R.: „Ansprache zur Eröffnung des 17. Deutschen Sozialogentages: Zwischenbilanz der Soziologie", in: Ders. (Hrsg.): *Zwischenbilanz der Soziologie,* Stuttgart 1976.

Lisch, R./Kriz, J.: *Grundlagen und Modelle der Inhaltsanalyse. Bestandsaufnahme und Kritik,* Reinbek bei Hamburg 1978.

Longolius, Chr. (Hrsg.) *Fernsehen in Deutschland. Gesellschaftspolitische Aufgaben und Wirkungen eines Mediums,* Mainz 1967.

–: „Das Fernsehen gehört dem Volk – aber das sagt ihm keiner", in: *Medium,* 7/1977/12, S. 13–14.

Lorey, E. M.: *Zur Frage der „emotionalen Bedrohung" des Zuschauers,* Mainz 1976 (masch.).

–: „Eltern als ,Problemkinder' bei Kindersendungen. Der programmbezogene Lernprozeß, unter anderem ausgelöst durch die Ergebnisse der Fernsehforschung", in: *ZDF-Schriftenreihe,* H. 21, 1978, S. 38–48.

Lüscher, K.: „Gewalt im Fernsehen – Gewalt des Fernsehens", in: F. Neidhardt u. a.: *Aggression und Gewalt in unserer Gesellschaft,* München 1973, S. 83–104.

Maccoby, E. F.: „Television: Its Impact on School Children", in: *Public Opinion Quarterly,* XV./1951/3–4, p. 421–444.

–: „Why Do Children Watch Television?", in: *Public Opinion Quarterly,* XVIII./1954/3, p. 239–244.

Mahle, W. A.: „Provokation der Praxis. Einführung in die Problemstellung und Thematik des Bandes", in: Feil (Hrsg.), 1977, S. 11–24.

Maletzke, G.: *Fernsehen im Leben der Jugend,* Hamburg 1959.

Maurer, M.: *Fernseherziehung im Kindergarten,* Esslingen 1976 (masch.).

McLuhan, M.: *Die Gutenberg-Galaxis. Das Ende des Buchzeitalters,* Düsseldorf/Wien 1968.

Meinefeld, W.: *Einstellung und soziales Handeln,* Reinbek bei Hamburg 1977.

Merkert, R./Karge, R.: „Das Kinderprogramm des deutschen Fernsehens", in: *Funk-Korrespondenz,* 26/14. Juni 1978/Nr. 24.

Merten, K.: „Massenkommunikationsmodell und Gesellschaftstheorie", in: *Kölner Zeitschrift für Soziologie und Sozialpsychologie,* 30/1978/3, S. 572–595.

Michelbacher, E.: „Sexismus im Fernsehen. In der ‚Sesamstraße' herrschen die Männer . . .", in: *betrifft: erziehung,* 11/1978/9, S. 32–33.

Mitzschke, M./Opper, K.-H.: „Empirische Ergebnisse zum Medienverhalten Jugendlicher in der BRD", in: *Diskussion Deutsch,* 8/1977/38, S. 643–650.

Mohrhof, S.: „Gedanken zum Kinder- und Jugendprogramm", in: Chr. Longolius (Hrsg.), 1967, S. 207–216.

–: „Überlegungen zu Vorschul- und Kinderprogrammen im Fernsehen", Teil 1 und 2, in: *epd.* Nr. 54 vom 2. August 1975, S. 1–4 und Nr. 55 vom 6. August 1975, S. 1–4.

–: „Die Welle des schlechten Gewissens. Kinder als Fernsehzuschauer des Abendprogramms", in: *Notizen zum ARD-Programm,* Nr. 20 vom 20. Juli 1976.

–: „Kinderprogramm im Fernsehen – Zwang zur Doppelstrategie?", in: *Fernsehen und Bildung* 11/1977a/3, S. 159–166.

–: „Sternschnuppen – Sternstunden. Anmerkungen zur Geschichte des Familienprogramms", in: Programmdirektion Deutsches Fernsehen/ARD (Hrsg.): *Notizen zum ARD-Programm: 25 Jahre Deutsches Fernsehen 1952 bis 1977,* München 1977b, S. 146–153.

de la Motte-Haber, H.: „Kinderfernsehen – Eine Provokation für die Musikpädagogik?", in: H.-Chr. Schmidt (Hg.): *Musik in den Massenmedien Rundfunk und Fernsehen,* Mainz 1976, S. 11–17.

Mundzeck, H.: *Kinder lernen fernsehen. Was, wann, wie lange und wozu?,* Reinbek bei Hamburg 1973.

Müntefering, G. K.: „Zehn Thesen zum Kinderprogramm des WDR-Fernsehens", in: *Fernsehen und Film,* 9/1971/6, S. 15.

–: „Aufbruch für das Kinderfernsehen", in: Arbeitsgemeinschaft der öffentlich-rechtlichen Rundfunkanstalten der Bundesrepublik Deutschland (Hrsg.): *ARD-Jahrbuch 1972,* Hamburg 1972a, S. 72–85.

–: Wir brauchen viele schlechte Filme . . . um zu besseren zu kommen, in: Th. van Alst (Hrsg.): *Millionenspiele – Fernsehbetrieb in Deutschland,* München 1972b, S. 128–136.

–: „Die Souveränität des Programmachers", in: Heygster/Stolte (Hrsg.), 1974, S. 79–92.

–: *Liebe Eltern, liebe Kinder. Lach- und Sachgeschichten vom Kinderfernsehen,* Köln 1974.

–: Über Schwarmverhalten von Kindern und Fangmethoden. Warum zuviel Programm zuwenig sein kann, in: Programmdirektion Deutsches Fernsehen/ARD (Hrsg.): *Notizen zum ARD-Programm: 25 Jahre Deutsches Fernsehen 1952 bis 1977,* München 1977, S. 154–158.

Naumann, M. und M.: *Die Fernsehwoche für Kinder. Programmanalyse – Sendungsanalyse – Wirkungsanalyse,* Oldenburg o. J. [1975].

Negt, O.: „Kinderöffentlichkeit", in: K. W. Bauer/H. Hengst (Hrsg.), 1978, S. 185–195.

Neidhardt, F.: *Die Familie in Deutschland, Gesellschaftliche Stellung, Struktur und Funktionen,* Opladen 1971[3].
– (Hrsg.): *Frühkindliche Sozialisation. Theorien und Analysen,* Stuttgart 1975.
Nemetschek, P./van Lessen, S. (Hrsg.): *Ene mene miste – Rappelkiste,* Weinheim/Basel 1975.
Netenjakob, E.: *Anatomie der Fernsehserie. Fernsehmacher untersuchen ihre Produktionsbedingungen,* Mainz 1976.
Nickel, H.: *Die visuelle Wahrnehmung im Kindergarten- und Einschulungsalter,* Bern 1967.
Noelle-Neumann, E.: „Wirkung des Fernsehens", in: E. Dovifat (Hrsg.): *Handbuch der Publizistik,* Bd. 2, Teil 1, Berlin 1969, S. 486–499.
Oerter, R.: *Moderne Entwicklungspsychologie,* Donauwörth 1974[14].
Oevermann, U./Allert, T./Gripp, H./Konau, E./Krambeck, J./Schröder-Caesar, E./Schütze, Y.: „Beobachtungen zur Struktur der sozialisatorischen Interaktion. Theoretische und methodologische Fragen der Sozialisationsforschung", in: M. Auwärter/E. Kirsch/M. Schröter (Hrsg.): *Seminar: Kommunikation, Interaktion, Identität,* Frankfurt 1976, S. 371–403.
Paech, J.: „Märchen von der Walzstraße. Das Fernsehen für Anfänger und die Kölner Maus", in: *tendenzen,* 14/1973/90, S. 13–17.
–: Kritik der praktischen Medienarbeit, in: R. Schwarz (Hrsg.), 1974, S. 211–237.
–: „Sendung mit der Maus. Die Unterhaltung in der Kinderstube", in: Geisler/Kalb (Hrsg.), 1975, S. 119–148.
– (Hrsg.): *Schülerfernsehen – Schüler machen Filme,* Stuttgart 1977 (Didaktik der Massenkommunikation 3).
Paetow, M.: *So geht's zu im Fernsehstudio . . . wenn eine Sendung gemacht wird,* Düsseldorf 1970.
Petermann, F.: Modelle der Massenkommunikationsforschung, in: *Kölner Zeitschrift für Soziologie und Sozialpsychologie,* 28/1976, S. 70–84.
Pfeiffer, K.: *Unsere Kinder vor dem Bildschirm. Pädagogische Ratschläge für die Nutzung von Film, Funk und Fernsehen,* Freiburg 1974.
Pflüger, U./Schaar, E./Strobel, H./Vogg, G.: „Kind und Fernsehen", in: *Jugend Film Fernsehen,* 19/1975/3, S. 131–164.
Pflüger, H./Weingert, G.: *Vorschulfernsehen. Untersuchung von Sendungen aus der Vorschulreihe „Das Feuerrote Spielmobil" (Ergebnisbericht),* München 1974 (masch.).
Programmdirektion Deutsches Fernsehen/ARD (Hrsg.): *Schlagwort: „Gewalt im Fernsehen". Eine vergessene Perspektive. Materialien aus Redaktionen,* München 1971.
Projektgruppe Kinderfernsehen: *Wenn Ernie mit der Maus in der Kiste rappelt. Vorschulerziehung im Fernsehen,* Frankfurt 1975.
Renckstorf, K.: „Alternative Ansätze der Massenkommunikationsforschung. Wirkungs-versus Nutzenansatz", in: *Rundfunk und Fernsehen,* 21/1973/–, S. 183–197.
–: *Neue Perspektiven in der Massenkommunikationsforschung. Beiträge zur Begründung eines alternativen Forschungsansatzes,* Berlin 1977.
–: *Nachrichtensendungen im Fernsehen. Schlußbericht,* Hamburg 1976 (masch.).
Richter, D.: „Zuviel Aphorismen. Über: Chr. Hunscha, 1974", in: *betrifft: erziehung,* 8/1975/8, S. 76f.
Riedel, K. V.: *Jugend und Fernsehen,* Neuwied/Berlin 1966.
Riley, M. W./Riley, J. W. jr.: „A Sociological Approach to Communication Research", in: *Public Opinion Quarterly,* XV./1951/4, S. 444–460.
Ritsert, J.: *Inhaltsanalyse und Ideologiekritik. Ein Versuch über kritische Sozialforschung,* Frankfurt 1972.
Rosengren, K. E./Windahl, S.: „Funktionale Aspekte bei der Nutzung der Massenmedien", in: G. Malctzke (Hrsg.): *Massenkommunikationsforschung,* Berlin 1972, S. 169–186.
Rust, H.: „Differentielle Filmanalyse. Ein Verfahren zur Untersuchung der Rezeption audiovisueller Informationen", in: *Rundfunk und Fernsehen,* 25/1977/4, S. 355–364.

Saxer, U.: „Forschungen im deutschsprachigen Raum zum Thema Fernsehen und Sozialisationsprozesse in der Familie", in: *Fernsehen und Bildung,* 9/1975/2–3, S. 175–190.
Schäfer, H.: *Struktur-Untersuchungen zur Situation der Familie vor und auf dem Bildschirm,* Marburg 1973.
Scharf, W./Schlie, O.: Zur Diskussion wissenschaftstheoretischer Probleme in Publizistik- und Kommunikationswissenschaft, in: *Rundfunk und Fernsehen,* 21/1973/1, S. 54–71.
Schedler, M.: „Fragen ans Kinderfernsehen", in: *tendenzen,* 14/1973/90, S. 11–13.
– (Hrsg.): *Kinderfernsehen anders. Entwürfe zu einem emanzipatorischen Fernsehen,* Köln 1975.
Schenk, M.: *Publikums- und Wirkungsforschung. Theoretische Ansätze und empirische Befunde der Massenkommunikationsforschung,* Tübingen 1978.
Schleicher, K.: *Sesame Street für Deutschland? Die Notwendigkeit einer ‚Vergleichenden Mediendidaktik',* Düsseldorf 1972.
Schramm, W./Lyle, J./Parker, E. B.: *Television in the Lives of Our Children,* Stanford 1961.
Schulz, W./van Lessen, R./Schlede, C./Waldmann, N.: „Die Bedeutung audiovisueller Gestaltungsmittel für die Vermittlung politischer Einstellungen. Medienanalytische und experimentelle Untersuchungen am Beispiel sozialkundlicher Filme", in: *AV-Forschung,* Bd. 15, 1976, S. 40–165.
Schütze, F./Meinefeld, W./Springer, W./Weymann, A.: „Grundlagentheoretische Voraussetzungen methodisch kontrollierte Fremdverstehens", in: Arbeitsgruppe Bielefelder Soziologen (Hrsg.): *Alltagswissen, Interaktion und gesellschaftliche Wirklichkeit,* Bd. 2, Reinbek bei Hamburg 1973, S. 433–495.
Schwarz, R. (Hrsg.): *Manipulation durch Massenmedien – Aufklärung durch Schule?,* Stuttgart 1974 (Didaktik der Massenkommunikation 1).
– (Hrsg.): *Materialien zum Fernsehunterricht,* Stuttgart 1976 (Didaktik der Massenkommunikation 2).
Silbermann, A./Heinrichs, H./Liebert, R. M./Hellbrügge, Th./Undeutsch, U.: *Aggression und Fernsehen. Gefährdet das Fernsehen die Kinder?,* Tübingen 1974.
Sommer, A./Grobe, H.: *Aggressiv durch Fernsehen? Überlegungen zur Medienerziehung von Kindern und Jugendlichen,* Neuwied/Berlin 1974.
Spangemacher, F.: „Die Musik in der Sesamstraße", in: *Rundfunk und Fernsehen,* 23/1975/3–4, S. 328–333.
–: „Die Musik in der Sesamstraße", in: H.-Chr. Schmidt (Hrsg.): *Musik in den Massenmedien Rundfunk und Fernsehen,* Mainz 1976, S. 237–249.
Steinborn, P.: „Kommunikationsverhalten und Buch, Teil II. Der Stellenwert von Büchern im Kommunikationsverhalten von Kindern und Jugendlichen. Eine intermediale Untersuchung im Auftrag der Bertelsmann Stiftung, durchgeführt von der Infratest Medienforschung München", in: *Bertelsmann Briefe,* H. 97, Jan. 1979, S. 3–23.
Stolte, D. (Hrsg.): *Das Fernsehen und sein Publikum. Studien zum Tagesablauf 1970/71,* Mainz 1973.
Stückrath, F./Schottmayer, G.: *Fernsehen und Großstadtjugend,* Braunschweig 1967.
Sturm, H.: „Fernsehen und Entwicklung der Intelligenz. Kritische Überlegungen zu medienspezifischen Sozialisationswirkungen", in: F. Ronneburger (Hrsg.): *Sozialisation durch Massenkommunikation,* Stuttgart 1971, S. 290–304.
–: „Vorschläge zur Abschätzung von Fernsehwirkungen auf Kinder", in: Heygster/Stolte (Hrsg.), 1974, S. 29–48.
–: „Die kurzzeitigen Angebotsmuster des Fernsehen", in: *Fernsehen und Bildung,* 9/1975/1, S. 39–50.
–: „Fernsehdramaturgie und Zeigarnik-Effekt. Eine Variante zu Wahrnehmung – Entwicklung – Kommunikation", in: *Fernsehen und Bildung,* 11/1977/1–2, S. 103–109.
Sturm, H./von Haebler, R./Helmreich, R.: *Medienspezifische Lerneffekte. Eine empirische Studie zu Wirkungen von Fernsehen und Rundfunk,* München 1972 (Schriftenreihe des Internationalen Zentralinstituts für das Jugend- und Bildungsfernsehen, H. 5).

Sturm, H./Holzheuer, K./Helmreich, R.: *Emotionale Wirkungen des Fernsehens – Jugendliche als Rezipienten,* München 1978 (Schriftenreihe des Internationalen Zentralinstituts für das Jugend- und Bildungsfernsehen, H. 10).
Teichert, W.: „‚Fernsehen' als soziales Handeln (I). Zur Situation der Rezipientenforschung: Ansätze und Kritik", in: *Rundfunk und Fernsehen,* 20/1972, S. 421–439.
–: „‚Fernsehen' als soziales Handeln (II.). Entwürfe und Modelle zur dialogischen Kommunikation zwischen Publikum und Massenmedien", in: *Rundfunk und Fernsehen,* 21/1973/–, S. 356–382.
–: „Bedürfnisstruktur und Mediennutzung. Fragestellung und Problematik des Uses and Gratifications Approach", in: *Rundfunk und Fernsehen,* 23/1975/3–4, S. 269–283.
–: „Dem Publikum auf der Spur. Über neue Untersuchungen zur Mediennutzung und Medienwirkung", in: *Bertelsmann Briefe,* H. 87, Juli 1976, S. 3–12.
–: „fernsehen" und Interaktionen. Eine Stellungnahme zu Peter Hunzikers Aufsatz „Fernsehen in der Familie – Eine Analyse der Gruppenstrukturen", in: *Fernsehen und Bildung,* 11/1977/3, S. 286–296.
Thewalt, B.: *Kinder und Fernsehen. Ein Literaturbericht,* Bonn o.J. (Medienpraxis. Kommunikationswissenschaft, 1).
Thiele, J.: „Die Biene Maja". Materialien zur Analyse einer Fernsehfolge", in: *Zeitschrift für Literaturwissenschaft und Linguistik,* 8/1978a/29, *Film- und Fernsehforschung*, S. 63–83.
–: „Die Biene Maja – Von der Literaturvorlage zum Trickfilm", in: *Kunst + Unterricht/Praxis Deutsch*, Sonderheft 1978b, S. 86–91.
Thyssen, S.: *Vorschulkinder und Massenmedien. Feldstudie aus einer rheinischen Stadt,* Bochum 1977.
Thull, S.: *Fernsehkunde in der Schule. Beispiele für die Praxis,* Bad Heilbrunn 1977.
Uebele, W.: *Pädagogische Aspekte des Fernsehens im Vorschulalter,* Tübingen 1974 (Dipl. masch.).
Unholzer, G.: „Kommunikationsverhalten und Buch. Eine intermediale Untersuchung der Bertelsmann Stiftung", in: *Bertelsmann Briefe*, H. 96, Oktober 1978, S. 3–32.
Völzing, P.-L./August, G.: „Informative und normative Strukturen im Kinderfernsehen", in: G. Augst (Hrsg.): *Spracherwerb von 6 bis 16*, Düsseldorf 1978. S. 285–303.
Vowinkel, G.: „Fernsehen und soziales Lernen. Autonomie bei Vorschulkindern durch ‚Sesamstraße'", in: *Rundfunk und Fernsehen,* 24/1976/1–2, S. 39–48.
Wagner, W.: „Der Bluff. Die Institution Universität in ihrer Wirkung auf die Arbeitsweise und das Bewußtsein ihrer Mitglieder", in: *Probleme des Klassenkampfs*, Nr. 7, Mai 1973, S. 43–81.
Walter, H. (Hrsg.): *Sozialisationsforschung*, Bd. 1–3, Stuttgart-Bad Cannstadt 1973, 1975.
Walters, J./Stone, V. A.: Television and Family Communication, in: *Journal of Broadcasting,* 15/1971/4, S. 409–414.
Wand, B.: „Television Viewing and Familiy Choice Differences", in: *Public Opinion Quarterly,* XXXII/1968/–, S. 84–94.
Wasem, E.: *Jugend und Filmerleben,* München/Basel 1957.
Wasem, E./Keilhacker, Mt.: *Jugend im Kraftfeld der Massenmedien,* München 1965.
Watzka, L.: *Kleinkind und Fernsehen. Eine vergleichende experimentelle Untersuchung,* Wien 1968.
Watzlawick, P./Beavin, J. H./Jackson, D. D.: *Menschliche Kommunikation. Formen, Störungen, Paradoxien,* Bern/Stuttgart/Wien 1974[4].
Weber, A.: „Fernsehen und Freizeitverhalten 12- bis 13jähriger Kinder", in: *Rundfunk und Fernsehen,* 11/1963, S. 33–42.
Weiß, H.-J.: „Angewandte Kommunikationsforschung und Öffentlichkeit. Materialien zur Diskussion der Fernsehforschung in der BRD", in: G. Feil (Hrsg.), 1977, S. 25–58.
Wember, B.: *Wie informiert das Fernsehen? Ein Indizienbeweis,* München 1976.
Wetterling, H.: *Das Fernsehen im pädagogischen Aspekt,* München 1960.

Winn, M.: *The Plug-in Drug. Television, Children, and the Family,* New York 1977 (dt.: *Die Droge im Wohnzimmer,* Reinbek bei Hamburg 1979).
Wingen, Th.: *Audiovisuelle Medien im Kindergarten? Voraussetzungen und Perspektiven einer vorschulischen Mediendidaktik,* Hamburg 1976.
Wodraschke, C.: *Die Beschäftigung des Kindes mit dem Fernsehprogramm,* München 1964 (Diss.).
Woller, R.: „Kinderfernsehen – Keine Vorschule der Nation", in: Heygster/Stolte (Hrsg.), 1974, S. 9–13.
Wygotski, L. S.: *Denken und Sprechen,* Stuttgart 1972[4].
Zacharias, W./Mayrhofer, H.: *Fernseh-Spielbuch,* München 1973.
ZDF-Schriftenreihe, H. 21, *Medienforschung: Familien und Fernsehen,* Mainz 1978.
Zieris, F.: *Die Bedeutung des Fernsehens für Kinder und Jugendliche,* München 1960 (Diss.).
–: *Jugend vor dem Fernsehschirm,* Gütersloh 1963.
Zoll, R./Hennig, E.: *Massenmedien und Meinungsbildung. Angebot, Reichweite, Nutzung und Inhalt der Medien in der BRD,* München 1970.

Manfred Durzak

Ein Medium wird historisch

Beobachtungen und Anmerkungen zu aktuellen amerikanischen TV-Publikationen

I

Das Zeitalter der technischen Reproduzierbarkeit hat einen weiteren Entwicklungssprung vollzogen. Mit der Einführung der Video-Recorder, die im vergangenen Jahr in den USA (im Vergleich zu 1977) einen Verkaufszuwachs von 800% aufwiesen[1], ist der Zuschauer potentiell in die Lage versetzt, sich eigene Fernsehprogramme zu mischen und Liebingssendungen als Grundstock einer Video-Bibliothek auf Kassetten zu speichern. Zudem haben in den USA bereits Film-Verleihe damit begonnen, ältere Spielfilme vom archivarischen Staub zu reinigen und in Form bespielter Kassetten als Video-Paperbacks zum Verkauf anzubieten.
Die zweite Generation dieser Video-Recorder mit einem Aufnahmevolumen von vier Stunden pro Kassette und der Einprogrammierungsmöglichkeit von zeitlich unterschiedlich ausgestrahlten Programmen, die vom Gerät – auch bei einer Unterbrechung von mehreren Tagen – automatisch aufgezeichnet werden, ist dabei, 1979 in den USA die Geschäfte zu erreichen. Und wenn nicht alles täuscht, wird sich dieser Boom mit den bekannten Verzögerungseffekten auch bald hierzulande einstellen.
Möglicherweise wird dann auch Adornos in den sechziger Jahren gefälltes Verdikt[2], das Fernsehen sei eine Medien-Einbahnstraße und verurteile ein manipulationswillfähriges Massenpublikum zu immer größerer Passivität, zu revidieren sein. Denn ebenso erfolgreich wie die VCR-(=Video-Cassette-Recorder)Standgeräte sind in den USA bereits die mobilen und jetzt auch mit vom Preis her erschwinglichen, qualitativ hochwertigen Farbbild-Kameras ausgerüsteten VCR-Traggeräte, die den Super-8-Hobby-Tonfilm (dessen Ära laut Werbeslogans der Branche in Deutschland gerade erst begonnen hat) voraussichtlich als technologische Sackgasse erweisen werden. Denn die Kassetten sind nicht nur billiger und zudem bei Mißfallen von Aufnahmesequenzen wieder zu verwenden, sondern im Vergleich zu den komplizierten Klebe- und Schnitt-Ritualen der kurzen Hobby-Tonfilme (nicht zu vergessen, daß man die Filme erst entwickeln lassen muß) auch technisch viel leichter zu handhaben.

1 Vgl. hierzu und im folgenden die Ausführungen von David Lachenbruch: „Video-Cassette-Recorders – Here Comes the Second Generation“, in: *TV Guide* v. 28.10.1978, S. 2–6.
2 Vgl. Adornos Beitrag: „Kann das Publikum wollen?“, in: *Vierzehn Mutmaßungen über das Fernsehen,* hrsg. v. Anne Rose Katz, München 1963, S. 55–60.

Doch nicht nur die VCR-Geräte markieren den Entwicklungssprung. Gleichzeitig beginnt eine neue Generation von Farbfernsehern in den USA die Konsumenten zu erreichen. Ihr Charakteristikum ist der Großflächen-Bildschirm mit einer Diagonale von fast zwei Metern. Damit dürften dann auch jene spöttisch herablassenden Aburteilungen der kleinen Bild-Maschine vergessen werden, wie sie zum Beispiel Alfred Andersch[3] – in Anlehnung an Walter Benjamin, der die Kunstwerke durch ihre technische Reproduzierbarkeit um ihre Aura betrogen sah – noch 1963 formuliert hat, als er feststellte, den Fernsehspielen fehle jegliche Atmosphäre, weil die Fläche des Bildschirms viel zu klein sei.

Das Fernsehen wird als Medium also keineswegs in dem Sinne historisch, daß es in seinen technischen Möglichkeiten bereits erschöpft ist und als Informationstransport- und Illusionserzeugungsvehikel immer stärker von der Abnutzung durch Gewöhnung bestimmt wird. Im Gegenteil: sein Potential – zumindest in quantitativer Hinsicht – wirkte nie so unausschöpfbar wie jetzt. Schon ist absehbar, daß demnächst ein dichtes Netz von Verteiler-Satelliten die Atmosphäre global überspannen wird und die umfassende Zugänglichkeit und Abrufbarkeit vieler auf der Erde gleichzeitig gesendeter Programme Marshall McLuhans[4] prophetisches Wort von der televisionären Verwandlung der Erde in ein einziges globales Dorf wahrmachen könnte.

Das Medium blickt in Amerika nun bereits auf eine Generationsspanne permanenter Programmausstrahlung zurück, rechnet man nicht den 1939 auf der New Yorker Weltausstellung von dem Unterhaltungselektronik-Konzern RCA initiierten regelmäßigen, aber schon bald auf Grund des Krieges wieder unterbrochenen Programmbetrieb, sondern die Nachkriegszeit mit 1946 als Schlüsseljahr, als in den USA insgesamt 6000 Fernsehgeräte in Betrieb waren – nur sechs Jahre später waren es dann bereits knapp 22 Millionen. Die Generation der heute dreißig- bis vierzigjährigen Amerikaner ist bereits mit dem Fernsehen großgeworden und in ihrer Bewußtseinsprägung ohne das elektronische Medium kaum mehr zu verstehen.

Wenn das Medium historisch wird, dann also in dem Sinne, daß man nach der Absolvierung der Kindheitsphase den Blick auf seine Geschichte zu richten beginnt, diese Geschichte katalogisiert, inventarisiert, in ihren Verwandlungsschüben und Tendenzen analysiert und auf die möglichen Zukunftstrends hin befragt. Und da das deutsche Fernsehen – eingestandener- und uneingestandenermaßen – in vieler Hinsicht ein Ziehkind des amerikanischen ist und seine Abhängigkeit vom amerikanischen Vorbild nach wie vor darin bezeugt, daß seit den sechziger Jahren die Bundesrepublik gleich nach England der eifrigste Konsument von amerikanischen Programmkonserven ist, kann die Vertrautheit mit der amerikanischen Medienforschung und -diskussion nur nützlich sein, die Möglichkeiten und Entwicklungsoptionen des Mediums auch hierzulande besser einzuschätzen.

Einer solchen Informationsaufarbeitung sollen die folgenden Hinweise auf einige

3 „Befeuert das Fernsehen nur die technische Phantasie oder auch die Autoren-Phantasie?", in: *Vierzehn Mutmaßungen über das Fernsehen,* S. 28–33.

4 Vgl. *Understanding Media. The Extensions of Man,* New York 1964.

wesentliche Veröffentlichungen der letzten Jahre zum amerikanischen Fernsehen dienen. Es versteht sich, daß damit nur ein Ausschnitt von Büchern erfaßt wird und bibliographische Vollständigkeit weder beabsichtigt ist noch sinnvoll zu erreichen wäre. Wichtig scheint es jedoch zu sein, darauf hinzuweisen, daß die Auswahl der hier behandelten Titel dennoch das große thematische Spektrum dieser TV-Literatur sichtbar zu machen versucht, vom lexikalischen, faktenspeichernden Nachschlagwerk über wirkungsgeschichtliche Dokumentationen, Auseinandersetzungen von professionellen Fernseh-Kritikern bis hin zu soziologisch oder formalästhetisch akzentuierten Untersuchungen, deren Wertungsentscheidungen, was den möglichen kulturellen Auftrag des Mediums betrifft, zwischen den Pro- und Contra-Fronten verlaufen.

II

Les Brown, der als „Television Analyst" schon seit geraumer Zeit für die *New York Times* (vorher für die Zeitschrift *Variety*) arbeitet, d. h. nicht nur Fernseh-Kritik betreibt, sondern auch die technologischen und soziologischen Trends und Aspekte des Mediums, die betriebspolitischen Umorientierungen auf der Administratorenebene der großen TV-Produktionsgesellschaften und Sendeanstalten analysiert und kommentiert, hat eines der wichtigsten neueren Bücher vorgelegt. Es ist bezeichnend für die journalistische Kommentierung des deutschen Fernseh-Programms, daß ein sicherlich ehrenvoller schriftstellerischer Kultur-Matador wie Walter Jens die wöchentliche fernsehkritische Kolumne in der *Zeit* von hoher, aber häufiger noch betriebsblinder Warte aus zelebriert – zwar viel Kulturkritik, aber wenig Medienanalyse betreibt. Gemeint ist: daß Jens (Momos) aus einem Informationsdefizit heraus wenig, wenn überhaupt etwas zu den betriebswirtschaftlichen Interna mitteilt, die eine bestimmte Fernseh-Produktion, einen Fernseh-Film, ein Feature, eine Show in ihrer formalen Struktur, in der Programmplazierung tiefgreifend beeinflußt haben. Die einzelnen Programmbeispiele, die einer Kritik unterzogen werden sollen, werden vielmehr wie künstlerische Monaden behandelt und jeweils mit weitgehend (der Literatur-, Theater- und Filmkritik) entliehenen Kategorien isoliert betrachtet.

Auch unter solchem – methodischen – Aspekt des adäquaten Zugangs zum Medium Fernsehen hat der Medienhistoriker Les Brown in seiner *The New York Times Encyclopedia of Television* (New York 1977) ein Modell-Buch vorgelegt, das einleitend den Standort des Mediums so definiert[5]: „Während der Film als Medium des Regisseurs, die Bühne als Medium des Autors bezeichnet wird, ist das Fernsehen das Medium der Verwaltungsmanager. Die Gestalter eines Abends oder einer Fernseh-Saison oder eines ganzen Wertsystems sind Männer in grauen Anzügen mit den Titeln eines Vizepräsidenten, eines Präsidenten oder eines Aufsichtsratsvorsitzen-

5 Zitate werden hier und im folgenden stets ins Deutsche übertragen.

den. Mit wenigen Ausnahmen sind die Triumphe und Mißerfolge im Fernsehen ihre eigenen, ihre Entscheidungsbefugnis berührt den Kern des kommerziellen Fernseh-Systems." (S. VII)
Die Situation ist im deutschen Fernsehen vermutlich nur auf den ersten Blick anders. Auch hier fallen wohl die wesentlichen Programmentscheidungen in den Büros des Verwaltungsapparates der einzelnen Anstalten, nur daß diese großenteils unkündbar angestellten Mitarbeiter unter einem Grauschleier der Anonymität operieren, und das bedeutet konkret: vielfach ohne eine sie im einzelnen beobachtende Instanz der breiteren Öffentlichkeit. Nur diejenigen, die mit dem Programm konkret auf dem Bildschirm identifiziert werden, die Ausführenden, die „Performer", empfangen Lob und Tadel der Öffentlichkeit. Und ironischerweise werden auch von den eigentlichen Programmverantwortlichen bei eklatanten Mißerfolgen nicht die eigenen Stühle zur Disposition gestellt, sondern die Köpfe der Moderatoren, Entertainer, Schauspieler, Regisseure und was auch immer. Bezeichnend dafür ist das permanente Klagelied der Betroffenen, sie seien die rituellen Opfer einer falschen Programmpolitik geworden, die ihr Scheitern auf dem Bildschirm programmiert habe. Das beste Beispiel dafür ist die inzwischen vom WDR Köln abgesetzte Talk Show „Je später der Abend", wo die „Hosts", vom ersten, Dietmar Schönherr, bis hin zum letzten, Reinhard Münchenhagen, sich jeweils – nicht ganz zu Unrecht – als Opfer einer falschen Konzeption sahen, die in den Verantwortungsbereich der eigentlichen Programm-Macher hinter den Kulissen falle.
Auf diesem Hintergrund gehört es sicherlich zu den Vorzügen dieses Fernseh-Lexikons, daß Brown nicht lediglich die im Rampenlicht der Öffentlichkeit stehenden sogenannten „TV-Personalities" erfaßt hat, sondern auch viele wichtige Programm-Manager. Aber das Spektrum der erfaßten Sachbereiche geht noch weiter. Er hat es in der Einleitung folgendermaßen abgesteckt: „[. . .] ich habe versucht, meinen eigenen Wunsch nach einem Buch zu erfüllen, das die vielfältigen Aspekte des Fernsehens in verläßlicher Form zusammenbringt: Die Geschichte, die Technologie, die Programme, die Stars, die schöpferischen Talente, die Manager, die Fachterminologie, die FCC-Bestimmungen [das sind die Bestimmungen der behördlichen Kommunikations-Kommission auf Bundesebene], die entscheidenden, mit der Entwicklung des Fernsehens verbundenen Rechtsfälle, die einzelnen Sendeanstalten und Gruppierungen von Sendestationen, die Organisationen und Gewerkschaften der Fernsehindustrie, die einzelnen [sich mit dem Fernsehen befassenden] Bürger-Initiativen, den Bereich „Syndication" [das meint die individuelle Programmgestaltung einzelner Sendestationen auf Grund von Programmkonserven in jenen Zeiten, wenn sie nicht an das Hauptprogramm der großen Sendeanstalten direkt angeschlossen sind], Kabel-Fernsehen, Subskriptions-Fernsehen und staatliches Fernsehen, die wirtschaftlichen Aspekte des Fernsehens, die Bedeutung und Handhabung des Rating-Systems, die Struktur und den Inhalt der ausländischen Fernseh-Anstalten." (S. VIII) Ein sicherlich sehr weit gesteckter Informations-Raster, der dennoch mit großer Dichte und Präzision ausgefüllt wird und zum Beispiel auch unter dem Stichwort „West Germany" eine präzise Beschreibung des deutschen Fern-

seh-Systems gibt (vgl. S. 476), wobei nur die Terminologie an einer Stelle etwas unscharf wird und so dem ZDF der „third channel" zugeteilt wird, während die Dritten Programme der einzelnen ARD-Anstalten auf dem „second channel" untergebracht werden.

Auch für den deutschen Benutzer, dessen Fernsehprogramm ja von Jahr zu Jahr mehr von amerikanischen Programm-Übernahmen bestimmt wird, stellt dieses Nachschlagwerk eine sehr brauchbare Informationsquelle dar. Hier kann er sich über Entstehungsbedingungen, Laufzeit und Rating-Erfolge jener Serials informieren, die ihm auf dem deutschen Bildschirm wiederbegegnen, wobei er gelegentlich aus dem Staunen nicht herauskommt, wenn er entdeckt, daß ausgesprochene Programm-Nieten, die im USA-Fernsehen nicht einmal eine Saison überstanden, auf dem deutschen Bildschirm einen zweiten Frühling erleben. Er findet nützliche gattungsgeschichtliche Klärungen, die ihm helfen, einzelne, von amerikanischen Vorbildern abgeleitete Programm-Adaptionen im deutschen Fernsehen besser zu verstehen. Er kann die zahlreichen, in Deutschland verbreiteten Mißverständnisse über die Organisation und Programmstruktur des amerikanischen Fernsehens abbauen. Die wenigsten wissen zum Beispiel, daß es seit 1969 auf nationaler Ebene ein staatliches Fernsehprogramm gibt, das sogenannte PBS-(=Public Broadcasting System)Fernsehen, das, von den Fernseh-Stationen der großen Universitäten vor allem ausgestrahlt, dem zweiten Programm der BBC in England qualitativ nacheifert.

Ein Nachschlagwerk anderer Art stellt das großformatige,von Judy Fireman herausgegebene *TV Book* (New York 1977) dar, das den Untertitel trägt: *The Ultimate Television Book. Featuring a Photo History of Television.* Das Buch ist in sieben große Kapitel unterteilt, die jeweils inhaltliche Schwerpunkte setzen und anhand von ausgewählten Pressematerialien – Essays, knappen Analysen, Interviews, Statistiken, sogenannten „Profiles" (Porträts) von Stars – die Bedeutung des jeweiligen Themenschwerpunkts illustrieren.

Das erste Kapitel, „Die revolutionäre Maschine", dokumentiert die technische Entwicklung des Mediums, von den ersten experimentellen Vorversuchen bis hin zu den Möglichkeiten einer „Video-Kunst" in der Gegenwart und in der Zukunft. Das zweite Kapitel, „Die schöpferische Maschine", präsentiert die Geschichte des Mediums aus der Perspektive der Autoren, die für das neue Medium zu schreiben begonnen haben, der Schauspieler, die sich in ihm versuchten und unerwarteten Ruhm fanden, beleuchtet die kurze glückliche Phase des „TV Plays" – des Fernsehspiels, würde man hier sagen –, das schon bald dem Serial zu weichen begann.

Unter der Überschrift „Die Maschine als täglicher Begleiter" dokumentiert das dritte Kapitel die alltägliche Beschäftigungstherapie, zu der das Fernsehen durch Spiel- und Quiz-Sendungen im Tagesprogramm für Hausfrauen wird, durch Comics-Sendungen für Kinder, durch Sport-Sendungen für Männer. Das am umfangreichsten angelegte vierte Kapitel, „Die Unterhaltungsmaschine", gibt einen Überblick über die verschiedenen erfolgreichen Shows, mit dem Akzent auf den besonders erfolgreichen Entertainern, angefangen bei Milton Berle und Lucille Ball bis hin zu Dick Cavett und Johnny Carson, und entwirft damit zugleich eine Typologie

populärer amerikanischer TV-Show-Formen, von der „Personality Show" über die Situationskomödie, den TV-Krimi, den TV-Western bis hin zur Talk Show.
Das fünfte Kapitel, „Die Informationsmaschine", konzentriert sich auf die verschiedenen Formen von Nachrichten-Sendungen im Fernsehen, das sechste, „Die Verkaufsmaschine", diagnostiziert die Achillesferse des amerikanischen Fernsehprogramms, seine Programmfinanzierung durch Werbespots, und die damit verbundene Diktatur der Nielsen-Ratings. Das abschließende siebente Kapitel, „Die kontroverse Maschine", gibt einen Einblick in die latenten und bereits akuten Gefahrenmomente des Mediums, die Gefahr der Analphabetisierung, der Verdrängung des Wortes durch das Bild (in einem Aufsatz von C.P. Snow), die TV-Drogen-Abhängigkeit von Kindern, die visuelle Gewöhnung an Gewalt, die unterschwellige Beeinflussung des Sozialverhaltens der Zuschauer durch permanent vorgeführte Muster, den unbefriedigenden Zustand der Fernseh-Kritik in den großen Blättern und Zeitschriften.
Das Buch, das der visuellen Natur seines Gegenstandes auch darin gerecht zu werden versucht, daß es mit zahlreichem großformatigen Bildmaterial den geschriebenen Text auflockert und ergänzt, stellt zugleich eine Geschichte der erfolgreichen amerikanischen Fernsehprogramme dar, denn alle Seiten besitzen am unteren Rand jeweils eine horizontal über beide Blätter verlaufende Kolumne, in der mit Photos und kurzen Textstenogrammen – zumeist drei Beispiele auf jeder Seite – die erfolgreichen Programme des jeweiligen Jahres vorgestellt werden. Kein lexikalisches Nachschlagwerk, ein Buch zum Schmökern, ein „Scrapbook" eigentlich, ein Album also, in dem Bilder, Zeitungsauszüge und Dokumente gesammelt sind, eine Geschichte des amerikanischen Fernsehens, stärker aus der Perspektive des Zuschauers und Konsumenten zusammengestellt und in dem Sinne eine nützliche Ergänzung zu dem wissenschaftlichen Nachschlagwerk von Les Brown.
Als Nachschlagwerk – wiederum auf einer ganz anderen Ebene – ist auch eine andere Veröffentlichung anzusehen, die von Jay S. Harris herausgegeben wurde: *TV Guide. The First 25 Years* (New York 1978). Um den Stellenwert dieses Querschnitts durch die populärste und in Millionenauflage verbreitete amerikanische Programm-Zeitschrift verläßlich einzuschätzen, muß man den publizistischen Standort von *TV Guide* kurz charakterisieren. Zwar gibt es Fachpublikations-Foren der amerikanischen Fernsehbranche wie *The Broadcasting Yearbook, Broadcasting Magazine, TV/Radio Age, Television Digest, Television Digest Fact Book, Television International,* aber abgesehen von der Medien-Zeitschrift *Variety,* die gleichfalls über eine beachtliche Zirkulation verfügt, haben die kleinformatigen dicken Hefte des *TV-Guide,* die in den Supermärkten gleich neben den Kassen in Ständern ausgestellt sind, fast einen monopolistischen Status als wöchentliche Programm-Informationsquelle in den USA. Was die eigentliche Programminformation betrifft, so ist *TV Guide* lückenhafter als das kleinere deutsche Gegenstück *Hör zu*, weil zum Beispiel detaillierte Produktionsdaten (Drehbuchautor, Regisseur, vollständige Aufzählung der Schauspieler usw.) weitgehend fehlen. Andererseits – und hier läßt *TV Guide* das deutsche Gegenstück weit hinter sich – werden im Textteil zahlreiche, gut

recherchierte Berichte gebracht, die über neuere technische Entwicklungen, Programm-Politik, Produktionsplanungen der Sender usw. informieren und zudem wöchentlich eine lesenswerte fernsehkritische Kolumne enthalten. Und auch den „Profiles", den Porträt-Geschichten zu einzelnen Schauspielern und Entertainern, kommt ein so hoher publizistischer Stellenwert zu, daß beispielsweise ein so notorisch pressescheuer Mann wie der Poet und Liedermacher Bob Dylan nicht *Time Magazine* oder *Newsweek*, sondern *TV Guide* vor einigen Jahren ein langes Interview gab.

Aus diesem reichen und durchaus interessanten Text-Angebot der ersten 25 Jahrgänge dieser wöchentlich erscheinenden Programm-Zeitschrift rekrutiert sich die Sammlung in diesem Band, der – das machen bereits Stichproben deutlich – wesentliche Dokumente zum Verständnis der Geschichte des amerikanischen Fernsehens und der amerikanischen Unterhaltungsindustrie vom April 1953 (dem Erscheinungsdatum der ersten Nummer) bis Ende 1977 zusammengestellt hat. Besonders nützlich als Informationsquelle ist auch der tabellarische Anhang, der die abendlichen Programme der drei großen Sendeanstalten (CBS, NBC und ABC) über den Zeitraum von 25 Jahren festhält, und zwar im Ausstrahlungsbereich der amerikanischen Ostküste.

Seitdem NBC (= National Broadcasting Company) 1961 damit begonnen hat, für den Kino-Verleih bestimmte, erfolgreiche neuere Hollywood-Filme im Hauptabendprogramm zu zeigen, ist ungeachtet aller ästhetischen Bedenken – die schwarzen Streifen am oberen und unteren Bildrand, die im Breitwandverfahren hergestellte Filme auf dem Bildschirm hinterlassen, der optische Substanzverlust der Filme durch die Reduktion auf das kleine Bildschirmformat, die oft skrupellose Unbekümmertheit, mit der die Sendeanstalten die Filme kürzen, um Platz für Werbespots zu schaffen und gleichzeitig die zur Verfügung stehende Zeitspanne im Abendprogramm einzuhalten – die Kooperation zwischen Hollywood-Film und Fernsehen immer enger geworden, zumal einige der großen Studios aus der glorreichen Zeit Hollywoods bereits dazu übergegangen sind, hauptsächlich Fernsehproduktionen herzustellen.

Das von Steven H. Scheuer bereits in der achten Auflage herausgegebene Nachschlagwerk *Movies on TV. 1978–79 Edition* (New York 1977) trägt diesem Sachverhalt Rechnung und bietet auf über 800 engbedruckten Seiten Plot-Stenogramme unzähliger im Fernsehen gezeigter und auch für das Fernsehen hergestellter Filme dar, desgleichen die Herstellungsdaten der Filme, Namen der Regisseure und der Hauptdarsteller. Was die Qualitätsbestimmung der einzelnen Filme betrifft, so wird der Benutzer von den allzu knappen Kommentaren weitgehend im Stich gelassen. Auch die Zuverlässigkeit des graphisch signalisierten Qualitätspegels, von vier Sternen für hervorragend bis zu einem Stern für schlecht, ist häufig orakelhaft vieldeutig. Sehr nützlich hingegen ist, daß jeweils auch die aktuelle Laufzeit der einzelnen Filme angegeben wird, vor allem im Hinblick auf künftige VCR-Interessenten, die ihre Lieblingsfilme mitschneiden wollen und den erforderlichen Platz auf ihrer Video-Kassette einkalkulieren müssen.

Daß die Kooperation zwischen Kino-Film und Fernseh-Film auch in Deutschland sehr eng ist,[6] beleuchtet die Praxis der Sendeanstalten, Kino-Filme, vor allem von jungen Filmemachern, mitzufinanzieren und zum Teil zuerst im Fernsehen zu zeigen, bevor sie – leider zu selten – in den allgemeinen Kinofilm-Verleih gelangen. Die Einführung des Großflächen-Bildschirms wird die ästhetischen Bedenken bei dieser Kooperation vermutlich zudem noch weiter zurücktreten lassen. Ja, daß diese Kooperation gelegentlich schon jetzt von ästhetischem – und nicht nur kommerziellem – Gewinn für den Kino-Film sein kann, beleuchtet die NBC-Fernsehpremiere von Francis Ford Coppolas Mafia-Epos „Godfather" I und II im Herbst 1977. Denn hier wurden nicht einfach die für die Kino-Vorführung hergestellten Schnitt-Fassungen der beiden Teile gezeigt, vielmehr hat Coppola für die neun Stunden Vorführzeit, die ihm an vier Abenden im Fernsehen zur Verfügung standen, das Filmmaterial neu ediert und viele Sequenzen, die bei der ersten Schneidearbeit aus Zeitgründen wegfallen mußten, zum ersten Mal in die Fernseh-Fassungen integriert.

III.

Nicht als Nachschlagwerke, sondern als Materialienbücher, die selektiv verfahren und bestimmte Teilbereiche, Sonderprobleme und spezielle Aspekte des Mediums stofflich aufbereiten und systematisch-analytisch zu klären versuchen, ist eine Gruppe von anderen Publikationen einzustufen. Das Buch des Houstoner Medienwissenschaftlers, Telekommunikation-Theoretikers und -Praktikers William Hawes, der auch über einschlägige Erfahrung als Leiter von staatlichen Fernseh-Stationen des „Educational Television" und als Programm-Produzent verfügt, konzentriert sich auf die Funktion und Wirkungsweise des Darstellers in den Massenmedien: *The Performer in Mass Media ... in Media Professions and in the Community* (New York 1978). Sowohl der systematische kommunikationstheoretische Ansatz, der das Rollenbewußtsein und -potential des Darstellers von bestimmten Grundformen aus zu fassen versucht und so zum Beispiel eine semiologisch akzentuierte Typologie von Körpergesten und -haltungen in verschiedensten, auch historisch weit zurückliegenden Epochen angehörenden Zeugnissen als Vorformen einer bestimmten Strategie von Darstellung deutet, reicht weit über den medienspezifischen Standort des Fernsehens hinaus. Das gleiche gilt für die soziologischen Konsequenzen von Hawes' Darstellung, die gleichsam auf eine Video-Zivilisation zielen, wo das Fernsehen zum integrierten Teil aller sozialen Aktionsweisen geworden ist, nicht nur den zentralen elektronischen Unterhaltungssektor der industriellen Massengesellschaft bezeichnet, sondern, wie es bereits jetzt bei Werbung und Politik (in

6 Bezeichnend dafür ist, daß in den beiden letzten Jahren zweimal hintereinander der große Preis des Filmfestivals von Cannes an eine Fernseh-Produktion ging, vgl. Peter W. Jansen: „TV-Kino, Überkino, Kinolegionäre. Aspekte des internationalen Films", in: *Jahrbuch Film 78/79*, hrsg. v. Hans Günther Pflaum, München 1978, S. 7–30.

den Wahlkämpfen) der Fall ist, im Sinne von Image-Kontrolle auch alle anderen gesellschaftlichen Interaktionen (wo sich auch immer Kommunikation innerhalb einer Gruppe von Menschen ereignet) durchdringen wird. Daß Hawes sich dabei so intensiv auf die amerikanische Medienpraxis bezieht, unterstreicht einerseits den Informationswert seiner Darlegungen für einen deutschen Leser, aber andererseits auch den Abstraktionsgrad, da die deutsche Medienpraxis sich gewissermaßen noch in der jugendlichen Initiationsphase befindet, während die Versprechen für die Zukunft in der amerikanischen Medienpraxis entweder bereits erfüllt, aber weit häufiger noch als Illusionen enthüllt worden sind.

Gewiß lassen sich mit dem wissenschaftlichen Anspruch von Hawes' Buch nicht die beiden Bücher von Robert Metz vergleichen, die publizistische, mit Anekdoten, Insider-Informationen gespickte und gelegentlich auch mit Klatsch gewürzte Medienhistorie betreiben, aber als Informationsquellen keineswegs zu unterschätzen sind, vor allem nicht für einen deutschen Leser, der die Interna der amerikanischen Medien-Szene kaum kennt und durch die immer lebendig und gelegentlich auch reißerisch geschriebene Darstellung von Metz dennoch mehr belehrt als unterhalten wird. Metz' erstes Buch: *CBS. Reflexions in a Bloodshot Eye* (New York 1976) ist eine Geschichte der größten und angesehensten und bis vor wenigen Jahren auch erfolgreichsten elektronischen Unterhaltungsfabrik, des Columbia Broadcasting Systems, das, rechnet man die Jahre seines erfolgreichen Radio-Programms mit hinzu, seit 1927–1931 begannen die ersten Versuchssendungen in New York im neuen Medium Fernsehen –, also seit einem halben Jahrhundert die amerikanische Medienlandschaft bestimmt, ja großenteils repräsentiert hat. Metz stellte diese wie ein elisabethanisches Historienstück arrangierte Geschichte – mit Intrigen, wirtschaftlichen Rankünen, der Inthronisation von Bildschirm-Königen und den Palastrevolten, denen sie schließlich weichen mußten – auf mehreren Ebenen dar: Auf der Ebene der administrativen Bosse und Manager, der sogenannten „executives", der Ebene der durch das Fernsehen groß gewordenen Stars und ihrer von der Publikumsgunst getragenen Programme und auf der Ebene der Auswirkungen, die dieses gigantische Unterhaltungsunternehmen nicht nur auf die amerikanische Medien-Wirtschaft und ihr Klima, sondern auch auf amerikanische Innenpolitik, Zivilisationsmutationen und Bewußtseinsindustrie im umfassendsten Sinne gehabt hat.

Es ist auch eine Geschichte der mythischen Namen des televisionären Zeitalters, die CBS großgemacht haben, Arthur Godfreys etwa, der in den fünfziger Jahren mit zwei wöchentlichen Shows schätzungsweise 80 Millionen Zuschauer in den USA erreichte und 1959 allein durch die Werbespots in seinen Shows CBS Einnahmen in Höhe von 150 Millionen Dollar jährlich gebracht haben soll. Es ist die Geschichte des hochtalentierten politischen Journalisten Ed Murrow, dessen auf dem Bildschirm bezeugte öffentliche Courage wesentlich mit dazu beitrug, daß die Kommunisten-Hexenjagd des berüchtigten Senators Joseph McCarthy bloßgestellt wurde. Es ist auch die noch die Gegenwart bestimmende Geschichte eines Mannes wie Walter Cronkite, des Chefs und Moderators („anchorman") der abendlichen CBS-Hauptnachrichten, dessen unvorstellbarer Nimbus in den USA – laut statistischen

Umfragen halten ihn die meisten Amerikaner für den vertrauenswürdigsten Zeitgenossen, und der ehemalige Präsident Lyndon B. Johnson soll bekanntlich auf die Wahl für eine zweite Regierungsperiode verzichtet haben, weil sich Cronkite in seinen Nachrichten gegen Johnsons Vietnam-Politik zu wenden begann – ihn zu einem Medien-Guru werden ließ, dessen Ausstrahlung wie ein Beleg für die These Marshall McLuhans wirkt, daß nämlich das Fernsehen dabei ist, den neuen Mythos einer vorliterarischen Zivilisation zu kreieren, als ritualisierte Stammesbeziehungen die menschliche Gemeinschaft strukturierten. Denn nur eine solche ritualisierte Autorität, die Cronkite zur Vater-Imago der zeitgenössischen amerikanischen Gesellschaft macht und nur aus irrationalen Antrieben heraus zu erklären ist, läßt sich in diesem Geltungsnimbus Cronkites erkennen. Sein verbales Marken- und Erkennungszeichen – „And that's the way it is. . ." –, mit dem er jede Nachrichtensendung beschließt, hat etwas von einer säkularisierten Beschwörungsformel an sich und wird auch von den meisten Zuschauern so aufgefaßt: Ein „Amen", das zu besiegeln scheint, daß die Welt, so wie sie auf dem Bildschirm, höchst fragmentarisch und ausgewählt, erscheint, tatsächlich so beschaffen ist. Die Wirklichkeit und ihr elektronisches Abbild werden tendenziell miteinander identisch. Das sind in der Tat quasi mythische Vorgänge. Auf diesem Hintergrund kann man nur für die Entmythologisierungsanstrengungen von Metz dankbar sein.

Sein zweites Buch *The Today Show* (New York 1978) wendet sich dem Konkurrenzunternehmen von CBS zu, der National Broadcasting Company, die zur Zeit mit ihren Programmen in der Zuschauergunst an dritter – und das bedeutet letzter – Stelle liegt. Aber nicht eine Geschichte dieser Unterhaltungsfabrik insgesamt wird in diesem Band versucht, vielmehr beschäftigt sich Metz mit der nunmehr 25 Jahre umfassenden Geschichte einer der beliebtesten Programmformen in den USA, der jeweils täglich in den Morgenstunden von 7 Uhr an ausgestrahlten „Today Show", die seit einiger Zeit in einer parallel angelegten Morgen-Show der American Broadcasting Company, nämlich „Good morning, America" einen zunehmend Boden gewinnenden Konkurrenten hat.

Für den Typus, den diese Shows repräsentieren, fehlen in der Bundesrepublik die Vergleiche, weil es nach wie vor vormittägliche Programme nicht gibt, sieht man einmal von den morgens wieder aufgewärmten Programmkonserven für Schichtarbeiter und im Zonenrandgebiet für DDR-Zuschauer ab. Der Anschein der Integration des Mediums in das Privatleben der deutschen Fernsehzuschauer wird auf dem Bildschirm durch einen relativ einfachen formalen Trick erweckt: durch die im Bild erscheinenden Programmansagen, die die Illusion erzeugen, jeder sei ganz persönlich der Adressat der freundlich lächelnden Sprecherin oder auch des Sprechers auf dem Bildschirm. Shows wie „Today" sind auf diesem Hintergrund von einem viel raffinierteren Kalkül geprägt und haben die vorgespiegelte Kommunikationsintensität, die laut McLuhan die Fernsehgemeinde in eine homogene Gruppe verwandelt, erstaunlich gesteigert. Die von einem Moderatoren-Team (einer Frau und einem Mann) ins morgendliche Wohnzimmer servierte Show stellt in gewisser Weise eine illusionäre Verlängerung des eigenen Wohnzimmers auf dem Bildschirm dar, und

vertraute Nachbarn öffnen gleichsam abwechselnd verschiedene Fenster zur Außenwelt, die aber, jeweils in den Illusionsrahmen der Show-Situation integriert, nie als bedrohliche und fremde Welt, sondern immer schon vorinterpretiert und, in televisionäre Häppchen eingeteilt, den Zuschauer zugleich mit Kaffee und Toast auf dem Frühstückstisch erreicht.
In der ABC-Show „Good Morning, America" läßt sich diese Struktur gleichsam unverstellt erkennen, da man hier bereits weiter als in der „Today Show" gegangen ist und auf den unpersönlichen Studio-Tresen der Moderatoren verzichtet hat und die beiden Moderatoren (eigentlich „Hosts"), der ehemalige Schauspieler David Hartmann und seine Kollegin Sandy Hill, wie ein sympathisches, noch jung wirkendes und beim Frühstück sitzendes WASP-Ehepaar für den Zuschauer als freundliche Gastgeber die „Video-Morgenzeitung" aufblättern: Jeweils halbstündig eingeblendete kurze Nachrichtensendungen, Wetterberichte, kurze Interviews mit Politikern zu aktuellen Problemen und Fragen der Politik, aber auch mit Größen des Show-Geschäftes, die gerade auf dem Broadway oder in einem neuen Film erfolgreich sind, Film- und Theater-Kritiken, kurze Debatten zwischen Konkurrenten zu wichtigen sozialen oder innenpolitischen Problemen, Modeinformationen, dazwischen immer wieder kurze Werbespots, verbunden zur Mosaikstruktur einer reizvollen Mischform, die durch ihren ständigen Wechsel das Interesse stimuliert und zugleich das Informationsbedürfnis deckt, das früher die morgendliche Zeitungslektüre erfüllt hat.
Die bereits ein Vierteljahrhundert umspannende Sendezeit der „Today Show" verdeutlicht das Wirkungspotential dieser Programm-Form. Der Anreiz für Metz, über die Geschichte dieser Show, die Geschichte ihrer Macher, der Moderatoren, der Trendänderungen und internen Probleme, zu berichten, waren freilich nicht nur das Wirkungspotential und das Jubiläum dieser Show, sondern wohl auch die Tatsache, daß Barbara Walters, die langjährige Moderatorin dieser Show als Nachrichtenredakteurin („Anchorwoman") zur Konkurrenz-Gesellschaft ABC (mit dem sensationellen Jahresgehalt von einer Million Dollar) überwechselte und einen publizistischen Sturm im Blätter-Wald erzeugte.
Mit dem Buch des noch jungen TV-Autors David Gerrold *The Trouble with Tribles. The Complete Story of One of Star Trek's Most Popular Episodes* (New York 1975) sei abschließend noch ein anderes Beispiel erwähnt, das gleichfalls zur journalistischen Medienhistorienbeschreibung tendiert, aber zugleich – im Unterschied zu den Büchern von Metz – zu einer Art parasitären TV-Literatur gehört: der nachträglichen Vermarktung eines für das Fernsehen geschriebenen und erfolgreichen Skripts. Gerrold schrieb das Textbuch für eine der Folgen der Science fiction-Serie *Star Trek* (*Raumschiff Enterprise*), die auch im deutschen Fernsehen gezeigt wurde und wieder gezeigt wird, nachdem der Film *Star Wars* das Interesse am SF-Serial, vor allem auch in den USA, sensationell wiederbelebt hat. Als produktionshistorische Information, die die verschiedenen Phasen der Realisierung und Veränderung des Skripts bis hin zum endgültigen Filmen der Episode festhält – das Skript selbst wird im mittleren Teil des Buches abgedruckt –, ist das Buch sicherlich von Interes-

se, auch wenn sich Gerrolds Attitüde störend bemerkbar macht, zugleich seine eigene Initiation als Autor mitzubeschreiben.

IV.

Die Essays, die der Medienforscher und -kritiker Horace Newcomb unter dem Titel *TV: The Most Popular Art* (New York 1974) gesammelt hat, verstehen sich als Ansätze zu einer Fernseh-Ästhetik, die den traditionellen Kunst-Begriff erweitert und das elektronische Medium nicht von vornherein mit dem Stigma der Trivialität und des Massengeschmacks belastet sieht. Newcomb hat sicherlich nicht unrecht, wenn er ausführt: „Fernsehen ist immer noch das am stärksten vernachlässigte und am wenigsten untersuchte Medium. Bis zu einem gewissen Grad hat das zweifellos mit dem sozialen Stigma zu tun, mit dem die kulturelle Elite bereits frühzeitig das Fernsehen gebrandmarkt hat" (S. 19). Dem stellt er als eigene Arbeitshypothese gegenüber: „Das Fernsehen erzeugt seine eigene Version der traditionellen populären Künste" (S. 23).

Der Hauptteil seines Buches ist dem Versuch gewidmet, Formbestimmungen besonders erfolgreicher Programmarten, der Situationskomödie, des Westerns, des Krimis, des Abenteuer-Serials, der Soap Opera, der Nachrichten- und der Sport-Shows zu erarbeiten. Gewiß, das kommt im begrifflichen Differenzierungsprozeß oft nicht über eine phänomenologische Bestandsaufnahme hinaus und berücksichtigt aus der zugrundegelegten Perspektive des Rezipienten, der jeweils das fertige Produkt auf dem Bildschirm begutachtet, auch zu wenig produktionsästhetische Gesichtspunkte. Dennoch ist das im Ansatz wichtig genug, um möglicherweise auch die vorsichtige Voraussage zu tragen, daß die künstlerische Differenzierung der einzelnen Programmformen des Mediums gewisse Fortschritte macht.

Michael J. Arlens Buch *The View From Highway 1. Essays on Television* (New York 1976), das aus vorher im *New Yorker* veröffentlichten Essays zusammengewachsen ist, nimmt in jeder Beziehung die Gegenposition zu Newcomb ein. Das gilt für seine Wertung der Leistungsmöglichkeiten des Mediums, aber auch für den Ansatzpunkt seiner Beurteilung, die nicht auf formal-ästhetische Inventarisierung aus ist, sondern den politisch-soziologischen Stellenwert des Mediums zu bestimmen versucht. Der Test- und Sündenfall des amerikanischen Fernsehens ist dabei für ihn die Berichterstattung über jenes „zehnjährige Fernseh-Serial" (S. 121), wie er es nennt, den Vietnam-Krieg und Amerikas unheilvolle Verwicklung darin. Der *„Blick von der Autobahn 1"* signalisiert im Titel schlaglichtartig die politische Blindheit des Mediums. Denn jene Autobahn 1 war die wichtigste Verbindungsstraße in Süd-Vietnam, auf der die Fernseh-Journalisten und -Reporter (und mit ihnen das Fernseh-Publikum in den USA) den Krieg zum Erfolg rollen sahen, als er in den Dschungeln Vietnams bereits verloren war. Obwohl Arlen selbst davor warnt, das Fernsehen nur – stellvertretend für die Gesellschaft – in eine Sündenbock-Rolle hineinzudrängen, während die amerikanische politische Öffentlichkeit im Grunde anzuklagen sei, macht er dennoch darauf aufmerksam: „Wahr ist offenkundig, daß das Publikum sein Fernsehen formt und daß das Fernsehen gleichfalls sein Publikum formt" (S. 124). Auf diesem Hintergrund ist dann wohl auch der Tenor seiner Kritik berechtigt, daß die amerikanischen TV-Anstalten jahrelang die Vietnam-Auseinandersetzungen als eine „romantische und adelnde" (S. 122) Erfahrung darstellten und erst im allerletzten Augenblick eine Kehrtwendung gegen den Krieg und die damalige Politik Nixons vollzogen.

Wenn hier auch das Zentrum von Arlens Beurteilung des Fernsehens liegt, das Spektrum seiner Themen und Annäherungen an das Medium reicht weiter: von einer Satire auf die NBC-„Today Show" über Analysen der Medien-Dramen (zumeist Situationskomödien) des erfolgreichen Produzenten Norman Lear, über die auch in den USA sehr erfolgreiche britische Serie „Upstairs, Downstairs" („Das Haus am Eaton Place") bis hin zum Tele-Sadismus (und den Gründen dafür) des populären ABC-Sportreporters Howard Cosell und vieles mehr. Arlens zupakkende und bissige Schreibe, die stets von den Einzelphänomen aus auf bestimmte Trends und Grundmuster aufmerksam zu machen versucht, ist in den gelungensten Beispielen Verwirklichung einer literarischen Fernseh-Kritik, die mit der Aufklärung des Publikums zugleich auch versucht, die Funktionsweise des Mediums zu verändern.

Das Buch von Bob Shanks: *The Cool Fire. How to Make it in Television* (New York 1976), das im Titel einen Begriff aus McLuhans Buch *Understanding Media* aufgreift, ist in seiner positivistischen Tendenz als Realienbuch angelegt und strebt eine informative Einführung in die verschiedenen Sachsektoren des Fernsehens an, wobei alle Bereiche (Entstehung und Geschichte der großen Sendeanstalten, Rolle der Produzenten, der Mitarbeiterstäbe, der Talent- und Werbeagenturen, des industriellen Managements usw.) erfaßt werden. Besonders wichtig – auch als Ergänzung zu den andern Publikationen – sind die detaillierten Ausführungen über die Arbeitsmöglichkeiten und -bedingungen der Textzulieferer, der Autoren, desgleichen die Darstellung der einzelnen Produktionsphasen bei der Verwirklichung eines Skripts. Und auch der Common sense-Standpunkt, den Shanks dem Medium gegenüber einnimmt, hat einiges für sich: „Sicherlich, wenn Sie in einem gutbürgerlichen Heim aufgewachsen sind, eine exklusive Privatschule und anschließend Harvard besucht haben, wird Ihnen das meiste auf dem Bildschirm als steril, überflüssig und banal vorkommen. Wenn Sie aber in einer Landarbeiterhütte großgeworden sind und Ihnen eine qualifizierte formale Erziehung systematisch vorenthalten wurde, wird das Fernsehen Ihr Bewußtsein mit einer überschwenglichen Fülle von Wissen und Möglichkeiten nähren. Plazieren Sie die amerikanische Bevölkerung zwischen diese beiden Pole und überlegen Sie den jeweiligen zahlenmäßigen Anteil daran, und Sie werden allmählich begreifen, warum ich das Fernsehen eher für eine Kraft der Aufklärung halte als für ein elektronisches Betäubungsmittel" (S. 305).

Der von James Monaco herausgegebene Sammelband *Media Culture. Television, Radio, Records, Books, Magazines, Newspapers, Movies* (New York 1978) berücksichtigt zwar in einigen – vorher jeweils in Zeitschriften oder Zeitungen veröffentlichten – Beiträgen auch die anderen Massenmedien, aber die bei weitem meisten Beiträge des Bandes beschäftigen sich mit dem amerikanischen Fernsehen: Spektakulären Programm-Erfolgen wie dem ABC-Mini-Serial „Roots" oder dem britischen Serial „Upstairs, Downstairs", spektakulären Programm-Machern wie Fred Silverman, der die Karriere- und Erfolgsleiter – von CBS über ABC zu NBC – in atemberaubender Geschwindigkeit nach oben kletterte und als Weichensteller von Programm-Tendenzen in den letzten Jahren von einem kaum einzuschätzenden Einfluß war. Aber am wichtigsten scheinen mir jene Beiträge zu sein, die Übersichtsmaterial zu einigen der Öffentlichkeit zumeist entzogenen Bereichen präsentieren. Das gilt einmal für den umfangreichen statistischen Anhang des Bandes, der Materialien zur Distribution einzelner Programme und vor allem zur wirtschaftlichen Verflochtenheit der einzelnen Medienbranchen (konkret: zu den Eigentumsträgern) Auskünfte gibt. Hochinteressant sind zum andern Beiträge wie der von Andrew R. Horowitz, „The Global Bonanza of American TV" („Der globale Siegeszug des amerikanischen Fernsehens"), der, so könnte man sagen, ein neues, von der Öffentlichkeit kaum wahrgenommenes Kapitel der „Kolonisierung" analysiert, der unsichtbaren elektronischen „Kolonisierung" weiter Teile Südamerikas, Asiens oder Afrikas. Die großen amerikanischen Fernsehgesellschaften – Horowitz präsentiert Fakten und Belege – exportieren zuerst Sendeanlagen und technisches Know-How, öffnen anschließend den Markt für den amerikanischen Geräte-Export und liefern obendrein den Löwenanteil an Programmkonserven, aber nicht nur das, sondern, damit gekoppelt, zugleich die Werbespots der amerikanischen Konsumindustrien, so daß das, was sich auf den ersten Blick als technologische Entwicklungshilfe präsentiert, im Endeffekt mit zu einer globalen Werbeaktion für amerikanische Herstellerfirmen wird.

Wer erinnert sich beispielsweise in der Bundesrepublik noch daran, daß Ende der fünfziger Jahre, als die damalige CDU-Regierung unter ihrem Kanzler Adenauer Anstalten traf, ein zweites „Freies Fernsehen", d. h. ein kommerziell strukturiertes, zu begründen (was später als verfassungswidrig blockiert wurde), CBS in der Bundesrepublik bereits dabei war, die äußerlichen Voraussetzungen dafür ins Werk zu setzen. Und obwohl es zu einer solchen wirtschaftlichen und administrativen Koppelung in der Bundesrepublik nicht gekommen ist – im Unterschied zu vielen andern Ländern, Australien, Italien, Israel, Nigeria, um nur einige Beispiele zu nennen –, ist ja auch die Bundesrepublik in der Folgezeit zu einem der wichtigsten Abnehmer der amerikanischen TV-Konserven geworden. Auch auf diesem Hintergrund wirkt McLuhans These von der Zurückentwicklung der Welt in ein einziges globales Dorf durch das Fernsehen so übertrieben nicht: Die amerikanische TV-Zivilisation gewissermaßen als Fortsetzung der Coca-Cola-Zivilisation der Nachkriegszeit.

Den vehementesten Angriff gegen diese TV-Zivilisation amerikanischer Provenienz hat in den letzten Jahren der Wirtschaftswissenschaftler und ehemalige erfolgreiche Werbemanager Jerry Mander in seinem Buch *Four Arguments for the Elimination of Television* (New York 1978) vorgelegt. Im letzten Kapitel seines Buches berichtet er, daß nach Auskunft eines Bibliothekars bisher ca. 6000 Bücher über das

Fernsehen geschrieben worden seien, daß er jedoch selbst (trotz aller Suche) nur auf ein einziges Buch gestoßen sei, einen Kolportage-Roman von Don McGuire, *The Day Television Died* , in dem die Idee vertreten wird, daß es nützlich und sinnvoll sein könnte, das Fernsehen generell abzuschaffen. Das ist genau die Hauptthese seines Buches, die er an einer Stelle so formuliert: „Die Probleme des Mediums sind im gleichen Maße nicht von seiner Technologie zu trennen, wie sich Gewalttätigkeit nicht von der Technologie von Waffen ablösen läßt" (S. 354). Und an anderer Stelle: „Die Ideologie ist mit der Technologie ununterscheidbar verschmolzen. Das Fernsehen als ‚neutral' und deshalb seinen Gebrauch als reformierbar anzusehen, ist so absurd wie von einer Reform der Technologie von Waffen zu sprechen" (S. 47). Diese Attacke wird keineswegs von einer polemischen, voreingenommenen Position aus geführt, sondern Mander beschreibt im ersten Teil seines Buches seine sich allmählich ändernde Beziehung zu diesem Medium als Prozeß einer individuellen Lebenserfahrung, die in den späten sechziger Jahren in einer Krise kulminierte. Der mit dem übersteigerten Assimilationsdrang des jüdischen Emigrantenkindes aufgewachsene Mander, dessen Vater es in New York zum erfolgreichen Textilunternehmer brachte, absolvierte nach außen hin eine Bilderbuchkarriere, die ihn in die Büros einer erfolgreichen kalifornischen Werbeagentur führte, wo der Verkauf von Produkten unter Zuhilfenahme des Fernsehens und seiner bewußtseinslenkenden Wirkung branchenkonform perfektioniert worden war. Er beschreibt die ersten Irritationen, sein erstes zaghaftes Engagement für die Liberalisierungstendenzen der kalifornischen Studentenbewegung, für Bürgerinitiativen, die ihre privaten Rechte gegen das Kommerzkalkül der großen Konzerne vertraten, für die ökologischen Bürgerinitiativen in Kalifornien, die zunehmend Zweifel empfanden am rigoros vorangetriebenen industriellen und technologischen Fortschritt, der die natürlichen Lebensmöglichkeiten des einzelnen immer mehr einengt, bis er schließlich die Konsequenzen aus der sozialen Schizophrenie seiner Lage zog, nämlich tagsüber den Verkauf jener Produkte zu fördern, die er nach Feierabend in seinen privaten Aktivitäten als umweltschädlich brandmarken mußte.

Gerade diese in das Buch hineingearbeitete Geschichte seiner Beziehung zum Fernsehen unterstreicht das Gewicht der im Hauptteil detailliert begründeten Thesen, die er gegen die Existenz des Mediums ins Feld führt:

1. Das Fernsehen ist ein Instrument der Entfremdung des einzelnen von der Wirklichkeit, indem es eine künstliche Wirklichkeitserfahrung schafft, die gleichsam als Ersatzumgebung den Menschen umschließt, und nicht nur seine Unterscheidungsmöglichkeiten zwischen Realität und Schein verwirrt, sondern auch nur jene Erfahrungsimpulse elektronisch filtert, die auf dem Bildschirm besonders wirkungsvoll sind. Und das sind nach Mander vor allem die elektronischen Abbilder von Produkten, während fundamentale, auf mentalen und philosophischen Traditionen fundierende Sachverhalte als nicht reproduzierbar absorbiert werden und den einzelnen gar nicht mehr erreichen.

2. Das Fernsehen ist der gleichgeschalteten, passiv rezipierenden Masse völlig ent-

zogen und kann nur von der kleinen Gruppe jener kontrolliert werden, die die wirtschaftliche Macht in den Händen halten.

3. Das Fernsehen ist ein Instrument der Bewußtseinsgleichschaltung und kann – ganz im Sinne der Werbung für Industrieprodukte – von den Leuten, die die Hand am Hebel haben, als manipulatorisches Instrument eingesetzt werden, ohne daß es die Betroffenen selbst merken.

4. Das Fernsehen ist ohne jedes demokratische Potential, da es von der Struktur seiner Technologie her autokratische Machthierarchien ausbildet und das Spektrum der menschlichen Erfahrung auf einige Grundmuster einengt, die von oben her manipulatorisch dirigiert werden können.
Mander ist kein abstrakter Eiferer, kein von einem antizivilisatorischen Affekt bewegter elektronischer Bilderstürmer, sondern ein Mann, der das Beweismaterial für seine Thesen an zahlreichen konkreten Beispielen der amerikanischen Praxis umsichtig ausbreitet und streckenweise überzeugt. Sein Erfahrungsspektrum ist dabei die amerikanische Gegenwart, die in der Tat auf geradezu schockierende Weise vom Fernsehen – seit mehr als einer Generation – geprägt wird: „99% aller Familien in diesem Lande besitzen wenigstens *ein* Fernsehgerät. An einem durchschnittlichen Abend sehen mehr als 80 Millionen Leute gleichzeitig fern. 30 Millionen von ihnen sehen dabei dasselbe Programm. In gewissen Fällen sehen an die 100 Millionen Leute dasselbe Programm. In einem Durchschnittshaushalt ist das Gerät sechs Stunden pro Tag im Betrieb. Der durchschnittliche Amerikaner sieht pro Tag vier Stunden fern. Und rechnet man 8 Stunden für Schlaf und nochmals 8 Stunden für Arbeit, verbringt der erwachsene Amerikaner ungefähr die Hälfte seiner freien Zeit vor dem Bildschirm [. . .] Amerika ist zur ersten Kultur geworden, die vermittelte, sekundäre Erfahrungen gegen direkte Erfahrungen der Wirklichkeit eingetauscht hat" (S. 24).
Und das sind ja keineswegs science-fictionhafte Übertreibungen, sondern statistische Aufrechnungen des amerikanischen Fernseh-Alltags, von dem der deutsche – wie lange noch? – einige Entwicklungsjahre entfernt ist. Aber auch hier ist der Trend unverkennbar. Und auch wenn es wie eine George Orwell paraphrasierende Anekdote klingt, so ist doch an der von Mander berichteten Absicht des ehemaligen Präsidenten Nixon nicht zu zweifeln, an allen amerikanischen Fernseh-Geräten einen kleinen elektronischen Baustein anbringen zu lassen, der es dem Präsidenten erlaubt hätte, in akuten Krisensituationen zentral vom Weißen Haus aus alle Geräte einzuschalten und sich an die amerikanischen Mitbürger zu wenden.
Die Gefahren, die mit dem Medium verbunden sind und damit auch vielfach die Zukunftsoptionen des deutschen Fernsehens bezeichnen, lassen sich keineswegs bagatellisieren. Gleichgültig, wie man die Schlußfolgerungen von Mander auch einschätzt, daß er auf diese Gefahren aufmerksam macht und den Sinn des Lesers für die Ambiguität des Mediums schärft, ist bereits ein Erkenntnisgewinn von nicht zu unterschätzendem Gewicht. Die Medienprophetien McLuhans aus den sechziger Jahren, die den kulturellen Standort des Fernsehens so suggestiv zu umschreiben

schienen, sind einer neuen Skepsis und einer neuen Sensibilität in der Betrachtung des Mediums und seiner Rolle in der amerikanischen Gesellschaft gewichen. Die hier vorgestellten Bücher legen zum Teil Zeugnis davon ab.

Satoru Ogawa

Mögliche Gegenstandsfelder literaturwissenschaftlicher Fernsehforschung am Beispiel Japans

Bislang gibt es in der japanischen Germanistik meines Wissens keine Ansätze zur Erforschung der Massenmedien, also auch des Fernsehens. Das erklärt sich aus der spezifischen Situation dieser Disziplin. Diese neigt dazu, literaturwissenschaftliche Tendenzen an der traditionellen Dignität ihrer Gegenstände zu messen. Dazu kommt, daß, anders als in der Bundesrepublik, Arbeiten zum Phänomen der Trivialliteratur fehlen. Gerade dieser Untersuchungsgegenstand eröffnete der westdeutschen Literaturwissenschaft den Zugang zur soziologischen Untersuchung des literarischen Werks, führte von einem subjektivistischen Ästhetizismus zur literatursoziologischen Betrachtungsweise. Nach der wichtigen Fundierung durch Helmut Kreuzers Thesen zur Trivialliteratur[1] entstand hier eine Reihe von Studien, die enge Berührungspunkte zur Fernsehforschung aufweisen. Ein weiterer Grund für diese Leerstelle der japanischen Germanistik liegt in der schlichten Tatsache, daß die japanischen Fernsehprogramme keine germanistischen Untersuchungsgegenstände liefern. Fernsehaufzeichnungen deutscher Aufführungen, Fernsehfassungen, Verfilmungen deutscher Literatur, etwa von Brecht oder Thomas Mann, selbst populäre Serien aus der Bundesrepublik werden so gut wie nie gesendet. Für die japanische Germanistik engt sich damit ihr potentielles Gegenstandsfeld ein, sie beschränkt sich auf einen von der Massenkultur fernen elitären literarischen Rahmen. Entsprechendes gilt für andere literaturwissenschaftliche Disziplinen mit nationalliterarischer Orientierung.
Anders sieht es bei der allgemeinen Literaturwissenschaft aus (die nicht als spezielles Studienfach etabliert ist). Hier ergeben sich zwei Zugänge zur Fernsehforschung. Einmal rückte die traditionelle Auffassung, wonach Gegenstand der Literaturwissenschaft der gedruckte Text ist, auch Drehbücher und literarische Vorlagen für Fernseh- und Kinofilme in ihren potentiellen Untersuchungsbereich. Andererseits beginnt sich – neben der an französischen Richtungen orientierten semiotischen Methode – die neue Konzeption von Literaturwissenschaft als Kommunikationswissenschaft durchzusetzen. Die Germanistik in Japan könnte in diesem Zusammenhang auf entsprechende westdeutsche Vorarbeiten zurückgreifen, z.B. jene Definition von Oettiger und Weidhase, wonach „Literaturwissenschaft [...] als eine Wissenschaft [...] begriffen wird, die Fragen der Beschaffenheit und Wirksamkeit von Vermittlungssystemen behandelt. Das heißt hier speziell: Texte sind als Medium einer Verständigung zwischen Autor und Leser zu problematisieren [...]. Es

1 Helmut Kreuzer: „Trivialliteratur als Forschungsproblem" (1967), in: ders., *Veränderungen des Literaturbegriffs*, Göttingen 1975, S. 7–26.

ist zu untersuchen, wie der Inhalt von Texten realisiert wird, wenn diese optisch – im Druck – oder akustisch – im Funk oder im Theater – vermittelt werden."[2] Die Trennung zwischen ‚Kultur' und Massenkultur muß unter solchen Prämissen aufgegeben werden; Kultur meint dann das Ganze des ästhetischen Bewußtseins einer Gesellschaft. Daraus ergibt sich „die Notwendigkeit für die Literaturwissenschaft, das traditionelle Paradigma zu überdenken".[3]

Das Fernsehen als empirischer literaturwissenschaftlicher Untersuchungsgegenstand wird durch seine jeweilige Spezifik charakterisiert. In Japan ist dieses Medium im Vergleich zur Bundesrepublik viel kommerzieller angelegt. Abgesehen vom halbstaatlichen Sender NHK (Nihon Hoso Kyokai: Japanische Gesellschaft für Funk- und Fernsehsendungen), strukturieren Reklamesendungen die verschiedenen Programme. In großen Städten (Tokyo, Yokohama, Nagoya, Kyoto, Osaka, Kobe) kann man bis zu sieben Kanäle empfangen (in Überlappungszonen noch mehr), sonst zwei oder drei. Aus Tokyo kommt das Hauptprogramm; diese Zentralisierung entspricht der politischen Struktur des Landes. Sämtliche Sender sind durch die notwendige Lizenzerteilung mittelbar staatlicher Kontrolle unterworfen, andererseits ist die Meinungsfreiheit in der Verfassung garantiert. Eine Selbstkontrolle unter dem Gesichtspunkt des Jugendschutzes üben die einzelnen Sender aus; diese Maßnahme hat jedoch auch präventiven Charakter, teils um Konflikten aus dem Wege zu gehen, teils um Eingriffe seitens der Regierung zu verhindern.[4]

Angesichts des gängigen Programmschemas japanischer Stationen erscheinen die Diskussionen um Meinungsfreiheit und Regierungskontrolle vordergründig. Denn die Hauptfunktion des Mediums, nämlich Werbeträger zu sein, führt zu einem Übergewicht von konfektionierter Unterhaltungsware, angesiedelt auf niedrigem Niveau, oft voller Brutalität, mitunter pornographisch (trotz weit strengerer Restriktionen für Sexfilme als in Deutschland). In das laufende Programm werden alle 10–15 Minuten Werbefilme eingeblendet, fiktionale Spannung und Warenästhetik sollen sich als Konsumreize potenzieren. Der Zuschauer folgt so der Logik des Werbetreibenden, des Sponsors, der zum eigentlichen Programmgestalter wird. Das betrifft in der Konsequenz natürlich auch die politischen Informationssendungen.[5]

Diese beschränkte Freiheit des Zuschauers ist jedoch eine allgemeinere Eigenart

2 Klaus Oettiger und Helmut Weishase: „Zum Studium der Literaturwissenschaft", in: *Studienreform Germanistik*, Tübingen 1972, S. 56.

3 Helmut Schanze: „Fernsehserien: Ein literaturwissenschaftlicher Gegenstand?" in: *Zeitschrift für Literaturwissenschaft und Linguistik (LiLi)*, 6, 1972, S. 80. Während Schanze auf die Entwicklung der literaturwissenschaftlichen Methoden für das Kommunikationssystem hinweist, versucht er, Notwendigkeiten und Möglichkeiten für die Literaturwissenschaft im Zusammenhang mit der Forschung zum Fernsehen aufzuweisen: „So ergibt sich für die Literaturwissenschaft die Notwendigkeit, das traditionelle Paradigma zu überdenken, und die Möglichkeit, aus der Einseitigkeit einer medialen Möglichkeit in die Offenheit für deren Vielzahl hinauszutreten, nicht nur aus Gründen äußerlichen Zwangs, sondern aufgrund einer Reihe von prinzipiellen methodischen Überlegungen." S. 80–82.

4 Vgl. Hiroshi Inoue: *Über das Fernsehen in der Gegenwart*, Kyoto 1975, S. 47, S. 49.

5 Vgl. Toshio Kanba: *Einführung in die Massenkommunikation*. Tokyo 1976, S. 191.

der Medien, die vorproduzierte Inhalte einem dispersen Publikum präsentieren, also Funk, Film und Fernsehen, da sie in allen ihren Spielarten bislang zur Determination des kollektiven Bewußtseins dienen, zur Kontrolle des Publikums, das selber nicht zum ‚Sender‘ werden kann.
Ein überaus wichtiger Programmbestandteil sind in Japan die Fernsehserien. Hier rangieren die Kriminalfilme vorn.[6] Die Gerechtigkeit, die in diesen Serien (wie allerdings auch in den entsprechenden Kriminalromanen) zur Geltung kommt, gilt nicht einer Erneuerung der Gesellschaft, sondern bestätigt die bestehenden Verhältnisse; abweichendes, darunter auch auf gesellschaftliche Veränderungen zielendes Verhalten wird korrigiert. Die gleiche Funktion erfüllen die zahlreichen Familienserien (home dramas); Gefährdungen von außen und Unruhe, die die Familienharmonie bedrohen, lösen sich institutionsbestätigend auf. Die Emotionen des Zuschauers werden in beiden Fällen gegen den sozialen Störfaktor gelenkt. Wird zum Beispiel in bestimmten Kriminalserien die Arbeitsweise der japanischen Polizei authentisch dargestellt, so zielt die Intention nie auf Kritik, sondern stets auf Bejahung des status quo. Der Rezipient wird so in einem Zustand permanenter Systemaffirmation gehalten, die ganz im Sinne der eingebetteten Konsumwerbung ist. Die passive Rezeption von Reizsignalen läßt als einzige Aktivität auf seiten des Zuschauers die Wahl zwischen einzelnen Kanälen bzw. das Ein- und Ausschalten des Empfängers zu. Von 6 Uhr morgens bis 2 Uhr nachts strahlen die Sender Programme aus (NHK bis Mitternacht). Adressatenspezifisch sind sie unter anderem auf Hausfrauen, Kinder, Schüler ausgerichtet.
Als Beispiel kann die Serie *Liebesgeschichte*, die für ein Frauenpublikum gedacht ist, dienen. „In ihrem glücklichen Alltagsleben fühlen die Hausfrauen Langeweile, Ermüdung oder Eingeschlossenheit; den gesellschaftlichen und psychologischen Hintergrund hierzu erhellt das Drama (Dramen, in denen die Hausfrau meistens durch einen Zufall in eine Liebesaffäre gerät und nun *‚strauchelt‘*, nennt man im allgemeinen „Yoromeki“ Drama); daraus erklärt sich seine Popularität.“ Shun Inoue schreibt weiter dazu: „Die Hausfrauen wollen nicht nur sexuelle Szenen des Liebesdramas sehen, sondern interessieren sich auch für den ‚Verrat‘ wie für das ‚Geheimnis‘ als Grundmotiv des Dramas“.[7] Die Wirkung dieses Programmtyps besteht in der Ablenkung vom Alltag, nicht in einer Problematisierung der gesellschaftlichen Stellung der Frau. Fragen der Frauenemanzipation kommen kaum vor.[8]

6 Der Kriminalfilm als Unterhaltungsfilm (z. T. amerikanischer Herkunft) wird z. B. charakterisiert wie folgt: „Was Colombos Durchsuchung charakterisiert, ist seine Technik der Informationsmanipulation [...]. In seiner Auseinandersetzung mit dem Verbrecher findet man eine Art Informationsspiel, das nicht auf sprachlicher Kommunikation beruht. In diesem Spiel ist er ein geschickter Spieler, und zugleich ist er ein Held im Informationszeitalter.“ Shun Inoue: *Sozialforschung zum „Spiel“*, Kyoto 1977, S. 65.
7 Shun Inoue: *Sozialforschung zum „Spiel“*, S. 73f.
8 Auch hier bestätigt sich die bekannte Medienkritik Enzensbergers: „Jede Kritik der Bewußtseins-Industrie, die nur auf ihre kapitalistische Variante gemünzt ist, zielt zu kurz und verfehlt, was an ihr radikal neu und eigentümlich, was ihre eigentliche Leistung ist. Darüber

Die Spezifik des Mediums und seiner Wirkung hat in Japan auch Folgen für die Literatur als Teil der Massenkultur.[9] Literatur, früher Privileg der Intelligenz, wird nun durch das Fernsehen reproduziert. Damit wird sie für ein Massenpublikum „neu". Bei bestimmten Bestsellern läuft das folgendermaßen ab: Sie erscheinen als Fortsetzungsroman in der Presse, dann in Großauflage auf dem Buchmarkt. Das Fernsehen übernimmt und verfilmt sie. Parallel zur Ausstrahlung kommt das Werk erneut, meist als Taschenbuchausgabe, heraus. Der Zuschauer kann zum Leser, der Leser zum Zuschauer werden. Das verändert die Struktur der Leserschaft. Was den Buchmarkt angeht, ist der Einfluß des Fernsehens beträchtlich. Die Aufbereitung eines Werkes für dieses Medium wie die Nachbereitung von bestimmten Fernsehserien in Buchform werden zu marktbestimmenden Faktoren. Die auch in Japan früher feststellbare strenge Grenze zwischen „Dichtung" für ein elitäres Publikum und der trivialen Gebrauchsliteratur für ein Massenpublikum wird durch die Einschaltung des Fernsehens als literarischem Mittler unschärfer.

Von hier aus eröffnen sich unter Vorgabe des skizzierten neuen Selbstverständnisses der Literaturwissenschaft als Kommunikationswissenschaft eine Vielzahl möglicher Gegenstandsfelder für eine literaturwissenschaftliche Fernsehforschung, die zugleich Inhalts- und Funktionskritik dieses Mediums im jeweiligen gesellschaftlichen Kontext sein sollte. Ohne Fernsehforschung, so meint Helmut Kreuzer, verfehlt die Literaturwissenschaft die internationale kulturelle Signatur des 20. Jahrhunderts.[10] Die neue visuelle Kultur unserer Zeit, begründet durch den Film, allgemein geworden durch das Fernsehen, läßt die traditionellen Kunstmedien nicht unberührt; sie formen sich zu Bestandteilen der neuen Kultur um. Veränderte Wirk- und Existenzweisen von Literatur drücken sich im gesellschaftlichen Verständnis von Literatur aus; der „Kulturboden" für die Gattung wie das einzelne Werk definiert sich neu.[11]

entscheidet nicht oder nicht in erster Linie das gesellschaftliche System, das sich ihrer bedient; auch nicht, ob sie in staatlicher, öffentlicher oder privater Regie betrieben wird, sondern ihr gesellschaftlicher Auftrag. Er ist heute, mehr oder weniger ausschließlich, überall derselbe: die existierenden Herrschaftsverhältnisse, gleich welcher Art sie sind, zu verewigen. Sie soll Bewußtsein nur induzieren, um es auszubeuten." Hans Magnus Enzensberger: *Bewußtseins-Industrie*, Frankfurt a.M. 1962, S. 12.

9 Vgl. Hotsuki Ozaki: *Über die Trivialliteratur*, Tokyo 1969.

10 H. Kreuzer: *Veränderungen des Literaturbegriffs*, S. 30.

11 Vgl. Satoru Ogawa: „Ein methodischer Versuch über die Literatursoziologie." In: *Essays and Studies* 25 (Forschungszeitschrift der literarischen Fakultät der Kansai Universität), Osaka 1975, S. 328. „Für die Literatursoziologie ist der Kulturboden der Gesellschaft, in der ein literarisches Kunstwerk rezipiert wird, ein wichtiges Problem. Umgekehrt wird auch der Kulturboden der Gesellschaft, in der ein literarisches Kunstwerk nicht rezipiert werden kann, zu einem Problem. Der Kulturboden steht in Beziehung zur Bewußtseinsstruktur der Gesellschaft. Das heißt, ein Teil dieser gesellschaftlichen Bewußtseinsstruktur, der auf das Schöpferische reagiert, kann der Kulturboden genannt werden."

Steffen-Peter Ballstaedt

Nachrichtensprache und Verstehen

Fernseh- und Rundfunknachrichten wird von seiten der Wissenschaft immer wieder ein „Hang zur Unverständlichkeit" vorgehalten (Katz, 1977). Diese Kritik steht im Widerspruch zur Aufgabe der Nachrichten, möglichst breite Bevölkerungsschichten (ein disperses Publikum) so über aktuelle Ereignisse zu informieren, daß sie sich – ihr Informationsbedürfnis vorausgesetzt – eine eigene Meinung bilden und ihr politisches und gesellschaftliches Handeln danach ausrichten können. Dabei handelt es sich offenbar um medienspezifische Probleme, denn das Verstehen von Zeitungsmeldungen ist nie in diesem Maße problematisiert worden. Worin liegt also dieser „Hang zur Unverständlichkeit" begründet? Was bedeutet es überhaupt, eine Nachricht verstanden zu haben? Und welche Rolle spielt die sprachliche, beim Fernsehen zusätzlich die visuelle Gestaltung in diesem Verstehensprozeß? Mit diesen Fragen beschäftigt sich ein von der Deutschen Forschungsgemeinschaft finanziertes Projekt am Deutschen Seminar der Universität Tübingen. Die folgenden Überlegungen und einige Befunde bilden einen Ausschnitt aus der Projektarbeit: Es geht um die Verständlichkeit der Sprache in Rundfunknachrichten und in den Sprechermeldungen der Fernsehnachrichten. Die Frage, ob das Verstehen durch zusätzliche visuelle Informationen (Headlines, Graphiken, Bilder, Filme) verbessert werden kann, bleibt hier ausgeklammert (dazu Findahl, 1971; Wember, 1976; Ballstaedt, 1977).

Verständlichkeit und Verstehbarkeit

Die ersten Untersuchungen zum Verstehen von Rundfunknachrichten um die siebziger Jahre befaßten sich mit semantischen und syntaktischen Eigenarten, die die Nachrichtentexte gegenüber der gesprochenen Alltagssprache aufweisen. Vor allem der Gebrauch von Fremdworten bzw. Fachtermini und die syntaktische Komplexität standen im Mittelpunkt. Diese von soziolinguistischen und texttheoretischen Ansätzen angeregten Untersuchungen interpretierten ihre Befunde im Rahmen der Theorie der Schichtspezifität der Sprache: „Die Sprache der Rundfunknachrichten, und das darf eingeflochten werden, auch der Fernsehnachrichten, gehört in ihren prägnanten Merkmalen einem Sprechsystem an, das den meisten Rezipienten nicht zur Verfügung steht. Diejenigen Momente aber, die diesen im Bernsteinschen Sinn elaborierten Code der Kommunikation erschließen (etwa Sprechpausen), fehlen. Obwohl rein formal auch Kennzeichen eines allgemein verfügbaren Codes in die Nachrichten eingehen, erleichtern sie dem, der in seiner Kompetenz auf diesen beschränkt ist, und das ist der größte Teil unserer Bevölkerung, das Ver-

ständnis nicht, sondern wirken sich in solcher Verbindung sogar noch negativ aus" (Böhm u. a., 1972; dazu auch Strassner, 1975; Nail, 1976).
Auch die ersten Untersuchungen zur Sprache der Fernsehnachrichten beschränkten sich auf strukturelle Textmerkmale, die einerseits mit bestimmten Produktionsbedingungen (Abhängigkeit von Agenturmeldungen, Aktualitätszwang, Zeitdruck usw.), andererseits mit angenommenen Wirkungen bei der Rezeption in Zusammenhang gebracht wurden. So konnte Esche (1977) im Rahmen des Tübinger Nachrichtenprojekts bei den verschiedenen Präsentationsformen jeweils innerhalb von ‚tagesschau' und ‚heute' und zwischen den beiden Sendungen teilweise signifikante Unterschiede bei einigen linguistischen Variablen (Satzlänge, Satzdimensionalität, Nominalstruktur, Verb-Adjektiv-Quotient u. a.) nachweisen. Die Sprechermeldungen der ‚tagesschau' erwiesen sich dabei als wesentlich komplizierter und von der Umgangssprache abweichender formuliert als bei ‚heute'. Insgesamt läßt sich die Nachrichtensprache als stark normiert im Hinblick auf Sprachökonomie beschreiben. Über die kognitiven Konsequenzen der textdifferenzierenden Merkmale im Verstehensprozeß wurden jedoch nur Vermutungen angestellt.
Diese eher explorativen Untersuchungen betrachten das Verstehen von Nachrichten allein in Abhängigkeit von der Sprache. Verstehen der Nachricht wird auf *Verständlichkeit* der Texte verkürzt (vgl. Bosshart, 1977; Huth, 1977). Die Leitfrage lautet: Beeinflußt die sprachliche Gestaltung die Übernahme der Textinformation bei den Rezipienten? Die Untersuchungen hatten jedoch den Effekt, die Nachrichtenmacher zumindest teilweise zu verunsichern. Speziell über die Fernsehnachrichten entwickelte sich ein anregender Dialog zwischen Nachrichtenpraktikern und Kommunikationswissenschaftlern (Friedrich, 1977). Einige praktische Regeln für die Formulierung von Nachrichten konnten zusammengestellt werden (LaRoche, 1977). Allerdings erwiesen sich die internalisierten Vertextungsnormen in den Redaktionen, vor allem aber in den Agenturen, als sehr resistent gegenüber sprachlichen Neuerungen.
Die angeführten Untersuchungen sind von Anfang an kritisiert worden. Man konnte ihnen mit Recht vorhalten, daß sie einem einfachen *Wirkungsansatz* verhaftet blieben, der den Rezipienten nur passives Registrieren und Speichern der präsentierten Inhalte zugestand. Mit neueren Ansätzen in der Massenkommunikationsforschung – vor allem dem *Nutzenansatz* (vgl. Renckstorf, 1977b) – wurde jedoch ein Rezipient entdeckt, der sich aktiv zu den angebotenen Inhalten des Mediums verhält: er schaltet das Empfangsgerät aus oder ein, verteilt seine Aufmerksamkeit, selektiert Inhalte und baut sie – je nach Vorwissen und Interesse – in bestimmte Bezugsrahmen ein. Was er aus der Nachricht macht, ist weitgehend unabhängig von den Zielen und Aussagen der Kommunikatoren.
Hier wird Verstehen unter einer viel weiteren Perspektive gesehen. Der Nachrichtentext ist sozusagen nur ein Ausgangspunkt für umfangreiche kognitive Aktivitäten der Zuhörer. Nachrichten verstehen, das bedeutet nicht, präsentierte Inhalte zu speichern, sondern die berichteten Fakten, Ereignisse und Meinungsäußerungen aufgrund spezifischer Interessen mit dem Vorwissen zu assimilieren und in kom-

plexe Bezugsrahmen (Sinnhorizonte) zu stellen. Die *Verstehbarkeit* der Nachricht beruht auf verschiedenen in der Sozialisation entwickelten Bedingungen auf seiten der Rezipienten: Interessen, Einstellungen, kognitive Strukturen usw. Ziel wäre, „die Verstehensbedingungen von Fernsehnachrichten in ihrem gesellschaftlich vermittelten Kommunikationszusammenhang" zu analysieren (Huth u. a., 1977, S. 415). Dazu müssen komplizierte Rezeptionsmodelle entworfen werden, um die individuellen und die sozialen Faktoren in einen Zusammenhang zu bringen (z. B. Kohli, 1977; Merten, 1977).

Bei diesem weiten Horizont erscheinen Bemühungen, die Nachrichtensprache rezipientenfreundlicher zu gestalten, als „Oberflächenkosmetik", die sich vor den brisanten inhaltlichen Fragen drücken möchte. Der Tadel wird laut, sich einer unwichtigen Problemstellung zugewandt zu haben. So fordert Renckstorf, der in seiner Studie den überlegenen Einfluß des Themas vor der Präsentationsform für die Behaltensleistung ermittelt hat, das Vermittlungsproblem zurückzustellen und sich Fragen der Nachrichtenauswahl zuzuwenden. „[...] Vom Thema einer Nachricht, das den einzelnen Zuschauer (subjektiv oder objektiv) betreffen, faktisch interessieren kann oder nicht, hängt vor allem ab, *was* und *wieviel* er erinnert" (1977a, S. 394). Das bedeutet: Nachrichten werden verstanden, wenn sie in den Erfahrungshorizont der Zuschauer fallen, wenn sie die Zuschauer „bei ihren Problemen abholen". Dem ist sicher zuzustimmen, allerdings ist ein engagierteres Nachrichtenkonzept erst in Ansätzen vorhanden und unter den gegebenen gesellschaftlichen und medienpolitischen Bedingungen kaum realisierbar (Kabel, 1973; Bubenik, 1975; Wember, 1977). Es ist jedoch sicher, daß sich Fragen der sprachlichen und visuellen Gestaltung gerade auch bei einem alternativen Nachrichtenkonzept stellen würden.

Der Verstehensprozeß

In der Kognitionspsychologie werden bei der Verarbeitung von Sprache interpretative und konstruktive Anteile unterschieden (Bransford, Barclay und Franks, 1972). Unter *interpretativem Aspekt* wird untersucht, wie Informationen eines Textes beim Hörer behalten werden, so daß er sie reproduzieren kann. Ein Maß für das Verstehen des Textes ist der Grad der vollständigen und richtigen Reproduktion der semantischen Relationen innerhalb des Textes. – Unter *konstruktivem Aspekt* wird gefragt, wie der Hörer aufgrund seiner Wissensbestände die Informationen des Textes aktiv assimiliert. Ein methodisch allerdings schwieriges Maß für Verstehen wäre hier der Grad der Integration neuer Informationen mit aktualisiertem Wissen. Dabei können Personen mit hoher kognitiver Komplexität neue Informationen in mehrere Bezugsrahmen einordnen (Mandl und Huber, 1978). Beim Textverstehen sind notwendig interpretative und konstruktive Verarbeitungsprozesse beteiligt. Neu aufgenommene Information muß dekodiert, alte im Langzeitgedächtnis gespeicherte Information muß aktualisiert werden, um Verstehen zu ermöglichen. Schon während der Rezeption werden alte und neue Informationen im sogenannten *aktiven Gedächtnis* zusammengebracht (vgl. Posner, 1974). Diese Darstellung der Textverarbeitung zeigt, daß Verstehen aus zwei Gründen scheitern kann:

1. die Dekodierung und Organisation der Eingangsinformationen ist erschwert oder behindert (interpretativer Aspekt);
2. es sind keine brauchbaren Wissensbestände vorhanden oder sie können nicht aktualisiert werden (konstruktiver Aspekt).

Der Verstehensprozeß ist damit aber noch viel zu grob beschrieben. Er umfaßt mehrere „Stufen" oder „levels of processing" (Craik und Lockhart, 1972), die jedoch nicht nacheinander durchlaufen werden, sondern hierarchisch gegliedert sind und in komplizierten interdependenten Beziehungen zueinander stehen. Verstehen ist das Ergebnis multipler, sowohl sequentieller als auch paralleler Verarbeitungsprozesse. Ein Modell, das die Verstehensoperationen vollständig abbilden würde, müßte ko-

Abb. 1: Stufen des Textverstehens

Verarbeitungsstufe	aktualisiertes Wissen	Ergebnis
Verarbeitung pragmatischer u. extralinguistischer Informationen (Kontext)	Wissen über Sprachspiele oder Diskurstypen	Definition der Kommunikationssituation
	Textoberfläche	
phonemische Dekodierung	phonemischer Kode Lexikon	Identifikation von Worten und kognitiven Konzepten
Verarbeitung paraverbaler Informationen	prosodischer Kode paralinguistischer Kode	Unterstützung d. semantisch-syntaktischen Verarbeitung Identifikation d. Persönlichkeit d. Sprechers
semantisch-syntaktische Verarbeitung	Grammatik	semantische Mikrostruktur = (propositionale) Textbasis
elaborative Verarbeitung II: Aktualisierung von Wissen u. Vorstellungen (imagery)	semantisches und episodisches Gedächtnis: kognitive Schemata u. kognitive Strukturen	Integration von alter u. neuer Information; Bereitstellung von Bezugsrahmen
semantische Transformationen	Makroregeln (nach van Dijk, 1977)	semantische Makrostruktur
elaborative Verarbeitung II: Problemlösungsprozesse	Wert- und Einstellungssystem	Urteile, Bewertungen, Schlußfolgerungen
	(Handlung)	

gnitive Prozesse von der Wahrnehmung bis zum Denken umfassen (Brewer, 1974). Unter einem anderen Aspekt zeigt dies auch eine Auflistung der Teilfähigkeiten, die zum Gelingen von *Hörverstehen* notwendig sind und die in die Konstruktion eines Hörverstehenstests eingehen müssen (Urban, 1977). Darüberhinaus sollte das Verstehen als ein Problemlösungsprozeß in Beziehung zum Handeln gesetzt werden. Für empirische Untersuchungen ist es allerdings unumgänglich, den komplexen Verstehensprozeß in Komponenten zu zerlegen. Ein noch sehr einfaches Stufenmodell des Textverstehens, das vor allem die vielfältigen feed-back-Schleifen vernachlässigt, zeigt die Abbildung 1.
Die Befunde zu verschiedenen Stufen und Komponenten des Verstehensprozesses aus Psycholinguistik und Kognitionspsychologie sind kaum noch überschaubar. Auch erste Ansätze zu integrativen Theorien liegen bereits vor (Bransford und McCarrell, 1974; Franks, 1974; Hörmann, 1976).
Wir werden uns im folgenden mit der semantisch-syntaktischen Verarbeitung und kurz auch mit der Auswirkung paraverbaler Merkmale bei Nachrichtentexten befassen.

Nachrichtenstil und Verstehen

Semantische Behinderungen des Verstehens von Nachrichten durch Verwendung von Fremdwörtern und Fachausdrücken sind oft kritisiert worden. Ein Wort, das im Lexikon des Rezipienten nicht vorhanden ist, erschwert die semantische Organisation des Textes und führt zu zeitraubenden Such- und Schlußfolgerungsoperationen. Die Journalisten haben die „Übersetzerfunktion" als Teil ihrer Arbeit anerkannt. Kontroversen zwischen Nachrichtenkritikern und Machern gibt es jedoch noch über die syntaktische Gestaltung und die interne Organisation der Texte. Von den Praktikern werden einige Gründe vorgebracht, die einer Änderung des gebräuchlichen Nachrichtenstils entgegenstehen: die Abhängigkeit von den Agenturmeldungen oder der Aktualitätszwang mit dem damit verbundenen Zeitdruck in den Redaktionen. Vor allem wird der Nutzenansatz als willkommene Argumentationshilfe angeführt: „Es darf als gesichert gelten, daß man Themen, die man verstehen will, von denen man vielleicht sogar auf die eine oder andere Weise betroffen ist, tatsächlich versteht, auch wenn sie vermeintlich mit Sprachbarrieren versehen sind" (Arnold, 1978, S. 52). Am bündigsten Gorschenek (1977, S. 33): Zwar habe die Sprache bei der Abfassung der Nachrichten „einen hohen Rang", aber „Aktualität und gesicherte Fakten stehen vor gesichertem Stil".
Dieser Standpunkt wurde scheinbar durch eine vom WDR in Auftrag gegebene Leitstudie über „Nachrichten im Hörfunk" untermauert. Teil dieser Untersuchung war die Erhebung von Behaltensleistungen bei 200 repräsentativen Vpn in Abhängigkeit von verschiedenen Sprachstilen. Im Resümee heißt es: „Der Sprachstil, in dem die Meldungen abgefaßt sind, wirkt sich kaum auf das Interesse, das Verständ-

nis und die Fähigkeit der Hörer aus, Meldungen im Gedächtnis zu bewahren." Und weiter: „So bleibt nur zu folgern, daß die Forderung nach einer weitgehenden Umstellung der redaktionellen Praxis der Hörfunk-Nachrichten – wie von Kritikern oft geäußert – aus den Befunden der Untersuchung nicht abgeleitet werden kann [...]" (Magnus, 1975). Überprüft man jedoch die Textversionen der vier Testmeldungen mit syntaktisch relevanten Variablen, so zeigt sich, daß sich die sogenannten „einfachen" und die „komplizierten" Versionen überhaupt nicht unterscheiden, oder in einigen Fällen sogar die „kompliziertere" Version syntaktisch einfacher als die „einfache" ausgefallen ist. Da die Texte von Redakteuren formuliert wurden, sind sie ein Beleg dafür, daß diese über keine Kriterien verfügen, um zwischen komplizierten und einfachen Texten zu unterscheiden (Ballstaedt und Esche, 1976). Die Befunde der Studie und die daraus abgeleiteten praktischen Folgerungen sind deshalb nicht haltbar.

Es liegt eine Fülle von Befunden zur Textverarbeitung vor, die bisher für die verständliche Gestaltung von Nachrichten nicht ausgewertet wurde (zusammenfassend: Bower, 1976; van Dijk und Kintsch, 1977; Bredenkamp und Wippich, 1977; Bock, 1978). Nach Kintsch (1974) kann der semantische Gehalt oder die Bedeutungsstruktur eines Textes in einer hierarchisch geordneten Liste miteinander verbundener Propositionen (Prädikat-Argument-Strukturen) dargestellt werden. Aus der Textoberfläche gewinnt man eine derartige Texttiefenstruktur (Schmidt, 1976) oder Textbasis mit Hilfe eines „weichen" Prädikatenkalküls. Unter interpretativem Aspekt bedeutet hier Verstehen die Konstruktion der Textbasis aus der Oberflächenstruktur des Textes: Der Hörer (oder Leser) versucht, die semantischen Relationen zwischen den Wörtern der Sätze und den Sätzen des Textes zu extrahieren. Welche Rolle spielt dabei die Struktur der Sätze und die Struktur des Gesamttextes? Über die Funktion der Syntax beim Satzverstehen gab es im Anschluß an Chomsky zahlreiche Untersuchungen mit verschiedensten Methoden. Nachdem die Psycholinguistik ihre Abhängigkeit von der Transformationsgrammatik überwunden hatte, wurde der Stellenwert syntaktischer Informationen für die Verständlichkeit neu bestimmt (dazu Engelkamp, 1976; Hörmann, 1977). So kann als gesichert gelten, daß die Syntax eine Hilfs- und Steuerungsfunktion für die semantische Organisation erfüllt. Die Satzstruktur bestimmt, welche semantischen Relationen geknüpft werden sollen und mit welchem kognitiven Aufwand sie zustande kommen. Etliche linguistische Merkmale haben dabei nachweisbar Einfluß auf die Verständlichkeit von Sätzen.

Coleman (1965) konnte zeigen, daß Sätze mit aktiven Verben besser gelernt werden als *Nominalisierungen*, wie sie in den Nachrichten sehr häufig auftreten. Der sogenannte Nominalstil ist geradezu nachrichtentypisch. Er zeichnet sich durch Substantivierungen und die Aneinanderreihung von Nominalgruppen aus, die eine große Informationsdichte erzeugen.

(1) Die Äußerungen von Bundesminister Maihofer über den Anstieg der politisch motivierten Anschläge im vergangenen Jahr sind von der Landesleitung der CSU in München in einer ersten Stellungnahme als ein Beweis für die – wie es heißt – erschütternde Diskre-

panz zwischen der Wirklichkeit und der beschwichtigenden Darstellung durch die Verantwortlichen bezeichnet worden.

Während in der Umgangssprache nur etwa 11% des Wortmaterials Substantive sind, beläuft sich dieser Anteil bei den Sprechermeldungen von ‚heute' und ‚tagesschau' auf 33%. Auch der Anteil der Nominalgruppen ist doppelt bis dreimal so hoch wie in der gesprochenen Umgangssprache (diese und die folgenden Daten siehe Esche, 1977). Nominalisierungen sind nicht nur schwerer verständlich, die Nominalketten überschreiten zudem oft die Speicherkapazität des Kurzzeitgedächtnisses.
In der begrenzten Kapazität des Kurzzeitgedächtnisses liegt allgemein die kognitive Bedeutung der *Satzlänge* und der *Satzdimensionalität* (Haupt- und Nebensätze) begründet. Bei Nebensätzen erleichtern Pronomen oder Konjunktionen in der Oberflächenstruktur die Verarbeitung (Fodor und Garrett, 1967; Hakes, 1972). Lesgold (1972) wies nach, daß die *Pronominalisierung* die semantische Integration komplexer Sätze wesentlich erleichtert. Schwierigkeiten in der Verarbeitung bilden *Satzeinbettungen* (Coleman, 1965; Blauberg und Braine, 1974).

(2) Aus der Tradition der Marrons, der entsprungenen Sklaven, die aus der Höhe ihrer Berge auf die Küste mit ihren hübschen Ortschaften, ihren schäumenden Korallenriffen und ihren palmenbeschatteten Stränden herabblickten, mag ein Teil des notorischen Unabhängigkeitsdranges der Reunionaisen stammen.

Damit die Teile des umschließenden Satzes semantisch integriert werden können, muß der Rezipient den ersten Satzteil solange speichern, bis der eingebettete Satz verarbeitet ist.
Die in den Nachrichten gegenüber der Umgangssprache überdurchschnittlich häufigen Passivsätze (ungefähr 18% in den Sprechermeldungen von ‚tagesschau' und ‚heute' gegenüber 4%) sind nicht generell schwerer zu verarbeiten als die aktiven Formen. Slobin (1966) entdeckte, daß nur *reversible Passivsätze*, bei denen die Vertauschung von Subjekt und Objekt wieder einen sinnvollen Satz ergibt, längere Verarbeitungszeiten benötigen.

(3) Den Christlichen Milizen wurde in Beirut von den Moslems eine schwere Niederlage beigebracht.

Dieser Befund ist wieder ein Beleg für die Hilfsfunktion der Syntax bei der semantischen Organisation: Ist in einem Satz die semantische Relation eindeutig, wird die syntaktische Gestaltung für die Verarbeitungszeit irrelevant. Allerdings wird das Passiv ausgewertet und hat einen kognitiven Effekt: Indem das logische Subjekt in die herausragende Position des syntaktischen Subjekts gesetzt wird, erfährt es eine Akzentuierung (Engelkamp, 1974).
Der satzübergreifende semantische Integrationsprozeß beim *Textverstehen* basiert auf den linguistischen Mitteln, mit denen Textkohäsion hergestellt wird. Die Verbindung einzelner Sätze kann auf semantischem Wege erzeugt werden, wenn in ihnen Wörter vorkommen, die in einem Inklusions- oder Kontiguitätsverhältnis stehen. Bei *semantischer Inklusion* wird in einem Satz ein Wort verwendet, das eine

Objektklasse bezeichnet, in einem Kontextsatz wird ein Element dieser Klasse angeführt.

(4) Im Nahen Osten sind wieder Unruhen ausgebrochen. Israel und Jordanien werfen sich gegenseitig Verletzungen der Waffenruhe vor.

Bei *semantischer Kontiguität* treten Wörter auf, die sich auf verschiedene, aber logisch oder empirisch zusammengehörige Referenten beziehen.

(5) In der libanesischen Hauptstadt Beirut wurde letzte Nacht wieder heftig gekämpft. Die Bilanz von 24 Stunden: mindestens 150 Tote und Hunderte von Verletzten. Christen beschossen moslemische Wohngebiete, Moslems nahmen Christenviertel unter Artillerie-Feuer.

Ein Problem in den Nachrichten bildet die häufige Verwendung von *lexikalischen Varianten*, um den Text abwechslungsreicher zu gestalten (z. B. USA – Washington – State Department – amerikanische Regierung). Die Verwendung lexikalischer Varianten ist jedoch nur sinnvoll, wenn gewährleistet ist, daß die Rezipienten die Zusammenhänge zwischen den semantischen Varianten bereits kennen.
Mit Hilfe der anaphorischen oder kataphorischen Koreferenz werden Worte oder Satzteile auf denselben außersprachlichen Referenten bezogen. Dies geschieht durch Wiederholung eines Satzteiles *(Rekurrenz)* oder durch *Proformen* – Pronome und Proverben. Die Relevanz der Pronominalisierung für die semantische Organisation hat Lesgold (1972) nachgewiesen. Durch Rekurrenz und lexikalische Varianten erhält der Text einen gewissen Grad an Redundanz. Informationstheoretisch wird dadurch die Sicherheit der Übermittlung erhöht, was bei Einwegkommunikation und vorgegebener Verarbeitungszeit durchaus wünschenswert ist. Findahl und Höijer (1975; 1976) haben für Rundfunk- und Fernsehnachrichten nachgewiesen, daß Redundanz grundsätzlich zu einer signifikanten Verbesserung der Behaltensleistung bei den wiederholten Informationen führt. Sie präsentierten jeweils eine Basismeldung ohne Redundanz und vier Textversionen, bei denen verschiedene Informationen mehrfach wiederholt wurden: die Ortsangaben und Hauptakteure, die Ursachen, die Auswirkungen oder alle drei Informationsteile. Dabei ergab sich interessanterweise bei den Basismeldungen, daß die Ursachen und die Auswirkungen eines Ereignisses stets schlechter als die Ortsangaben und die Hauptakteure behalten werden. Bei Wiederholung der Ursachen oder Wirkungen erhöht sich jedoch auch die Behaltensleistung für die nicht wiederholten Textteile. Offensichtlich sind die Informationen über Ursachen und Wirkungen für die Verstehbarkeit des Textes von grundlegender Bedeutung.
Über die Auswirkung der internen Struktur oder des Aufbaus von Texten liegen bisher kaum für Nachrichten relevante Untersuchungen vor. Sicher ist jedoch, daß ein Text um so leichter verarbeitet wird, je mehr seine Struktur einem konventionalisierten Schema entspricht (Kintsch, 1977).
Diese Aneinanderreihung von Einzelbefunden vermag vielleicht noch nicht zu überzeugen, daß die Oberflächengestaltung eines Textes eine wichtige Funktion für die interpretative Organisation des Sprachmaterials hat. Kintsch und Monk (1972)

haben jedoch in einem Experiment gezeigt, daß unterschiedliche syntaktische Realisierungen eines Textes auch unterschiedliche Verarbeitungsprozesse zur Folge haben. Sie boten den Vpn kurze Texte, die in ihrer Textbasis übereinstimmten, aber sich an der Textoberfläche durch die syntaktische Komplexität unterschieden. Die einfachen Textversionen bestanden aus mehreren kurzen Sätzen, die durch Rekurrenzen miteinander verbunden waren. Die komplexen Versionen bestanden jeweils aus einem Satzgefüge. Nachdem die Vpn den Text gelesen hatten, erhielten sie eine Testfrage, die eine Schlußfolgerung aus dem Text voraussagte und nur beantwortet werden konnte, wenn die semantische Organisation des Textinhaltes geglückt war. Bei einer Versuchsreihe konnten die Vpn ihre Lesezeit selbst bestimmen. Dabei ergab sich, daß die syntaktisch komplexen Textversionen längere Lesezeiten erfordern als die syntaktisch einfachen. Die Testfragen wurden jedoch bei beiden Versionen annähernd gleich schnell beantwortet. Interpretation: Bei großer syntaktischer Komplexität ist es schwerer, die durch die Syntax indizierten semantischen Relationen zu extrahieren. Bei einer zweiten Versuchsreihe war die Lesezeit begrenzt. Dies führte bei den komplexen Versionen zu einem Ansteigen der falsch beantworteten Testfragen.

Dieser letzte Befund ist für unser Thema besonders interessant. Bei Rundfunk- und Fernsehnachrichten werden die Informationen in vorgegebener, überdies recht schneller Abfolge präsentiert. Die üblichen Methoden der Informationssuche und -sicherung wie Nachfrage, wiederholte Aufnahme, rehearsal, Denkpause usw. sind in dieser Kommunikationssituation nicht anwendbar. Es ist zu erwarten, daß unter diesen restriktiven Bedingungen die syntaktische Struktur des Textes eine besondere Bedeutung gegenüber der alltagssprachlichen Kommunikation hat. Erschwernisse durch die Textgestaltung werden besonders zu Buche schlagen.

Innerhalb des Tübinger Nachrichtenprojekts wurde zu diesem Problem ein Experiment durchgeführt, das sich methodisch an die Untersuchung von Kintsch und Monk anlehnt, aber nachrichtenspezifische Aspekte akzentuiert (Esche und Eberspächer, 1977). Es sollte überprüft werden, ob verschiedene syntaktische Gestaltungen von gesprochenen Informationstexten unterschiedliche Effekte auf das Behalten und die Verständlichkeit ausüben. Weiterhin war gefragt, ob diese Effekte mit dem Thema variieren. Dazu wurden zwei Themen gewählt, die sich im Grad der Konkretheit bzw. des Imaginationsgehaltes unterschieden:

(1) *Wirtschaftskrise in Italien:* Gründe für den Kursverlust der Lira – Regierung hofft auf Steigerung der Exporte – Wirtschaftshilfe der EG-Länder – Verbesserung der Wechselkurse für deutsche Touristen

(2) *Schafzucht und Ökologie:* Ölkrise verteuert Kunstfasern – Zunahme des Schafbestandes durch steigende Nachfrage nach Schurwolle – Nutzen der Schafe zur Erhaltung der Landschaft

Das erste Thema ist als Wirtschaftsmeldung in jeder Nachrichtensendung denkbar, das zweite vielleicht in den Regionalnachrichten. Für jedes Thema wurde ein Urtext aus etwa 130 Worten formuliert, dessen Informationen faktisch richtig waren. Aus diesen Urtexten wurden zwei hinsichtlich der Informationsquantität vergleichende

Textbasen konstruiert (gleiche Anzahl an Propositionen; Parallelisierung der Hierarchieebenen). Mittels Variation von als kognitiv relevant ausgewiesenen Textmerkmalen wurden je drei Textversionen mit unterschiedlichen syntaktischen Oberflächenstrukturen erstellt. Sie können als drei idealtypische Nachrichtenstile beschrieben werden:

(1) *Redundanter Stil:* kurze, eindimensionale Sätze; Verbalstil ohne Nominalisierungen; Redundanz durch Rekurrenzen und lexikalische Varianten; geringer Komplexitätsgrad.
(2) *Knapper Stil:* kurze, eindimensionale Sätze; Verbalstil ohne Nominalisierungen; keine Rekurrenzen, deshalb wenig Redundanz; keine satzverbindenden Konjunktionen.
(3) *Nominalstil:* lange, mehrdimensionale Sätze, häufige Nominalisierung und Partizipialkonstruktionen; hoher Komplexitätsgrad.

Als Beispiel die drei Textversionen des Themas „Wirtschaftskrise in Italien":

(1) *Redundanter Stil*
An den internationalen Devisenbörsen ist weiterhin ein Kursverlust der italienischen Lira zu verzeichnen. In Brüssel nannte ein wirtschaftspolitischer Sprecher der EG dafür folgende Gründe: Hohe Arbeitslosenquote, Inflationsrate über 20%, anhaltende Investitionsschwäche und – so wörtlich – die besorgniserregende Instabilität der politischen Verhältnisse. Italienische Regierungskreise erhoffen sich von dem Kursverlust der Lira eine Steigerung des Exports. Durch den Kursverlust können italienische Güter auf dem Weltmarkt billiger angeboten werden. Allerdings ist eine solche Exportsteigerung bisher noch nicht eingetreten. In Anbetracht dieser Währungskrise wollen die Länder der EG die italienische Wirtschaft stützen. Die Bundesrepublik wird Italien dabei einen Kredit in Milliardenhöhe einräumen.
Die italienische Wirtschafts- und Währungskrise hat allerdings für Urlauber eine positive Seite. Deutsche Touristen können nämlich ihr Geld zu einem Kurs wechseln, der immer günstiger wird. Sie erhalten jetzt für eine Mark 374 Lire, bisher waren es 368.

(2) *Knapper Stil*
An den internationalen Devisenbörsen ist weiterhin ein Kursverlust der Lira zu verzeichnen. Als Gründe nannte in Brüssel ein wirtschaftspolitischer Sprecher der EG: Hohe Arbeitslosenquote, Inflationsrate über 20%, anhaltende Investitionsschwäche und – so wörtlich – die besorgniserregende Instabilität der politischen Verhältnisse.
Italienische Regierungskreise erhoffen sich eine Steigerung des Exports: Die Güter können auf dem Weltmarkt billiger angeboten werden. Eine solche Steigerung ist bisher noch nicht eingetreten.
Die Länder der EG wollen die italienische Wirtschaft stützen. Die Bundesrepublik wird Italien einen Kredit in Milliardenhöhe einräumen. Die italienische Wirtschafts- und Währungskrise hat allerdings eine positive Seite: Der Wechselkurs wird immer günstiger. Deutsche Touristen erhalten für eine Mark 374 Lire, bisher waren es 368.

(3) *Nominalstil*
Für den an den internationalen Devisenbörsen weiterhin zu verzeichnenden Kursverlust der Lira nannte in Brüssel ein wirtschaftspolitischer Sprecher der EG folgende Gründe: Hohe Arbeitslosenquote, Inflationsrate über 20%, anhaltende Investitionsschwäche und – so wörtlich – die besorgniserregende Instabilität der politischen Verhältnisse.
Eine von italienischen Regierungskreisen erhoffte Steigerung des Exports durch die kursbedingte Verbesserung der Konkurrenzfähigkeit seiner Güter auf dem Weltmarkt ist bisher allerdings noch nicht eingetreten.
In Anbetracht dieser Währungskrise wollen die EG-Länder die italienische Wirtschaft stützen, wobei Italien von der Bundesrepublik ein Kredit in Milliardenhöhe eingeräumt werden

wird. Durch die Verbesserung der Wechselkurse bekommt die italienische Wirtschafts- und Währungskrise allerdings für den deutschen Urlauber, der jetzt 374 Lire für eine Mark statt bisher 368 erhält, eine positive Seite.

Die Verständlichkeit der Texte wurde durch Erinnerungs- und Verständnisfragen sowie durch eine freie Nacherzählung gemessen. Die Auswertung der schriftlichen Nacherzählungen erfolgte durch einen Vergleich der reproduzierten Propositionen mit der Propositionsliste der Textbasis. Die sechs Thema-Text-Versionen wurden innerhalb einer kleinen Nachrichtensendung als Sprechermeldung à la tagesschau präsentiert, wobei der Sprecher jedoch vor der Weltkarte ohne zusätzliche visuelle Unterstützungen saß. Versuchspersonen waren 90 Studenten der ersten Semester am Deutschen Seminar der Universität Tübingen. Für die Nacherzählung wie für die Fragen ergab sich folgendes Ergebnis: Beim Thema „Wirtschaftskrise in Italien" ist der redundante Nachrichtenstil den beiden anderen Stilen überlegen (signifikant bei 1%). Der Unterschied zwischen dem knappen Stil und dem Nominalstil ist nicht signifikant, tendenziell wird jedoch der Nominalstil schlechter verstanden. Beim Thema „Schafzucht/Ökologie" ergaben sich zwischen den Textversionen keine signifikanten Unterschiede. Es läßt sich also ein Einfluß der Oberflächenstruktur auf das interpretative Verständnis in Abhängigkeit vom Thema feststellen. Aufgrund der Befunde kann folgender Schluß gewagt werden: Bei konkreten, imaginationshaltigen Themen, die dem Erfahrungsbereich der Rezipienten nahe liegen, spielt die syntaktische Gestaltung keine oder eine geringe Rolle im Verstehensprozeß. Bei abstrakten Themen hingegen ist die syntaktische Gestaltung eine wichtige Komponente im Verstehensprozeß. Dabei muß daran erinnert werden, daß diese Aussagen auf Daten von Personen mit Abitur beruhen, bei denen eine bestimmte sprachliche Kompetenz vorausgesetzt werden kann. In anderen sozialen Gruppen könnte die syntaktische Gestaltung noch mehr durchschlagen.

Durch die Art der Formulierung von Nachrichten kann also das interpretative Verstehen oder die semantische Organisation erschwert oder erleichtert werden. Erschwernisse auf der syntaktisch-semantischen Stufe des Verstehensprozesses verhindern eine weiterführende elaborative Verarbeitung der Informationen. Als zusammenfassende These ein Zitat von Findahl und Höijer (1975, S. 493), die sich in Schweden jahrelang mit der Verbesserung der Präsentation von Nachrichten beschäftigt haben: „Some items – those the listener is interested in or previously acquainted with – are more readily recalled than others. But if the item is formulated in an easy-to-understand manner, our ability to perceive, comprehend and recall even other subject matter can be improved".

Paraverbale Aspekte

Bei gesprochenen oder verlesenen Texten trägt auch der Sprechstil wesentlich zur Verständlichkeit bei (Sticht, 1919). Darüber hinaus haben paraverbale Merkmale eine metakommunikative Funktion für die Rezipienten, denn sie übermitteln Einstellungen und Meinungen über die verlesenen Inhalte (Rosenthal, 1966). Zum Sprechstil in den Fernsehnachrichten in bezug auf Verständlichkeit und Meinungsbildung wurde im Tübinger Nachrichtenprojekt eine Untersuchung durchgeführt (Hinkelbein und Ballstaedt, 1977; Hinkelbein, 1977). Hier sollen nur die Befunde für die prosodischen Merkmale Sprechgeschwindigkeit und Sprechpausen bei den Redaktionsmeldungen referiert werden. Für Rundfunknachrichten hat Geissner (1975) eine entsprechende Untersuchung vorgelegt.

Die *Sprechgeschwindigkeit* gibt dem Zuhörer das Tempo vor, in dem er die dargebotenen Informationen verarbeiten muß. Dabei gibt es einen Zusammenhang zwischen Sprachstil und Sprechgeschwindigkeit: Je länger und komplexer die Sätze, desto schneller wird verlesen. Beim nachrichtentypischen Nominalstil müssen viele Informationseinheiten in einem Artikulationsbogen untergebracht werden, deshalb ist eine hohe Sprechgeschwindigkeit zu erwarten. Das durchschnittliche Sprechtempo bei den Sprechermeldungen beträgt 334 Silben/Minute bei der ‚tagesschau‘ und 315 Silben/Minute bei ‚heute‘. Diese Werte liegen noch über den Rundfunknachrichten (295 Silben/Minute nach Geissner) und weit über dem optimalen mittleren Sprechtempo von 250 Silben/Minute (nach Fährmann, 1960). Der Unterschied zwischen ‚tagesschau‘ und ‚heute‘ ist übrigens hochsignifikant (0,1%), dies entspricht dem komplexeren Formulierungsstil und vielleicht auch der kürzeren Sendezeit bei der ‚tagesschau‘.

Sprechpausen haben wichtige, das Sprachmaterial strukturierende Funktionen (Rochester, 1973; Drommel, 1974). Einmal gliedern sie für den Hörer den Text in sinnvolle Abschnitte auf, eine Funktion, die in der Schrift durch Satzzeichen erfüllt wird. Zum anderen können neue und wichtige Informationen durch eine nachfolgende Pause hervorgehoben werden (sogenannte Staupause). Und schließlich lassen Pausen dem Hörer Zeit, das bisher Gesagte zu verarbeiten, Stellung zu beziehen, mitzudenken (sogenannte Lösungspausen). Bei den Sprechermeldungen von ‚tagesschau‘ und ‚heute‘ kommt durchschnittlich alle 6.6 Wörter eine Pause. Als Vergleichszahl läßt sich die Pausenfrequenz bei Statements oder Redeausschnitten heranziehen, da uns keine Optimalwerte oder Vergleichszahlen für die Umgangssprache vorliegen. Sie beträgt 4.9 Wörter zwischen den Pausen bei der ‚tagesschau‘ und 4.4 bei ‚heute‘. Wer ein Statement abgibt, will seine Überzeugungen darlegen und verständlich sein, daher der häufige Gebrauch von Pausen. Die Sprechermeldungen (und ganz extrem die Filmtexte) werden jedoch zu wenig gegliedert abgelesen. Dies erzeugt den so oft angemerkten monoton-distanzierenden Sprachfluß.

Der Nachrichtensprecher steht vor einem unlösbaren Dilemma, wenn er einerseits den Hörern das Verstehen erleichtern will, andererseits der Forderung nach neutral-distanzierter Präsentation nachkommen möchte. Denn wenn er sich bemüht, den Text zur besseren Verständlichkeit zu gliedern, relevante Stellen hervorzuheben usw., fließen fast unvermeidbar persönliche Akzentuierungen mit ein. In dieser Situation scheint es verständlich, daß die Sprecher den Gebrauch von paraverbalen Mitteln möglichst einschränken und zu Sprechmaschinen werden. Allerdings ist auch dieser Sprechstil sicher nicht ohne Wirkungen auf die Verarbeitung der Informationen. Geissner vermutet, daß damit Sachlichkeit, Gleichgültigkeit und Desinteressiertheit gegenüber den Inhalten ausgedrückt wird.

Fernziel: Nachrichtendidaktik

Das Verhältnis zwischen Nachrichtenpraktikern und Kommunikationswissenschaftlern ist nicht ungetrübt. Die Macher stellen Fragen aus der alltäglichen Praxis und erwarten schnelle und eindeutige Anworten von den Wissenschaftlern. Diese wiederum träumen von längerfristiger kontinuierlicher Forschungstätigkeit, in der Theorien und Hypothesen aufgestellt, Methoden entwickelt und empirische Untersuchungen durchgeführt werden. Die beiden Bedürfnisse sind nur schwer aufeinander abzustimmen und können zu Vorurteilen und Mißverständnissen führen (die hemdsärmligen Macher vs. die praxisscheuen Forscher im Elfenbeinturm).
Von Cronbach und Suppes stammt der Vorschlag, zwei verschieden akzentuierte Forschungsrichtungen zu unterscheiden. In der *entscheidungsorientierten Forschung* (decision oriented) ist ein direkt aus der Praxis stammendes Problem Ausgangspunkt der wissenschaftlichen Untersuchung. Es soll eine empirisch fundierte Entscheidung über bestimmte Handlungsalternativen gefällt werden. Ein Beispiel ist die von der ARD und dem ZDF finanzierte Studie von Renckstorf (1977 a), die den Einsatz verschiedener Präsentationsformen bei ,tagesschau' und ,heute' empirisch begründen sollte.
In der *folgerungsorientierten Forschung* (conclusion oriented) werden aufgrund wissenschaftsimmanenter Problematisierung und Ableitung Theorien entworfen und überprüft, um den Kenntnisstand zu erweitern. Es werden also Entscheidungen über die Gültigkeit von Hypothesen gefällt. Die Ergebnisse sind dabei meist nicht sofort in praktische Handlungsanweisungen übersetzbar, langfristig haben sie aber einen breiteren Anwendungsbereich als die von kurzfristigen Verwertungsinteressen bestimmte Forschung. So bauen z. B. unsere Überlegungen zur Nachrichtensprache auf einer Vielzahl von kognitionspsychologischen und psycholinguistischen Befunden auf, die folgerungsorientierte Forschungen ermittelt haben.
Die Entwicklung einer Didaktik für Informationssendungen des Rundfunks wie des Fernsehens kann auf beide Forschungsarten nicht verzichten. Wünschenswert wäre eine Form der *Begleitforschung*, bei der Praktiker und Wissenschaftler eng zusammenarbeiten. Die Auswirkungen jeder inhaltlichen, sprachlichen oder visuellen Innovation – gleichgültig ob sie der Intuition oder wissenschaftlichen Befunden entspringt – sollten sofort an einer repräsentativen Rezipientenstichprobe überprüft werden. Die Ergebnisse müßten an die Praktiker rückgekoppelt werden, um wiederum Einfluß auf die Nachrichtenpraxis zu nehmen. Ein derartiger kooperativer kontinuierlicher Forschungsprozeß könnte in wenigen Jahren die Nachrichten völlig umgestalten. Aber die festgefahrenen Normen in den Redaktionen und das Selbst-

verständnis der Wissenschaftler verweisen dieses Modell in den Bereich der „science fiction".

Literatur

Arnold, B.-P.: *Sie hören Nachrichten. Schlüssel zur Information.* Frankfurt/M. 1978.

Ballstaedt, St.-P.: „Grenzen und Möglichkeiten des Filmjournalismus in der aktuellen Berichterstattung", in: *Rundfunk und Fernsehen* 25, 1977, S. 213–229.

Ballstaedt, St.-P. und A. Esche: „Zur Verständlichkeit von Nachrichtentexten". Referat für das Fachseminar *‚Die Nachrichten im Hörfunk'* der Akademie für Publizistik in Hamburg, vom 6.–9. 12. 1976.

Blauberg, M. S. und M. D. Braine: „Short-term memory limitations on decoding self-embedded sentences", in: *J. of Exper. Psychol.* 102, 1974, S. 745–748.

Bock, M.: *Wort-, Satz-, Textverarbeitung.* Stuttgart 1978.

Böhm, S., G. Koller, J. Schönhut und E. Strassner: „Rundfunknachrichten. Sozio- und psycholinguistische Aspekte", in: A. Rucktäschel (Hrsg.), *Sprache und Gesellschaft.* München 1972, S. 153–194.

Bosshart, Louis: „Untersuchungen zur Verstehbarkeit von Radio- und Fernseh-Sendungen", in: *Rundfunk und Fernsehen* 24, 1976, S. 197–209.

Bower, G. H.: „Experiments on story understanding and recall", in: *Quarterly Journal of Experimental Psychology* 28, 1976, S. 511–534.

Bransford, J. D., J. R. Barclay und J. J. Franks: „Sentence memory: A constructive versus interpretative approach", in: *Cognitive Psychology* 3, 1972, S. 193–209.

Bransford, J. D. und N. S. McCarrell: „A sketch of a cognitive approach to comprehension: some thoughts about understanding what it means to comprehend", in: W. W. Weimer und D. S. Palermo (Hrsg.), *Cognition and the symbolic processes.* Hillsdale 1974, S. 189–229.

Bredenkamp, J. und W. Wippich: *Lern- und Gedächtnispsychologie.* Band II, Stuttgart 1977.

Brewer, W. F.: „The problem of meaning and the interrelations of the higher mental processes", in: W. B. Weimer und D. S. Palermo (Hrsg.), *Cognition and the symbolic processes.* Hillsdale 1974, S. 263–298.

Bubenik, Anton: „Information kleingeschrieben. Zur Problematik von Informationssendungen im Fernsehen", in: *medium* 5 (10), 1975, S. 7–11.

Coleman, E. B.: „Learning of prosa written in four grammatical transformations", in: *J. of Applied Psychol.* 49, 1965, S. 332–341.

Craik, F. I. M. und R. S. Lockhart: „Levels of processing: A framework for memory research", in: *J. verb. learn. verb. behav.* 11, 1972, S. 671–684.

Van Dijk, T. A.: „Semantic macro-structures and knowledge frames in discourse comprehension", in: M. A. Just und Patricia A. Carpenter (Hrsg.), *Cognitive processes in comprehension.* Hillsdale 1977.

van Dijk, T. A. und W. Kintsch: „Cognitive psychology and discourse: Recalling and summarizing stories", in: W. E. Dressler (Hrsg.), *Trends in Text-linguistics.* New York/Berlin 1977, S. 61–80.

Drommel, R.: „Ein Überblick über die bisherigen Arbeiten zur Sprechpause", in: *Phonetica* 30, 1974, S. 221–238.

Engelkamp, Joh.: *Psycholinguistik.* München 1974.

–: *Satz und Bedeutung.* Stuttgart 1976.

Esche, A.: Textsorten in Fernsehnachrichten. Tübingen 1977 (unveröff. Forschungsbericht).

Esche, A. und V. Eberspächer: Der Einfluß syntaktischer und semantischer Merkmale auf die Verarbeitung von Fernseh-Nachrichtentexten. Tübingen 1977 (unveröff. Forschungsbericht).

Fährmann, R.: *Die Deutung des Sprechausdrucks. Studien zur Einführung in die Praxis der charakterologischen Stimm- und Sprechanalyse.* Bonn 1960.
Findahl, O.: *The effect of visual illustrations upon perception and retention of news program.* Stockholm 1971.
Findahl, O. und B. Höijer: „Effects of additional verbal information on retention of a radio news program", in: *Journalism Quarterly* 52, 1975, S. 493–498.
–: *Fragments of reality. An experiment with news and TV-visuals.* Stockholm 1976.
Fodor, J. A. und M. Garrett: „Some syntactic determinants of sentential complexity", in: *Perception and Psychophysics* 2, 1967, S. 289–296.
Franks, J. J.: „Toward understanding understanding", in: W. B. Weimer und D. S. Palermo (Hrsg.), *Cognition and the symbolic processes.* Hillsdale 1974, S. 231–261.
Friedrich, H.: „Die Tutzinger Seminare für Fernsehnachrichtenredakteure und Kommunikationswissenschaftler. Eine Zwischenbilanz", in: *Publizistik* 22, 1977, S. 474–481.
Geissner, H.: „Das Verhältnis von Sprach- und Sprechstil bei Rundfunknachrichten", in: E. Strassner (Hrsg.), *Nachrichten: Entwicklungen – Analysen – Erfahrungen.* München 1975, S. 137–150.
Gorschenek, H.: *Rundfunknachrichten – heute und morgen. Fragen und Antworten zur Nachrichtenarbeit.* Köln 1978.
Hakes, D. T.: „Effects of reducing complement constructions on sentence comprehension", in: *J. verb. learn. verb. behav.* 11, 1972, S. 278–286.
Hinkelbein, Susanne: „Der Sprechstil bei Fernsehnachrichten und seine Folgen für Verständnis und Meinungsbildung." Referat für das Symposion *Fernsehprogramme und ihre Rezeption* des Fachbereichs Neuphilologie der Universität Tübingen vom 12.–14. 9. 1977.
Hinkelbein, Susanne und St.-P. Ballstaedt: Paraverbale Aspekte der kognitiven Verarbeitung von Texten. Tübingen 1977 (unveröff. Arbeitspapier).
Hörmann, Hans: *Meinen und Verstehen. Grundzüge einer psychologischen Semantik.* Frankfurt/M. 1976.
Huth, L.: „Sprachwissenschaft und Rundfunkforschung", in: *Studienkreis Rundfunk und Geschichte. Mitteilungen* 3/3. 1977.
Huth, L., W. Jüngst, M. Krzeminski und R. Salzmann: „Nachrichten sehen – Nachrichten verstehen – Nachrichten verwenden. Zu einem neueren Ansatz der Rezeptionsanalyse", in: *Publizistik* 22, 1977, S. 403–418.
Kabel, Rainer: „Politische Bildung und Nachrichten-Kritik", in: *Rundfunk und Fernsehen* 21, 1973, S. 147–165.
Katz, Elihu: „Das Verstehen von Nachrichten", in: *Publizistik* 22, 1977, S. 359–370.
Kintsch, W.: *The representation of meaning in memory.* Hillsdale 1974.
–: „On comprehending stories", in: M. A. Just und Patricia A. Carpenter (Hrsg.), *Cognitive processes in comprehension.* Hillsdale 1977, S. 33–61.
Kintsch, W. und D. Monk: „Storage of complex information in memory. Some implications of the speed with which interferences can be made", in: *J. exp. Psychol.* 94, 1972, S. 25–32.
Kohli, Martin: „Fernsehen und Alltagswelt. Ein Modell des Rezeptionsprozesses", in: *Rundfunk und Fernsehen* 25, 1977, S. 70–85.
von LaRoche, Walter: „Fürs Hören schreiben. Anmerkungen aus der Praxis des Hörfunkredakteurs", in: *medium* 7 (9), 1977, S. 8–11.
Lesgold, A. M.: „Pronominalization: A device for unifying sentences in memory", in: *J. verb. learn. verb. behav.* 11, 1972, S. 316–323.
Magnus, Uwe: „Die Nachricht im Hörfunk – eine Leitstudie des Westdeutschen Rundfunks", in: *Media-Perspektiven* Nr. 9, 1975, S. 424.
Mandl, H. und G. L. Huber (Hrsg.): *Kognitive Komplexität. Bedeutung – Weiterentwicklung – Anwendung.* Göttingen 1978.
Merten, K.: „Nachrichtenrezeption als komplexer Kommunikationsprozeß. Ein Beitrag zur Theorie der Nachricht", in: *Publizistik* 22, 1977, S. 450–463.

Nail, Norbert: „Zum Sprachgebrauch in Rundfunknachrichten. Eine kritische Bestandsaufnahme", in: *ZGL* 4 (1) 1976, S. 41–54.
Posner, M. I.: *Kognitive Psychologie.* München 1976.
Renckstorf, K.: „Nachrichtensendungen im Fernsehen. Eine empirische Studie zur Wirkung unterschiedlicher Darstellungsformen von Fernsehnachrichten", in: *Publizistik* 22, 1977a, S. 384–396.
–: *Neue Perspektiven in der Massenkommunikationsforschung. Beiträge zur Begründung eines alternativen Forschungsansatzes.* Berlin 1977b.
Rochester, S. R.: „The significance of pauses in spontaneous speech", in: *J. of Pscholinguistic Research* 2, 1973, S. 51–81.
Rosenthal, R.: *Experimenter effects in behavioral research.* New York 1966.
Schmidt, S. J.: *Texttheorie. Probleme einer Linguistik der sprachlichen Kommunikation.* München 1976^2.
Slobin, D. J.: „Grammatical transformations and sentence comprehension in childhood and adulthood" in: *J. verb. learn. verb. behav.* 5, 1966, S. 219–227.
Sticht, Th. G.: „Some interactions of speech rate, signal distortion, and certain linguistic factors in listening comprehension", in: *Audiovisual Communication Review* 17, 1969, S. 159–171.
Strassner, E.: „Produktions- und Rezeptionsprobleme bei Nachrichtentexten", in: ders. (Hrsg.), *Nachrichten. Entwicklungen – Analysen – Erfahrungen.* München 1975, S. 83–111 (Kritische Informationen, Bd. 31).
Urban, Klaus K.: *Verstehen gesprochener Sprache.* Düsseldorf 1977.
Wember, B.: *Wie informiert das Fernsehen?* München 1976.
–: „Gebrauchswert politischer Information. Zur Diskussion des Fernsehfilms ‚Wie informiert das Fernsehen?'", in: R. Neudeck (Hrsg.), *Der Dschungel ins Wohnzimmer. Auslandsberichterstattung im bundesdeutschen Fernsehen.* Frankfurt/M. 1977, S. 152–157.

Norbert Schöll

Der Adolf-Grimme-Preis. Ein Fernsehpreis und seine Wirkung

1. Der Preis

Der Adolf-Grimme-Preis (AGP), 1961 gestiftet und seit 1964 alljährlich in Marl verliehen,[1] gilt als der maßgebliche in der Bundesrepublik verliehene Fernsehpreis; dies bezeugen die Reaktionen auf ihn ebenso wie der technisch-organisatorische Rahmen, in dem er stattfindet: von der medientechnischen Betreuung durch WDR und ZDF bis zur staatlichen Repräsentanz und der Versammlung von Medienpraktikern und -kritikern bei der Preisverleihung. Diese Geltung hat zwei Gründe. Zum einen, daß seitens des Stifters des Preises, des Deutschen Volkshochschul-Verbandes (DVV), frühzeitig genug die Bedeutung des Fernsehens erkannt worden war, um sich mittels eines Preises um Einflußnahme auf des Medium zu bemühen – was umgekehrt diesem (nach einer Zeit kulturpessimistischer Verdammung) nicht unlieb sein konnte, da ihm hierdurch eine positive, bildend-erzieherische Funktion von vornherein zugute gehalten wurde.[2] Der zweite Grund besteht in einer, zumindest partiellen, Negation der Intentionen des ersten, in der Wandlungsfähigkeit des Stifters hinsichtlich der Kriterien der Preisvergabe.

Zu Beginn stand der AGP deutlich im Zeichen der Erwachsenenbildung, getreu der Überlegung, wie „die Volkshochschule stärker als bisher in den Sendungen des Fernsehens in Erscheinung treten" könne.[3] Weniger eine Förderung des Mediums war mit ihm bezweckt, als eine der Volkshochschulen. Wohl postulierte die Präambel des Statuts für die erste Preisverleihung die „Förderung der Zusammenarbeit von Fernsehen und Erwachsenenbildung",[4] doch machte gleich das erste inhaltliche Kriterium klar, zu wessen Nutzen diese Zusammenarbeit sein sollte: „Die Wettbewerbssendungen sollen nach ihrer Bedeutung beurteilt werden, die sie für die Arbeit der Erwachsenenbildung erlangen können."[5] Diese Festlegung auf die Arbeit des Stifterverbandes wurde unterstrichen durch einen längeren Auszug aus einem „Gutachten des Deutschen Ausschusses für Erziehungs- und Bildungswesen", worin in recht umständlicher, gleichwohl allgemeiner Weise Bildung und Bildungs-

1 Da 1977 eine Preisverleihung aus organisatorischen Gründen entfiel, sind bislang 14 Adolf-Grimme-Preise verliehen worden.

2 Die ersten Bemühungen der Volkshochschulen um das Fernsehen reichen in eine Zeit zurück, in der es in Deutschland noch gar kein ausgestrahltes Programm gab (vgl. Donnepp u.a., *Grimme-Preis*, S. 166ff.).

3 Donnepp u.a., *Grimme-Preis*, S. 42.

4 *Bericht 1964*, S. 37.

5 Ebd.

auftrag definiert wurden,[6] sowie durch die Möglichkeit eines Sonderpreises für Sendungen, „die die Arbeit der Erwachsenenbildung darstellen."[7]
Der DVV sah sich mit diesem Statut ziemlich rasch in einer Zwickmühle. Einerseits bestand die Festschreibung auf die Bedeutung der Sendungen „für die Arbeit der Erwachsenenbildung", was nur heißen konnte, daß sich die Produktionen durch eine merkliche didaktische Absicht und eine offenbare Verwertbarkeit in der erwachsenenbildnerischen Praxis auszeichnen sollten, andererseits waren Charakter und Formen des Mediums in eine Richtung entwickelt, die eine solche Beurteilung nur unter Zuhilfenahme definitorischer Abstraktionen und wohlwollender Festansprachen erlaubte. Die praktischen Lösungsversuche dieses Dilemmas fielen nicht immer zufriedenstellend aus. So machte sich der Preis das Fernsehen in gewisser Weise zurecht, indem insbesondere Dokumentations- und Reportagesendungen ausgezeichnet wurden, also Sendungen, bei denen eine erwachsenenbildnerische Absicht aufgrund der zeitgeschichtlichen Relevanz des Themas und der Befriedigung von Informationsbedürfnissen behauptet werden konnte; gleichzeitig paßte sich der Preis aber seinerseits dem Fernsehen an, indem er dessen Formen der Aufbereitung honorieren mußte, was in der sehr oft äußerlich wirkenden Zutat der Preisbegründungen zum Ausdruck kommt, daß die Produktionen eine „Anregung", eine „Diskussionsgrundlage" usw. für die Erwachsenenbildung sein könnten.[8] Dieser Zuschnitt des AGP auf eine erwachsenenbildnerische Funktion des Fernsehens wurde vollends obsolet durch die gleichzeitig (ab 1964) beginnende Ausstrahlung der Studien- bzw. Dritten Programme, womit das Fernsehen selbst die Initiative unternahm, Erwachsenenbildung in ihren maßgeblichen Bereichen (politisch-kulturelle Bildung, Lehrprogramme) zu organisieren. Entsprechend fielen die Reaktionen in der Presse auf den Preis aus, wenn zwischen Skepsis und Zustimmung mit dem Begriff Bildung jongliert wurde (z.B. der gern gemachte Vorschlag, angesichts des Fernsehens weniger von Erwachsenen- als von Volksbildung zu sprechen), sowie die Grußreden der Fernsehintendanten und -redakteure anläßlich der Preisverleihungen. Letztere konnten – unbeschadet einer Programmpolitik, bei der Bildung zusehends mit Unterhaltung konkurrieren mußte – ihren rundfunkgesetzlichen Bildungsauftrag bestätigt sehen, indem die Preisvergabe an eine *Auswahl* des Programms dem Fernsehen *insgesamt* einen pädagogischen Rang zu verschaffen schien, einen Rang, den es nach den Worten des ehemaligen ZDF-Intendanten Holzamer zu Recht aufgrund einer ihm innewohnenden „unmerklichen Pädagogik" verdiene.[9]
Angesichts dieses Dilemmas – das sich auch noch preisintern abzeichnete, insofern eine parallel mit der Hauptjury tagende, ebenfalls vom Stifter des Preises eingesetzte Pressejury zu Urteilen kam, die ein weiteres Fernsehspektrum erfaßten – er-

6 Ebd.
7 Ebd.
8 Vgl. Preisbegründungen der beiden ersten Jahre, in: *Bericht 1964* und *Bericht 1965*.
9 *Bericht 1967*, S. 35.

griff der DVV die Gelegenheit, den AGP aus einem Bildungspreis in einen veritablen Fernsehpreis umzuwandeln. Die Entwicklung zeichnete sich schrittweise, von Jahr zu Jahr, ab in den veränderten Formulierungen des Statuts. So entfiel zunächst 1966 die Verpflichtung auf die „Arbeit der Erwachsenenbildung" (und mit ihr auch die Definitionshilfe des „Deutschen Ausschusses für Erziehungs- und Bildungswesen") zugunsten einer offeneren Formulierung, in der allenfalls der Gedanke der politischen Bildung anklang, bis das Statut 1967 die Lösung aus der ursprünglichen Einschränkung vollends vollzog. Nicht mehr die „Wettbewerbssendungen" sollten eine „Zusammenarbeit von Fernsehen und Erwachsenenbildung fördern sowie der kritischen Auseinandersetzung mit dem Fernsehen dienen",[10] sondern der *Preis* selber.[11] Daß mit dieser Formulierung die Eigenständigkeit des Fernsehens berücksichtigt werden sollte, kommt auch in der Richtlinie zum Ausdruck, der zufolge die Sendungen „eine besondere künstlerische Qualität besitzen sowie in Form, Inhalt oder Methode Modelle für künftige Produktionen darstellen" sollten.[12] Damit hatte die DVV der Anregung der Pressejury entsprochen[13] und aus den öffentlichen Diskussionen – ob ‚Bildungspreis' oder ‚Fernsehpreis' – die Konsequenz gezogen. Daß dies nicht ohne Schwierigkeiten vor sich gegangen ist, lassen die Stellungnahmen vermuten, die, von Volkshochschulvertretern und Medienjournalisten verfaßt, in diesen Jahren entstanden. So klingt auch die von Bert Donnepp, dem Organisator des Preises, 1966 gestellte Frage: „was aber heißt beim Fernsehen künstlerisch?"[14] allzu prononciert, um nicht Schwierigkeiten zu signalisieren, angesichts der Kritik seitens eines Teils der Presse Herr über die eigenen Preiskriterien zu bleiben. Nicht wenig dürften zur Wandlung der Richtlinien allerdings die Bestrebungen (auch aus Fernsehkreisen) beigetragen haben, einen „Deutschen Fernsehpreis" zu schaffen,[15] womit der AGP zweifellos, auf Bildung spezialisiert, sein Renommee und der DVV sein Instrument bei seinen Bemühungen um das Fernsehen verloren hätte.
Mit der Veränderung des Statuts wurde der Ratschlag befolgt: „nur noch ein kleiner Ruck hin zum Zweckfreien, zur künstlerischen Qualität als eines Merkmals der Bildung [. . .], und der Adolf-Grimme-Preis wäre der Deutsche Fernsehpreis"[16]. In der Tat gelang es dem DVV damit, seinen Preis zu dem „Gütezeichen" zu machen, das mit Grußtelegrammen von Politikern eine „in der Öffentlichkeit wohlverdiente Beachtung findet".[17] Diese wird auch unterstrichen durch die Anhängung zweier Sonderpreise, des „Sonderpreises Stifterverband für die Deutsche Wissenschaft", ab 1966 für Sendungen über Themen der Wissenschaft verliehen, und des „Sonderpreises des Kultusministers von NRW", ab 1967 für Sendungen verliehen, die „das

10 Ebd., S. 38 (Statut 1966).
11 Ebd., S. 39 (Statut 1967).
12 Ebd.
13 Ebd., S. 5.
14 Donnepp u.a., *Grimme-Preis*, S. 63.
15 Vgl. die Pressekommentare 1967, in: *Bericht 1967*, passim.
16 *fernseh-informationen* 6, 1967; zitiert nach: *Bericht 1967*, S. 23.
17 Ministerpräsident Heinz Kühn, in: *Bericht 1967*, S. 30.

Verständnis und die Deutung von Werken der Literatur, der Bildenden Kunst, der Musik und des Films zu wecken oder zu vertiefen" geeignet sind.[18]
Auch diese Sonderpreise deuten die inhaltliche Wandlung des AGP an, finden mit ihnen doch zwei Sparten gesonderte Erwähnung, deren bildende Absicht und Eignung für die „Arbeit der Erwachsenenbildung" ohne große Diskussion zuzugestehen sind. So ging denn auch im Laufe der folgenden Jahre, und bis heute, unter den preisgekrönten Sendungen die Anzahl derjenigen deutlich zurück, denen man auf Anhieb bildende Absicht (im Sinne der in der Erwachsenenpädagogik gewohnten Formen und Inhalte) unterstellen könnte. In den Vordergrund rückten dagegen Produktionen, die für den Großteil des Fernsehprogramms (Unterhaltung ausgeschlossen) charakteristisch sind: Magazinsendungen sowie fiktionale oder dokumentarische Fernsehspiele, bei denen das Thema zunächst relativ gleichgültig ist. Diesem Trend entspricht denn auch die seit 1971 unveränderte Forderung des Statuts, nach der Produktionen ausgezeichnet werden sollen, die

a) ein Thema in qualifizierter, allgemeinverständlicher und in einer den Fernsehteilnehmer ansprechenden Weise darstellen;
b) eine *besondere* fernseheigene Qualität besitzen;
c) in Form, Inhalt oder Methode Modelle für künftige Produktionen darstellen.[19]

Dieser lange Prozeß einer „Entpädagogisierung des Preises", wie es der Geschäftsführende Vorsitzende des DVV nicht zufällig im Zusammenhang mit der Diskussion über einen „Bundesfernsehpreis" nannte,[20] wurde begleitet von einer nicht minder schwierigen Anstrengung, das ursprüngliche Interesse des Stifterverbandes zu verfolgen. Während im ersten Statut unter den möglichen Produktionskategorien auch eine von Produktionen „für das sogenannte Bildungsfernsehen" aufgeführt war[21] (angesichts des gesamten Statutes entweder ein respektabler Pleonasmus oder das Indiz, daß einem die ganze Einschränkung auf Bildung doch nicht so geheuer war), hieß es 1965: „Belehrende Kursprogramme werden besonders beurteilt und prämiiert".[22] Diese Separierung, die sich ab 1967 auch in einer gesonderten Jury auswies, entsprach der Entwicklung des Fernsehens, dessen Trennung in allgemeines Programm und Kursprogramm (begonnen in den regionalen Ausstrahlungen), womit diejenigen Gebiete, auf denen eine Zusammenarbeit von Erwachsenenbildung und Fernsehen eigentlich denkbar war, in einen eigenen Programmteil ausgegliedert waren. Doch blieb das Engagement des DVV auch hier nicht von Enttäuschungen verschont, wobei vornehmlich eine gewisse Konkurrenzhaltung der beiden ‚Partner' zum Vorschein kam. So verweigerte etwa der Bayerische Rundfunk 1966 eine Beteiligung seines Studienprogrammes mit der Begründung, daß er sich einerseits „mitten in dem Versuch" befände, sich „mit den Einrichtungen der Er-

18 Seit Einsetzung des Preises unverändertes Statut.
19 Vgl. Statuten der Preise ab 1971, in: *Bericht 1972–1978*.
20 Kurt Meissner, Kritische Beschäftigung mit dem Fernsehen, in: Donnepp u. a., *Grimme-Preis*, S. 116.
21 *Bericht 1964*, S. 37.
22 *Bericht 1966*, S. 39.

wachsenenbildung [in Bayern] über neue Formen der Partnerschaft zu verständigen", andererseits aber „die Entwicklung unseres Programm-Modells als Ganzes so weit fortgeschritten [sei], daß eine Würdigung einzelner Sendungen unabhängig von ihrer Funktion im ganzen" nicht angebracht sei.[23] Die nicht unbedingt logische Begründung – einerseits im Anfangsstadium, andererseits fortgeschritten, und überdies hätten ‚Funktionen' ja angegeben werden können – deutet zumindest darauf hin, daß die Sendeanstalt ihr Konzept unbeeinflußt (und vor allem ungetrübt durch eine mögliche Nichtprämiierung) betreiben, daß sie ein Modell der Partnerschaft nach eigenen Vorstellungen entwickeln wollte.

So muß der DVV auch bei dieser Nebenabteilung seines Preises der Entwicklung des Fernsehens Rechnung tragen, insbesondere als die Studienprogramme sich zu nicht nur Bildung ausstrahlenden Dritten Programmen erweiterten. Ab 1969 wurde „auf eine Jury für Kursprogramme" verzichtet, weil „für die verantwortliche Beurteilung von Kursen vorläufig die Kriterien fehlen und die Erfahrung"[24] – angesichts der Medienintentionen des Stifters eine peinliche Erkenntnis. Stattdessen wurde von 1969 bis 1972 ein Preis an „Dritte Programme (Regionalprogramme)" vergeben, der sich in seinen Prämiierungen nicht wesentlich vom Hauptpreis unterschied, indem auch hier Fernsehfilme und -dokumentationen in erster Linie hoch dekoriert wurden.

Die ursprünglichen Absichten des Preises – daß er eine Zusammenarbeit auf dem Gebiet der Erwachsenenbildung befördern und dokumentieren sollte – waren mit seiner Wandlung zum Fernsehpreis entschwunden; in dem Maße aber, wie er sich hierin zu einer allgemeinen kritischen Instanz veränderte und an Bedeutung gewann (so stiftete z. B. die Bundesregierung zum „Internationalen Erziehungsjahr 1970" einen Sonderpreis „im Rahmen des 8. Adolf-Grimme-Preises"[25]), in diesem Maße erwies er sich als Vehikel zur Durchführung anderer Initiativen des DVV. Die Anstrengungen im Bereich des Medienverbundes, in dem sich die Kooperation mit dem Fernsehen verwirklichte, die Gründung des Adolf-Grimme-Instituts (1973), das in zunehmendem Maße Projekte auf dem Gebiet der Medienpädagogik, der kombinierten Erwachsenenbildung und der Fernsehforschung initiiert und durchführt (und seit 1978 auch den AGP organisiert), sowie die Abhaltung von Fernsehforen (seit 1974) anläßlich der Preisverleihungen, waren begünstigt durch die Resonanz, die sich der DVV mit dem Grimme-Preis verschafft hatte; eine Resonanz, die ihrerseits den DVV in einem dauerhaften und institutionalisierten Engagement bezüglich des Fernsehens mitbestärkt haben dürfte.

Diese auch organisatorische Wandlung des Preises von einem Bildungspreis in ein alljährliches Forum der Medienkritik drückt sich gleichfalls in der Zusammensetzung der Jurys aus. Hier geschah ein deutlicher Schritt hin zu einer Fernsehprofessionalisierung durch die zunehmende Berufung von Medienjournalisten und Publizisten/Medienwissenschaftlern gegenüber Bildungspolitikern und Erwachsenen-

23 *Bericht 1967*, S. 30.
24 Meissner, in: Donnepp, *Grimme-Preis*, S. 117.
25 *Bericht 1971*, S. 7.

pädagogen in den ersten Jahren. Mit dieser Umorientierung entfiel ab 1970 auch die gesonderte Pressejury, und damit die absehbare Differenz der Beurteilungen. Dabei ist Meissner zu glauben, daß der Grund für ihre Abschaffung nicht in „korrigierenden Entscheidungen der Pressejury in den Vorjahren" lag, sondern eine notwendige Folge der „Entpädagogisierung des Preises" darstellte: „Will man [...] die Jurys öffnen über den pädagogischen Aspekt hinaus, zugleich aber solche Persönlichkeiten in den Jurys wissen, die sich regelmäßig und kritisch mit dem Fernsehen beschäftigen, wird man den Anteil der Fernsehkritiker in den Jurys vergrößern müssen."[26] An Stelle der Pressejury versicherte sich der AGP – wie es jede Medienkritik gerne tut – seiner plebiszitären Legitimation, indem die sogenannte „Marler Gruppe" ins Leben gerufen wurde (1969), „Marler Bürger aus verschiedenen Altersschichten zwischen 16 und 60 Jahren und verschiedenen Berufen".[27] Mit ihr hatte der Organisator das Glück, daß sich diese „Jury des gesunden Menschenverstandes"[28] der Aufgabe und dem Anlaß verpflichtet zeigte und weniger einen gesunden Menschenverstand demonstrierte, wie er in quantifizierenden Umfragen ermittelt wird, als ein regelrechtes Fernsehbewußtsein gemäß den Maximen des Preises. Damit liegen auch die Vorteile der „Marler Gruppe" auf der Hand: Jede Übereinstimmung mit dem Urteil der Jury bedeutet deren Bestärkung darin, daß es kein basisfernes Urteil gewesen sei, jede Nichtübereinstimmung keine Disqualifizierung des Jury-Urteils, sondern seine pluralistische Ergänzung.

2. Die Preise

Die Wandlungen in den Statuten des AGP, und damit der Anspruch der Jurys an das Fernsehen, waren stets durch die Preisvergaben signalisiert bzw. mitinitiiert worden. Überwogen zunächst Reportage- und Dokumentationssendungen mit bildendem Anspruch, denen ein gewisser VHS-Zuschnitt attestiert worden war, so begann der Preis rasch eine Domäne von Fernsehspielen *und* solchen Sendungen zu werden, von denen die Juroren meinten, daß sie einer besonderen Förderung innerhalb des Programmangebotes bedürften. Darin zeigt sich der Versuch der Anwendung von *fernseh*gerechten Maßstäben (anstelle von erwachsenenpädagogischen) auf eine je verschiedene Weise.

Das Fernsehspiel hat in der Programmstruktur der Anstalten einen Raum gewonnen, der es nicht nur als Form zu einem gewichtigen Faktor neben den Bereichen Information und Unterhaltung hat werden lassen; dies nicht zuletzt, weil es insbesondere durch die häufig in dokumentarischer oder quasidokumentarischer Weise aufbereiteten Gegenstände von geschichtlichem oder sozialem Interesse von vornher-

26 Meissner, in: Donnepp u.a., *Grimme-Preis*, S. 117.
27 *Bericht 1969*, S. 8.
28 Ebd.

ein einen weniger zweickfrei-künstlerischen als einen intentional journalistischen Charakter aufweist. Damit bestreitet es in nicht geringem Maße die durch Programmauftrag und öffentlich-rechtliche Organisation des Fernsehenes geforderte Aufgabe der Meinungsbildung. Die Jurys des AGP vollzogen die Entwicklung mit, honorierten und bestärkten das Fernsehen darin, indem sie mit Regelmäßigkeit Fernsehspiele auszeichneten und ihre Urteile dabei auf zwei Kriterien gründeten: soziale Relevanz des Themas und Präsentation (beide Komponenten stellen die in der Praxis durchgesetzte Konzentrierung der drei Kriterien des Statuts dar [vgl. S. 245], von denen ohnehin nie entschieden war, ob sie kumulativ oder alternativ anzuwenden seien). Damit verpflichteten sich die Jurys gleichzeitig einer gewissen Kanonbildung, die es schwer fallen ließ, dem eigenen Beispiel nicht nachzufolgen, was sich in einer Häufung des Preises auf einige wenige Regisseure / Autoren ausdrückt, deren Namen mit der Gattung Fernsehspiel besonders eng verbunden sind: Egon Monk (1966; 1967), Peter Beauvais (1974; 1975), Eberhard Fechner (1970 für Drittes Programm; 1972; 1976).[29]
Man kann den Jurys dabei zugute halten, daß sie die in den Anstalten durchgesetzte Qualität wohl bemerkten und Maßstäben setzen wollten – ähnlich wie auf dem Gebiete von Reportage/Dokumentation die dort renommierten Personen unter den Grimme-Preisträgern erschienen: Peter von Zahn (1966), Georg Stefan Troller (1967; 1973), Günter Gaus (1964; 1965). Andererseits offenbart die Häufung des Preises auf bestimmte Personen und auf feste Sendetypen, daß es sich um die *formal* hervorragenden Paradebeispiele des Fernsehens handelt, hinter denen sich der Perfektionismus des Fernsehalltags verbirgt. So konnten sich die Juroren zwar in breitem Konsens mit den auch von der Fernsehkritik getroffenen Urteilen finden; den Vorbildcharakter der ausgezeichneten Sendungen vermochten sie durch derartige Häufungen nicht mehr deutlich zu machen – im Gegenteil deutete die prämiierte Form des vorausgesetzten Inhaltes (als eines Gegenstandes von sozialer Relevanz und damit öffentlichen Interessen) in dieser Gleichmäßigkeit eher die besondere Qualität des Fernsehens an, *jeden* Gegenstand so zu präsentieren, daß seine optische Goutierung und damit seine Unterhaltsamkeit gesichert bleibt.
Den Ausweg aus solcher, die Fernsehroutine widerspiegelnden, Preisroutine konnten die Jurys aufgrund der selbst auferlegten Bindung an die soziale Relevanz der Inhalte von Fernsehsendungen nur dadurch finden, daß sie dem Fernsehen thematische Versäumnisse deutlich machten, indem Produktionen prämiiert wurden, die die Widerstands- und Widerspruchslosigkeit des überwiegenden Programms damit durchbrachen, daß sie solche Themen aufgriffen, deren Bedeutung strittig, deren Behandlung durchzusetzen war. Resultat dieser Durchbrechung von Maßstäben, die das Fernsehen selber setzt, zugunsten von Maßstäben *an* das Fernsehen waren in erster Linie die Auszeichnungen für Produktionen wie *Auf, Sozialisten, schließt die Reihen!* (Friedrich Knilli, 1970) und für die sogenannten Arbeitsweltfilme *Rote*

29 Die Angaben beziehen sich auf das Jahr der Preisverleihungen; die Preise selber wurden jeweils für das zuvor liegende Sendejahr verliehen.

Fahnen sieht man besser (1971) und *Liebe Mutter, mir geht es gut* (1972). Obgleich die Jurys auch hier die formale Preiswürdigkeit betonten, machten doch die anschließenden Kontroversen über diese Preisverleihungen deutlich, daß der entscheidende Punkt für die Preisvergabe der thematische war, daß das Kriterium der Präsentation nur dann der Diskussion für wert gehalten wird, wenn es sich um einen allgemein anerkannten Inhalt handelt, an dem ein öffentliches Interesse akzeptiert ist (zu den Kontroversen sowie zu den Preisen 1978, die eine gewisse Sonderstellung einnehmen, weiter unten). Und obgleich diese Preise nicht von der Hauptjury, sondern von der Jury für die Dritten Programme vergeben worden waren (womit indirekt auch der partiell weitere Spielraum der Dritten Programme als beispielhaft hingestellt worden war), veranlaßten sie die negative Qualifizierung des AGP als eines ‚linken' Preises durch einen Teil der Presse (besonders *Die Welt* und *FAZ*) und seitens einiger Politiker.
Angesichts der Geschichte der 14 Preisverleihungen seit 1964 kann davon allerdings schwerlich die Rede sein, eher von dem Versuch, dem Fernsehen dadurch auf die Sprünge zu helfen, daß ihm dasjenige als vorbildhaft bestätigt wird, was es in Programmstruktur und Sendeformen selbst entwickelt, und das in der programm- und finanzpolitischen Diskussion unterzugehen droht. Damit jedoch unternimmt es der AGP durchaus bisweilen, Einfluß auf die Programmpolitik zu nehmen, diese auch zu kritisieren, wie z. B. durch eine „Ehrende Anerkennung" für das nicht unwidersprochene Jugendmagazin des ZDF, *Direkt* (1972), oder durch die Vergabe eines Preises in Bronze für das vom Bayerischen Fernsehen abgesetzte Fernsehspiel *Die Konsequenz* (1978); gerade diese Preisverleihung war gewissermaßen vorprogrammiert durch den fernsehpolitischen Eklat, auf den überdies die Verbandskorrespondenz *volkshochschule und fernsehen* im November 1977 eingehend hingewiesen hatte.[30]
Diese in der Praxis gewonnene Funktion, kritisches Gewissen des Fernsehens zu sein, hat ihre notwendige Voraussetzung im Modus des Auswahlverfahrens. Das Gesamtkontingent der Wettbewerbssendungen setzt sich zusammen aus Quoten jeweils für ARD und ZDF (z. Z. im Verhältnis 2:1), die ihre Produktionen getrennt nominieren, und aus „Vorschlägen von Einzelpersönlichkeiten (Freie Spitze)"; letztere unterliegen einer Vorauswahlkommission. Bei einem Überblick über die verliehenen Preise ist festzustellen, daß der Anteil von Sendungen, die über die „freie Spitze" in den Wettbewerb gekommen sind, bei den Prämiierungen überproportional hoch ist: Häufig beträgt der Anteil über die Hälfte, obgleich die Quote der „freien Spitze" stets unter 50% gelegen hat; 1978 waren es, bei einem Wettbewerbsanteil von 33%, fünf von sechs Preisen der Jury. Dieses Ergebnis ist sicher zum einen die Folge einer Nominierungspolitik seitens der Anstalten, bei der Sendungen oft nicht genannt werden, weil sie die anstaltsinterne Auswahl nicht über-

30 Daß sich solche mit deutlich programmpolitischer Absicht ausgesprochene Ehrungen auf den ‚niederen' Ebenen der Preishierarchie finden (Bronze, Ehrung), unterstreicht nochmals das Bemühen der Jurys, die Darstellungsform als gleichgewichtig zu bewerten.

stehen würden, oder weil man sich die Quote von solchen Sendungen freihalten will, deren Nominierung über die „freie Spitze" man als sicher voraussetzt.[31] Zum andern aber zeigt sich daran auch eine unterschiedliche Einschätzung dessen, was beide „Partner" für preiswürdig halten. So schrieb die „Süddeutsche Zeitung" noch 1975, daß „die Anstalten nicht recht begriffen [hätten], daß sich die Volkshochschulen in ihrer Arbeit zwar um die Erwachsenenbildung kümmern, der Fernsehpreis des Volkshochschulverbandes aber gelungene TV-Filme und nicht Erwachsenenbildung im Fernsehen auszeichnen will."[32]
Diese Konstruktion des Auswahlmodus, die sich im Laufe der Jahre herausgebildet und trotz gelegentlicher Debatten über glückliche oder weniger glückliche Hände der Vorauswahlkommissionen im Sinne des Stifters bewährt hat, offenbart am deutlichsten den Charakter des Grimme-Preises: bei der Preisvergabe zwangsläufig vom Angebot der Fernsehanstalten, dem Charakter des Programmes, abhängig zu sein, gleichzeitig aber kritisch kommentierend dessen Leistungen zu klassifizieren und zu qualifizieren. Daß der Preis somit nichts anderes sein kann als ein „Fernsehpreis", liegt auf der Hand; aktiv Veränderung des Fernsehens betreiben zu wollen (was ihm bisweilen mit der Bemerkung unterstellt worden war, er sei nahezu ein ‚Anti-Fernsehpreis'), ist nicht seine Absicht; damit ginge er auch rasch des Prädikates verlustig, „einziger Preis des Gesamtangebotes" zu sein;[33] und beides dürfte weder im Vermögen noch im Willen des DVV sein. Insofern ist, was die Tendenz des Preises betrifft, dem zweiten Teil einer Aussage Donnepps rechtzugeben, wonach der AGP „kein Preis im engen Sinne" sei, sondern „ein Wettbewerb, der das ständige kritische Gespräch mit dem Fernsehen anstrebt."[34] Mehr *will* der Grimme-Preis nicht sein – aber gerade das, durch „kritisches Gespräch" fördernd zu wirken, halten sich Preise gemeinhin zugute.

3. Kontroversen

Die erste Auseinandersetzung um den Grimme-Preis galt just der Frage, ob er genügend Geltung beanspruchen dürfe, ob er wirklich ein Preis des Gesamtangebotes sei. Die Programmzeitschrift *Hör zu* sah sich 1966 veranlaßt, darauf hinzuweisen, daß allein ihre „Goldene Kamera" repräsentativ sei für das gesamte Fernsehprogramm, da „der *Hör zu*-Preis die Produktionen aller Sparten umfaßt, während Marl

31 Daß man sich dabei auch verrechnen kann, zeigt der Fall von Wolfgang Menges „Millionenspiel", das vom WDR aus eben diesen Gründen nicht nominiert worden war und – als Vorschlag aus der „freien Spitze" – die Vorauswahl nicht überstand; dies führte dann zu einem viel diskutierten Interventionsversuch des WDR-Redakteurs Rohrbach. Vgl. dazu *Bericht 1972*, S. 37ff.
32 *Bericht 1975*, S. 35.
33 Heiko Flottau, *Orientierungspunkte in der Fernsehlandschaft*, in: Donnepp u.a., *Grimme-Preis*, S. 146.
34 Donnepp u.a., *Grimme-Preis*, S. 84.

sich auf bildende Sendungen beschränkt."[35] Diese Aussage war richtig, bezogen auf das damals noch geltende Statut, nicht aber angesichts der ausgezeichneten Produktionen (so erhielt 1966 unter anderem das Fernsehspiel *Ein Tag*, von Egon Monk, einen silbernen Preis). Die Zeitschrift nahm eine Erklärung der Pressejury, die bedauert hatte, daß aufgrund der Wettbewerbsbedingungen eine nicht gemeldete Sendung (das satirische Magazin *Hallo Nachbar*) nicht prämiiert werden konnte, zum Anlaß festzustellen, daß wegen der anders gearteten Auswahl es bei *Hör zu* nicht geschehen könne, daß „diese oder jene Sternstunde des Fernsehens jäh gemordet" würde, schließlich habe ihre Jury „alle Sendungen des Jahres beobachtet [...], um alle Sendungen werten zu können."[36] Mit dieser Behauptung gab jedoch *Hör zu* leichte Gelegenheit zum Kontern; *volkshochschule und fernsehen* fragte denn auch mokant, ob das heißen solle, daß „alle *Hör zu*-Juroren nahtlos 52 Wochen lang zwei komplette Fernsehprogramme – vielleicht sogar die Dritten Programme auch – verfolgt und kritisch beobachtet" hätten, oder ob nicht vielleicht auch hier ausgewählt worden sei.[37] Die wechselseitige Polemik – und der von *Hör zu* vorgebrachte Hinweis, daß Grimme-Preisträger auch schon mit „Goldenen Kameras" bedacht worden seien – macht deutlich, daß die Kontroverse nicht so sehr dem Auswahlmodus galt, nicht der Sorge ums Fernsehen und adäquate Preise, sondern der Sorge, wessen Fernsehpreis am meisten bedeute. Wenn eine Programmzeitschrift, deren Verkaufsinteresse dem breiten Publikum gilt, dabei ihren Preis in Konkurrenz setzt zu einem Preis des DVV, kann dies nur bedeuten, daß sie ihrem Preis eine höhere, öffentliche Wertschätzung verliehen sehen möchte; auch der Versuch, Einfluß zu nehmen auf die Richtung der just zu dieser Zeit aufkommenden Debatte um einen Deutschen Fernsehpreis, mochte im Hintergrund stehen. Der DVV seinerseits konnte sich der Bedeutung seines Preises offensichtlich sicher genug sein, um im folgenden Jahr zu betonen, daß der AGP „einer der wenigen wirklich unabhängigen Fernsehwettbewerbe" sei, und daß die „Rundfunk- und Fernsehanstalten in der Bundesrepublik" in ihm „eine echte Leistungskontrolle" sähen;[38] schließlich sei er auch „der einzige nationale Wettbewerb, der die gesamte Fernsehjahresproduktion durch unabhängige Gremien laufend beobachten und beurteilen" ließe.[39] Auf diese nun vom DVV demonstrierte Kunst der Hyperbolik erwiderte *Hör zu* nichts...

Eine zweite Runde von Auseinandersetzungen begann mit den Preisverleihungen 1971. Schon im Jahr zuvor hatte die *Welt am Sonntag* ein Jury-Mitglied dahingehend zitiert, daß es „bei den Produktionen mit politischen oder [?] gesellschaftspolitischen Aussagen" zu Kampfabstimmungen gekommen sei.[40] Nun aber, mit der Prämiierung von *Auf, Sozialisten, schließt die Reihen!*, begann eine Kampagne, die

35 *Bericht 1966*, S. 29.
36 Ebd., S. 30.
37 *volkshochschule und fernsehen* 4, 1966, S. 2.
38 *volkshochschule und fernsehen* 1, 1967, S. 2.
39 *volkshochschule und fernsehen* 2, 1967, S. 1.
40 *Bericht 1970*, S. 23.

über die nächsten Jahre hinweg anhielt und darin bestand, ob der Grimme-Preis linker Gesinnung verdächtig sei. Die *Rheinische Post* benutzte die Gelegenheit zu dem Aufruf, „dem oft beklagten Linksdrall in manchen unserer Funkredaktionen [...] endlich einmal mit der nötigen Aufmerksamkeit zu begegnen",[41] und machte damit klar, daß die Auseinandersetzung von höherem politischen Gewicht und Teil der bis heute andauernden politischen Einflußnahme auf Rundfunk und Fernsehen war (von den Angriffen auf *Panorama* über den als „Rotfunk" etikettierten WDR bis zur Kündigung des NDR-Staatsvertrages). Nachdem dann 1972 und 1973 von der Jury für die Dritten Programme die Filme *Rote Fahnen sieht man besser* (um den es schon bei seiner Ausstrahlung eine heftige Debatte gegeben hatte) und *Liebe Mutter, mir geht es gut* ausgezeichnet worden waren, stellte *Die Welt* fest, daß sich die „Jury, die aus den Allgemeinen Programmen des Jahres 1972 die Preisträger zu wählen hatte, [...] einer penetranten Massierung pädagogischer, sozialkritischer und gesellschaftspolitischer Sendungen" gegenüber gesehen hätte, und daß „ein auf fatale Weise didaktischer Bildungsbegriff sich der Auswahlgremien bemächtigt zu haben" schiene.[42] Abgesehen davon, daß dieser Vorwurf hieß, der AGP habe sich seiner früheren Kritik erinnert (Bildung), war er faktisch unsinnig: Die inkriminierten Preisvergaben fanden für die Dritten Programme statt, und die Jury für die Allgemeinen Programme hatte 1972 und 1973 alles andere als einen „didaktischen Bildungsbegriff" zugrundegelegt; ausgezeichnet wurden unter anderen *Der Pott* (Peter Zadeks Inszenierung), *Klassenphoto* (Fechner) und eine Folge von Loriots *Cartoon*. Zweck der Vorwürfe konnte so nur sein, die Fernsehanstalten selbst und eine ihnen unterstellte einseitige politische Begünstigung der SPD/FDP-Regierung unter Beschuß zu nehmen.

Auch an anderen Indizien wird ersichtlich, daß die Jurys nicht betont ‚linkes Gedankengut' auszeichnen wollten. Zum einen waren die Juroren stets pluralistisch genug ausgewählt, um diesen Verdacht absurd erscheinen zu lassen,[43] zum andern entsprachen die Jurys so sehr der verschreckten Selbstzensur des Fernsehens in den nächsten Jahren, daß 1975 in der Presse die Befürchtung laut werden konnte, daß die „thematische Krise des Fernsehens [...] auch zu einer Krise des Marler Fernsehpreises werden" könne;[44] der evangelische Mediendienst *epd* gar sah die Reputation des Preises geschwunden: „In zwei aufeinander folgenden Jahren der Gold-Preis für Peter Beauvais, Inbild des tüchtigen Könners, aber damit auch Inbild sympathischen Mittelmaßes – das ist entlarvend."[45] Immerhin schien der Grimme-Preis damit ein Kunststück geschafft zu haben, das seit einigen Jahren als schwierigste rundfunkpolitische Pflichtübung gilt: Ausgewogenheit. Er konnte sich 1976 von der *Welt* bestätigen lassen, daß die Auswahl „nicht mehr mit dem auf Bildung und Be-

41 *Bericht 1971*, S. 36.
42 *Bericht 1973*, S. 30.
43 Vgl. *Süddeutsche Zeitung*, 13.3.1972, und Egon Netenjakob, „Zentrum permanenter Fernsehkritik?", in: Donnepp u. a., *Grimme-Preis*, S. 143.
44 Vgl. *Bericht 1975*, S. 47.
45 Ebd., S. 43.

lehrung schielenden Blick getroffen" worden sei,[46] von der *FAZ*, daß er den „Durchbruch endgültig geschafft" und dem früher „lähmenden Übergewicht von Sendungen didaktischer und pädagogischer Machart" eine „Leistungsschau des deutschen Fernsehens" entgegengesetzt habe;[47] auf der anderen Seite attestierte man, „daß sich soziales Engagement beim Fernsehen" nach wie vor lohne,[48] und daß man sich „für strittige, kritische und satirisch pointierte Produktionen entschieden" habe.[49] Vergessen war damit auch, daß unter den bei den Landeszentralen für Politische Bildung ausleihbaren Fernsehproduktionen und Filmen wohl sehr viele mit dem Grimme-Preis bedachte zu finden waren, noch immer aber nicht der Film, der 1972 für den Verleih durch die Bundeszentrale blockiert worden war und der gar zu einer Bundestagsanfrage geführt hatte: *Rote Fahnen sieht man besser.*[50]
An der „Ausgewogenheit" der Preisverleihungen entzündeten sich denn auch die Kontroversen um die Grimme-Preise 1978. Während die *Neue Zürcher Zeitung* konstatierte, daß die „Preisverleihungen der Jury [. . .] diesmal befriedigender [. . .] als in vergangenen Jahren" ausgefallen seien,[51] sah *Die Welt* das „Mißverständnis ‚Adolf-Grimme-Preis' [. . .] in diesem Jahre ein Jubiläum" feiern; es habe den Anschein, „der Stifter habe diese Auszeichnung ausschließlich für die pädagogisch-sozialkritische Sparte des Fernsehens bestellt."[52] Der Grund lag in der deutlich bekundeten Absicht der Jury, solche Produktionen auszuzeichnen, die innerhalb des Fernsehens selbst eine Alternative darstellten: Zwei Preise in Gold wurden den Produktionen *Hungerstreik in Duisburg* (einer Videoproduktion aus der WDR-Reihe *Vor Ort)* und *Emden geht nach USA*, Teil I (einer Fernsehdokumentation über die geplante Stillegung des VW-Werkes Emden) zuerkannt. Damit sollten Sendungen ausgezeichnet werden, die – so die Begründungen der Preise – „nicht ausgewogen, sondern in positivem Sinne parteiisch", bzw. „fast als alternatives Fernsehmachen erscheinen."[53] Der Medienjournalist Peter Christian Hall, selbst Mitglied einer Vorwahlkommission, bemerkte dazu: „Von dem, was es üblicherweise im Fernsehen zu sehen gibt, vom Kontinuum Fernsehprogramm, heben sich die in Marl 1978 ausgezeichneten Sendungen beinahe programmatisch ab."[54] Tatsächlich war versucht worden, eine Kritik am Fernsehen und seinen organisatorischen Strukturen durch die Preisvergabe zu artikulieren, indem eben solche Produktionen ausgezeichnet wurden, die jenseits der gefälligen, widerstands- und widerspruchslosen Perfektion mit den Mitteln der Sozialreportage versuchten, gesellschaftliche Konflikte und Selbstinitiativen von Bürgern so darzustellen, daß die

46 *Bericht 1976*, S. 52.
47 Ebd., S. 58.
48 Ebd., S. 54.
49 Ebd., S. 63.
50 Vgl. auch: *volkshochschule und fernsehen* 15 und 18, 1973.
51 *Neue Zürcher Zeitung*, 23. 3. 1978.
52 *Die Welt*, 21. 3. 1978.
35 *Bericht 1978* (noch unveröffentlicht).
54 Ebd.

Gründe und Argumente Betroffener zu hören waren. Dies nahm der Programmdirektor des WDR Heinz Werner Hübner zum Anlaß für eine Juryschelte. Zunächst monierte er, daß mit den Preisbegründungen und dem, was in ihnen positiv hervorgehoben wird, alle übrigen „Filme-Macher und Fernseh-Autoren diffamiert werden",[55] weil sie eben nicht das gemacht hätten, was mit den Begründungen begrüßt worden war. Da dieses Argument auf *jede* Preisverleihung zutrifft (so hätten sich z. B. durch „den politischen Mut und die publizistische Lauterkeit", die Jürgen Neven-duMont für seine Sendung *Sind wir Revanchisten?* attestiert worden waren, schon 1964 alle übrigen Fernsehjournalisten diffamiert sehen müssen), sollte es nur der polemische Auftakt sein zu einer andersgearteten Kritik an den Tendenzen der Preisverleihung. Nach längeren Ausführungen über die staatspolitische Aufgabe des Fernsehens, bei denen unter Zuhilfenahme des Namenspatrons des Preises, Adolf Grimme, das Fernsehen in seiner Funktion dem Staat gleichgestellt wurde – daß es gleich dem Staate „um des Menschen willen da" sei –, und nach dem indirekten Vorwurf an die Jury, daß sie einen Totalitätsanspruch gehabt und somit gegen das Pluralitätsgebot verstoßen habe, folgt das eigentliche Argument: die „für preiswürdig befundenen Inhalte" dokumentierten „eine verzerrte Wirklichkeit". Und daß solches nicht und von keinem erwünscht sei, sollten die Einschaltquoten belegen, wonach *Emden geht nach USA* „im NDR 1% und im WDR 2% Zuschauer" gehabt hätte. „Alternatives Fernsehen, das kein Publikum hat, kann jedenfalls nicht die Alternative sein", heißt schließlich Hübners Verdikt.[56] Mit dem Argument der Einschaltzahl (wobei er sich vom Autor der Sendung, Klaus Wildenhahn, vorhalten lassen mußte, daß es nicht den Tatsachen entsprach)[57] und mit dem Vorwurf der „verzerrten Wirklichkeit" machte Hübner deutlich, worum es ihm ging: Das Fernsehen habe sich zur Wirklichkeit in Gestalt der breiten öffentlichen Meinung so zu verhalten, daß es dieser positiv entspreche; es habe einen unartikulierten, gleichwohl unwidersprochenen Konsens in Gestalt hoher Einschaltquoten zu demonstrieren. Und in diesem Bemühen will Hübner die Anstalten durch Preise bestärkt sehen. Damit ist erklärlich, daß er weder die Absicht der Jury des AGP, Produktionen innerhalb der Anstalten auszuzeichnen, gutheißen konnte, wenn diese Produktionen wohl den Intentionen der Jury bezüglich des Fernsehens, nicht aber dem Fernsehselbstverständnis Hübners entsprachen, noch gar die Prämiierung von Produktionsformen, die dem hochorganisierten Apparat der Anstalten eine beweglichere, auf Zielgruppen beziehbare Technik entgegensetzten (z. B. Videoarbeit).

Mit dieser Kontroverse ist sicherlich ein wesentliches Moment der gegenwärtigen Mediendiskussion angesprochen worden, da in ihr auch der Gegensatz von nivellierender Massenkommunikation und adressatenspezifischer Benutzung der Medien anklingt; dennoch ist nicht zu vermuten, daß sich der Stifter des Preises, der DVV,

55 *epd/Kirche und Rundfunk* 25/1978.

56 Ebd.; ähnlich hatte schon der Moderator Ernst Dieter Lueg das am Tag der Preisverleihungen (16. 3. 1978) in der ARD-Sendung *Tagesthemen* (22.30 Uhr) ausgestrahlte Interview mit dem Jury-Mitglied Prof. Wolfgang Becker kommentiert.

57 Vgl. *epd/Kirche und Rundfunk* 28, 1978.

die Konsequenzen einer solchen Diskussion für das Renommee seines Preises auf weitere Sicht wird leisten wollen. Solche Reaktionen aus den Anstalten demonstrieren schließlich, daß man sich dort eine „echte Leistungskontrolle" *so* nicht vorstellt.

4. Wirkung auf die Anstalten

Diese harsche Attacke auf die Jury sagt auch einiges aus über die Resonanz, die der Grimme-Preis in den Fernsehanstalten hat. Die langjährigen Festansprachen von Intendanten von ARD und ZDF, in denen gerne Trends des Fernsehens bildungs- und allgemeinpolitisch legitimiert worden waren, können nicht darüber hinwegtäuschen, daß die konkreten Wirkungen eher negativer Art waren; selbst der wohlwollende Förderer des AGP, der ehemalige WDR-Intendant Klaus von Bismarck (der 1975 nicht von ungefähr eine besondere Ehrung „als entschiedener Wahrer des publizistischen Ethos" erhalten hat),[58] fragte 1971, ob „immer der rechte Nutzen aus der Kritik gezogen worden [sei], aus Annahme oder Ablehnung durch das Adolf-Grimme-Preis-Gericht".[59] Gleichzeitig gab er Empfehlungen, wie der AGP so zu verändern wäre, daß ein tatsächlicher Nutzen für das Fernsehen entstünde („Sendeabläufe, die Wochen- und Monatsplanungen, die Feiertagsangebote daraufhin analysieren, ob sie optimal konzipiert und adäquat kontrastiert sind".[60] Einen Schritt auf diesem Wege als Versuch einer konkreten Zusammenarbeit bedeuten sicher die „Marler Fernsehforen", die sich (ab 1974) u. a. mit Problemen des Fernsehspieles und mit der Fernsehunterhaltung befaßten, sowie die zwischen Fernsehanstalten und Volkshochschule erarbeiteten Medienverbundprogramme;[61] ebenso das Projekt des DVV, für den Grimme-Preis Ende 1978 ein Modell zur Einbeziehung und Beurteilung von Spielserien im Vorabendprogramm zu entwickeln und zu erproben. Vom Grimme-Preis selbst jedoch solchen Nutzen zu erwarten, hieße – ebenso wie mit ihm Veränderung des Fernsehens betreiben zu wollen – ihn als Preis abzuschaffen.

Ein Jahr nach von Bismarck, 1972, meinte der Leiter des Programmbereichs Kultur beim WDR, Hans-Geert Falkenberg, wenn der Grimme-Preis nicht in der Lage gewesen sei, das Fernsehprogramm zu verändern, so müsse die Struktur des Preises verändert, auf eine breitere, nämlich die gesamte Volkshochschul-Basis gestellt werden.[62] Auch hier wird die Absicht deutlich, sich eher von einer breiten Masse etwas bestätigen zu lassen als von einer kleinen Jury möglicherweise indirekt oder direkt kritisiert zu werden. Im gleichen Jahr antworteten auch die Intendanten der Fernsehanstalten auf eine Umfrage über die Bedeutung und Wirkung des AGP.

58 *Adolf-Grimme-Preis. Übersicht*, S. 24.
59 Klaus von Bismarck, „Neuer Auftrag", in: Donnepp u. a., *Grimme-Preis*, S. 119.
60 Ebd., S. 120.
61 Vgl. Peter von Rüden,Wilfried Schmid, *Medienpädagogik*, S. 17ff.
62 *volkshochschule und fernsehen* 18, 1972, S. 3.

Wiederum reagierte von Bismarck am positivsten, indem er dem Preis die „Aufgabe“ zuerkannte, „fortschrittliche Sendeformen mit zu entdecken und durch Auszeichnungen zu fördern“, sowie die Wirkung, daß „die Arbeit einer Redaktion, die bisher unterschätzt wurde, innerhalb und außerhalb des eigenen Hauses stärker“ bedacht würde.[63] Auf der anderen Seite erklärte der Intendant des Bayerischen Rundfunks, Vöth, bündig, daß die „bisherigen Entscheidungen der Jury und die Preisverteilungen [. . .] keine Auswirkungen im Bayerischen Rundfunk gehabt“ hätten, es sei denn diese, daß er sich bestätigt sah;[64] dennoch schien sich der BR so ganz mit der Entwicklung des AGP nicht zufrieden zu geben, hatte man doch zu Ende 1971 den Bayerischen Volkshochschulverband zu einem „Erfahrungsaustausch über die Fernsehproduktionen 1971 und eine[r] Aussprache über das Angebot des Bayerischen Fernsehens für 1972“ eingeladen.[65]
Der Durchschnitt der Aussagen läßt dagegen erkennen, daß man den Preis wohl akzeptiert, ihn aber eher – in Umwandlung der bei der Preisstiftung bekundeten Absichten des DVV – unter dem Aspekt betrachtet, wie das *Fernsehen* stärker als bisher durch den AGP in Erscheinung treten könne. Die einzige unmittelbare Wirkung des Preises dürfte demnach in der Tat diejenige sein, die ihm Meissner zuerkannte: daß er „mehr ist als Ermunterung für Produzenten, manchmal gar Hilfe, ihr Ausscheiden aus der Produktionsgruppe einer Anstalt zu vermeiden.[66] Dies bedeutet aber, daß der Preis stets ein Objekt der Auseinandersetzung zwischen dem Fernsehen und dem Stifter bleiben wird, worin denn auch seine mittelbare Wirkung besteht, indem er durch die verliehenen Auszeichnungen dem Fernsehen offenbart, wie es beschaffen ist; *diese* Wirkung zeitigt er gerade in den Polemiken gegen ihn. Der jetzige Programmdirektor des ZDF, Dieter Stolte, schrieb 1971, daß der Grimme-Preis „auch in Zukunft die besten Voraussetzungen dafür“ habe, „der gültige Fernsehpreis zu bleiben, als den die deutschen Fernsehanstalten ihn bereits seit Jahren anerkennen“.[67] Es bleibt ihnen auch nichts anderes übrig, denn der AGP *ist* der deutsche Fernsehpreis, davon zeugen seine Kontinuität und die Reaktionen auf ihn. Ein anderer könnte sich neben ihm nicht profilieren, und gerade die Angriffe gegen ihn (*Welt, FAZ*, Hübner) demonstrieren, daß man ihn als Preis haben will, gleichfalls sein Renommee; allerdings, um ihn anders zu benutzen. Wenn dies mit

63 *Bericht 1972*, S. 23.
64 Ebd., S. 20. Wenn man die Berücksichtigung der einzelnen Sendeanstalten bei den Preisverleihungen betrachtet, so kann man feststellen, daß die Wirkung des Preises ohnehin auf einige wenige Anstalten beschränkt bleiben mußte. Der Bayerische Rundfunk kam dabei – mit Ausnahme des bis 1972 verliehenen Preises für Kursprogramme – prozentual schlecht weg, ein Schicksal, das er mit dem Gros der Sender teilt. Den Löwenanteil der Grimme-Preise heimsten der WDR und das ZDF ein, die zusammen etwa 50% der Preise (von den Preisen der Pressejury sogar über $^2/_3$) erhielten; allerdings ist dazu zu bemerken, daß beide Anstalten auch quantitativ am stärksten im Programm vertreten sind: das ZDF als eigenständige Anstalt und der WDR als stärkstes Glied der ARD.
65 *volkshochschule und fernsehen* 29, 1971.
66 Kurt Meissner, *Vorwort*, in: Donnepp u. a., *Grimme-Preis*, S. 10f.
67 Zitiert nach: Donnepp u. a., *Grimme-Preis*, S. 92.

dem Argument vom zu schaffenden „Deutschen Fernsehpreis" verbunden wird, zu dem zu werden der AGP seine Chancen verspiele, dann nur, weil man für das, was man bewerten möchte, auch noch die staatliche Autorität nutzen will; bzw. umgekehrt: wenn einem nicht genehm ist, was ausgezeichnet wird, man die staatliche Autorität zum Umlenken erhofft. Vor solchem Gewicht sollte allerdings der DVV den Preis schützen.

Literatur

Dem Adolf-Grimme-Institut ist für die bereitwillige Unterstützung bei der Materialbeschaffung und die Gewähr der Einsichtnahme in sein Archiv zu danken. Hauptquellen waren die alljährlich (mit Ausnahme von 1977) unter dem Titel *Adolf-Grimme-Preis. Fernsehpreis des Deutschen Volkshochschul-Verbandes e. V.* Herausgegeben vom Deutschen Volkshochschulverband e. V., Marl erschienenen Berichte über die Preisverleihung (zit. als: *Bericht 1964ff.)*.

Weitere Literatur:

Adolf-Grimme-Preis. Marler Gruppe und Publikum. Deutscher Volkshochschulverband, Referat Fernsehen (Hrsg.), Marl o.J.

Adolf-Grimme-Preis. Übersicht über alle Preisverleihungen 1964–1976. Deutscher Volkshochschulverband, Referat Fernsehen (Hrsg.), Marl o.J.

Bert Donnepp u.a.: *Der Adolf-Grimme-Preis. Möglichkeiten und Grenzen einer Kooperation Erwachsenenbildung – Fernsehen*, Braunschweig 1973 (= Theorie und Praxis der Erwachsenenbildung 16).

Peter von Rüden, Wilfried Schmid (Hrsg.): *Medienpädagogik. Entwürfe für die Praxis der Erwachsenenbildung*, München 1978 (= Kritische Information 61).

volkshochschule und fernsehen. ein informationsdienst. Deutscher Volkshochschulverband, Referat Fernsehen (Hrsg.), Marl.

Rupert Neudeck

Betrifft: *Glashaus* und was folgte

Zum Dilemma und zur Geschichte fernsehkritischer Sendungstypen im Fernsehen der Bundesrepublik Deutschland

Medienkritik als Kritik des Mediums im Medium entstand in einer bestimmten historisch-politischen Situation der Bundesrepublik. Parallel zur Studentenbewegung im Jahre 1967 und danach und den demokratischen Impulsen, die von dieser Bewegung ausgingen, setzten sich – wie widerwillig auch immer – das Bedürfnis und das Bewußtsein durch, daß ein öffentlich-publizistisches Instrument sich dem Rezipienten durchsichtig anbieten müsse. Die Transparenz- oder Glashaus-Theorie war es, die am Anfang dieser rundfunk- und medienkritischen Bemühungen stand. Die pathetische – und wie sich später herausstellte – naive Vorstellung gewann Boden, es könne dieses Bedürfnis mit einer relativ ausgegrenzten, mit allen Recherchier-Vollmachten ausgestatteten Redaktion, dazu in einer ganz bestimmten Programmecke befriedigt werden. Die politische Aufbruchstimmung sorgte dafür, daß diese Vorstellung sich programmfaktisch erst einmal durchsetze, daß eine ARD-Sendereihe mit gehörigem Pathos und nicht geringem Selbstbewußtsein sich installierte, die sich programmatisch *Glashaus* nannte.
Wenn man sagt, daß diese Sendung sich parallel zum demokratisch-emanzipatorischen Aufschwung der Jahre 1967ff. entwickelte, so ist dies nicht ganz richtig. Im Grunde waren die beiden medienkritischen Sendereihen des Fernsehens: *Glashaus* (ab 1972) und *betrifft: Fernsehen* (ZDF, erste Sendung: 18. 3. 1974) schon allzu verspätet ins Programm gebracht, es hatte schon die „neueste Stimmung im Westen“ (Martin Walser) Platz gegriffen, der Wind war umgeschlagen und blies kritisch-innovatorischen Programmachern direkt ins Gesicht. 1975 konnte der Programmdirektor Deutsches Fernsehen, Hans Abich, beim ARD-Presseseminar in Königstein nur aufatmend mitteilen, ein Erfolg dieser Programme bestehe schon darin, „daß sie überlebt hätten“.[1] Wenn die Medienkritikbewegung, deren Abgesang hier notiert wird, einen programmpolitischen Sinn gehabt hat, dann sicher auch den, daß der negative Beweis dafür geglückt ist, wie wenig bürokratisch verfestigte und hierarchisch aufgebaute Apparate in der Lage sind, sich kritisch in Frage stellen zu lassen.
Mittlerweile befindet sich die ganze medienkritische Bewegung auf dem Rückzug, wobei es manchmal nicht einmal mehr zu anhaltenden Rückzugsgefechten kommt. Eine medienkritische Hörfunk-Sendereihe des Südwestfunks, die sich durch peni-

1 Referat Hans Abichs auf dem Presseseminar der ARD in Königstein/Taunus am 27./28. Mai 1975; abgedruckt in *Königsteiner Gespräche*, hrsg. v. Hans Bausch, Stuttgart 1975.

ble Einhaltung des Ausgewogenheits-Gebots dennoch immer wieder Schneisen der Medien- und Programmkritik offenhielt, wird sang- und klanglos aus diesem Programm genommen und durch ein sogenanntes ‚Europa-Magazin' unter demselben Sendetitel ersetzt (*Funk-Kontakt,* ausgestrahlt wöchentlich dienstags 19.30 Uhr, bisher von Klaus Figge verantwortet, nun von Gisela Mahlmann). Bezeichnend für das geduckte Klima in der publizistischen Landschaft insgesamt ist, daß es in der Presse kaum einen Protest gegen solche und ähnliche Entscheidungen gibt. Selbst neue Programminitiativen in Sachen Medienkritik werden aufgrund vorweggenommener Empfindlichkeiten und Einwände abgewürgt. Anfang 1978 sollte es im Hörfunkprogramm des WDR ein neues monatliches medienkritisches Magazin geben – einmal im Monat abwechselnd mit dem literaturkritischen Journal *Proben und Stichproben*. Die Sendereihe war vorbereitet, die erste Sendung schon ausgedruckt, als der WDR-Hörfunkdirektor Martin Jenke die Sendung aufhob, weil er sich die regelmäßige Konfrontation mit seinem Intendanten in diesen Dingen ersparen wollte.

Die Kritik des Mediums im Medium entstand in Zeiten, da Transparenz als Mittel der Aufklärung und Emanzipation ein allgemein-gesellschaftspolitisches Programm wurde. Kein gesellschaftlicher Bereich konnte und durfte sich von der Dynamik und Insistenz grundlegender Kritik und Infragestellung ausnehmen, konnte sich dem Sog dieser Bewegung entziehen, die auch Konsequenzen im Bereich von Mitbestimmung und Mitverantwortung erheischte – dies sowohl im innerinstitutionellen Bereich des Rundfunks wie im Verhältnis von Programmachern zu den Rezipienten gemeint. Im Programm sollte diese Bewegung durch Sendereihen sichtbar werden, in denen sich das Medium selbst kritisierte, seine Probleme und Bilanzen, seine Syndrome und Befangenheiten offenlegte.

Diese Versuche zur Öffnung und Offenlegung des Rundfunks, die medienkritischen Ansätze der sechziger Jahre sind 1977/78 fast sämtlich gescheitert. Eine wissenschaftliche Arbeit aus dem Fachbereich 11 der Freien Universität Berlin[2] hat schon 1976 dieses Scheitern vorausgesehen und auf den Begriff gebracht: „Das grundsätzliche Dilemma aller fernsehkritischen Versuche im Fernsehen besteht darin: zu Kontrolle, Kritik und Emanzipierung beitragen zu wollen, aber lediglich Affirmation und Legitimation zu leisten".[3]

Wolf Bauer, der Autor dieser Arbeit, führt zur Begründung seiner These aus: „Das erwartungsvolle Interesse jener kritischen Öffentlichkeit, die Demokratisierung und Transparenz der öffentlich-rechtlichen Rundfunkanstalten am nachdrücklichsten forderte, hat sich in die Resignation enttäuschter Hoffnungen verwandelt! Die bestehenden medienkritischen und medienkundlichen Sendereihen haben das ihnen im Übermaß entgegebengebrachte Wohlwollen verbraucht, die erfahrene

2 Wolf Bauer: *Fernsehkritik im Fernsehen,* Magisterarbeit am Publizistischen Institut der Freien Universität Berlin, März 1976; vgl. dazu auch Martin Wiebel: „Medienkritik im Fernsehen – Anmerkungen am Beispiel ‚Glashaus'", in: *Rundfunkpolitische Kontroversen – Zum 80. Geburtstag von Fritz Eberhard*, Frankfurt 1976, S. 231–242.

3 Bauer, *Fernsehkritik im Fernsehen*, S. 143.

Aufmerksamkeit verloren und die zeitweilig beachtenswerte Wirkung nach innen und außen eingebüßt. Das Fernsehen ist ein hartnäckiges Tabu des Fernsehens geblieben, und was die Demokratisierungsbestrebungen zu erreichen suchten, wird allenthalben schon als gegeben angenommen."[4]

Wir wollen im folgenden den Weg nachzeichnen, den einzelnen Stadien und Wendepunkten folgen, die dieser Programmbereich erlebt hat. Am Anfang gab es zunächst wohl allein Programmbemühungen des WDR in Köln, die anderen Anstalten schlossen sich dann diesem leichten Trend mehr oder weniger entschlossen an. Motor und Promotor solcher medienkritischer Programminitiativen war der damalige Leiter des WDR-Programmbereichs Kultur, Hans Geert Falkenberg. Dieser Programmbereich wurde 1976 im Zuge einer WDR-Strukturreform aufgelöst, nicht zuletzt auch deshalb, weil zupackende und immer wieder (hierarchisch gesehen) unberechenbare Medienkritiksendungen diesen Programmbereich sowie seinen Leiter in den Augen des WDR-Intendanten von Sell zu einem „Sicherheitsrisiko" werden ließen (das für die ganze neuere Programmentwicklung symptomatische Wort stammt von dem früheren SWF-Intendanten Helmut Hammerschmidt, der eine Sendereihe seines Hauses, das *Literaturmagazin* mit diesem Verdikt belegte, weil die Reihe durch die geplante Ausstrahlung eines BRD-kritischen Gedichtes von Alfred Andersch eine ARD-Kontroverse heraufbeschwor). Die Reflexion der programmgeschichtlichen Entwicklung der Medienkritik führt also auch in die Höhen und Untiefen der Medienpolitik.

Im Herbst 1970 begann das WDF mit Halbstunden-Sendungen, die – bis Ende April 1971 – unter dem Titel *Reflexe* jede Woche am Sonntagnachmittag ausgestrahlt wurden. Die Sendereihe wurde dann im September 1971 unter dem neuen Titel *Glashaus* wieder aufgenommen (wöchentlich montags von 21.30 bis 22.00 Uhr, live produziert und ausgestrahlt). Diese erste Periode von WDR-Medienkritik gehört wohl zu den gelungensten. Das, was später immer seltener sichtbar wurde – die klare, harte Programmkritik von unabhängiger Seite – gelang wohl nur in dieser noch relativ unbelasteten Programmzeit, die von den allgemein politischen Verhältnissen getragen wurde. Am 13. September 1971 z. B. gab es im Anschluß an das umstrittene dokumentarische Fernsehspiel *Rote Fahnen sieht man besser* von Rolf Schübel und Theo Gallehr eine *Glashaus*-Replik von Walter Jens; danach diskutierten jüngere Gewerkschaftler und der zuständige Redakteur des Fernsehfilms miteinander über dieses Programm.

1972 gelang *Glashaus* der Sprung ins ARD-Hauptprogramm – zu einer Sendezeit, sonntags 14.00 Uhr, die man nur als denkbar ungünstig bezeichnen konnte und die vermuten ließ, wie ungeliebt das Kind Medienkritik bei den Programmverwaltern war. Die ersten dieser neuen *Glashaus*-Ausgaben erwiesen sich als hilflos, die Einfälle waren unfreiwillig ‚kabarettreif', der Überschwang und das Selbstbewußtsein, mit dem man in jeder Folge die „Schlechteste Sendung des Monats" küren und ‚fertig machen' wollte, zeugte von einer falschen Einschätzung der Realität durch die

4 Ebd., S. 3.

Redaktion. Weder hatte sie erkannt, worauf es in einer Medienkritik-Sendung für den Zuschauer ankam,[5] noch genügend realisiert, wie es um die kritikverhindernden Mächte in den Anstalten wie zwischen diesen steht. Die ersten Sendungen waren wie ein großes Magazin angelegt.
Von der ersten Sendung an begannen die Konflikte um die Sendung, um die sich der Fernsehredakteur des WDR, Werner Höfer, über Jahre hin engagiert bemühte. Die Redaktion verließ bald die Programmkritik, um sich fast ausschließlich medienpolitischen Ereignissen, Skandalen, Fällen zuzuwenden. Es setzten endlose Grabenkämpfe innerhalb des WDR wie zwischen den einzelnen Anstalten ein; schon fertige Sendungen wurden wieder verschoben, angemeldete Themen für den nächsten *Glashaus*-Termin wieder gestundet. – Dies alles hatte der Programmverantwortliche Falkenberg in seinem Mainzer Referat vorweggenommen. Er hatte die zugleich günstigen wie hemmenden Voraussetzungen für die „Kritik des Fernsehens durch das Fernsehen im Programm" beschrieben. Als „optimale Basis" für eine radikale Medienkritik beurteilte Falkenberg die öffentlich-rechtliche Organisation des Fernsehens in diesem Lande. („Kritik wird schwieriger, wenn sich mit ihrer Existenz im Fernsehen zugleich der Staat selbst oder das kapitalistische System in Frage stellen müßte".[6]) Aber die Hemmnisse sind gleich stark und haben im Verhältnis zu der theoretisch-günstigen Voraussetzung den ‚Vorzug' der unmittelbar praktischen Wirksamkeit. „Das beginnt beim Ressort-Egoismus innerhalb einer Rundfunkanstalt, wo fast jede Redaktion, Abteilung oder Hauptabteilung eine elementare Kritik ihres Programms im Programm als Schwächung ihrer Position ansieht. Das setzt sich im mittleren Bereich (vor allem in der ARD) fort, etwa bei nichtsnutzig konkurrierenden Redaktionen des gleichen Genres, und schreitet munter über schizoide Zwischenstufen miteinander ‚rivalisierender', aber nicht genügend funktionsträchtiger Dritter Programme fort bis hinauf zur allabendlichen Pseudokonfrontation von ARD und ZDF." Das Resultat dieser Konfrontationen „im großen und im kleinen" nach Falkenberg: „Die Programmwirklichkeit und die Bewußtseinslage dieser unabhängigen, vielgestaltig föderalistischen deutschen Rundfunkorganisation wird derjenigen von kommerziellen Fernsehsystemen immer ähnlicher – bis auf den Unterschied, daß beim bundesrepublikanischen System seine Initiatoren – aus einem unerforschlichen Ratschluß – die ‚sponsors' vergessen haben. Die Folge: Anpassung an den Erfolg, den eigenen oder den anderer, führt zur kritiklosen Identifikation mit dem eigenen Programm. Das daraus folgende Ausschließlichkeitsbewußtsein der Verantwortlichen spiegelt sich in Sprache und Verhalten: Da wird draußen und

5 Eine Equipe bundesdeutscher ‚Großkritiker' sollte in jeder Sendung die schlechteste Sendung des Monats auswählen. In einem Monat wurde der Film *Der Tod der Marilyn Monroe* von Wilhelm Bittdorf ausgewählt, aus ganz geschmäcklerisch-ästhetischen Gründen; es waren Einwände des Kenners und Insiders, die Wolf Donner (*Die Zeit*) als Sprecher der Equipe gegen den Film vorbrachte.

6 Hans-Geert Falkenberg: „Die Kritik des Fernsehens durch das Fernsehen", in: *Fernsehen von morgen – Das Ende eines Monopolbewußtseins*, Mainz 1972 (Mainzer Tage der Fernsehkritik 1971), S. 109–130 (hier zitiert S. 110).

drinnen immer wieder von ‚unserem' oder gar von ‚meinem' Programm gesprochen; Intendanten und Redakteure nennen ihre Organisation patriarchalisch ‚das Haus', so als wäre man bei Bertelsmann oder Springer; blinde Loyalität verspricht in der Regel Karriere, offener Widerspruch verhindert sie."[7]
Falkenberg notierte bei dieser ersten Bilanz auch gleich die ersten verstreut, unsystematisch auftauchenden Sendungen mit para-medienkritischem Anspruch (z.B. des ZDF-Intendanten Holzamer Sendereihe *Gespräch mit dem Zuschauer* und feed-back-Experimente mit dem Telefon im Dritten Programm des NDR: *Der Zuschauer hat das Wort*) und rügte dabei ein Verhalten, das viele Programmacher in Medienkritik-Sendungen an den Tag legen, Hierarchen sich zur Gewohnheit machen (rühmliche Ausnahmen wie Hans Abich, bis 1978 Programmdirektor Deutsches Fernsehen, seien hier wenigstens erwähnt). Falkenberg: „Nicht der Zuschauer, die Programmverantwortlichen haben das Wort. Mit blanker Routine wenden die Fernsehleute – geraten sie ihrem Publikum gegenüber einmal wirklich in Verlegenheit – das folgende probate Rezept an: Man nehme das gesamte Programm und schlage es dem Zuschauer um die Ohren. Wenn man ihn nur nachdrücklich darauf hinweist, was er alles nicht kennt, was er nicht gesehen hat, wenn man von Vergangenheit und Zukunft spricht, dann wird er eingeschüchtert schweigen. Merke: Er kann nie soviel gesehen haben, wie man selbst produziert hat."[8] Wie gesagt: Die Hemmnisse, die systemstrukturell gegen die Möglichkeit von Kritik des Mediums im Medium stehen, waren vorauszusehen. Sie erwiesen sich dennoch als härter denn vorausgeahnt.
Ende 1974 kam es zu dem ersten großen Eklat. Die Sendung vom 8. Dezember 1974 befaßte sich mit der Sparmethodik der Anstalten, mithin mit der Frage, ob man nicht der Verpflichtung zu sparen genau an den falschen Stellen nachgebe, nämlich im Programm und der Programmstruktur, nicht aber im Bereich der Rundfunkbürokratie, auch nicht im Feld der Aufwandsentschädigungen für die auch sonst schon hoch dotierten Gremienmitglieder. Diese *Glashaus*-Folge von Ende 1974 war formal wie inhaltlich eine der gelungensten in der Programmgeschichte der Medienkritik-Sendungen: Die Redaktion (Ludwig Metzger, Ludwig Brundiers) hatte zwei Pressekollegen – Heiko Flottau (damals noch Medienexperte der *Süddeutschen Zeitung*) und Helmut Markwort (*Gong*) – gebeten, einen Teilaspekt des Problems in einem kleinen Einspielfilm zu behandeln, den sie selbst im Studio moderierten. Markwort konnte den Beitrag nicht selbst fertigstellen; er mußte sein Treatment schicken; sein Beitrag wurde von Peter Strege realisiert. Es ging in Markworts Film zum einen um die Frage (von Maria Schell artikuliert), wieviel vom Gebühren- und Einnahmekuchen den freien Mitarbeitern zukommt. Die Schauspielerin Schell nahm sich temperamentvoll der Frage an und erklärte, es entfalle nicht einmal ein ganzer Pfennig pro Mark auf die ‚freien Mitarbeiter'. Außerdem wurden in dem Beitrag hieb- und stichfest auch die Höhen der Diäten genannt, die

7 Ebd., S. 111.
8 Ebd., S. 114.

einige hohe Politiker vom Rundfunk für ihre Gremientätigkeit bekommen. Im Studio in Köln saß als Vertreter der Anstalten, der zu den geballten Vorwürfen und Vorhaltungen Stellung nehmen sollte, der Südwestfunk-Intendant Helmut Hammerschmidt, der sich – vergleichsweise gesagt – mit seinen Antworten sehr klug verteidigte.
Doch einige Tage später versammelten sich in Frankfurt die Intendanten zu ihrer Hauptversammlung und fühlten sich – angereizt durch ihren Kollegen Hammerschmidt – durch diese Sendung verletzt und waren empört. In der Aufregung über diese Sendung kam einiges über den Grad der Unbeliebtheit hervor, die Aversion der Programmverwalter gegen die Möglichkeit tiefsitzender Kritik „in den eigenen Reihen". „Wieweit kann Kritik vorangetrieben werden", war die vermeintlich um das Wohl der ARD besorgte Frage der Intendanten, die eine „schädliche Wirkung auf das Rundfunksystem der Bundesrepublik" von solchen Sendungen befürchteten.[9]

Es zeigt sich also spätestens nach dieser (durchaus gelungenen) Sendung, daß die Programmverantwortlichen eine wirklich kritische Durchleuchtung von Programm und Medienkritik nicht wollen und die zuständige WDR-Redaktion von Anfang an in eine Abseits-Ecke stellten, aus der sie sich auf Dauer nicht befreien konnte. Man beruhigte sich großspurig und sehr bürokratisch – wie der SDR-Intendant Hans Bausch – damit, daß „im Vergleich zu anderen Institutionen die Institution Rundfunk in diesem Lande für denjenigen durchaus transparent ist, der sich die Mühe macht, die vorhandenen Informationsquellen zu benutzen".[10] Ein knappes Jahr später wagte die *Glashaus*-Redaktion ein anderes Rundfunk-Tabu anzugehen: Die versammelte Redaktion fand sich zur Internationalen Berliner Rundfunkausstellung ein und filmte fröhlich die Diskussionen und Dialogversuche von Direktoren und Intendanten auf der Messe, sezierte die vertuschte Problematik der Beteiligung des öffentlich-rechtlichen Funks an der kommerziellen Musterschau. Kurz: Das konnte schon gar nicht gutgehen. Es war eine außergewöhnliche Sendung, an einem außergewöhnlichen Ort gedreht, um die es den Krach gab. Manfred Jenke, Hörfunkdirektor des WDR, unter den Hierarchen einer der wenigen, die aus Vernunft und Einsicht immer wieder medienkritische Beiträge in möglichst vielen Programmsparten befördert haben, schrieb zu dem Konflikt: „Was war geschehen? Nicht gesendet wurde ein Film von wenigen Minuten Dauer, an Ort und Stelle zusammengestellt aus Mitschnitten jener Diskussionen, die von Intendanten mit Besuchern der Berliner Funkausstellung geführt worden waren. Kontakt mit dem Publikum hatte da demonstriert werden sollen, doch Verständigungsschwierigkeiten waren das un-

9 Die *Funk-Korrespondenz*, 18. Dezember 1974, veröffentlichte damals einen Beitrag vom Verfasser dieses Artikels, der sich auch hinterher stärker bestätigt hat, als man das vorher wünschen wollte und in dem er schrieb: „Eine Maria Schell und ein herzig von dieser dahingesprochener Satz – nichts anderes wurde ja in der Frankfurter Pressekonferenz klar bemängelt – und schon erzittert die ARD und die gestrengen Herren erheben warnend den Finger: Schädliche Wirkung, dümmlich exzessiv, nach der einen Seite schlagend [...]"
10 zitiert nach der Zeitschrift *medium*, 10. Oktober 1975.

vermeidliche Ergebnis. *Glashaus* begnügte sich nicht mit der Diagnose. Es machte daraus, was Betroffene als Denunziation empfanden: Durchaus einseitig ausgewählte Bilder von nicht gerade souverän agierenden ARD-Persönlichkeiten."[11] Jenke meinte zu diesem Programm-‚Fall', für die *Glashaus*-Redaktion dürfe es keine eigenen Gesetze geben, was deren journalistischen Biß, deren zupackenden Filmstil angehe: „Wer es für legitim hält, daß im öffentlichen Meinungskampf auf einen harten Klotz gelegentlich ein harter Keil gesetzt wird, der darf auch in Sachen *Glashaus* nicht allzu empfindlich reagieren, wenn er nicht in den Verdacht geraten will, in fremder Sache weniger ‚pingelig' als in eigener Sache zu sein." Für den Ärger mit *Glashaus* sei auch weniger die Redaktion verantwortlich als „vielmehr die Unfähigkeit der ARD, rundfunkpolitisch relevante Fragen auf journalistisch angemessene Weise in ihren Nachrichten-, Kommentar-, Magazin- und Featuresendungen an das Publikum zu vermitteln." Es kam jedenfalls zum großen Eklat noch auf der Funkausstellung selbst (die Sendung wurde live von Berlin aus ‚gefahren'). Hans Geert Falkenberg hatte die Sendung ohne Beanstandung abgenommen, die Intendanten hatten in letzter Minute dafür gesorgt, daß der Beitrag über sie selbst während der Funkausstellung aus der Sendung herausgeschnitten wurde.

1976 planten die medienkritischen Redakteure im Fernsehen und Hörfunk von ARD und ZDF eine große, radio- und fernsehen-übergreifende Verbundreihe zum Thema „Das Fernsehen und der Zuschauer". Mit den vier in sich zusammenhängenden Folgen einer *Glashaus*-Staffel als Beitrag zu diesem Thema begann der Anfang vom Ende der medienkritischen Sendungen zumindest in der ARD. Absicht der Redaktion bei diesen vier Sendungen war es, mit Arbeitern das Grundthema aus verschiedenen Bezugspunkten zu diskutieren, wobei die Lebens-, Arbeits- und Bildungsbedingungen dieser Arbeiter den Ausgangspunkt bilden sollten. Die erste dieser vier Sendungen – *Mehr oder weniger ist das schon eine leichte Sucht – Über die Abhängigkeit vom Fernsehen und wie man davon loskommt* – wurde schon durch zwei Einschübe verbessert. Den zweiten Beitrag der Reihe *Die wissen doch gar nicht, was bei uns los ist* (eine Diskussion mit Arbeitern des Bremer *Weser Kurier* und der *Bremer Nachrichten* über einen Beitrag des ARD-Wirtschaftsmagazins *Plus-Minus*) wollte der neue Redaktionsleiter Klaus Bresser (WDR-„Kultur und Gesellschaft", mittlerweile Moderator des *heute-journals*) nicht abnehmen. Chefredakteur Loch entschied auf Absetzung, und die Zuschauer durften am 9. Oktober eine ganz andere Sendung sehen, eine Diskussionsrunde unter dem Thema *Je Höfer der Münchenhagen, desto Schönherr der Paczensky.* Im Gefolge der Auseinandersetzungen, ja des Grabenkampfes zwischen der Redaktion und der Programmdirektion kam es dann zu einer bei solchen Programmkontroversen bis dahin in der Fernsehgeschichte (m. W.) einmaligen Maßnahme: Der *Glashaus*-Redakteur Ludwig Brundiers wurde fristlos entlassen. (Diese Entlassung wurde aber mittlerweile von der Berufungsinstanz für unrechtmäßig erklärt.) Brundiers hatte in der medienkritischen Sendereihe des SWF *Funk-Kontakt* (s. u.) am 11. Oktober freimü-

11 *medium*, 10/1975.

tig und unfrisiert seine Sicht der Dinge um die Absetzung der *Glashaus*-Sendung formuliert – nicht ohne sich vorher die Erlaubnis zu dieser „nebenberuflichen Beschäftigung“ beim WDR-Fernsehdirektor zu besorgen, der auch selbst an der Sendung des SWF (Titel: *Wer im Glashaus sitzt, kriegt Scherben ab*) beteiligt war. Die Medienkritik-*Glashaus*-Redaktion gibt es auch nicht mehr als solche, die für diese Sendereihe zuständig ist. Über *Glashaus*-Sendungen wird „nach Gesprächen mit dem Redaktionsleiter und mit dem Chefredakteur jeweils von Fall zu Fall entschieden“ (Fernsehdirektor Hübner).[12]

Es gibt noch ganz versteckt einige Rundfunk-Kritiksendungen, die einiges wenige von dem alten Kritik-Geist zu retten versuchen. Seit 1975 gibt es im Dritten Fernseh-Programm die kleine wöchentliche Sendung *Postfach 101958*, die in etwa als etwas Fernseh-Adäquates zu der täglichen Leserbriefspalte in den Zeitungen geplant war – mit dem wichtigen Unterschied, daß die Zuschauer, die sich melden, gleich auch eine Antwort bekommen oder die Möglichkeit zur Diskussion mit Programmverantwortlichen erhalten sollen. Die Sendung bekam einigen Zündstoff, weil sie wirklich kontroverse Sendungen zum Sendeanlaß nahm. Moderiert wurde die winzige Sendereihe (Ausstrahlung jeweils am Sonntag um 18.00 Uhr) von Klaus Rupp, der damals Assistent des Fernsehdirektors Werner Höfer war und sich 1977 resigniert und enttäuscht vom Funk überhaupt zurückzog, weil er das korrupte und korrumpierende Gerangel um Posten und Positionen und die Vernachlässigung von Programm und Publikum nicht mehr länger aushielt.

Ab 1978 (mit Einführung der neuen WDR-Struktur) erhielt die Sendereihe eine neue Gestalt. Sie erschien nun halbmonatlich in einer Länge von nunmehr einer halben Stunde Dauer (neuer Sendetermin: Sonntag 17.30 bis 18.00 Uhr) und gibt dem Redakteur und Moderator der Reihe, Dieter A. Weimer, Gelegenheit, zu einzelnen ausgewählten Sendungen oder Sendereihen Zuschauergruppen zu Wort kommen zu lassen. So gab es jüngst eine inhaltsreiche und nachdrückliche Diskussion mit jugendlichen Strafgefangenen zu einer ZDF-Spielserie *Block 7*, die beansprucht, die Probleme jugendlicher „Knackis“ in Spielform aufzuarbeiten.

Erst 1974 trat das Zweite Deutsche Fernsehen mit einer eigenen Kritik-Reihe auf den Plan. *betrifft: Fernsehen* hieß die Sendereihe, die mit zunächst sechs Terminen im Jahr und einer ausgezeichneten Sendezeit (Montagabend um 19.30 Uhr) besser ausgestattet war als die ARD-Reihe. Die Redaktion lag in den Händen von Helmut Greulich, der sich als Redakteur des ZDF-Jugendmagazins *Direkt* bereits einen Namen gemacht hatte und für eine reflektierte, dem Publikum zugewandte Sendereihe bürgte. Im vorsichtigen ZDF, das der Kritik des eigenen Hauses durch eine Redaktion im Haus eigentlich fassungslos gegenüberstand, nahm man zunächst einen Nomenklaturen-Austausch vor, der sich bis heute durchgehalten hat. Man nannte die eigene Medienkritik-Reihe nicht ‚kritisch‘, sondern ‚kundlich‘, deutete

12 Vgl. hierzu auch den Artikel „Ein ungeliebtes Kind des Programms – Das Fernsehen tut sich mit selbstkritischen Sendungen schwer“, in der *Stuttgarter Zeitung*, vom 18. Februar 1978.

mit dieser taktischen Formulierung an, daß man die frontale, konkrete Kritik möglichst zugunsten allgemeinerer ‚Medienkunde' aufgeben möchte. In der Programmpraxis macht es allerdings kaum einen Unterschied, wie man das Kind nennt, denn auch eine Medienkunde im Programm muß ihre Erklärobjekte konkret und kritisch benennen, muß ein kritisches Materialobjekt vorweisen können.
Es waren ehrgeizige Themen, die sich die Redaktion (neben Helmut Greulich ist Joachim Obst von Anfang an dabei) vorgenommen hatte im ersten Jahr. Die Auftakt-Sendung (*Zuschauer beobachten das Entstehen einer Reportage*, 18.3.1974) sollte in Form und Inhalt exemplarisch für die Reihe sein. Aber die Absicht legte sich wie Meltau auf Inhalt und Form der Sendung, verhinderte jede Spontaneität, so daß sie verkrampft wirkte. Die nächsten beiden Sendungen versuchten schon einen der heikelsten Programmkomplexe frontal anzugehen, den die Programmgeschichte aufweist: Inhalt und Form der Nachrichten im Fernsehen. Die beiden Autoren – Michael Mrakitsch und Jutta Szostak – erlebten dabei zum ersten Mal die immanenten Grenzen, die der Sendereihe gesetzt sind. Der Kampf zwischen der Chefredaktion des ZDF, die der Analyse der eigenen Nachrichtensendung nicht traute und von vornherein ‚Nestbeschmutzung' vermutete, und der Programmdirektion, bei der die medienkundliche Sendung ressortiert, endete weder mit dem Sieg der einen noch dem der anderen Seite. Man einigte sich auf Kompromisse, was heißt: Die Autoren mußten auf einige Sequenzen, auf einige Statement-Teile ihrer Experten (Götz Dahlmüller) verzichten. Autor Michael Mrakitsch fand diesen Kompromiß so faul, daß er – der als fester Mitarbeiter der Reihe eingeplant war – sich künftig an keiner weiteren Folge der Sendereihe beteiligte. Es ging – wie so oft beim ZDF – um den Vorwurf der ‚Linkslastigkeit', die Kritik gehe von einem gesellschaftsverändernden Konzept aus. (Die Sendung lief dann in zwei Teilen: 1. *Wie man die Nachrichten an den Mann bringt*, 22.4.1974, die den Produktions- und Redaktionsprozeß verdeutlichte, in dem eine Nachrichtensendung entsteht, und 2. *Nachrichtenvermittlung in der Kritik*, 15.5.1974, die aus einer Montage von Aussagen der ZDF-Nachrichtenredakteure sowie Einwänden der Medienexperten bestand.) Dieser erste frontale und zermürbende Kampf um die Medienkritik bestärkte Greulich in der (schon bei den Kämpfen um die *Direkt*-Sendereihe gewachsenen) Überzeugung, daß im ZDF, wenn überhaupt, dann nur eine Strategie mit langem Atem Erfolg haben kann. Die nächste politisch brisante Unternehmung wurde daher auch von langer Hand und mit juristischen Finessen vorbereitet. Der Medienwissenschaftler Bernward Wember wurde beauftragt, Nachrichten und Hintergrundberichte aus Nordirland zu analysieren und herauszufinden, welcher Grad politischer Information durch Sendungen solcher Art erreicht werde. Wember analysierte das Material, interviewte die ‚Täter' dieser Berichterstattung (unter anderen den damaligen ZDF-Korrespondenten in London, Carl Weiss, und den ZDF-Sonderkorrespondenten Georg Stefan Troller in Paris) und erkundete das Rezeptionsverhalten des Publikums mit einer nach wissenschaftlichen Gesichtspunkten ausgewählten Zuschauergruppe. Nach intensiven Vorarbeiten wurde der Film im Sommer 1976 fertig. Wember (und mit ihm Greulich) hatte die politische Brisanz der

Sendung vorausgesehen und sich vertraglich das Recht ausbedungen, zu seiner Sendung noch vor der Ausstrahlung derselben Fachgutachten einzuholen. Er versammelte also einen Kreis von Kritikern um sich, denen er die Sendung vorab vorführte. Diese sogenannten Gutachten ließ Wember dann bei der entscheidenden Vorweg-Abnahme-Veranstaltung (wohl einmalig in der Geschichte des ZDF: mit den Spitzen sowohl des politischen Programms wie der Programmdirektion) verteilen. Das Renommee, das solche Texte prominenter Autoren ausstrahlen im Verein mit dem Wissen, daß diese Autoren, die sämtlich, z. T. begeistert, für diesen Film votierten, bei einer Verweigerung der Ausstrahlung publizistisch auf die Barrikaden gehen würden, hat sicher mit dazu beigetragen, daß der potentielle Widerstand gegen die Sendung gebrochen werden konnte. Später nahm der damalige Kulturchef des ZDF, Wolfgang Brobeil, die Sendung nicht nur anstandslos ab, sondern verfügte auch ihre Nominierung für den Adolf-Grimme-Preis. Auch gab es nach langwierigen Vorauskämpfen in der letzten Phase kaum noch eine Auseinandersetzung um die integrale Ausstrahlung der ganzen, ungeteilten Produktion (130 Minuten Sendelänge). Die Sendung lief dann am Abend des 11. Dezember 1975. Der Autor hatte eine Analyse der Nordirlandberichterstattung vorgelegt, die im Prisma der Nordirland-Berichte das Dilemma und die radikale Unzulänglichkeit solcher Sendungen aufscheinen ließ.[13] Den Zuschauer überraschte diese Sendung durch die ungekürzte und ungefilterte wissenschaftliche Anstrengung, die der Autor nicht kaschierte. Ein empirisch beglaubigter Zuschauertest ließ erkennen, wie wenige Zuschauer durch hektisch gearbeitete und auf Bildwirkung angelegte Reports informiert werden, wie wenig sie in die Lage gebracht werden, Inhalte zu verstehen und festzuhalten. Ragte diese Sendung aus dem Angebot üblicher Medienkritik-Sendungen auch dadurch heraus, daß sie mehr als die Kritik eines Programmbereiches auch eine Aussage über Struktur und Konstruktion des Fernsehens überhaupt enthielt, so leistete eine zweite Produktion noch Gewichtigeres und Radikal-Kritischeres zur Problematisierung des ‚gewöhnlichen' Fernsehkonsums. In einem Experiment mit zwei Berliner Arbeiter-Familien wurde erprobt, wie es Menschen ergeht, die vier Wochen ohne den Fernsehapparat auskommen sollen (*Vier Wochen ohne Fernsehen*, ZDF, 23. 2. 1976). In diesem Fernsehbeitrag wird mit wissenschaftlicher Methodik das ‚nachgespielt', was sich in Wirklichkeit schon in der Bretagne ereignet hatte, als dort 1973 der Fernsehturm von Roc-Tredudon von einer bretonischen Untergrundorganisation in die Luft gesprengt worden war und die Bewohner der Bretagne für Monate ohne Fernsehempfang waren. Dort ereignete sich das Gleiche wie später in Berlin beim Experiment. Zunächst einmal entwickelten die Menschen eine ganz neue Freizeitphantasie, um am Abend etwas zu unternehmen: Freunde besuchen, ins Theater oder Kino gehen [. . .] Doch später beginnt für die Menschen, die sich an das in den eigenen vier Wänden stehende Unterhaltungsinstrument ge-

13 Die Sendung von Bernward Wember erschien später auch als ein didaktisch aufbereitetes Buch sowie in Form von mehreren Kassetten unter dem Titel der Sendung: *Wie informiert das Fernsehen?*, München 1976.

wöhnt haben, eine Zeit immer größer werdender Nervosität, Aggressivität gegeneinander, Gereiztheit. Es gibt sogar vor der Kamera regelrechte Ausbrüche, Tränen, Heulen und Zähneknirschen. Die Ehe scheint in Gefahr, die Menschen wissen nicht aus noch ein.[14]
Das Fernsehteam beobachtete während dieser vier Wochen Formen von Entzugserscheinungen; die Menschen – soviel wird erkennbar – leben davon, daß sie am Abend oder schon am Nachmittag ihren Fernsehapparat benutzen können. Das Fernsehen stellt sich den ohnmächtigen, in arbeitsteilige Prozesse verwickelten und die Politiker nur von unten und außen passiv erleidenden Menschen als handelndes, das Handeln als Surrogat ersetzendes Medium dar, bei dem „du dich abreagieren mußt, wenn ich jetzt Ruhe brauche". Der Kommunikationswissenschaftler Dieter Baacke hat eine Theorie vom „Fernsehen als Handlungsentzug" aus dieser Sendung abgeleitet.[15]
Die Sendung hatte alle Qualitäten, die man sich von einem medienkritischen Programm wünscht. Sie ging von der Basis, von den Bedürfnissen der Menschen aus, ließ diese die Bedürfnisse unter Bedingungen formulieren, die Seriosität erzwangen, und entwickelte aus diesen Beobachtungen ein Bild des gewöhnlichen Medienkonsums.
Mit anstrengender Geduld hatten sich Helmut Greulich und Joachim Obst über vier Jahre dieser Arbeit gewidmet, die zu großen Teilen darin besteht, Schwierigkeiten, Barrieren, Mißtrauen im ‚Haus' immer wieder auszuräumen oder für kurze Schonfristen wegzuschieben. Wer Greulichs teils vergebliche, teils erfolgreiche Anstrengungen von ferne miterlebt hat, wer verfolgt hat, wie das Berufsethos des Journalisten in Konflikt gerät mit der Rücksichtnahme auf das empfindliche Umfeld seines eigenen Senders, wird diese Anstrengungen würdigen können, aber ratlos sein gegenüber der Frage, ob ein Medienunternehmen dieses Ausmaßes, dieser technologischen Struktur wirklich zur Aufklärung beitragen kann über sich selbst.
Die Medienkritik hat sich dann auch konsequent auf die unscheinbare Spotstruktur zurückgezogen. Betreut von der Medienkunde-Redaktion im ZDF laufen seitdem jeweils am Samstag um 17.50 Uhr Spots von viereinhalb Minuten Dauer, Spots, die den Zuschauer kurz, allzukurz von der Übermacht symbol- und emotionskräftiger Bilder und ikonographischer Verführungen warnen sollen. Wie aber ein einmaliger Spot von dieser Dauer in lustiger Spielform mit einer Spruchweisheit am Ende irgendetwas bewirken soll in einem Umfeld, in dem dann auch noch die Werbespots

14 Die 25-jährige Ehefrau Schneider sagt nach vier Wochen Fernseh-‚Entzug': „Ich glaube, man ist so ein Mensch, wenn man an den Fernseher gewöhnt ist, daß man den Fernseher braucht, ja. Dann würde ich sagen, wenn er jetzt mit einem Mal weg ist, ich glaube, dann würde manchmal eine Situation sein, wo man sich öfters mal zanken würde. Weil dann irgendwie, wenn ich jetzt Ruhe brauche, wenn du dich abreagieren mußt, guckst du auf den Fernseher und reagierst dich dabei ab, weil du dabei gucken mußt und zuhören mußt und dann verfällt es denn nachher irgendwie."

15 Dieter Baake: „Fernsehen als Handlungsentzug", in *Merkur*, April 1978, Nr. 359, S. 390–406.

laufen, bleibt schleierhaft. Auf jeden Fall läuft jetzt erst eine Spotreihe von 13 Folgen.

Kaum berücksichtigt haben wir in dieser Übersicht bisher diejenige Medienkritik, die sich immer wieder einmal in anderen Sparten ausdruckte – nicht unter diesem Titel. Ohne einen Anspruch auf Vollständigkeit erheben zu können, seien hier wenigstens einige Produktionen aus dem Feature- und Fernsehspielbereich erwähnt, die sich auf dieses Feld hinauswagten – und es immer dann leichter hatten, wenn sie ‚nur' fiktiv gemeint waren. Es gab im Fernsehspielprogramm 1972 die Stuttgarter SDR-Produktion *Tod im Studio* von Gustav Strübel. Das Spiel setzt den Zuschauer darüber ins Bild, was im Fernsehen alles möglich ist (sein wird), nimmt also auf seine Weise den späteren (1977) Kinospielfilm *Network* durchaus vorweg. Das Spiel sollte demonstrieren, wie „das Medium, das überhaupt keine Grenzen kennt, das rücksichtslos nur auf Sensation aus ist, zum bloßen Nervenkitzel [wird] . . . maßlos potenzierten Sadismus [als] elektronische Vivisektion frei Haus ins Wohnzimmer liefert".[16] Weniger mit medienkritischen Intentionen, aber doch in der Form einer Medienveranstaltung waren Produktionen wie *Die Dubrow-Krise* und *Smog* gemacht, die beide nebenbei auch medienkritische Wirkung haben konnten. Unter den Features wäre vor allem Wilhelm Bittorfs Produktion für den SDR über die ZDF-Sendung *XY-Aktenzeichen ungelöst* zu nennen.

In den letzten Jahren werden in einigen Hörfunkprogrammen der ARD Medienkritik- und Medieninformations-Sendereihen eingerichtet, die oft die gründlichere und zupackendere Arbeit leisten konnten und können, da Hörfunk- weniger als Fernsehsendungen im Sturmwind öffentlich-politischer Auseinandersetzungen stehen. Als hervorstechendstes Sendebeispiel ist die NDR-Sendereihe *Medienreport* (früher: *Von Bildschirm und Leinwand*) zu nennen, die seit Anfang 1974 über einen wöchentlichen Sendetermin in NDR 3 verfügt (Sonntag, 15.00 bis 15.30 Uhr). Redakteur der Reihe ist Michael Wolf Thomas, der bei verschiedenen Gelegenheiten Zusammenstöße mit den Schranken des Rundfunkrates erlebte (so vor allem mit seiner Jubiläumssendung zum 25-jährigen Bestehen der ARD): „Kritische Medieninformation kommt im öffentlich-rechtlichen System nicht umhin, eben diesem System Fragen zu stellen, die unbequem sind. Und unbequeme Fragen werden allzu leicht als ‚Nestbeschmutzung' angesehen, wenn es nicht gelingt, in Konzeption und Ausführung immer wieder deutlich zu machen, daß gerade das öffentlich-rechtliche System wegen seiner Monopolstellung und seiner überragenden Bedeutung im Alltag der Gebührenzahler zu schonungsloser Offenheit verpflichtet ist."[17] Mehr als

16 Zitiert nach dem Drehbuch von Gustav Strübel: *Tod im Studio*, S. 97f.

17 Michael Wolf Thomas: „Kritische Medieninformation im Hörfunk am Beispiel der Reihe ‚Von Bildschirm und Leinwand' – Bequem zwischen allen Stühlen?", in *medium*, Mai 1975. – Ein Beispiel aus der Redaktionsarbeit: *Der Stechlin*, dreiteilige Fontane-Adaption für den NDR zu Ostern 1975. „Für Literaturkenner und -freunde ist diese Produktion sicher von großem Interesse und wird deshalb von der Presse, wenn nicht im Feuilleton, so doch auf der Fernsehseite, mit einer Einzelkritik bedacht werden. Eine medienkritische Information im angeführten Sinne ist dies aber nicht. Sie hätte das Produkt der Fernseh-

bei der meist „subjektiven Programmkritik" in der Presse muß bei einer kritischen Medieninformation – meint Thomas – „auf die dokumentarische Arbeit" Wert gelegt werden.
Die NDR-Sendereihe versucht Hintergrundinformationen an den Medienrezipienten zu vermitteln. Oft gibt es Schwerpunktthemen, die Sendungen eines ganzen Monats umgreifen („Auslandsberichterstattung", „Lokale Presse", „Fernsehen und Werbung"), dann wieder gründliche Einzelbeobachtungen und Produktionsberichte.
Abwechselnd vom WDR 1 und NDR 1 wird die Reihe *Medien: Politik und Kritik* publiziert, die zu einem sehr späten Mittwochabendtermin (22.20 Uhr) ausgestrahlt wird und sich auf die Kommentierung aktueller medienpolitischer Vorgänge einläßt. Der Versuch, im WDR 3 eine regelmäßige monatliche 45-Minuten-Leiste als eine Art kritisches Medienmagazin (innerhalb der literarischen Reihe *Proben und Stichproben*) einzurichten, wurde von Hörfunkdirektor Manfred Jenke abgeblockt, obwohl die erste Folge dieser Reihe schon ausgedruckt war. Maßgeblich für die Absetzung einer lang vorbereiteten Reihe ist, wie schon dargelegt, die Sorge und Furcht der Funk-Hierarchen vor den sogenannten „Sicherheitsrisiken" im Programm. Sind doch solche Medienkritiksendungen immer wieder Friedens- und Ruhestörer im ansonsten geölten Produktions- und Programmbetrieb gewesen. Jenke möchte als Ersatz für solche Reihen lieber Einzelsendungen mit medienkritischem Inhalt.
Im April 1978 wurde auch einer medienkritischen Sendereihe im SWF das Licht ausgeblasen, die standhaft und kontinuierlich immer wieder neuralgische Programmthemen angegangen hatte. *Funk-Kontakt* hieß die eingangs erwähnte Reihe, redaktionell betreut von Klaus Figge, die kein Thema ausließ, aber in der Form doch immer der Methodik folgte, alle Seiten bei einem Streitfall zu Wort kommen zu lassen. Eine der letzten *Funk-Kontakt*-Folgen hatte eine Wirkung, die in die Programmgeschichte der medienkritischen Sendung hineingehört (und in diesem Artikel auch schon an anderer Stelle behandelt wurde): der WDR-Intendant von Sell entließ den WDR-Redakteur Brundiers fristlos, weil dieser in der Sendung Interna, Betriebsgeheimnisse des WDR preisgegeben habe.
Nach dieser Entlassung eines Medienkritik-Redakteurs sowie nach der neuerlichen Absetzung einer Medienkritik-Sendung im WDR, über die noch zu berichten ist, kann man die Zwischenbilanz des Programmdirektors Deutsches Fernsehen, Hans Abich, nicht mehr gelten lassen: Die Medienkritik-Sendungen haben nun doch nicht überlebt, sie sind gestorben. Am 16. Mai sollte im Dritten Fernsehprogramm des WDR eine Sendung laufen, die aus Anlaß des medienpolitischen Kongresses des DGB über die Haltung von Gewerkschaftern zum Funk unterrichten sollte. Der Titel der Sendung entsprach dem Titel der DGB-Medienkonferenz: *Ist die Rundfunkfreiheit bedroht?* Autoren der Sendung waren Peter Kleinert und Johannes Flütsch.

spielabteilung einer öffentlich-rechtlichen Anstalt zu untersuchen, hätte Kriterien abzuklopfen, den Aufwand zu recherchieren, Hintergründe auszuleuchten."

Am Freitag vor Ostern (12. Mai) fand die Abnahme der Sendung statt, an der WDR-Fernsehdirektor Heinz Werner Hübner, WDR-Chefredakteur Theo M. Loch und dessen Stellvertreter Claus Hinrich Casdorff teilnehmen. Die drei Programmverwalter entscheiden nach der vorgeführten Sendung kurz und bündig auf Absetzung derselben und bitten den unmittelbar Verantwortlichen für die Sendung, eine Ersatzsendung vorzusehen. Die offizielle Begründung des WDR für die Absetzung: „Der Filmbericht sollte dem DGB-Kongreß ‚Ist die Rundfunkfreiheit bedroht?' und dessen Umfeld gelten. Den Autoren ist es nicht gelungen, dieses von ihnen selbst vorgelegte Konzept zu verwirklichen. Statt der angekündigten Berichterstattung über den Kongreß und seine Folgen besteht die Rohform des Filmes aus der Aneinanderreihung von Protesten einzelner Gruppen, die nicht legitimiert sind, für den DGB zu sprechen. Sie sind auch weder repräsentativ für die Zuschauer des Fernsehens noch für die deutsche Arbeiterschaft. – Die Rohform des Films läßt darüber hinaus so viele Mängel an journalistischer Akkuratesse erkennen, daß ein falsches Bild deutscher Wirklichkeit entsteht, die Lage im deutschen Fernsehen unrichtig dargestellt wird, und der Vorwurf der Manipulation nicht von der Hand zu weisen ist."[18]

Eine solche Begründung läutet geradezu das Ende der medienkritischen Sendungen ein. Das formale Argument – die Endfassung des Films entspreche nicht der Formulierung in der Stoffbewilligung – rechnet mit der mangelnden Informiertheit der Öffentlichkeit, denn natürlich sieht das Endprodukt eines Films in der Regel anders aus als die erste Beschreibung des Vorhabens. Zum anderen: Wenn es demnächst nur noch Meinungen von solchen Zuschauern geben darf, die repräsentativ „für die Zuschauer des Fernsehens" oder gar „die deutsche Arbeiterschaft" sprechen – wer dürfte sich da noch im Medium zu Wort melden? Und: Gegen eine vergleichsweise unbedeutende Sendung gleich das schwerste Geschütz aufzufahren, über das der Rundfunk verfügt, nämlich zu behaupten, eine Sendung entspreche in ihrer Darstellung nicht der „deutschen Wirklichkeit" – zeugt von einem ganz neuen Verständnis journalistischer Arbeit. Bis dato war klar, daß dies eine Präambel-Formulierung ist, ein Annäherungswert, zu allgemein gefaßt, als daß man ihn im alltäglichen Hick-Hack der Programmarbeit einfach beansprucht (wie das auch: sollte es nicht in den Häusern verschiedene Perspektiven, Sichtweisen, Meinungen zu der deutschen Wirklichkeit geben?).

Jetzt aber wissen Programmdirektoren – und münzen dieses Wissen auch gleich juristisch aus –, wie man „die Lage im deutschen Fernsehen richtig darstellt".

Was tun? Wie sollte sich – nach den vorangegangenen kritischen Bemerkungen zur bisherigen Programmpraxis bestehender Medienkritik-Redaktionen – eine Medienkritik innerhalb des Programm- und Organisationsschemas der real existierenden Fernsehanstalten verwirklichen? Das Konzept einer künftigen Medienkritik dürfte nicht mehr (wie bisher) auf die Arbeit einer ganz bestimmten, ausgegrenzten Medienkritik-Redaktion mit bestimmten, eindeutig überschriebenen Programm-

18 WDR-Pressemeldung vom 15. Mai 1978

plätzen eingeschränkt sein, sondern müßte Medienkritik als Selbstverständigung der Programmacher und Redaktionen mit sich selbst und Kommunikation mit dem Publikum auf allen denkbaren Ebenen begreifen. Eine neue medienkritische Programminitiative der Fernsehanstalten (zu der die Sender auf Grund der programmgeschichtlichen Entwicklung sich verpflichtet fühlen sollten) dürfte sich daher nicht ausschließlich auf eine periodische, wohlinstallierte, mit Planstellen und Programmplätzen ausgestaltete Sendereihe stützen, sondern sollte sich als Anreger medienkritischer Bemühungen im Gesamtprogramm verstehen. Medienkritik, die sich aus den übrigen Programmbereichen ausgrenzt, führt dazu, daß sie bei den ‚lieben Kollegen" als Alibi für eigene Bemühungen erkannt und belächelt wird.
Wichtig wäre, *erstens* die programmgeschichtliche Reflexion als vornehmsten und privilegierten Ausdruck medienkritischer Bemühungen zu erkennen, die Programmgeschichte des Mediums und der eigenen Abteilung zuallererst wahrzunehmen im Sinne der eigenen redaktionellen Selbstverständigung, aber auch, um sich des Bezuges der eigenen Programmpraxis zu dem jeweiligen Publikum neu zu vergewissern und aus dieser Reflexion Konsequenzen zu ziehen.
Zweitens müßten Produktionsprozesse, die Generalstabsarbeit einer Fernsehspielproduktion dem Zuschauer exemplarisch vorgestellt werden, müßten Funktionen und Rollen in einem solchen produktionellen Ablauf, der sich oft über Jahre hin erstreckt, verdeutlicht werden. (Konkret: Was kann der Regisseur Hans W. Geissendörfer meinen, wenn er im November 1978 nach Fertigstellung der achtteiligen Fernsehspielserie *Theodor Chindler* nach einem Roman von Bernard von Brentano erklärt, diese Arbeit hätte ihn volle zwei Jahre seines „schönen, kurzen Lebens" gekostet?) Medienkritik könnte dabei Entscheidendes leisten zur Emanzipation all der wichtigen sogenannten ‚Nebenrollen' im Produktionsablauf, die dennoch für die ästhetische Dimension von Fernseh-Produktionen von ausschlaggebender Bedeutung sind. Was leistet eine Kostümbildnerin bei einem historischen Fernsehspiel-Stoff wie *Schwüle Tage* nach Eduard von Keyserling (Sendung des Films von Hajo Gies am 17.12.1978 in der ARD) oder *Esch oder die Anarchie* nach Hermann Broch (Sendung des Fernsehfilms im März 1979, ARD)? Was tragen Kameramänner dazu bei, daß Regisseuren wie Beauvais, Rainer Werner Fassbinder, Reinhard Hauff, Ilse Hoffmann immer wieder ansprechende Fernsehfilme gelingen? Was bedeutet die Architektur in solchen fiktionalen Produktionen, bei denen eine bestimmte historische Epoche synthetisch nachgebaut werden muß? Daß Peter Scholl-Latour beim ZDF einen so enormen Programm-Ausstoß an aktuellen und mittelfristigen Produktionen hat, verdankt er auch einem Kameramann (Josef Kaufmann), der selbständig für ihn vor- und nacharbeiten kann. Die Fernseh-*Film*-Arbeit liegt oft ganz auf den Schultern der fachlich geschulten Equipe, während die Autoren, die die Sendungen mit ihrem Namensetikett versehen, ihre Aufgabe oft vorzüglich darin begreifen, einem ‚fertigen' Film noch die „Text-Seele einzuhauchen" (so jedenfalls drückt sich ein vielbeschäftigter Autor des Fernsehens regelmäßig aus).
Drittens sollte man die Medien*politik* im Rahmen der Medien*kritik* nicht aus dem

Auge verlieren, aber man sollte sich der hier gewünschten und begründeten Rangfolge bewußt bleiben, innerhalb derer die Erörterung medienpolitischer Fragen und ‚Fälle' innerhalb der medienkritischen Programmarbeit erst an dritter Stelle folgt. Man sollte sich dabei immer das Umfeld vergegenwärtigen, in das man sich begibt, und sich – auch in taktischer Absicht – der Partner innerhalb der Anstalt bei einer solchen Aufgabe versichern. Naiv (und – wie sich gezeigt hat – folgenschwer) ist es anzunehmen, man könne mit rührigen Mitgliedern einer Initiativgruppe im Ruhrgebiet gegen einen mächtigen Gewerkschaftsverband oder mit einer großen Bürgerinitiative (Wyhl) gegen die politisch prästabilisierte, föderative Struktur der Fernsehanstalten ankommen. Der große Irrtum der *Glashaus*-Bewegung beim WDR war zu meinen, daß sie aller Aufgaben enthoben sei, wenn ihr die medienpolitische Auseinandersetzung als Programmaufgabe genommen würde. Die beiden erstgenannten Aufgaben in dem hier genannten Katalog sind im Sinne der Selbstvergewisserung der Funkmitarbeiter und des Kontaktes zum Publikum um eine ganze Qualität wichtiger und leisten nicht der Irrlehre Vorschub, Rundfunk-Freiheit würde allein durch kämpferische Medien-Politik gesichert und gefördert. Bei der Medien-Politik wird ja meistens die Politik größer geschrieben als das Medium. Und die Politik hat anderes vor mit dem Medium, will es für die eigenen Zwecke verfremden.

Leo Kreutzer

Nachruf auf eine Möglichkeit

Zur Vorgeschichte des WDR-Fernsehens neuen Typs

Die Rundfunkfreiheit, das erkennen und sagen jetzt viele, ist bedroht. *Die* Rundfunkfreiheit? Hat es die denn bis jetzt schlicht und einfach gegeben? Oder hat es nicht vielmehr in den Rundfunkanstalten, hat es nicht für sie die Freiheit gegeben, die diese Republik überhaupt gewährleisten mochte und konnte? Und das war bekanntlich nicht *die* Freiheit. Auch in der ARD hatte nicht vorzukommen, was in der BRD nicht vorkommen durfte. Aber manches war möglich, im Rundfunk wie in der Republik. Dies bislang Mögliche ist dramatisch bedroht.
Es bestehen Chancen, daß sich gegen diese Bedrohung ein wirksamer Widerstand organisiert und bundesweit stabilisiert, eine „Bürgerinitiative für die Rundfunkfreiheit". Aber was für eine Freiheit ist gemeint, für die einzutreten wir aufgerufen sind? Reicht es zur Abwehr der Bedrohung aus, für die Erhaltung, die „Rettung" eines status quo zu kämpfen? Reicht es aus, einer Bürgerinitiative für die Rundfunkfreiheit, defensiv und in negativer Abgrenzung, die Maxime zu verschreiben: „Gegen Privatrundfunk – gegen Parteienrundfunk – gegen Regierungsrundfunk"?
Wie man einem politisch oder ästhetisch, politisch *und* ästhetisch alternativen Fernsehmachen mit organisatorischen Handgriffen höchst wirksam zu Leibe rücken kann, ist im WDR-Fernsehen 1977 demonstriert worden, bei einer Reorganisierung der Fernsehredaktionen dieses Senders, deren Kernstück die Auflösung eines eigenständigen Programmbereichs Kultur war. Die These von einer „Zerschlagung der Kultur" im WDR-Fernsehen ist von den Verantwortlichen bestritten worden, ich möchte sie hier erneut vortragen und auslegen.
Vor seiner Auflösung war der Programmbereich Kultur im WDR-Fernsehen eigenständig, und er war der einzige eigenständige Kultur-Programmbereich in einer Fernsehdirektion der ARD. Das heißt: Ihn leitete ein Redakteur, ein Fachredakteur im Range eines Chefredakteurs, gleichgestellt den leitenden Redakteuren der andern Programmbereiche und, wie diese, direkt unterstellt dem Programmdirektor. Daraus aber folgte, daß der Programmbereich Kultur selbständig über die Etatmittel verfügen konnte, die für Kultursendungen bereitgestellt wurden, über die Etatmittel und über die diesem Ressort zustehenden Sendetermine. Mehr noch: Mit einem eigenen „Chefredakteur" waren die Kulturredakteure des WDR-Fernsehens in der Führungsspitze des Senders direkt repräsentiert, ihre Etat-Ansprüche und ihre Ansprüche an Sendetermine konnten dort jederzeit direkt vertreten werden.
Diese organisatorische Stärke, eine hohe Programm-Autonomie, war jahrelang die Voraussetzung dafür, daß im Programmbereich Kultur des WDR-Fernsehens,

wenn auch nicht ausschließlich dort, so etwas wie alternatives Fernsehmachen hat stattfinden und sich stabilisieren können, daß dort Sendungen entstehen konnten, die auf der Suche waren nach einem alternativen Literatur-, Kunst-, Kulturbegriff, und dies mit einem alternativen Verständnis des Mediums Fernsehen, mit der Vorstellung, Bedürfnisse und Interessen von Zuschauern im emanzipatorischen Sinne aufgreifen zu können. Allen Versuchen gegenüber, die Redaktionen von dieser Vorstellung abzubringen, erwies sich die Stärke, die Autonomie des Programmbereichs als alles in allem resistent.

So war es nur konsequent, diese Autonomie selbst ins Auge zu fassen und ihre Liquidierung zu betreiben, also die im Programmbereich Kultur zusammengefaßten Redaktionen auf die anderen Bereiche zu verteilen und die Position eines leitenden Kulturredakteurs zu streichen. Zur Legitimation dieser Maßnahme hat man sich zum Schein ein Anliegen zu eigen gemacht, auf dessen Destruktion man in Wirklichkeit aus war: Es müsse doch im Sinne von Redakteuren sein, die mit ihren Sendungen seit Jahren gegen die Vorstellung einer Autonomie der Kunst, der Kultur argumentierten, wenn nun konsequenterweise die *organisatorische* Autonomie des Programmbereichs Kultur im WDR-Fernsehen aufgehoben und den Redakteuren stattdessen Gelegenheit gegeben werde, die andern Programmbereiche wie ein „Ferment" zu durchdringen.

Die These von einer nicht-autonomen Kunst, von einer mit gesellschaftlichen Prozessen aufs engste vermittelten Kultur läßt sich indessen – dies war ja gerade das zu beseitigende Ärgernis – gegenwärtig überhaupt nur noch vertreten aus Arbeitsbereichen heraus, die eine hohe Autonomie besitzen, also der direkten Weisung von Instanzen entzogen sind, welche das Vorzeigen von Alternativen rundum zu verhindern entschlossen sind. Inzwischen hat sich bereits gezeigt, daß die auf die andern Programmbereiche verteilten Kulturredakteure des WDR-Fernsehens – man möchte sagen: natürlich – ohne Chancen sind, dort als Ferment zu wirken, am wenigsten noch im Programmbereich Politik, wo sie vielleicht auf das Bündnis mit dem einen oder andern liberalen oder „linken" Redakteur gesetzt hatten. Denn auch ein linker politischer Redakteur, ein liberaler Chefredakteur des politischen Faches hat seinen unerschütterlichen Kulturbegriff, den nämlich eines gestandenen Bildungsbürgers. Schließlich sind das ja alles erfolgreiche Absolventen deutscher Gymnasien, erfolgreiche Absolventen damit eines Deutschunterrichts, der ihnen einen Literaturbegriff fürs Leben vermittelt hat. Abhängig von einem solchen Chefredakteur wird der Kulturredakteur es schwer haben, Geld und Sendetermine für nicht nur „kritische" Sendungen, sondern für ein alternatives Fernsehmachen beiseite zu bringen. Er wird wissen, wie er mit Winken dieses Vorgesetzten umzugehen hat, Winken wie: er habe immer schon mal einen informativen Film über seinen Lieblingsschriftsteller Siegfried Lenz sehen wollen.

Mit der „Zerschlagung der Kultur" im WDR-Fernsehen ist ein Stück Entwicklungsgeschichte des Fernsehens in der Bundesrepublik vernichtet worden, ein Stück Geschichte, das auf die Ermöglichung eines alternativen Fernsehmachens angelegt war. Es ist die Geschichte des Westdeutschen Fernsehens, des Dritten WDR-Fernsehprogramms, eines Programms, das fast ein Jahrzehnt lang in bestimmter Weise eine Schlüsselrolle im bundesdeutschen Fernsehen spielen konnte.

Innerhalb der Dritten Fernsehprogramme, Mitte der 60er Jahre in der bundesdeutschen Fernsehlandschaft installiert, nahm das Westdeutsche Fernsehen von vornherein eine Sonderstellung ein. Im WDR wurde für den neuen Kanal ein eigener, unabhängig vom Ersten Programm arbeitender Produktionsapparat geschaffen, ein eigener Redaktionsstab, eine neue Direktion mit einem eigenen Programmdirektor. Die Devise des Programmdirektors Werner Höfer für „seinen" Kanal aber war: „Anders als die anderen." Wohl primär Ausdruck direktorialen Profilierungsbedürfnisses, konnte sie alsbald als Devise eines alternativen Fernsehmachens funktionieren.

Das neue Programm hatte einen großen Personalbedarf, einen Bedarf an Redakteuren, Regisseuren, Kameraleuten, Cutterinnen, Produktionsleitern. Rekrutiert wurden, da dieser Bedarf aus dem Reservoir gestandener Fernsehmacher nicht befriedigt werden konnte, fast durchweg junge Leute, die plötzlich und – im Vergleich zu einer normalerweise ihnen bevorstehenden Ochsentour – verfrüht und wenig erfahren eine Chance bekamen und sehr unbefangen an die Sache herangingen. Ein in der Tat „alternatives Fernsehmachen", und sei es auch nur, weil die Beteiligten es zunächst gar nicht anders wußten, und: Dies alles war zu Anfang noch ganz und gar unpolitisch. Die fabrizierten einfach, was *ihnen* Spaß machte, und sie konnten das, weil sie, zum einen, die Standards „seriösen" Fernsehmachens, von Vorstellungen darüber, was „wichtig" sei, bis hin zu einer technischen Perfektion, mangels Gelegenheit nicht internalisiert hatten, und weil, zum anderen, ihre Sendungen praktisch unter Ausschluß der Öffentlichkeit liefen, was aber niemand weiter schlimm fand.

Zu Ende der 60er, zu Beginn der 70er Jahre ging von einem organisatorisch und finanziell starken Dritten WDR-Fernsehprogramm ein starker Impuls für ein anderes Fernsehen aus, weniger in Richtung klotziger Quantitäten von Zuschauern als in die Richtung der Fernsehmacher selbst. Dieses Programm, an den vorfindbaren Erwartungen der Zuschauer grandios vorbeikonzipiert, hat zunächst seinen Machern ermöglicht, *ihre* Bedürfnisse und Interessen zu entwickeln, sie konnten dort alternatives Fernsehen machen, wenn auch zunächst nur für sich selbst.

Dies änderte sich, als auch die Funkhäuser, genauer: einzelne Mitarbeiter dort, von der Studentenbewegung „erfaßt" wurden, eine Politisierung, durch die nicht wenige Mitarbeiter auch des Westdeutschen Fernsehens, wenig festgelegt, wie sie waren, eine neue oder überhaupt eine Identität fanden. Dies führte zu einer Politisierung der Devise „anders als die anderen", und es stellte sich heraus, daß trotz mancher Konflikte in Einzelfällen ihr Programmdirektor nicht von vornherein und nicht strikt gegen dieses neue Verständnis der alten Devise war. Hatte man bislang ohne Rücksicht auf Zuschauer die eigene Emanzipation vorangetrieben, so suchte man jetzt die Kommunikation mit Zuschauern, aber nicht in generalisierter Form, sondern mit Fragestellungen, die sehr spezifische Bereiche persönlicher Lebensorientierung zu erreichen trachteten.

Durch eine Strukturveränderung wurde den Redakteuren des Dritten WDR-Fern-

sehens 1972 der Zugang zum Ersten Programm eröffnet: Redaktionen und Produktionskapazität der beiden bis dahin getrennten Kanäle wurden „aus Rationalisierungsgründen" zusammengelegt, ein starker neuer Programmbereich Kultur wurde gebildet, eben jener, der im Jahre 1977 wieder aufgelöst wurde. Programmdirektor der zusammengelegten Fernsehredaktionen wurde der bisherige Direktor des Dritten Programms, Werner Höfer. Für die Redakteure des ehemaligen Dritten, jetzt im wesentlichen im Programmbereich Kultur zusammengefaßt, wichtig: Der neue Programmdirektor war ihr alter, sie konnten sich auf eine langjährige Zusammenarbeit stützen, eine Zusammenarbeit, deren Devise „anders als die andern" gewesen war. Die *Glashaus*-Sendungen, die *Vor Ort*-Sendungen wurden in diesem neuen Programmbereich Kultur konzipiert und erarbeitet, im Dritten, nun aber auch im Ersten Programm liefen eine Reihe von Sendungen, die weiterhin entschieden von der Vorstellung alternativen Fernsehmachens geprägt waren. Mit dem Revirement in der Führungsspitze des WDR – ein neuer Intendant, ein neuer Programmdirektor Fernsehen, ein neuer Chefredakteur Politik – sowie mit der Zerschlagung des Programmbereichs Kultur hat man im WDR-Fernsehen eine Entwicklung „in den Griff bekommen", die geeignet gewesen war, im Fernsehprogramm libertärem Engagement zum nicht ganz zufälligen Ausdruck zu verhelfen.
Der Kampf für eine Rundfunkfreiheit, in deren Begriff solche Erfahrungsmomente ausgegrenzt blieben, mehr noch, deren Begriff nicht nachdrücklich an sie anzuknüpfen suchte, bliebe halbherzig und angesichts der massierten Gegenkräfte schwächlich und wenig aussichtsreich.

Joachim Goth

Ratlose Anmerkungen zur Aporie der Medienpädagogik[1]

Immer möchte Medienpädagogik im Bereich des Fernsehens zum ‚kritischen Sehen' anleiten; häufig werden Kategorien entworfen, die einer ideologiekritischen Interpretation von Fernsehsendungen dienen sollen. Damit ist eine Nähe zu den Zielen gegeben, wie sie für den reformierten Deutschunterricht seit dem Ende der sechziger Jahre oftmals formuliert wurden: Einübung in kommunikative Kompetenz, Schärfung des kritischen Urteilsvermögens durch Beurteilenkönnen und Durchschauen manipulativer Intentionen, Immunisierung gegen Manipulation durch Aufklärung. Dem Deutschen Fernsehen empfahl sein Programmbeirat 1971, daß „die Informationen über das Medium in das Kinderprogramm aufzunehmen" seien, damit das Kind, als „überlegener Zuschauer", imstande sei, „gegen das Medium und seine Verführungen ein kritisches Korrektiv zu bilden". Noch heute sind die mehr oder weniger klar formulierten Lernziele von Medienveranstaltungen im Bereich der Erwachsenenbildung: kritisches Sehen, bewußtes Konsumieren, Sensibilisierung gegenüber Manipulationserscheinungen, kritische Distanz als bester Schutz gegen Manipulationsversuche. Jüngst antwortete das Kultusministerium Baden-Württemberg auf eine Kleine Anfrage des (damaligen) Abgeordneten Späth betr. Medienpädagogik:

> Problematisch können Massenmedien insbesondere für Kinder und Jugendliche, aber auch für Erwachsene sein, soweit sie im Übermaß und unkritisch aufgenommen werden. Dies gilt vor allem dann, wenn sie die Wirklichkeit verfälschen, unrichtige Leitbilder vermitteln oder die für den einzelnen, Gesellschaft und Staat geltenden Normen mißachten. Da vor allem Kinder und Jugendliche den Einflüssen der Massenmedien zugänglich sind, ist es Aufgabe der Medienpädagogik, Eltern, Erzieher und Lehrer sowie Kinder und Jugendliche zu befähigen, mit den modernen Massenkommunikationsmitteln besser umzugehen sowie ihre Ausdrucksform besser verstehen und bewerten zu können. Deshalb hält es die Landesregierung für vordringlich, alle geeigneten Maßnahmen zu ergreifen und zu unterstützen, die eine kritische, bewußte und selektive Nutzung der Massenmedien fördern.[2]

Diesem medienpädagogischen Optimismus seien zunächst zwei Aussagen über den realen TV-Konsum konfrontiert. Eine neunzehnjährige Auszubildende sagte in einer Veranstaltung des Verfassers an der Volkshochschule Ulm:

> Wenn ich im Geschäft bin und da einiges am Tage auf mich zugekommen ist, dann wenn ich abends den Fernseher einschalte, dann möchte ich eine Sendung sehen, wo ich abschalten kann. Gerade so einen Fernsehfilm, Spielfilm, und wenn dann irgendwie Panorama oder ZDF-Magazin kommt, dann gucke ich natürlich auf ein anderes Programm, weil mich das

1 Die folgenden Überlegungen stehen in Zusammenhang mit einem kleinen, von der DFG unterstützten Forschungsprojekt „Kritisches Sehen: Entwurf einer Fernsehfibel". Mitarbeiter waren Ursula Keller und Wolfgang Saur.

2 Kultusministerium 1978, S. 2.

überhaupt nicht interessiert, weil ich am Abend nicht noch was Kritisches und Politisches sehen möchte. [. . .] Dann ist das zwangsläufig so, daß man einschaltet und man bloß guckt, daß die Zeit rumgeht. [. . .] Die Aggressionen, die man tagsüber aufbaut, die muß man ja auch irgendwie abreagieren, und da ist das Fernsehen ideal dazu. Weil da macht man niemand kaputt, man verärgert niemand, man kann jetzt also auf dem einfachsten Weg seine Aggressionen abbauen. Ist das Fernsehen nicht da, dann ist zwangsläufig der Mensch, der wo in der nächsten Umgebung lebt, der Leidtragende.

Bis in die Einzelheiten vergleichbar ist die Ausage Frau Schneiders aus *Vier Wochen ohne Fernsehen*:

Ich glaube, man ist so ein Mensch, wenn man am Fernseher gewöhnt ist, daß man den Fernseher braucht, ja. Dann würde ich sagen, wenn er jetzt mit einem Mal weg ist, für immer jetzt, angenommen, ich glaube, dann würde manchmal eine Situation sein, wo man sich öfters mal zanken würde, als wenn er da ist. [. . .] Weil dann irgendwie, wenn ich jetzt Ruhe brauche, wenn du dich abreagieren mußt, guckst du auf den Fernseher und reagierst dich dabei ab, weil du dabei gucken mußt und zuhören mußt und dann verfällt es denn nachher irgendwie, ja.

Sendungen wie Panorama sehe sie nur, wenn sonst nichts da sei, und damit sie überhaupt etwas zum Gucken habe. Befragt, ob man solche Sendungen auch so machen könne, daß sie ihr Spaß bereiteten, sagt sie:

„Das kann so bleiben, aber, was sollte mich dabei interessieren? Gar nichts im Grunde.“[3]

Fernsehen erweist sich in diesen Äußerungen als eine Reproduktionsaktivität zwecks physischer und psychischer Regeneration; der Fernseher vor allem signalisiert dem von der Arbeit Heimkehrenden: zu Hause sein, es sich gemütlich machen, abschalten vom Arbeitstag. Eben in diesem Sinne beschreibt Hermann Peter Piwitt in dem Aufsatz „Eine Saison in den Medien“ seine Erfahrungen mit dem Fernsehen:

Seit Tagen fühle ich mich so schlecht, daß ich dem Fernseher keinen Widerstand mehr entgegensetze. [. . .] Müde von der Arbeit wie ich bin, abends, erwarte ich vom Fernsehen keine Informationen mehr, sondern Wärme, Zuwendung, Freiheit von Angst und das Gefühl, ein Zuhause zu haben.[4]

Angesichts der kaum zu bestreitenden dominaten Drogenfunktion des Fernsehens muß sich der verbreitete medienpädagogische Optimismus in allem Ernst nach seinem Realitätsbezug fragen lassen. Fragen stellen, Probleme aufwerfen: Dies ist in der Tat die bescheidene Zielsetzung dieser „Anmerkungen“ eines Verfassers, der in seiner Lehrtätigkeit selbst oft genug die Aporie des medienpädagogischen Zugriffs erfahren hat.

Wenn in der Alltagssituation Fernsehen tatsächlich das Reproduktionsinteresse der Rezipienten überwiegt, dann bleiben auch deren Wahrnehmungs- und Erfahrungsformen davon nicht untangiert. Das generelle Interesse an Zerstreuung und Ablenkung macht daher, nach Lindner, die ganz wesentliche Trennung von Konsum und

3 Bauer u.a. 1976, S. 93–95.
4 Piwitt 1977, S. 244.

Aneignung notwendig,[5] eine Trennung, die einer auf Inhalte und deren bruchlose Übertragung auf den Zuschauer fixierten medienpädagogischen Theorie strikt zuwiderläuft. Und wenn, wie es Oskar Negt und Alexander Kluge ausführlich dargestellt haben,[6] schon die zeitstrukturierende *Form* des Programmfernsehens – ganz unabhängig von den jeweiligen Kommunikatsinhalten und Programmzielen – höchst bedeutsame Funktionen und Folgeprobleme für gesellschaftliche Entwicklungen induziert, dann wird es obsolet, Fernsehen nur, wie die Medienpädagogik es meist tut, als Reihung von Einzelkommunikaten zu begreifen, statt den Akzent auf Programmfernsehen als Gesamtphänomen zu setzen. Im Vordergrund des realen alltäglichen Fernsehkonsums – so läßt sich zunächst gegen die medienpädagogischen Abstraktionen zusammenfassen – stehen offenbar nicht mehr die vermittelten Inhalte der einzelnen Sendungen, sondern die bloße, Geborgenheit offerierende Existenz des Programmfernsehens als Reproduktionsinstrument.

Die Kommunikationsform Programmfernsehen hat insofern eine die traditionellen Programmsparten – Information, Unterhaltung, Belehrung – transzendierende Aura: „the programme transforms its content".[7] Die durchgängig kommunikatsfixierte Medienpädagogik dagegen sitzt dem Eigenanspruch des Mediums auf, wenn sie es etwa als gesellschaftlichen Informationsträger begreift und einzelne Informationssendungen an den idealisierten Intentionen von Machern oder Genre (Objektivität, Volllständigkeit, Ausgewogenheit) mißt. So geht auch die vielgelobte Analyse Bernward Wembers vor. Wember löst eine bestimmte Programmform, die Fernsehinformation, aus dem Programmkontext heraus und untersucht die Behaltensleistung des Zuschauers bei Filmen über den Konflikt in Nordirland, die sich, im Gegensatz zur Eigeneinschätzung der Informiertheit, als sehr gering herausstellt. Dieses Ergebnis wird auf die vielfältigen in der Fernsehinformation enthaltenen „Schadstoffe" zurückgeführt, ist einzig die Folge falscher Präsentation; seine eigene Präsentationsweise des gleichen Themas erhöhe die Information. Vollständig außerhalb der Analyse bleiben der Lebenszusammenhang des Fernsehkonsums bzw. die subjektive Bedeutung des Themas Nordirland für den westdeutschen Zuschauer im Jahre 1976.

Einer solchen Autonomisierung des Mediums gegenüber erscheint ein Kulturforschungsansatz, wie ihn das Centre for contemporary cultural studies der University of Birmingham in einer Kritik des psychologistischen, individualistischen uses and gratifications approach vertritt, wesentlich differenzierter und realistischer:

> [. . .] we need to see how the different sub-cultural structures and formations within the audience and the sharing of different cultural codes and competencies amongst different groups and classes, determines the decoding of the message for different sections of the audience.[8]

Anders als dieser Ansatz hat die gängige Medientheorie und die von ihr abgeleitete

5 Lindner 1976, S. 12.
6 Negt/Kluge 1972, S. 169ff.
7 Hall 1974, S. 95.
8 Morley 1974, S. 1.

Medienpädagogik Fernseherfahrung aus dem Gesamtzusammenhang gesellschaftlich und subjektiv lebensgeschichtlich determinierter Erfahrungsformen herausgelöst. Hier wäre anzuknüpfen an die Überlegungen von Negt/Kluge und, auf derselben Linie, von Leithäuser u. a. In einem radikalisierten Erfahrungsbegriff würden das Interesse an Information und Unterhaltung ebensowenig getrennt vorkommen, wie sich in ihm Wünsche und Tatsachen trennen lassen: „Der Wunsch ist gewissermaßen die Form, in der die Tatsachen aufgenommen werden.“[9] Die Annäherung an die wirklichen Erfahrungsformen der Rezipienten aber ist in mehr als einer Hinsicht äußerst schwierig:

- sie erlaubt nicht den vertrauten Rückgriff auf die generalisierbaren Methoden der Messung und Datenerhebung (Einschaltquoten, Befragungen, Tests);
- sie verbietet die Parzellierung des Rezipienten, seine Reduktion auf seine Rolle als Zuschauer, die ihn aus den für die Alltagserfahrungen konstitutiven Lebens- und Arbeitszusammenhängen herauspräpariert;
- sie verbietet die so oft praktizierte Herauslösung vereinzelter Reaktionsformen auf vereinzelte Sendungen oder Sendungstypen.

Auf dem Hintergrund der erst einmal ernst zu nehmenden und zu erforschenden wirklichen Erfahrungsweisen erscheint es jedenfalls als abstrakt-elitärer Gestus von Medienpädagogik, Anweisungen zur richtigen Auswahl, zum kritischen Sehen zu geben; wo Einschalten zugleich ‚Abschalten‘ bedeutet, wird die Ideologiekritik des einzelnen Kommunikats obsolet. In den Mittelpunkt hat vielmehr zu rücken das allgemeine Verhältnis des Zuschauers zum Fernsehen als Teil des gesellschaftlichen Zusammenhangs. Der verbreitete Appell an die kritische Distanzierung des Zuschauers vom Medienangebot dagegen kann sich auf keinerlei reale Energie, keinerlei reales Interesse des Rezipienten stützen. Durch die Ausblendung von dessen wirklicher gesellschaftlicher Situation und Erfahrung verkommt dieser Appell zu einer abstrakt aufklärerischen, idealistischen Illusion. Ein, wie es die eingangs zitierten Äußerungen belegen, hochgradig bedürfnisbestimmter Fernsehkonsum entzieht sich gutgemeinter, den mündigen Rezipienten anvisierender Aufklärung über sogenannte Manipulation. Ein sechzehnjähriger Jugendlicher berichtet irritiert:

> Vor kurzem noch hab' ich die Big Valley-Lady mit meiner Mutter verglichen, die gar nicht so souverän ist. Aber man wird älter und durchschaut den Quatsch, der einem da vorgesetzt wird. Komisch nur, daß ich mir so was immer wieder ansehe.[10]

Die dominante medienwissenschaftliche und medienpädagogische Vorgehensweise autonomisiert den zu kritischer Distanz anzuleitenden Rezipienten gegenüber seinem gesellschaftlichen Erfahrungsprozeß. Sowohl die Autonomisierung der Kommunikationsform Fernsehen wie die pädagogisch beabsichtigte Autonomisierung des Rezipienten führen auf eine gesellschaftslose Robinsoninsel. Die Aura und der Charakter des Fernsehens als Alltagsinstrument bleiben unbeachtet.

9 Kluge 1975, S. 204.
10 Zit. nach Mundzeck 1973, S. 136.

Sehr viel näher an den realen Rezeptionsbedingungen und -gewohnheiten der Zuschauer bewegen sich die Programmzeitschriften: sozusagen die in der Wirklichkeit funktionierende Medienpädagogik. Eine solche Nähe zum Publikum fällt ihnen um so leichter, weil sie an dessen Rezeptionsgewohnheiten und Sehweisen ebensowenig ändern wollen wie am Programm selbst. Gerade ihre medienpädagogische Neutralität aber ist es, die ihre Massenwirksamkeit garantiert. Sie wollen die bestehenden Rezeptionsweisen nur so genau kennen, wie es nötig ist, um den Rezipienten in seiner Rolle als Zuschauer zu bestätigen und seine Fixierung ans Medium zu verstärken. In ihrem affirmativen Interesse können sie sich den Publikumswünschen anpassen und das generalisierte Interesse am Fernsehen Tag für Tag strukturieren, Aufmerksamkeitsrichtungen bestimmen, Sehgewohnheiten einschleifen und Sehweisen verstärken; sie sind in der Tat der heimliche Lehrplan der Fernsehrezeption. Da ihr Aufklärungsinteresse minimal ist, sie weder Bewußtseinsprozesse initiieren noch die kritischen Fähigkeiten des Fernsehzuschauers entwickeln wollen, können sie sich voll und ganz ihrer eigentlichen Aufgabe widmen: der Strukturierung und emotionalen Absicherung eines täglichen genüßlichen Fernsehkonsums. Sie können das generalisierte Interesse am Fernsehen am besten bestätigen, indem sie das Fixierungsinteresse des Publikums, sein Interesse an Serien, vertrauten Genres und Sendungstypen aufgreifen und verstärken. So vervollständigen die Programmzeitschriften, was in der Programmplanung intendiert wird, nämlich den Alltag der Zuschauer so zu strukturieren, daß mögliche Alternativen zum Fernsehen immer mehr vom Moloch TV-Programm verschluckt werden. Vorfreude, die sich auf irgendwelche Ereignisse, Feste, Höhepunkte innerhalb des realen Lebenszusammenhangs richten könnte, wird zur Vorfreude auf die Fernsehereignisse der Woche umgebogen. Die emotionale Fixierung ans Fernsehen, die nach einigen Untersuchungen[11] Züge einer Sucht anzunehmen beginnt, wird auf diese Weise festgeschrieben. Hervorzuheben sind vor allem die Strukturierung des Alltags, die Rhythmisierung der Woche, die Übernahme zahlreicher Wünsche, Handlungsimpulse und Interaktionsbedürfnisse der Zuschauer in die Präsentation des Programmangebots, z. B. die Familiarisierung des Programms bei gleichzeitiger Austrocknung wirklicher familialer Kommunikation (die große Fernsehfamilie, ein betont familiäres Verhältnis zu den Stars usw.).
Die Chance derart pervertierter und die Aporie aufklärerischer Medienpädagogik wird an folgendem nüchternen Zitat noch einmal deutlich: „Im allgemeinen wird man sich aufgrund der Forschung sagen können, das Fernsehen sei das Medium, das nicht in erster Linie wegen der vermittelten Information benutzt wird, sondern wegen der ‚Erlebnisse' und der damit gebotenen Unterhaltung."[12]

11 Vgl. vor allem Bauer u.a. 1976 und L'Express 1977.
12 Hunziker u.a. 1975, S. 296.

Literatur

Bauer, Wolf, Elke Baur und Bernd Kungel (Hrsg.): *Vier Wochen ohne Fernsehen. Eine Studie zum Fernsehkonsum,* Berlin 1976.

L'Express N° 1331 (Janvier 1977): „TV: la révolution silencieuse".

Hall, Stuart: *Television as Medium and its Relation to Culture*, Birmingham 1974.

Hunziker, P., K. Lüscher und R. Fauser: „Fernsehen im Alltag der Familie", in: *Rundfunk und Fernsehen* 23, 1975, S. 284–315.

Kluge, Alexander: *Gelegenheitsarbeit einer Sklavin. Zur realistischen Methode*, Frankfurt/M. 1975.

Kultusministerium Baden-Württemberg: Antwort vom 17. 2. 1978 auf die Kleine Anfrage des Abgeordneten Späth CDU.

Leithäuser, Thomas, Birgit Volmerg, Gunther Salje, Ute Volmerg und Bernhard Wutka: *Entwurf zu einer Empirie des Alltagsbewußtseins*, Frankfurt/M. 1977.

Lindner, Rolf: „Fernsehen und Alltag der Zuschauer. Von proletarischer Öffentlichkeit zum Rückzug ins Privatleben", in: *medium* 6/9, September 1976, S. 10–13.

Morley, Dave: *Reconceptualising the Media Audience: Towards an Ethnography of Audiences*, Birmingham 1974.

Mundzeck, Heike: *Kinder lernen fernsehen. Was, wann, wie lange und wozu?*, Reinbek 1973.

Negt, Oskar und Alexander Kluge: *Öffentlichkeit und Erfahrung. Zur Organisationsanalyse von bürgerlicher und proletarischer Öffentlichkeit*, Frankfurt/M. 1972.

Piwitt, Hermann Peter: „Eine Saison in den Medien", in: Manfred Bosch (Hrsg.), *Kulturarbeit*, Frankfurt/M. 1977, S. 238–248.

Wember, Bernward: *Wie informiert das Fernsehen?*, München 1976.

Adresse des Herausgebers

Prof. Dr. Helmut Kreuzer, Gesamthochschule Siegen, Fachbereich Sprach- und Literaturwissenschaften, 5900 Siegen 21/German Department, University of Houston, Houston, Texas 77004, USA

Adressen der Autoren

Steffen-Peter Ballstaedt, Dipl. Psych., DFG-Projekt „Nachrichtensprache" am Deutschen Seminar der Universität Tübingen, Wilhelmstraße 50, 7400 Tübingen
Prof. Dr. Manfred Durzak, Unterer Mühlenberg, 2321 Grebin
Dr. Joachim Goth, Seminar für Allgemeine Rhetorik der Universität Tübingen, Wilhelmstraße 50, 7400 Tübingen
Knut Hickethier, Freie Universität Berlin, Fachbereich 11, Philosophie und Sozialwissenschaften, Wissenschaftliche Einrichtung 8, Institut für Theaterwissenschaft, 1000 Berlin
Dr. Hartwig Kalverkämper, Universität Freiburg, Philosophische Fakultät II/Romanistik/Linguistik, 7800 Freiburg i. Br.
Prof. Dr. Leo Kreutzer, Universität Hannover, Seminar für deutsche Literatur und Sprache, Welfengarten 1, 3000 Hannover
Dr. Hans-Dieter Kübler, Pädagogische Hochschule Westfalen-Lippe, Abtl. Münster, Seminar für deutsche Sprache und Literatur und ihre Didaktik, Fliednerstraße 21, 4400 Münster
Dr. Rupert Neudeck, DLF, Postfach 510640, 5000 Köln 51
Prof. Dr. Satoru Ogawa, Toyonaka (Osaka), Kamishinden 4-16-13-717, Japan
Dr. Karl Prümm, Gesamthochschule Siegen, Fachbereich 3, Germanistik I/Neuere Literaturwissenschaften, Adolf-Reichwein-Straße, 5900 Siegen 21
Dr. Irmela Schneider, Gesamthochschule Siegen, Fachbereich 3, Germanistik I/Neuere Literaturwissenschaften, Adolf-Reichwein-Straße, 5900 Siegen 21
Dr. Norbert Schöll, Universität Osnabrück, Fachbereich 7, Neuer Graben, Schloß, Postfach 4469, 4500 Osnabrück
Dr. Peter Zimmermann, Universität Wuppertal, Fachbereich 4, 5600 Wuppertal